KB064999

임진왜란 당시 충청도 속리산 중심으로 활동한 忠報軍의 기록
1592년 4월 14일부터 1598년 12월까지의 전란일기

가휴 진사일기

可畦 辰巳日記

趙翊 원저 · 申海鎭 역주

머리말

이 책은 경북 상주 출신인 가휴(可畦) 조익(趙翊, 1556~1613)이 임진왜란 때 속리산을 중심으로 한 충보군(忠報軍)에 직접 참여한 활동과 보고들은 것들을 기록한 일기를 번역한 것이다. 조익의 후손들은 '가휴(可畦)'를 '가규'로 읽고 있는바, 학계에서는 이에 대해 후손들의 뜻을 따르는 방안을 모색해야 하지 않을까 한다.

임진왜란이 일어나자 상주(尙州)에서는 창의군(昌義軍), 충보군(忠報軍), 상의군(尙義軍) 등을 비롯한 크고 작은 의병진(義兵陣)이 떨쳐 일어났다. 조익 형제는 서로 다른 의병진에 참여한바, 조익이 충보군에서 활동하였고 그의 형 검간(黔澗) 조정(趙靖, 1555~1636)은 창의군에서 활동하였다. 1592년 7월 30일에 창의군(昌義軍)이 상주 은척면 황령(黃嶺)에서 결성되었고, 8월 16일에는 충북 법주사(法住寺) 동구에서 충보군(忠報軍)이 뒤따랐고, 9월 13일에는 충북 괴산과 경북 문경 사이의 백화산(白華山)에서 상의군(尙義軍)이 또한 뒤를 이었다. 상의군은 이미 5월부터 왜군과 대적해오던 사람들이다. 이때 이웃 문경 지역에서도 권의중(權義中) 형제, 고상증(高尙曾) 형제, 채득강(蔡得江) 형제 등이 1592년 8월 15일 권의중을 의병장으로, 고상증을 치병장(治兵將)으로, 채득강을 좌막(佐幕)으로 한 산양의병진(山陽義兵陣)을 조직하였다. 이에 대해서는 고상증의 『성재 용사실기』(보고사, 2021)를 참조할 수 있다.

그런데 이러한 움직임은 경상도에서 곽재우(郭再祐)가 최초로 의병을 일으켰던 1592년 4월 22일에 비하면 상당히 늦은 것이라 할 수 있고, 호남에서도 류팽로(柳彭老)가 의병을 일으킨 4월 20일과 갈담역(葛覃驛: 전라북도 임실에 위치한 역)에서 당시 최초의 의병전(義兵戰)을 치른 5월 11일에 비하면 또한 마찬가지라 할 수 있다. 상주 지역에서의 의병진 결성이 타 지역보다 늦은 속사정을 공식적 역사서에는 정교히 담아내지 못하지만 실기문헌에서는 구체적으로 서술되어 있어 확인할 수 있는바, 그 실기문헌의 하나로 조익의 〈진사일기〉가 있다.

조익은 경상북도 의성군 단밀면 속수서원(涑水書院)에 봉안된 인물이다. 본관은 풍양(豐壤), 자는 비중(棐仲), 호는 초년에 죽봉(竹峰), 중년에 가완(可蜿), 노년에 가휴(可畦)이었다. 아버지는 조광헌(趙光憲)이며, 어머니는 홍윤최(洪胤崔)의 딸이다. 그 사이에 조정(趙靖)·조익(趙翊)·조굉(趙竑)·조준(趙竣) 4남과 구광원(具光源)·김안절(金安節)·이욱(李勖)에게 시집간 3녀를 두었으니, 조익은 둘째아들이다. 한강(寒岡) 정구(鄭逑)의 문인이다. 1582년 생원시에, 1588년 알성문과(謁聖文科)에 급제하였으며, 병조 좌랑(兵曹佐郎)·광주목사(光州牧使)·장령(掌令) 등을 지냈다. 조익은 1602년 그의 나이 47세 때 기축옥사(己丑獄事)와 관련한 정철(鄭澈)에게 죄주려는 선조(宣祖)에게 직언하여 장년 시절 6년 동안 유배생활을 겪었는데, 이미 청년 시절에도 7년간의 전쟁을 겪었으니 참으로 시련의 연속이었다고 할 수 있다.

그는 임진왜란이 일어나자 어머니를 모시고 속리산으로 피란하였다. 하지만 1592년 8월 16일에 노대하(盧大河)·임창원(任昌遠) 등과 함께 궁수 10여 명을 모아 속리산에서 창의하고서 사담(沙潭) 김홍민(金弘敏)을 대장으로 추대한 뒤, 그는 참모와 장서(掌書)를 겸하며 충보군을 조직하여 왜군과 직접 전쟁을 치르기도 하였고, 군량을 조달하고자 호남지방으로 출행하기도 하였으며, 심수경(沈守慶)의 건의군(建義軍)과 연계하여 활동하기도 하였다. 이때 겪었던 일을 상세히 기록한 것이 바로 〈진사일기〉이다.

〈진사일기〉는 1592년 4월 14일부터 1598년 12월까지의 일기이다. 1593년 3월까지는 거의 매일매일 기록했지만, 4월에 모친상을 당하여 6일간만 기록하고부터는 5월에 20일간만, 6월에 17일간만, 7월에 15일간만, 8월에 14일간만, 9월에 6일간만, 10월에 7일간만 기록하더니, 윤11월부터 1594년 5월까지는 기록이 없다가 그 이후로 한 달에 하루나 두서넛 날만 기록하였다. 이에 더하여 1594년 10월, 1595년 2월부터 4월까지, 6월부터 12월까지, 1596년 5월부터 12월까지, 1597년은 1월 4일과 25일 및 3월 10일을 제외한 전체, 1598년 1월과 2월 및 4월부터 6월까지 또 9월 등은 아예 기록이 없다. 1598년 나머지 달은 각각 월별로 기록하였다.

이 일기의 1592년 5월 19일 기록을 통해 오늘날 주목되지 않은 것으로 당시 거병했던 김일(金鎰)의 사례를 확인할 수 있는데, 김일은 조익의 매부인 김안절의 재당숙이기도 하다. 충보군의 활약상을 비롯하여 왜란 발발과 급박한 변방의 사태, 날로 다급해지는 격문의 내용, 우리 군의 거듭된 패전 및 거짓 보고, 패망한 병졸들의 처참한 모습, 왜적의 북상소식, 피난생활의 참혹한 상황, 부녀자들을 겁탈하고 관청과 객사 등을 소각하는 왜적의 만행 및 약탈, 민심의 이반 및 흉흉한 민심 등을 꼼꼼하게 기록하고 있다. 이처럼 자신의 의병 활동을 비롯해 주변 지역에 있던 적의 동향, 관보나 지인들을 통해 견문한 것으로 조정의 상황과 전국의 전투 결과 등을 직접 기록하고 있어 자료의 가치를 더하고 있다.

조익이 1597년 1월 4일 일기를 통해 상소의 우두머리가 되어 올렸다는 두 번째 상소문의 일부를 인용한다. "설령 불행하여 패전한다 하더라도 군신 상하가 한마음으로 싸워 종사(宗社)를 지키는 데에 욕됨이 없으면, 그것이 도성을 버리고 백성을 등지며 변방에서 구차히 보전하는 것보다는 만 배나 나을 것이옵니다." 이 글을 통해 전해지는 '울림'을 어찌하면 좋으랴. 전쟁이라는 극한 상황 속에서도 자신과 가족의 안위만 생각하지 않고 거상(居喪)을 통한 예를 다하고 풍전등화에 놓인 나라를 위해 충성심을 보여준 역사적 인물을 우리 앞에 소환하는 바이다.

한결같이 하는 말이지만 나름대로 최선을 다하고자 했으나 여전히 부족할 터이라 대방가의 질정을 청한다. 그 부족함을 최소화하는 데 많은 도움을 주신 풍양조씨 집안 조일희 선생의 덕행을 기린다. 끝으로 편집을 맡아 수고해 주신 보고사 가족들의 노고와 따뜻한 마음에 심심한 고마움을 표한다.

2021년 4월 빛고을 용봉골에서
무등산을 바라보며 신해진

차례

만력 임진년(1592)

만력 계사년(1593)

갑오년(1594)

을미년(1595)

병신년(1596)

정유년(1597)

무술년(1598)

일러두기

이 책은 다음과 같은 요령으로 엮었다.

01. 번역은 직역을 원칙으로 하되, 가급적 원전의 뜻을 해치지 않는 범위 내에서 호흡을 간결하게 하고, 더러는 의역을 통해 자연스럽게 풀고자 했다.

02. 원문은 저본을 충실히 옮기는 것을 위주로 하였으나, 활자로 옮길 수 없는 古體字는 今體字로 바꾸었다.

03. 원문표기는 띄어쓰기를 하고 句讀를 달되, 그 구두에는 쉼표(,), 마침표(.), 느낌표(!), 의문표(?), 홑따옴표(' '), 겹따옴표(" "), 가운데점(·) 등을 사용했다.

04. 주석은 원문에 번호를 붙이고 하단에 각주함을 원칙으로 했다. 독자들이 사전을 찾지 않고도 읽을 수 있도록 비교적 상세한 註를 달았다.

05. 주석 작업을 하면서 많은 문헌과 자료들을 참고하였으나 지면관계상 일일이 밝히지 않음을 양해바라며, 관계된 기관과 여러분들께 진심으로 감사드린다.

06. 이 책에 사용한 주요 부호는 다음과 같다.

1) ( ) : 同音同義 한자를 표기함.
2) [ ] : 異音同義, 出典, 교정 등을 표기함.
3) " " : 직접적인 대화를 나타냄.
4) ' ' : 간단한 인용이나 재인용, 또는 강조나 간접화법을 나타냄.
5) < > : 편명, 작품명, 누락 부분의 보충 등을 나타냄.
6) { } : 협주를 나타냄.
7) 「 」 : 시, 제문, 서간, 관문, 논문명 등을 나타냄.
8) 《 》 : 문집, 작품집 등을 나타냄.
9) 『 』 : 단행본, 논문집 등을 나타냄.

07. 이 책에서 사용한 지도는 인터넷에서 찾은 것으로서 독자들의 이해에 기여하도록 하기 위하여 삽입한 것이니 양해 바라며, 관련 당사자들에게 감사의 마음을 전한다.

|번역과 원문|

가휴 진사일기

만력
임진년(1592)

• 4월 경인삭

14일。

관아의 전령문(傳令文)을 얻어 보니, 12일에 왜선 수백 척이 부산(釜山)과 동래(東萊) 등 앞바다에 나타났다고 하였다. 관가에서 군마(軍馬)를 징발하는 일로 호령이 빗발치자 마을에서는 그로 인해 소란이 끊이지 않았다.

萬曆壬辰四月{庚寅}十四日。

得見官帖, 十二日, 倭船數百艘, 現形[1]於釜山[2]·東萊[3]等界云。公家以軍馬調發[4]事, 號令星馳[5], 閭里爲之驛[6]騷。

---

1 現形(현형): 형체를 눈앞에 드러냄.

2 釜山(부산): 한반도의 동남단에 위치한 도시.

3 東萊(동래): 부산광역시 중북부에 위치한 도시.

4 調發(조발): 전쟁 혹은 徭役에 사람·馬匹·물품 등을 징발하는 것.

5 星馳(성치): 별똥이 떨어지듯 매우 빨리 뜀.

6 驛(역): 連絡不絶. 왕래가 잦아 소식이 끊이지 않음.

16일。

듣건대 병사(兵使) 조대곤(曺大坤)은 파직되어 교체되었고, 학봉(鶴峯: 김성일) 영감은 잇단 교지에 의해 특별히 경상우도 초유사(招諭使)로 임명되었다고 하였다.

○十六日。

聞兵使曺大坤[7]遞罷, 鶴峯[8]令公[9], 以承旨[10], 特拜右廂[11]云。

---

7 曺大坤(조대곤, 생몰년 미상): 본관은 昌寧, 자는 光遠. 1588년 滿浦鎭僉使에 제수되었는데, 나이가 너무 많아 평안도 지역을 책임지기에 부족하다는 병조판서 鄭彦信의 상소로 말미암아 체직되었다. 경상우도 병마절도사 재임 중이던 1592년에 임진왜란이 일어났는데, 善山郡守 丁景達과 함께 龜尾의 金烏山 부근에서 왜군을 대파하였다. 또 星州에서 많은 적을 생포하였고, 高靈에서 수명의 적장을 베는 등의 공적을 세웠다. 그러나 많은 군사를 거느린 병마절도사로서 적의 침입 소문에 겁을 먹어 도망을 가고, 金海 일대에서는 어려움에 처한 아군을 원조하지 않았다가 병사들이 전멸하고 城이 함락되게 만들어 왜군이 서울까지 침범하게 하는 원인을 제공했다는 내용으로 탄핵되어 파직된 뒤 백의종군하였다. 1594년 副摠管에 제수되자 敗戰 장수를 급히 현직에 기용할 수 없다는 상소가 올라와 체차되었다.

8 鶴峯(학봉): 金誠一(1538~1593)의 호. 본관은 義城, 자는 士純. 1564년 사마시에 합격했으며, 1568년 증광 문과에 급제하였다. 1577년 사은사의 서장관으로 명나라에 가서 宗系辨誣를 위해 노력했다. 그 뒤 나주목사로 있을 때는 大谷書院을 세워 김굉필·조광조·이황 등을 제향했다. 1590년 通信副使가 되어 正使 黃允吉과 함께 일본에 건너가 실정을 살피고 이듬해 돌아왔다. 이때 서인 황윤길은 일본의 침략을 경고했으나, 동인인 그는 일본의 침략 우려가 없다고 보고하여 당시의 동인정권은 그의 견해를 채택했다. 임진왜란이 일어나자, 잘못 보고한 책임으로 처벌이 논의되었으나 동인인 柳成龍의 변호로 경상우도 招諭使에 임명되었다. 1593년 경상우도 관찰사 겸 순찰사를 역임하다 晉州에서 병으로 죽었다.

9 令公(영공): 벼슬아치들끼리 서로 높여 부르는 말.

10 承旨(승지): 잇단 교지. 《선조수정실록》 1592년 4월 14일 12번째 기사에 의하

17일。

충주(忠州)에 있던 경상우도 초유사의 행차가 동틀 새벽에 상주(尙州)로 들어왔다. 허둥지둥 찾아가서 뵈었더니, "어제 충주에 있는데 부산(釜山)의 다대포(多大浦)와 서평포(西平浦) 등지 및 동래(東萊)·울산(蔚山) 등의 성들이 모두 함몰되고 주장(主將) 또한 피살되었다고 들어서, 장차 밤을 새워서라도 급히 본영(本營: 晉州)으로 가야겠다."라고 하였다.

경악(經幄: 經筵)의 유신(儒臣)으로 말을 타고 활을 쏘는 일을 익힐 겨를이 없었는데 졸지에 강적과 접전해야 하니, 어떻게 변란을 막을 수 있을까. 앞으로의 승패가 몹시 우려되었다.

○十七日。

在州內右廂之行, 平明入州。顚倒[12]往見, 則昨在忠州[13], 聞釜山多大[14]·西平浦[15]等地, 及東萊·蔚山[16]等城皆見陷。主將亦被

면, 慶尙右兵使였던 김성일을 잡아다 국문하도록 명하였다가 미처 도착하기 전에 석방시켜 도로 경상우도 招諭使로 삼고 대신 함안군수 柳崇仁을 兵使로 삼았으며, 김성일은 本營으로 달려가 前兵使 曺大坤을 머물게 했다고 하였다.

11 右廂(우상): 右翼에 소속된 군대. 여기서는 右道 招諭使의 의미로 쓰였다.

12 顚倒(전도): 顚之倒之. 엎어지고 넘어지며 아주 급히 달아나는 모양.

13 忠州(충주): 충청북도 북부에 위치한 고을.

14 多大(다대): 多大浦. 부산광역시 사하구에 있는 작은 灣入. 낙동강하구 최남단에 있는 다대반도와 두송반도에 둘러싸여 있으며, 5개의 작은 만입으로 구성되어 있다.

15 西平浦(서평포): 부산광역시 사하구 구평동에 해당. 多大浦에는 정3품인 수군첨제절사가 임명된 데 비하여 서평포의 우두머리는 종9품의 權官이 지휘하였다. 倭館과 가까운 곳에 위치해 있으며, 동북으로 甘內浦(大浦灣)와 마주보고 있고,

殺, 將星夜馳, 往本營[17]云。經幄[18]儒臣[19], 不閒弓馬之事, 而猝與彊敵相接, 何以制變? 前頭[20]勝敗, 極可慮也。

18일。

듣건대 변방의 소식이 날로 급하고 해변의 거진(巨鎭)들이 차례로 함락되었다고 하였다.

○十八日。

聞邊報日急, 沿邊巨鎭[21], 次第見陷云。

19일。

상주 읍내에 있었는데, 왜놈의 군대가 연달아 동래(東萊) 등의 거

서쪽으로는 다대포와 이웃하고 있어 조선시대의 주요 군사 요충지이다.

16 蔚山(울산): 경상남도 북동부에 위치한 고을. 경상북도 청도군과 밀양·양산, 부산의 기장, 경상북도 경주와 접한다.

17 本營(본영): 경상도 우병영. 임진왜란 때 晉州에 있었다.

18 經幄(경악): 經筵. 조선시대 신하가 국왕에게 儒學의 經書나 역사서를 강론하는 일이나 그를 행하는 자리.

19 儒臣(유신): (임금에게) 경서를 강독하며 논평하고 사고하는 일을 관장한 벼슬아치. 他官으로 겸직하며 모두 문관을 임용한다.

20 前頭(전두): 來頭. 지금으로부터 다가올 앞날.

21 巨鎭(거진): 牧使 등이 例兼하는 경우가 많은 僉節制使가 군사 지휘권을 장악했던 鎭. 조선시대의 지방 군사제도는 鎭管體制를 바탕으로 조직되어 있었는데, 각 도에는 兵馬節度使가 있어 道內의 육군과 수군에 대한 지휘권을 행사하는 主鎭이 있고, 그 아래에는 巨鎭이 있으며, 말단 諸鎭은 郡守 이하가 同僉節制使 이하의 직함을 갖고 있었다. 전국의 중요한 군사거점에 巨鎭을 설치하고 주변의 諸鎭을 통할하게 하였다.

진(巨鎭)을 함락시키고 또 밀양(密陽) 쪽으로 바싹 다가와서 먼저 무흘역(無訖驛)을 포위하였다는 것을 들었다. 그리하여 편지를 백씨(伯氏: 趙靖)에게 보냈다.

○十九日。

在州內, 聞賊兵連陷東萊等巨鎭, 又迫密陽[22], 先圍無訖驛[23]云。以書通于伯氏[24]。

20일。

아침 일찍이 듣건대 상주 목사(尙州牧使) 김해(金澥)가 하도(下道: 아래 지방)에서 패해 돌아온다고 하여 나아가서 그 곡절을 물었더니, "함창 현감(咸昌縣監) 이국필(李國弼)과 함께 군사를 거느리고 성주(星州)에 도착하자마자 순찰사(巡察使: 金睟)의 지휘를 받아 다시 대구(大丘: 大邱)로 가려고 겨우 낙진(洛津: 성주와 인동 사이에 있는 나루)에 도착했을 때, 왜군과 석전(石田) 땅에서 접전하여 아군은 모조리 피살되었지만 일신이 겨우 벗어날 수 있어서 단기(單騎)로 달아나 돌아왔고 함창 현감도 또한 뒤따라 이를 것이다."라고 하였다.

---

22 密陽(밀양): 경상남도 북동부에 위치한 고을.

23 無訖驛(무흘역): 조선시대 때 밀양의 동쪽 30리에 있던 역.

24 伯氏(백씨): 趙靖(1555~1636)을 가리킴. 본관은 豊壤, 자는 安中, 호는 黔澗. 金誠一의 문인이고, 金克一의 사위이다. 1592년 임진왜란 때 의병을 일으켜 활약하였고, 1596년 왜와의 강화를 배격하는 소를 올렸다. 1599년 천거로 참봉이 되고, 1603년 사마시에 합격한 뒤 1605년 좌랑으로 증광문과에 급제하였다. 1624년 李适의 난 때 공주까지 扈駕하였고, 그 뒤 벼슬이 봉상시정에 이르렀다.

이러한 소식을 들은 뒤로 어찌할 바를 알지 못하고, 집안에 있는 세간살이를 미처 처리할 겨를이 없어 백씨(伯氏: 趙靖)와 함께 신주(神主)를 받들어서 궤(櫃) 안에 넣어 정결한 곳에 묻어두었다. 나는 어머니를 모시고서 먼저 내산(內山){협주: 북장산(北長山)이다.}으로 향하였고, 백씨는 조카가 돌아오기를 기다리느라 미처 함께 가지 못했다. 조카 조기원(趙基遠)이 16일에 초례(醮禮: 혼인예식)를 치르러 갔다가 아직 돌아오지 않았기 때문이다.

저물어서야 북장사(北長寺)에 투숙하고 백씨와 조카도 뒤따라 도착하니, 온 가족의 상하와 노약자가 모두 50여 명이었다. 상주 읍내의 사족들 집안도 한꺼번에 달아나 숨느라 도로에서 엎어지고 자빠지며 울부짖는 소리가 하늘에 사무쳐 그 광경이 서글프고 애통하니, 내가 좋지 못한 때에 태어났을지라도 어찌 이런 극한 지경에까지 이른단 말인가.

○二十日。

早聞州伯金澥[25]，自下道敗還，出問其由，則與咸倅李國弼[26]，

---

25 金澥(김해, 1534~1593): 본관은 禮安, 자는 士晦, 호는 雪松. 1560년 진사가 되고, 1564년 식년문과에 급제하였다. 1571년 형조좌랑, 1573년 지평을 거쳐 이듬해 장령이 되었으며, 1576년 사간으로 승진하였다. 1592년 상주목사로 재임 중 임진왜란을 당하여 당황한 나머지 순변사 李鎰을 맞이한다는 핑계로 성을 떠나 피신하였다. 그러나 뒤에 판관 鄭起龍과 함께 鄕兵을 규합하여 開寧에서 왜군을 격파하고 상주성을 일시 탈환하기도 하였다. 이듬해 왜적에게 포위되어 항전하다가 전사하였다.

26 李國弼(이국필, 1540~?): 본관은 龍仁, 자는 飛彦, 호는 漳淮. 李滉의 문인이다. 장인은 柳泰亨(1568~1642, 자는 應運)이다. 咸昌縣監을 지냈다.

領軍到星州[27], 乃以巡察[28]指揮, 還赴大丘, 纔到洛津[29], 與倭接戰于石田[30]地, 我軍盡被屠戮, 身僅得免, 單騎奔還, 咸倅亦繼至云。自聞此報, 莫知所爲, 家藏物件, 未遑料理, 與伯氏, 奉神主, 納於櫃中, 埋安潔處。奉慈氏[31], 先向內山{卽北長山[32]}, 伯氏待姪兒還來, 未得偕行。姪兒基遠[33], 十六日作醮行[34], 而未返故也。

---

27 星州(성주): 경상북도 남서쪽에 위치한 고을.

28 巡察(순찰): 巡察使. 곧 金睟(1547~1615)를 가리킴. 본관은 安東, 자는 子昂, 호는 夢村. 1573년 알성문과에 급제하여 평안도관찰사·경상도관찰사를 거쳐 대사헌, 병조·형조의 판서를 두루 지냈다. 임진왜란이 일어났을 때 경상우감사로 진주에 있다가 동래가 함락되자 밀양과 가야를 거쳐 거창으로 도망갔다. 전라감사 李洸, 충청감사 尹國馨 등이 勤王兵을 일으키자 함께 용인전투에 참가했으나 패배한 책임을 지고 한때 관직에서 물러났다. 당시 의령에서 의병을 일으켰던 곽재우와 불화가 심했는데 이를 金誠一이 중재하여 무마하기도 했으며, 경상감사로 있을 때 왜군과 맞서 계책을 세워 싸우지 않고 도망한 일로 사람들의 비난을 받았다.

29 洛津(낙진): 仁同과 星州 두 고을 사이에 있는 나루.

30 石田(석전): 경상북도 漆谷郡 倭館邑 석전리. 임진왜란 기간 중 칠곡은 중로의 요충지로 일본군의 후속부대가 통과하게 되거나 후방경비대가 주둔하는 곳으로 변하였다. 따라서 칠곡은 임진왜란 기간 중 일본에 저항하는 치열한 전투장으로 변하였다. 의병 활동도 칠곡 주변의 지형적 지세를 이용하여 활발히 일어났고, 낙동강을 이용한 적의 보급선을 저지하거나, 약탈물 반출을 막기도 하였다.

31 慈氏(자씨): 어머니 南陽洪氏를 가리킴. 察訪 洪胤崔의 딸이다.

32 北長山(북장산): 경상북도 상주목의 서쪽에 있는 산. 지금의 경상북도 상주시 내서면에 위치해 있다.

33 基遠(기원): 趙基遠(1575~1652). 본관은 豐壤, 자는 景進, 호는 柯谷·樵隱. 아버지는 趙靖이고, 아우로는 榮遠, 弘遠, 興遠이 있다. 1596년 3월 아우 영원과 같이 火旺山에서 왜적과 맞서고 있는 郭再祐의 義陣을 찾아가 화왕산성 싸움에 참여하였다. 1606년 아우 홍원과 함께 식년시에 급제하였다. 그해 鄭經世·宋亮·李埱·李埈·金覺 등의 의론으로 지금의 도남서원을 건립할 때 건물을

暮投北長寺[35], 伯氏與姪兒追到, 闔族上下老弱, 合五十餘人。州內士族家, 一時奔竄, 顚沛道路, 哭聲徹天, 景色愁痛, 我生不辰, 胡至此極?

21일。

듣건대 적의 형세로 보아 며칠 되지 않아서 장차 상주(尙州) 경계에 들이닥칠 것이라고 하였다.

○二十一日。

聞賊勢不數日, 將迫州境云。

22일。

이곳 북장사(北長寺)는 상주성(尙州城)과 거리가 멀지 않아서 뜻밖의 변고가 생길까 염려되어, 일행 모두가 사찰 서쪽에 있는 구만촌(九滿村)으로 깊숙이 들어가 김윤(金潤)의 집에 머물렀다.

저녁에 듣건대 조방장(助防將) 양사준(梁士俊)이 상주에 들어왔다고 하였다.

○二十二日。

自此距州城不遠, 有不虞之慮, 一行俱深入寺西九滿村[36], 住金

짓는 幹事의 소임을 충실히 하였다. 1628년 동몽교관으로 천거되어 벼슬에 나아갔고, 1633년 황간 현감이 되었다.

34 醮行(초행): 신랑이 혼례식을 치르기 위하여 신부 집으로 가는 일.

35 北長寺(북장사): 경상북도 상주시 내서면 북장리 천주산에 있는 사찰.

36 九滿村(구만촌): 九灣里로도 표기. 경상북도 상주군 내서면의 西灣里 서쪽으로

潤之家。夕聞助防將梁士俊[37]入州。

23일。

석전(石田)에서의 패배는 이제야 비로소 상세히 들으니, 이는 진짜 왜적 때문이 아니었다. 피란길에 나섰던 사람들이 산골짜기에 모여 있다가 아군이 이르는 것을 보고 서로 분주히 왕래하는 사이에, 아군은 그들을 왜구가 잠복한 것으로 여긴데다 대구로 가는 아군을 막고자 잠복해있다는 와언(訛言: 사실과 다르게 전해진 말)이 어수선하게 일어나자, 상주 목사(尙州牧使: 金澥)와 함창 현감(咸昌縣監: 李國弼) 두 사람은 그 진위를 가리려 하지 않고 겁을 집어먹고서 어찌할 바를 모르다가 군대를 버리고 먼저 달아나자, 많은 군사들도 따라서 무너져 흩어졌던 것이다. 저 군졸들의 무지함이야 실로 탓할 것도 없지만, 국록을 먹고 몸을 바친 자가 또한 군대를 버리고 먼저 퇴각한 것은 이루 다 주벌할 수 있겠는가.

듣건대 방어사(防禦使) 조경(趙儆)이 상주(尙州)에 들어왔다고 하였다.

○二十三日。

石田之敗, 今始詳聞, 此非眞倭也。避亂之人, 屯聚山谷, 見我

이안천 상류에 있는 마을.

37 梁士俊(양사준, 생몰년 미상): 본관은 南原, 자는 興淑. 富寧府使를 지냈고, 임진왜란이 일어났을 때 8월 1일 경상도 우병사에 임명되었다가 9월 1일에 파직되었다.

軍至, 相與奔走來往之際, 我軍以謂倭寇潛伏, 以遏徂旅[38], 訛言洶起, 兩倅不卞眞僞, 恇怯罔措, 棄軍先遁, 衆軍隨而潰散。彼軍卒之無知, 固不足責, 而食祿委質者, 亦至於棄師先退, 可勝誅哉。聞防禦使趙儆[39]入州。

24일。

순변사(巡邊使) 이일(李鎰)이 함녕(咸寧)에서 상주(尙州)로 들어왔다. 듣건대 반자(半刺: 判官)로 상주성(尙州城)의 주장(主將)이었던 권길(權吉)이 삼운군(三運軍)을 거느리고 고령(高靈)에 도착했지만, 도착하기 전에 삼사십 명이 혹 말을 타기도 하고 혹 걷기도 하여 현풍(玄風)에서 오는 길로 달려왔는데, 아군은 그들을 왜놈으로 의

38 徂旅(조려): 《孟子》〈梁惠王章句 下〉의 "왕께서 발끈 성을 내어 마침내 그 군대를 정돈하여, 침략하러 가는 무리를 막아서 주나라의 복을 돈독히 하여 천하의 기대에 부응하였다.(王赫斯怒, 爰整其旅, 以遏徂旅, 以篤周祜, 以對于天下)"에서 나오는 말. 徂旅는 密나라 사람들이 阮나라를 침략하려고 共 땅으로 가는 군대를 말한다.

39 趙儆(조경, 1541~1609): 본관은 豊壤, 자는 士惕. 무과에 급제하여, 선전관·제주목사를 거쳐, 1591년 강계부사로 있을 때 그곳에 유배되어 온 鄭澈을 우대하였다는 이유로 파직되었다. 이듬해 임진왜란이 일어나자 경상우도방어사가 되어 황간·추풍 등지에서 싸웠으나 패배, 이어 金山에서 왜적을 물리치다 부상을 입었다. 그해 겨울 수원부사로 적에게 포위된 禿山城의 權慄을 응원, 이듬해 도원수 권율과 함께 행주산성에서 대첩을 거두었다. 행주산성에서의 승리로 한양을 탈환할 수 있었고, 都城西都捕盜大將으로 임명되었고, 1594년 훈련대장이 되었다. 그 뒤 동지중추부사·함경북도병사·훈련원도정·한성부판윤을 거쳐 1599년 충청병사·회령부사를 지냈으며, 1604년 宣武功臣 3등에 책봉되고 豊壤君에 봉하여졌다.

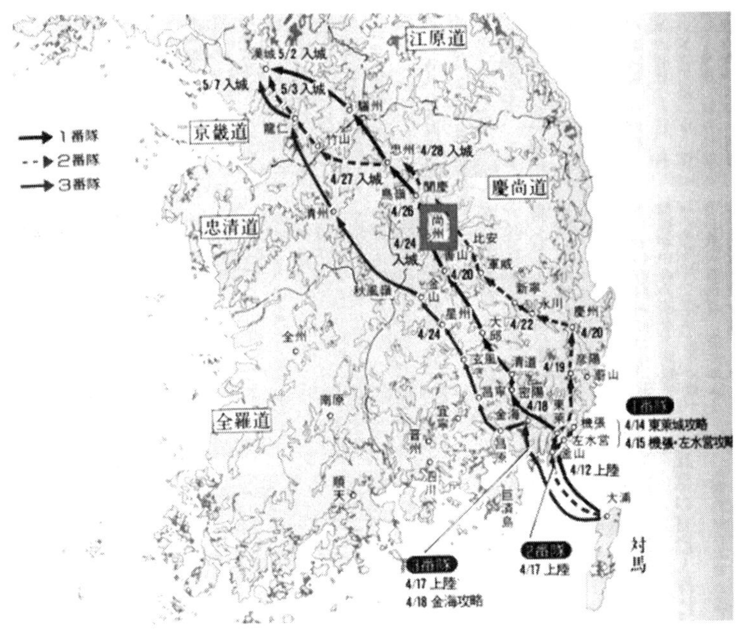

임진왜란시 왜군의 진격로 및 일자

심하여 일시에 무너져 흩어졌으니 금호(琴湖)에서의 무너짐과 다를 것이 없었다고 하였다.

대체로 석전(石田)·금호(琴湖)의 패배는 특별히 전사자가 없었고 마을사람 및 노복(奴僕)들로 군에 갔던 자들도 또한 모두 살아 돌아왔다. 이로써 미루어 보건대, 지난번 함창 현감(咸昌縣監: 李國弼)이 말한바 온 군대가 모조리 죽었고 겨우 자신만이 모면했다고 한 것은 모두 실상이 아니었다. 이는 필시 싸우지도 않고 먼저 달아난 것으로 군율(軍律)에서 벗어나지 못할까 두려워하여 이처럼 실제로 없었던 말을 만들어서 자기의 죄를 엄폐하고자 한 것이다.

듣건대 대구(大邱)·성주(星州) 등지의 고을수령들도 또한 모두 성을 버리고 달아나 돌아갔다고 하니, 개탄스러웠다.

○二十四日。

巡邊使李鎰[40], 自咸寧[41]入州。聞半刺[42]城主權吉[43], 率三運軍, 到高靈[44], 前有三四十人, 或騎或步, 自玄風[45]路, 驅馳而來, 我軍疑其爲倭奴, 一時潰散, 無異琴湖[46]之潰云。大抵, 石田·琴湖之

---

40 李鎰(이일, 1538~1601): 본관은 龍仁, 자는 重卿. 1558년 무과에 급제하여, 전라도 수군절도사로 있다가, 1583년 尼湯介가 慶源과 鐘城에 침입하자 慶源府使가 되어 이를 격퇴하였다. 임진왜란 때 巡邊使로 尙州에서 왜군과 싸우다가 크게 패배하고 충주로 후퇴하였다. 충주에서 도순변사 申砬의 진영에 들어가 재차 왜적과 싸웠으나 패하고 황해로 도망하였다. 그 후 임진강·평양 등을 방어하고 東邊防禦使가 되었다. 이듬해 평안도병마절도사 때 명나라 원병과 평양을 수복하였다. 서울 탈환 후 訓鍊都監이 설치되자 左知事로 군대를 훈련했고, 후에 함북순변사와 충청도·전라도·경상도 등 3도 순변사를 거쳐 武勇大將을 지냈다. 1600년 함경남도병마절도사가 되었다가 병으로 사직하고, 1601년 부하를 죽였다는 살인죄의 혐의를 받고 붙잡혀 호송되다가 定平에서 병사했다.

41 咸寧(함녕): 咸昌의 옛 명칭.

42 半刺(반자): 判官. 한 고을의 관리.

43 權吉(권길, 1550~1592): 본관은 安東, 자는 應善. 權近의 후손이다. 蔭補로 기용되어 관력은 尙州判官에 이르렀다. 1592년에 임진왜란이 일어나자 東萊府를 잃고 도주하여온 巡邊使 李鎰의 군사와 합세하였다. 상주에서 왜적과 전투를 벌일 때 죽음을 무릅쓰고 나라를 지킬 것을 맹세하니, 戶長 朴傑을 비롯하여 많은 군사와 백성들이 이에 호응하였다. 최선을 다하여 싸웠으나 무기와 군병수의 열세로 패하여 전사하였다.

44 高靈(고령): 경상북도 남서단에 위치한 고을.

45 玄風(현풍): 대구광역시 달성군 남부에 있는 고을.

46 琴湖(금호): 琴湖江. 경북 포항시 죽장면 가사리에서 발원하여 대구광역시 달서구 성서 및 달성군 다사읍 낙동강 합류 전까지 총연장 114.6km이며 유역면적은 2,087.9㎢에 이른다.

敗, 別無死者, 閭里及奴僕之赴軍者, 亦皆生還。以此推之, 則前者咸倅所謂一軍盡斃, 僅以身免云者, 俱非實狀。此必以不戰先遁, 恐不免軍律, 爲此無實之言, 欲掩己罪也。聞大丘·星州等守宰, 亦皆棄城逃歸云, 可歎。

25일。

왜놈의 소식이 아직 급박한 것 같지 않아 장차 집으로 돌아가 묻어두었던 것을 점검해 보고 다시 변보(邊報: 변경에서 들어오는 소식)의 완급을 살펴서 재차 피난하려는 계획을 세우고자 하였다. 그리하여 온 가족이 새벽녘에 출발하여 북장산(北長山) 갈림길에서 아침밥을 짓고 있었다. 때마침 어떤 사람이 급히 달려와서 말했다.

"적이 이미 오대리(五垈里: 상주시 내남면 午臺洞. 지금의 신흥동)까지 바싹 다가와서, 해질 무렵이면 상주성(尙州城)으로 쳐들어올 것이외다."

그러나 이미 비장(裨將)의 말을 들었기 때문에 다시 적실한 소식을 듣게 되면 진퇴를 결정할 계획으로 잠시 북장사(北長寺) 어귀에 쉬었다. 머지않아서 적이 이미 성에 쳐들어와 접전하고 있다는 소식을 들었다.

상주성 안의 사람들은 벌써 20일에 적을 피하여 남김없이 성 밖으로 나갔지만 도중에 비장(裨將)이 깨우친 말로 인하여 24일 전부 되돌아 들어왔다가 모조리 적의 포위망 속에 있게 되었는데, 죽은 사람이 이루 헤아릴 수 없고 시체가 쌓여 언덕을 이루었으며, 패하여 도망친 군졸들이 내달려 노음산(露陰山)에 올랐고 군관(軍官)들도 또한 대부분 뒤따라 이르렀다. 어떤 자는 옷을 입지도 못한 채 벌거숭이로 오고, 어떤 자는 칼에 찔린 채로 온몸이 피투성이 되어 와서, 모두 말했다.

"아군이 패하여 싸움터에서 죽은 자가 매우 많았으며, 여러 장수들이 모두 이 산으로 들어왔기 때문에 왜놈들이 뒤쫓으려고 지금 바로 이 산으로 올라올 것이외다."

갑자기 일어난 일이어서 어찌할 바를 알지 못했지만, 백씨(伯氏: 조정)와 함께 어머니를 모시고 가솔들을 거느려서 서쪽 동네 뒤편의 고개를 넘는 머나먼 길을 잡았다. 험준하고 가파르기가 깎아 세운 듯해 열 걸음에 아홉 번 넘어지면서 겨우 한 치 나아가면 한 자 물러나니 앞에서 당기고 뒤에서 옹위하며 간신히 고개를 넘자, 길이 그다지 험하지 않아 부녀자들은 모두 말을 탔고 나머지는 모두 걸으며 뒤따라서 겨우 호동(狐洞: 여우골)에 도착하니 날이 이미 저물었다. 그 마을사람의 집에 임시로 묵었는데, 상주노(尙州奴)로 진중(陣中)에 있던 자들 가운데 혹 적의 칼날을 면한 몇 사람이 뒤따라 와서 도착하였다.

이곳까지 오는 길에서 비장(裨將)으로 패전하여 오는 10여 명의 기병을 만났는데 모두가 무과출신(武科出身)들로 창과 칼, 활과 화살 등을 지니기도 하고 버리기도 하였으며, 노복들도 또한 미처 서로 끌어주지 못함에 패하게 된 이유를 물으니, 대답하였다.

"우리들은 충청도 방어사 변기(邊璣)의 비장(裨將: 部將) 부대이외다. 어제 청주(淸州)에서 주장(主將)을 모시고 밤낮으로 이틀에 갈 길을 달려서 오늘 새벽 상주(尙州)에 도착해 막 순변사(巡邊使: 李鎰)

와 연합하여 왜적 막는 계책을 꾀하였지만, 계책을 세워 정하기도 전에 적군이 갑자기 이르러 북천(北川)에서 서로 접전하였소. 적의 기세가 하늘을 찌르고 용맹함이 남보다 배나 더한 데다 총탄을 사방에서 쏘아대니, 아군은 기세가 꺾여 비록 활과 화살을 가졌을지라도 백 발 중에 한 발도 쏘아보지 못했으며, 서로 접전한 지 오래지 않아 곧바로 다 같이 와해되었소. 두 장수(將帥: 변기와 이일)는 모두 몸을 빼어 도망쳐 갔는데, 그들이 살았는지 죽었는지는 알지 못하오."

○二十五日。

倭奴聲息, 姑不急迫, 故將欲還家, 點視所藏, 更候邊報緩急, 以爲再避之計。闔眷凌晨[47]發行, 朝炊北長岐路傍。有一人急走而言曰: "賊已迫五坮里[48], 日晡時將入州城."云。而旣聞裨將之言, 更得的報, 以爲進退計, 暫憩寺門。俄而, 聞賊已入城接戰。城內之人, 曾於廿日, 無餘避出, 中爲裨將之所諭, 卄四日沒數[49]還入, 盡在圍中, 死亡無筭, 積屍成丘, 敗亡之卒, 走上露陰[50], 軍官等人, 亦多追至。或脫衣而來, 或被刃而來, 流血遍體, 皆曰: "我軍敗死戰場者, 甚衆, 諸將俱入此山, 故倭奴追逐, 今方上山." 云。事在倉卒, 莫知所爲, 與伯氏, 奉慈氏及諸屬, 取路長西坊後

---

47 凌晨(능신): 새벽녘. 동틀 무렵.

48 五坮里(오대리): 경상북도 상주군 내남면 오대리. 지금은 상주시 신흥동으로 바뀌었다. 午臺洞으로도 표기된다.

49 沒數(몰수): 어떤 수량의 전부.

50 露陰(노음): 露陰山. 경상북도 상주시 외서면 백전리 및 내서면 남장리에 걸쳐 있는 산. 산이 매우 높아서 늘 안개가 끼고 음침하다고 한다.

峴。峻急如削, 十步九僵, 寸進尺退, 前挽後擁, 艱得踰嶺, 則路不甚險, 內行[51]皆乘馬, 餘皆步隨, 纔到狐洞[52], 日已昏矣。假宿村家, 州奴在陣者, 或免鋒刃, 數三人, 追行以到。路中遇裨將之敗來十餘騎, 皆出身[53]之人, 搶劒弓矢, 或持或棄, 奴僕亦未及相携, 問其取敗之由, 答曰: "吾等忠淸防禦使邊璣之裨隊也。昨自淸州[54], 陪主將, 晝夜倍道, 今曉到州, 將與巡邊, 合謀禦敵, 籌畫[55]未定, 賊陣猝至, 相與接戰於北川[56]。賊勢滔天, 勇敢倍人, 放丸四面, 我軍奪氣, 雖帶弓箭, 百不一發, 相接未久, 便同瓦解。兩帥皆抽身遁去, 不知其死生."云。

26일。

이희성(李希聖)과 홍우안(洪友顔)이 각기 어버이를 모시고 호동(狐洞: 여우골)에 들어왔고, 박문성(朴文星)도 또한 이르렀으며, 군관(軍官) 2명과 윤섬(尹暹)의 노비 1명도 진중(陣中)에서 도망쳐 탈출해왔다.

듣건대 흉악한 무리들이 사방으로 흩어져 여러 산을 샅샅이 뒤지

---

51 內行(내행): 부녀자의 나들이. 또는 먼 길을 나선 부녀자.

52 狐洞(호동): 여우골. 경상북도 상주시 외서면 禮儀里. 여우곡이라고도 하였다.

53 出身(출신): 과거의 무과에 급제하고 아직 벼슬에 나서지 못한 사람.

54 淸州(청주): 충청북도 중서부에 위치한 고을.

55 籌畫(주획): 계책을 세우는 것.

56 北川(북천): 경상북도 상주시 모서면 대포리에서 시작하여 동북쪽으로 흘러 내서면 신촌리에서 동쪽으로 꺾여 흐르는 강. 상주 시가지 북쪽을 지나 화개리 앞에서 남천(병성천)으로 들어간다. 임진왜란 때 이곳에서 우리측 중앙군과 왜적과의 첫 싸움이 있었고, 아군이 전사자가 많았다.

며 노략질하는 것이 더욱 심하다고 하였다. 일행이 모두 호동(狐洞: 여우골) 앞의 깊은 골짜기로 들어가 바위굴에 숨고는 그대로 바위 사이에서 묵었다. 고을사람들 중에 피난한 자가 또한 셀 수 없었다. 북천(北川)에서 승세를 탄 이후로 왜적의 기세가 거침없이 몰아쳐 사방으로 뒤쫓으니, 마을의 부녀자들이 도로에 엎어지고 자빠지며 죽거나 다치는 이들이 가득하였고, 심지어 노음산(露陰山) 기슭에는 장수와 군사들이 도망쳐 들어온 까닭에 수소문하여 찾는 것이 특별히 심해서 보기만 하면 참혹하게 마구 죽였다.

순변사(巡邊使: 李鎰)와 방어사(防禦使: 成應吉과 趙儆)들이 경성(京城)에서 가져온 군수장비들이 4,50바리에 이르렀으나 죄다 모두 내던져 버려 도리어 왜구에게 필요한 물자가 되고 말았으니 통탄스럽기 그지없다.

○사부(師傅: 세자사부) 하락(河洛)이 그의 아들 하경휘(河鏡輝)와 해를 입었다. {협주: 경휘는 재빨리 달아나면 화를 면할 수 있었으나 그의 부모 때문에 혼자 피난할 수가 없었던 것이다. 왜놈들이 그가 활을 움켜잡고 있는 것을 보고는 그의 양팔을 베었다고 하니, 이야말로 슬퍼할 일이었다.}

○二十六日。

李希聖·洪友顔[57], 各陪親入來, 朴文星亦至, 軍官二人及尹暹[58]奴一人, 亦自陣中逃出來。聞凶徒四散, 尋覓[59]諸山, 抄掠滋

57 洪友顔(홍우안, 생몰년 미상): 본관은 南陽, 자는 希聖. 洪思道(1538~?)의 아들이다.

58 尹暹(윤섬, 1561~1592): 본관은 南原, 자는 汝進, 호는 果齋. 1587년 謝恩使의

甚云。一行皆入狐洞前深谷，潛伏巖穴，因宿于巖間。州人之避亂者，亦無數。自北川乘勝[60]之後，賊勢長驅，四面追逐。閭里士女，僵仆道路，死傷彌漫，而至於露陰一山，以將士亡入之故，搜覔特甚，見輒屠戮。巡邊·防禦使，自京齎來軍裝，至於四五十馱，而竝皆投棄，反作藉寇之資，可勝痛哉。

○河師傅洛[61]，與其子鏡輝[62]被害。{鏡輝則可以疾走免禍，而以其父母之故，不得獨避。倭奴見其執弓，斷其兩臂云，此尤可哀也.}

서장관으로 명나라에 가서 李成桂의 조상이 李仁任으로 오기된 명나라의 기록을 정정한 공으로, 1590년 光國功臣 2등에 책록되고 龍城府院君에 봉하여졌다. 교리로 있던 1592년 임진왜란이 일어나자 巡邊使 李鎰의 종사관이 되어 싸우다가 尙州城에서 전사하였다.

59 尋覔(심멱): 어디에 있는지 모르는 물건이나 사람을 찾기 위하여 살핌.

60 北川乘勝(북천승승): 조정에서 李鎰을 巡邊使로 삼고, 成應吉·趙儆을 각각 좌우 防禦使로 삼아 영남으로 급파하였는데, 이일이 문경을 거쳐 4월 23일 상주에 도착했지만 상주목사 金澥는 이미 도망하였고 판관 權吉만이 지키고 있었다. 군졸과 무기 등을 수습하여 尙州의 北川에서 고니시의 왜군에 맞선 전투이다. 그러나 이일과 종사관 尹暹·朴篪, 찰방 金宗茂, 병조좌랑 李慶流 등이 중과부적으로 대패하고, 李鎰만이 충주로 도망쳤다.

61 河師傅洛(하사부락): 河洛(1530~1592). 본관은 晉州, 자는 道源, 호는 喚醒齋. 南溟의 문하에서 수학하였으며, 1568년 진사시에 장원급제하였다. 이후 王子師傅가 되어 임해군과 광해군을 가르쳤다. 1583년 李珥, 成渾 등이 무고로 어려움에 처하자 상소를 올려 구제하였다. 1592년 임진왜란이 일어났을 때 산으로 피신하였으나 상주목사 金澥의 요청으로 아들 河鏡輝 등과 함께 상주성으로 가던 길에 적을 만나 순절하였다.

62 鏡輝(경휘): 河鏡輝(1559~1592). 본관은 晉州, 자는 公廓. 1589년 증광시에 급제하였다. 1592년 임진왜란이 일어나자 아버지를 모시고 상주에 갔다가 도중에 왜적을 만났다. 왜적이 아버지를 베려 하자, 하경휘는 소리를 지르며 자기 몸으로 칼을 막았으나 무도한 왜적은 부자를 모두 무참히 살해하였다.

27일。

듣건대 왜놈들이 깊숙한 골짜기까지 샅샅이 찾고 있다는 소식이었다. 어제 한밤중에 출발하여 동틀 무렵이 되어 어느 골짜기에 도착하였는데, 호동(狐洞: 여우골)과 거의 30여리나 떨어진 곳이었다. 평시에 걷기를 제대로 익히지 않은 것이 아니었지만 며칠 계속해서 걸었더니 양발이 모두 부르터서 걷기에 곤란하여 그 고통스러움을 어찌 말하랴.

고을의 서쪽에 높은 산이 있는데, 그 산마루에 토성(土城)이 있으니 옛사람들이 피난하던 곳이었다. 상주 목사(尙州牧使: 金澥)와 관속들이 그곳에 와서 머물렀었지만, 상주목사는 순변사(巡邊使: 李鎰)의 지공관(支供官)으로서 문경(聞慶)에 출참(出站)나갔다고 하였다.

듣건대 왜구들이 상주성(尙州城)에 들어가 관사(官舍)를 불 지른데다 성 밖의 큰 집들도 또한 대부분 화재를 당했다고 하였다. 남은 왜구들이 상주성 안팎으로 흩어져 날마다 약탈하기를 일삼았으니, 마필들은 거두어 가서 그들의 짐들을 실어 보냈으며, 닭과 개며 소들은 아침과 저녁에 죄다 잡아먹었다. 전쟁의 참화가 옛날의 역사를 두루 살펴보아도 지금과 같이 심한 경우는 있지 않았다.

○二十七日。

聞倭奴窮搜深谷之報。昨日夜未半發行, 平明到一壑[63], 去狐洞幾三十餘里。平時非不學步, 連日徒行, 兩足俱繭, 困苦何言?

---

63 一壑(일학): 경상북도 상주시 화서면 하송리를 가리킴. 山城里, 下達里, 中達里, 松川里 일부를 합한 마을이다.

洞西有高山, 山頂有土城, 古人避亂處也。牧伯衙屬, 來住其處, 而牧伯則以巡邊使支供官[64], 出站[65]聞慶[66]云。聞倭寇入州城, 焚官舍, 城外巨室, 亦多遭火。餘倭散處州城內外, 日以攻劫爲事, 馬匹則收去, 輸其卜物, 雞犬牛隻, 供頓朝夕。兵火之慘, 歷考前史, 未有如今日之甚。

---

64 支供官(지공관): 조선시대 官備物品의 지급을 담당한 관리.

65 出站(출참): 사신, 감사를 영접하고 모든 전곡과 역마를 이바지하기 위해 그가 숙박하는 역에 가까운 역에서 사람을 내보내는 일을 이르던 말.

66 聞慶(문경): 경상북도 서북부에 위치한 고을.

28일。

심중(審仲: 趙竑의 字){협주: 선생의 동생이다.}과 같이 후현(後峴)에 오르니, 피난하는 사람들이 산마루에 두루 가득하였다. 어떤 자가 이르기를, "적군들이 황령(黃嶺)에 모여들 것이다."라고 하였다.

저녁에 어머니를 모시고 후령(後嶺: 뒷고개)을 넘어 노동(蘆洞: 葛洞)의 김막금(金莫金) 집에 묵었는데 문경(聞慶)땅 골짜기이었다. 온 가족 상하 60여 명이 몸 붙여 있는 곳이 고요하지 않아서 만일 사변이 생긴다면 온전할 리가 만무하여 나뉘어 흩어져 지내는 것 만한 것이 없었지만, 백씨(伯氏: 조정)는 나의 의견과 같지 않았다. 게다가 양식과 필수품이 모두 떨어져 어떻게 해야 할지 모르는데, 도중에 낭패를 당해 깊은 산속 궁벽한 골짜기에 쓰러져 죽기보다는 차라리 고향 마을에 굳게 지키고 앉았다가 선대로부터 물려받은 집에서 목숨 바치는 것이 낫다는 것이다. 사람의 일이 이 지경에 이르자, 말을 할수록 마음이 아팠다. 어찌 태평한 세상에서 이러한 난리를 당해 심지어 골육의 목숨을 서로 돌보지도 못하게 될 줄을 헤아렸겠는가.

○二十八日。

與審仲[67]{先生之弟}, 同上後峴, 則避亂之人, 遍滿絶頂。或云, 賊徒流入黃嶺[68]云。夕陪慈氏, 踰後嶺, 宿于蘆洞[69]金莫金家, 聞慶地[70]也。上下六十餘人, 所寓不靜, 脫有事變, 則萬無俱全之理, 莫如分處, 而伯氏不如吾意。且糧物全乏, 莫知攸爲, 與其中道狼狽, 僵死於深山窮谷之中, 不如堅坐故里, 效死於先廬側之爲愈也。人事至此。言可痛心。豈料昇平之世。遭此喪亂。甚至於骨肉之不相保也。

---

67 審仲(심중): 趙竑의 字. 平市署直長을 지냈다.

68 黃嶺(황령): 黃嶺里. 경상북도 상주시 은척면에 있는 마을. 黃嶺寺가 있기 때문에 붙여진 이름이다. 본래 함창군 수상면에 속했으나, 통폐합에 따라 수상면의 冶洞, 磨店里, 於項里를 병합하여 황령리라 하고 상주시 은척면에 편입되었다.

69 蘆洞(노동): 葛洞 또는 갈골. 경상북도 상주시 외서면 大田里에서 가장 북서쪽 골짜기에 있는 마을이다. 임진왜란 때 피난민들이 칡덩굴을 헤치고 밭을 일구어 세운 마을이라 한다.

70 聞慶地(문경지): 문경땅 골짜기. 문경시 농암면 내서리의 아랫다락골에서 갈골의 동쪽 끝까지 이어지는 골짜기. 골짜기 북쪽 능선 위가 상주시와 문경시의 경계가 되는데, 능선 위에는 문경시 농암동 내서리의 증산 마을이 있다.

29일。

듣건대 왜놈들이 간 지 7일 만에 함녕(咸寧: 咸昌)·문경(聞慶)땅 골짜기를 향해 출발해서 그대로 대궐을 범하려는 계획인데, 단지 10여 명의 왜적만 상주성을 지킨다고 하였다.

○二十九日。

聞倭奴去七日, 發向咸寧·聞慶地, 因爲犯闕之計, 但十餘倭守城云。

30일。

사내종놈이 장천(長川)에서 와서 비로소 소식을 들을 수 있었다. 두 집에 묻어두었던 물건들을 전부 파 갔으며 일부러 마을을 불 질러버렸으니, 비록 혹 적의 칼날에 죽지 않았다 할지라도 무엇을 먹고 무엇으로 입을 것이며 또 어디에서 살 수 있겠는가. 신주(神主)를 묻어둔 곳이 무사한지 그 여부를 아직도 적실히 알지 못하니, 즉시 가서 살피고 싶으나 왜놈들이 널리 가득하고 도로가 막혀 선산을 바라보며 한탄하고 다만 눈물을 삼킬 뿐이었다.

전해들은 소문에 의하면, 현풍(玄風) 곽재우(郭再祐)가 여러 고을들이 와해되고 있을 때 제일 먼저 의령(宜寧)에서 의병을 일으키고 자칭 천강홍의장군(天降紅衣將軍)이라 하면서 적을 토벌하여 나라에 보답하는 것을 자기의 소임으로 여겼다고 하니 가상하였다.

○三十日。

奴子自長川[71]來, 始聞消息。兩家所藏物件, 沒數掘去, 縱火[72]閭里, 雖或不死於鋒鏑, 何食何衣, 又何居焉? 埋主處無事與否,姑未的知, 卽欲往省, 而倭奴遍滿, 道路梗塞, 悵望家山[73], 只自飮泣而已。傳聞[74]玄風郭再祐[75], 當列郡瓦解之時, 首起義旅於宜寧[76], 自稱天降紅衣將軍, 以討賊報國爲己任云, 可嘉。

• 5월 경신삭

1일。

노동(蘆洞: 葛洞)에 머물렀다.

듣건대 경상 좌도의 적들이 또 수산역(守山驛)에서 매호진(梅湖津)을 건너서는 상산(尙山: 상주)에 머물러 있던 적과 합세하고 당교(唐橋){협주: 문경과 함창의 경계에 있다. 옛날 당나라 장수가 신라를 토벌하려 했을 때 진을 쳤던 곳이다.}를 거쳐 곧장 문경(聞慶)으로 쳐들어왔다고 하였다.

---

71 長川(장천): 경상북도 상주시 낙동면 용포리에서 발원하여 분황리 낙동강으로 합류하는 하천으로, 지명으로 전환되어 사용된 명칭.

72 縱火(종화): 放火. 일부러 불을 지름.

73 家山(가산): 집안의 묘지. 곧 先山이다.

74 傳聞(전문): 전해들은 소문. 轉聞은 다른 사람을 거쳐서 간접으로 들은 것이고, 舊聞은 이미 들은 소문이고, 飫聞은 싫증이 나도록 들은 소문이고, 逸聞은 알려지지 않은 소문이고, 風聞은 바람처럼 떠도는 소문이다.

75 郭再祐(곽재우, 1552~1617): 본관은 玄風, 자는 季綏, 호는 忘憂堂. 1585년 정시문과에 급제했지만 왕의 뜻에 거슬린 구절 때문에 罷榜되었다. 임진왜란 때 의병을 일으켜 天降紅衣將軍이라 불리며 거듭 왜적을 무찔렀다. 정유재란 때 慶尙左道防禦使로 火旺山城을 지켰다.

76 宜寧(의령): 경상남도 중앙에 위치한 고을.

직장(直長) 김여해(金汝諧)는 나이가 80살이 넘었는지라 멀리 피할 수가 없어 궁벽한 골짜기에 있는 재실(齋室) 안에 숨어 있다가 흉적의 칼날에 죽었으니, 참혹하고 참혹하였다.

五月庚申一日。

留蘆洞。聞左道之賊, 又自守山[77]渡梅湖[78], 與商山[79]之賊合勢, 由唐橋[80]{在聞咸界. 古唐將討新羅時所陣處也.}, 直趨聞慶云。金直長汝諧, 年踰八十, 不能遠避, 潛伏於窮谷齋舍中, 亦罹凶鋒, 慘矣慘矣。

2일。

노비들이 상주 읍내에서 와서 말했다.

"도적의 무리 중에는 우리나라 사람들이 절반 이상 뒤섞여 있는데, 혹시나 해서 그들의 얼굴을 살펴보면 대부분 지난날 왕래했던 소금장수들로 머리를 깎고 자취를 감춘 자들입니다. 만일 얼굴이라도 알아보는 사람이 있으면 번번이 머리를 숙이고서 보기를 꺼려 피합니다. 이들은 깊숙하고 궁벽한 곳까지 샅샅이 뒤지는 것이 도

---

77 守山(수산): 조선시대 경상도 醴泉에 위치한 驛. 경상우도 幽谷道의 屬驛 중의 하나이다.

78 梅湖(매호): 梅湖津. 경상북도 尙州의 沙伐面에 있던 나루. 예천군, 의성군, 안동군으로 통하는 길목이었다.

79 商山(상산): 경상북도 상주의 옛 이름.

80 唐橋(당교): 경상북도 聞慶郡의 茅田洞과 尙州牧 咸昌縣 允直里 사이의 茅田川에 있던 다리. 신라 때 金庾信이 唐나라 蘇定方의 군사들을 죽여 이곳에 묻었다는 고사에서 유래된 이름이라 한다.

리어 진짜 왜놈들의 생소함보다 더 심합니다."

이러하니 장래의 근심이 어찌 단지 왜구에만 그치겠는가.

○二日。

奴輩自州內來言: "賊徒之中, 本國之人太半相雜, 或審其顏面, 則多是前日往來之鹽商, 削髮混跡。如見識面之人, 輒藏頭回避。此輩之竄搜深僻, 反有甚於本倭之生踈者." 將來之患, 豈但外寇而止哉?

3일.

듣건대 총병(總兵) 신립(申砬)이 조령(鳥嶺)에 방책(防柵)을 설치하여 왜적을 방어할 대책으로 삼았다고 하였다.

○三日。

聞申摠兵砬[81], 設柵於鳥嶺[82], 爲防禦之計云。

4일.

듣건대 신립(申砬)은 이일(李鎰)의 패배에 간담이 서늘해진데다 조령(鳥嶺)이 험난하여 전쟁을 치를 수 없다고 생각해 그 방책(防柵)

---

81 砬(립): 申砬(1546~1592). 본관은 平山, 자는 立之. 1567년 무과에 급제하여 1583년 북변에 침입해온 尼湯介를 격퇴하고 두만강을 건너가 野人의 소굴을 소탕하고 개선, 함경북도 병마절도사에 올랐다. 임진왜란 때 三道都巡邊使로 임명되어 忠州 㺚川江 彈琴臺에서 背水之陣을 치며 왜군과 분투하다 패배하여 부하 金汝岉과 함께 강물에 투신 자결했다.

82 鳥嶺(조령): 경상북도 문경시 문경읍 새재로에 있는 고개.

을 거두고서 진(陣)을 중원(中原: 충주)으로 물렸다고 하였다. 비록 앞으로 있을 승패를 알지 못할지라도 천연의 험준한 땅을 버리고 지키지 않은 것을 어찌 훌륭한 계책이라고 운위할 수 있겠는가.

○四日。

聞申砬落膽於李鎰之敗，謂鳥嶺險不可用武，撤其寨，退陣於中原[83]。雖未知來頭勝敗，而天險之地，棄而不守，豈云得計?

5일。

듣건대 적의 무리들은 관아의 창고를 죄다 열고서 희고 정결한 것들을 골라 뱃길로 수송할 계획을 세우고 나서 또한, 그 고장의 굶주린 백성들이 일시에 구름처럼 모여들자 마음대로 가져가게 했다고 하였다. 온 고을의 살아있는 백성들이 믿는 것은 관아 창고의 곡식인데, 관아의 창고에 있는 곡식을 모두 흩어버리니 어떻게 살 수 있겠으며, 죽어서 시체가 고랑이나 골짜기에 뒹굴지 않고자 반드시 황지(潢池: 관권이 미치지 못하여 도적떼가 발생하는 곳)에 모여들 것이다. 이렇게 한 고을을 웅거하면 다른 고을도 이와 같을 것임을 가히 알 수 있을진대, 백성을 걱정하고 나라를 위하는 계책에 좋은 대책일 리가 만무하니, 나라의 운명이 나쁘다고 하더라도 어찌 이 지경에 이른단 말인가.

○오늘은 천중절(天中節: 단오)이다. 외진 고을로 급히 도망쳐 숨

---

83 中原(중원): 충청북도 충주에 있었던 지명.

어서 선영에 술 한 잔을 올리며 제사지낼 방법이 없으니, 시국에 서글퍼져 마음속이 타는 듯했다. 주인 아낙이 {협주: 속미주(粟米酒: 좁쌀로 담근 술) 반 동이와 상실주(橡實酒: 도토리 술) 몇 주발}내놓았고, 김징(金澄)도 또한 {협주: 앵두 1상자}보내왔다. 궁한 처지에서의 갈증을 조금이나마 해소해주었고, 그 물건들을 보니 감회가 더욱 절실하였다. 때는 농사철인데도 사방의 들에 밭 갈고 농사짓는 백성들이 없으니, 올 가을에 흉년일 것임은 이로써 점칠 수 있겠다. 설령 왜적들이 퇴각해 간들 장차 무엇으로 살길을 꾀하겠는가. 생각이 여기에 미치니, 어찌 그릇됨이 없을 수 있겠는가.

○五日。

聞賊徒盡發官倉, 擇其白淨者, 以爲輸海之計, 且本土飢餓之民。一時雲集, 任意取去云。一州生靈, 所恃者官穀, 而官穀盡散, 何以生活, 不塡溝壑[84], 必聚潢池[85]也。據此一邑, 他郡可知, 民憂國計, 萬無良策, 天步之艱。胡至此極。

○今日, 乃天中節[86]也。奔竄一隅, 松楸[87]一酌, 奠酹[88]無由[89], 感時傷懷, 方寸[90]若煎。主媼進{粟米酒[91]半壺·橡實酒數鉢}, 金澄亦

---

84 溝壑(구학): 죽어서 자신의 시체가 도랑이나 골짜기에 버림받는 일.

85 潢池(황지): 반역이 일어난 지역. 관권이 미치지 못하는 곳.

86 天中節(천중절): 단오의 다른 이름.

87 松楸(송추); 소나무와 오동나무. 이 두 나무는 묘소 주위에 심는 것으로, 전하여 묘소를 뜻하는 말로 사용된다.

88 奠酹(전뢰): 제사를 지내는 것을 말함.

89 無由(무유): 할 방법이 없음.

送{櫻桃一笥}。少解窮途之渴, 而益切覩物之感。時當農月, 而四野無耕作之民, 來秋不稔, 執此可卜。設令外寇退去, 何以料生? 言念及此, 寧欲無訛?

6일。

번(番)을 들러 올라갔던 기병(騎兵) 김언희(金彦希)가 경성(京城)에서 도망쳐 내려와 말했다.

"신립(申砬)이 내려온 이후로 도성의 사람들은 날마다 승전소식을 바랐으나, 지난달 28일 신립은 충주(忠州)에서 패하여 죽었습니다{협주: 탄금대(彈琴臺) 아래에서 배수진(背水陣)을 쳤다가 군대가 몰살되어 패한 것이다.}. 경기 방어사(京畿防禦使: 邊應星)가 정예군을 거느리고 와서 죽산(竹山)에 진을 쳤다가 또한 불리하여 퇴각하자, 적들이 승세를 타고 곧바로 한진(漢津: 한강 나루)에 이르렀습니다. 이일(李鎰)의 장계(狀啓)가 또 이르자 온 도성이 모두 놀라 진동하였고, 나팔을 불어 군사를 징발하였지만 한 사람도 의병으로 나서는 자가 없었습니다. 주상께서 와해될 형세임을 아시고서 지난달 그믐날 대가가 서쪽으로 피난길에 오르자 인심이 더욱 동요하였는데도, 모든 벼슬아치들은 달아나니 새가 날아가 사방으로 흩어져 숨는 듯이 하였습니다. 도성의 문 밖 사람들은 도성 안으로 들어오고 도성 안의

---

90 方寸(방촌): 사방 한 치의 넓이. 사람의 마음 또는 마음속을 일컫는 말이기도 하다.

91 粟米酒(속미주): 좁쌀로 담근 술.

사람들은 성문을 빠져나가고자 길게 늘어섰는데 오직 미처 하지 못할까 걱정하였습니다. 궁궐의 제시(諸寺: 여러 관청)에서 한꺼번에 화재가 일어나자, 사람들이 모두 목숨 보전하는 것만 꾀하고 굳게 지킬 생각은 전혀 없었습니다. 도성의 함락이 조석에 임박했지만 위로 소속된 곳이 없는 데다 밖에서 구원도 없어서, 우리들이 비록 머물며 번을 설지라도 특별히 어찌할 방도가 없었기 때문에 죽음을 무릅쓰고 도망쳐 왔습니다."

아! 영남의 여러 고을에서 한 사람도 의병을 일으키지 않아 왜놈들로 하여금 내륙에 횡행하게 하였고, 도하(都下: 경성)에 녹을 먹는 사람들 또한 얼마나 됨에도 불구하고 거의 모두 달아나 숨느라 겨를이 없으니 2백년의 예악(禮樂)과 문물(文物)이 전쟁으로 말미암아 하루아침에 없어짐에, 무릇 혈기를 지닌 사람이라면 누군들 통곡하고 눈물 흘리지 않겠는가?

○六日。

上番騎士[92]金彦希, 自京逃來, 言: "申砬下來之後, 都人日望捷報, 而去卄八, 申砬敗死於忠州{彈琴臺[93]下, 背水而陣, 沒軍見敗.}, 京畿防禦使, 率精兵來, 陣于竹山[94], 亦不利而退, 賊乘勝直抵漢

92 上番騎士(상번기사): 지방에서 교대로 入番하러 서울에 오는 기병.

93 彈琴臺(탄금대): 충청북도 충주시 북서쪽 4km 지점에 있음. 남한강과 달천강이 합류하는 두물머리에 자리잡고 있다.

94 《선조실록》 1592년 9월 1일 5번째 기사에 "전 승지 成泳이 驪州에 이르러 元豪의 舊兵을 얻고 모집한 인원과 합하여 군대를 만들었다. 이 일이 알려지자 가선대부에 加資하였다. 이때 畿左 중에서는 여주와 利川에만 적의 둔영이 없었기

津。李鎰狀啓[95]又至, 滿城俱震, 吹角徵兵, 無一人赴義者。上知有瓦解之勢, 前月晦日, 大駕西巡[96], 人心益撓, 百僚奔潰, 有同鳥竄[97]。門外之人, 入城中, 城中之人, 騈闐[98]出門, 惟恐不及。宮闕諸寺[99], 一時火起, 人皆以偸生爲計, 了無堅守之意。都城陷沒, 迫在朝夕, 上無所屬, 且無外援, 吾等雖留番, 別無可爲之道, 故冒死逃來云。噫! 嶺外列邑, 無一人倡義, 使賊奴衝斥內地, 都下食祿之人亦幾何, 而擧皆奔竄之不暇, 使二百年禮樂文物, 蕩然於一朝兵火, 凡有血氣者, 孰不痛哭而流涕哉?

때문에 성영이 牧使 南彦經과 방어사 邊應星과 함께 모두 군사를 주둔시켰으나 감히 적을 공격하지는 못했다. 변응성이 한 차례 竹山 길로 진출했다가 패군하여 퇴각하였다."라고 기록되어 있는바, 시기의 착종이 있는 것으로 보임. 邊應星(1552~1616)의 본관은 原州, 자는 機仲. 1592년 임진왜란이 일어나자 慶州府尹에 임명되었다. 그러나 일본군이 먼저 경주를 점령하여 부임하지 못하고, 8월 가평 전투에서 적과 싸워보지도 않고 도망쳤다는 이유로 백의종군하였다. 利川府使가 되어서는 여주목사 元豪와 협력하여 남한강에서 적을 무찔렀다. 1594년 광주·이천·양주의 산간에 출몰하는 土賊을 토벌하였으며, 한강 상류 龍津에 승군을 동원하여 木柵을 구축하여 병졸을 훈련하였다.1596년 李夢鶴의 난이 일어났을 때는 용진과 여주 婆娑城을 수비하였다. 광해군 때에 훈련대장과 판윤에까지 승진하였다.

95 狀啓(장계): 申炅의 《再造藩邦誌(一)》에 의하면, 장계의 내용은 "적이 오늘 내일 사이에 경성에 들어갈 것입니다."고 함.

96 西巡(서순): 국왕의 서북 지방 巡行을 가리킴. 특히, 임진왜란 때 선조가 평양으로 피난하고, 다시 의주로 피신했을 때와 같은 경우를 가리킨다.

97 鳥竄(조찬): 새가 날아가 버리듯이 사방으로 흩어져 숨음.

98 騈闐(변전): 사람이나 수레 따위가 길게 늘어섬.

99 諸寺(제시): 奉常寺·宗簿寺·司僕寺·軍器寺 등의 기관을 말함.

7일。

듣건대 호서(湖西: 충청남북)까지 올라온 왜적들이 그 수도 또한 많았고, 청산(靑山)·회인(懷仁)·보은(報恩)·청주(淸州) 등 여러 고을들도 또한 모두 성이 함락되었다고 하였다.

○七日。

聞湖西上來之倭, 其麗亦多, 靑山[100]·懷仁[101]·報恩[102]·淸州等諸邑, 亦皆陷城云。

8일。

전해들은 소문에 의하면 도성에 들어간 왜적은 서신을 보내어 이덕형(李德馨)을 맞이해서 화친의 일을 말했고, 또 우리나라를 앞장서 인도하도록 하여 장차 상국(上國: 명나라)을 침범하겠다고 했다는데, 아직 믿을 만한 소식인지 적실하게 알지 못하지만 국가의 불행함은 차마 말로 할 수가 없다. 우리나라가 차라리 망할지언정 그들이 이르는 대로 따를 수가 있겠는가.

대저 학봉(鶴峯: 金誠一) 영감이 지난날 일본에 사신으로 갔을 때, 왜놈들은 이미 대명(大明: 명나라)을 침범할 뜻이 있어서 조선(朝鮮)으로 하여금 앞에서 인도하게 하고자 회답 국서(國書)에도 또한 이 말을 언급하였었다. 학봉이 분함을 이길 수 없어 그들에게 분수를

---

100 靑山(청산): 충청북도 옥천군 동부에 위치한 고을.

101 懷仁(회인): 충청북도 보은군에 서부에 위치한 고을.

102 報恩(보은): 충청북도 남서부에 위치한 고을.

범해서는 안 된다는 뜻을 극단적으로 말하자, 저 왜놈들은 그 말을 에둘러서 교활하게 속인 흔적을 감추고자 하였던 것이다. 학봉(鶴峯)은 또 끝까지 말로라도 이치에 닿지 아니한 것을 굽히지 않고 주장하여 그 정상을 밝혀 일이 더 커지기 전에 막으려는 계획이었으나, 상사(上使: 通信正使) 황윤길(黃允吉)이 왜놈들의 뜻을 거슬러 장차 모욕을 당할까봐 크게 두려워하고는 다른 의견으로 방해하여 학봉으로 하여금 지조와 절개를 펼치지 못하게 하였다.

지금에 이르러 저 오랑캐들은 과연 이 일로써 공갈하던 자들이니, 당시에 한스럽게도 힘써 저지하지 못하도록 한 책임일러라. 상사 황윤길은 어찌 감히 그 죄로부터 벗어날 수 있겠는가. 또한 조선으로 하여금 앞에서 인도하게 하려 했던 것은 흔단(釁端: 불화의 단서)을 일으켜서 명나라를 공격하려는 뜻이었다. 오늘날 신하와 백성이 된 자들은 상하가 힘을 합하고 마음을 같이하여 안으로 정치를 닦고 밖으로 외세를 물리칠 방책을 힘써 강구하여 공격과 수비의 계책을 더욱 견고히 해야 할 따름이다. 저 왜놈들이 비록 많고 강할지라도 적지에 깊숙이 들어온 데다 바다를 건너온 외적이니, 세월을 보내며 오랫동안 버티고 견딘다면 어찌 싸우지 않더라도 스스로 죽지 않을 수가 있겠는가.

진실로 충성스럽고 의로운 자가 있을지니 분개하는 뜻을 일으키고 충절의 기운을 떨쳐 일거에 맨 먼저 주창하면서 자신이 사졸보다 앞서 죽겠다는 마음을 먹는다면, 울분을 토로하던 원근의 백성들이 메아리처럼 원문(轅門: 軍營)에 달려오지 않을 자가 없을 것이다. 이처럼 죽음을 두려워하지 않는 병사들로 오랫동안 종군하느라 고달

팠던 적들을 공격하면 의로운 기세가 절로 갑절이 될 것이고 사람마다 스스로 힘껏 싸울 것이니, 흉적을 없애어 치욕을 갚는 것이 어찌 여기에 있지 않겠는가. 그런데도 곤수(閫守: 兵使)나 읍재(邑宰: 고을 수령)들이 풍문만 듣고도 달아나 무너져 버리는 것이 곳곳마다 모두 그러해서, 대읍(大邑: 큰 고을)이나 거진(巨鎭: 거대한 진)에서 성을 지키고자 피 흘려 싸우는 자가 한 명도 없었다.

임금이 욕을 당하면 신하는 목숨을 바쳐야 하는 이때를 당하여 우리 고을 목사(牧使: 尙州牧使 金澥)는 산속의 사찰로 달아나 숨어서, 목숨을 보전하여 구차하게 사는 것으로 계책을 삼으니 통탄스러움을 금할 수 있겠는가. 오직 용궁 현감(龍宮縣監) 우복룡(禹伏龍)만이 굳게 지키고 힘껏 물리치며 성벽을 견고히 하여 흔들리지 않았다고 하는데, 아주 작은 쇠잔한 마을이 왜군을 대적하기에 십분의 일도 되지 못하는 데다 또 성곽(城郭)도 없어 적을 방어하기가 더욱 어려웠으나 끝내 함몰되지 않았던 것은 진실로 사람에게 달렸던 것이지 많은 것에 달렸던 것이 아니었다. 그의 소문난 명성이 오래도록 들렸다. 지금 적이 한창 치성한 때를 당하여 앞에서 한 말들이 빈 말이 아님을 더욱 믿을 것이로다.

○八日。

傳聞上京之倭, 以書契, 邀見李德馨[103], 言講和事, 且欲以我國

103 李德馨(이덕형, 1561~1613): 본관은 廣州, 자는 明甫, 호는 漢陰·雙松·抱雍散人. 임진왜란이 일어나자 왜장 小西行長과 충주에서 담판하려 했으나 성사되지 못하였고, 대동강에서 玄蘇와 회담하여 그들의 침략을 논박하였다. 그 뒤 定州까지 선조를 호종하였다가 請援使로서 명나라에 원병을 청하였다. 귀국하

爲先導, 將犯上國云, 姑未的知信報, 而國家之不幸, 有不忍言也。我國寧亡, 其可以聽從[104]乎? 大抵, 鶴峯令公, 前使日本時, 倭奴已有侵犯大明之意, 欲使朝鮮爲先驅, 而所答國書, 亦及此語。鶴峯不勝憤惋, 極言其不可犯分[105]之意, 則彼倭回互其說, 欲掩其狡詐之跡。鶴峯又欲窮辭强辨, 發其情狀, 以爲防微杜漸[106]之計, 而上使黃允吉[107], 以觸忤倭奴, 將見僇辱爲大懼, 異論掣肘[108], 使鶴峯不得伸其志節。到今彼虜, 果以此事恐喝者, 當

여서는 대사헌이 되어 명군을 영접하고 군량의 수집을 독려하였다. 그해 12월 한성부 판윤이 되어 명장 李如松의 接伴官으로 활동하였다. 이듬해 1월 판윤직에서 물러났으나 4월에 다시 복귀하였으며, 형조·병조 판서를 거쳐 1594년 이조판서가 되었다. 1595년 경기도·황해도·평안도·함경도의 四道體察府使에 임명되었으며, 1597년 정유재란 때에는 명장 楊鎬와 함께 서울 방어에 힘썼다. 이 공으로 같은 해 38세의 나이로 우의정에 올랐고 곧이어 좌의정이 되었다. 전란이 끝난 후에는 判中樞府事가 되어 군대를 재정비하고 민심을 수습하는데 노력하였으며, 대마도 정벌을 주장하였으나 실행되지는 못하였고, 1598년 영의정이 되었다.

104 聽從(청종): 이르는 대로 잘 들어 좇음.

105 犯分(범분): 제 신분과 처지를 돌아보지 않고 웃어른에게 버릇없는 짓을 함.

106 防微杜漸(방미두점): 어떤 일이 커지기 전에 미리 막음.

107 黃允吉(황윤길, 1536~?): 본관은 長水, 자는 吉哉, 호는 友松堂. 1558년 사마시에 합격하여 진사가 되고, 1561년 진사로서 식년문과에 병과로 급제하였다. 여러 벼슬을 거쳐 1583년 황주목사를 지내고, 이어 병조참판을 지냈다. 1590년 通信正使로 선임되어 부사 金誠一, 書狀官 許筬과 함께 수행원 등 200여명을 거느리고 대마도를 거쳐 오사카로 가서 일본의 關伯 豊臣秀吉 등을 만나보고 이듬해 봄에 환국하여, 국정을 자세히 보고하였다. 서인에 속한 그가 일본의 내침을 예측하고 대비책을 강구하였으나, 동인에 속한 김성일이 도요토미의 인물됨이 보잘것없고 군사준비가 있음을 보지 못하였다고 엇갈린 주장을 하여 일본 방비책에 통일을 가져오지 못하였다.

時恨不能力折之責也。黃使何敢逃其罪哉? 且令朝鮮先導者, 將欲求釁端[109], 滅虢[110]之意也。爲今日臣民者, 莫如上下協力同心, 務講修攘[111]之策, 益堅攻守之計而已。彼倭雖衆且强, 懸軍[112]越海之寇, 曠日持久[113], 安得不不戰而自斃乎? 苟有忠義者, 發憤慨之志, 奮忠節之氣, 一擧倡之, 身先士卒, 有死之心, 則遠近嘔吟之民, 莫不響赴轅門[114]矣。以此敢死之卒, 攻彼久勞之賊, 義氣自倍, 人自力戰, 除凶雪恥, 豈不在玆? 而閫守邑宰, 望風奔潰[115], 在在皆然, 大邑巨鎭。一無守城血戰者。當此主辱臣死[116]之日, 吾州牧伯竄伏山寺, 以偸生苟活爲得計, 可勝痛哉! 惟龍倅

---

108 掣肘(철주): 남의 팔꿈치를 옆에서 끈다는 뜻으로, 남의 일에 참견하여 못하게 방해함을 비유적으로 이르는 말.

109 釁端(흔단): 서로 사이가 벌어지는 시초나 단서. 불화의 단서. 싸움의 시초.

110 滅虢(멸괵): 괵을 멸함. 《左傳》 僖公 2년에 荀息이 晉獻公에게 "虞나라의 길을 빌려 虢나라를 토벌하자.(假道於虞以伐虢)"고 하였으며, 5년에 다시 진헌공이 우나라의 길을 빌려 괵나라를 치려 하자, 이에 우나라의 충신 宮之奇가 "괵나라는 우나라의 보호벽이니, 괵나라가 망하면 우나라도 괵나라를 따르게 됩니다.(虢, 虞之表也. 虢亡, 虞必從之.)"고 한 데서 나온 말이다.

111 修攘(수양): 內修外攘. 내수는 내부의 국정을 잘 닦아가는 것이고, 외양은 외적의 침입을 물리치는 것임.

112 懸軍(현군): 군의 부대가 본대를 떠나 적지에 깊어 들어감.

113 曠日持久(광일지구): 하는 일 없이 헛되이 세월만 보내어 오래 끌고 머문다는 뜻.

114 轅門(원문): 군영이나 영문을 이르던 말. 옛날 중국에서 田獵할 때나 전쟁하는 데 진을 칠 때에 수레로써 우리처럼 만들고, 그 드나드는 곳에는 수레를 뒤집어 놓아 수레의 끌채가 서로 향하도록 만들었던 것에서 온 말이다.

115 望風奔潰(망풍분궤): 기세만 바라고도도 달아나 무너져 버림.

116 主辱臣死(주욕신사): 임금이 욕을 당하면 신하는 임금을 위해 목숨을 바친다는 말. 아랫사람이 윗사람을 도와 생사고락을 함께함을 이르는 말이다.

禹伏龍[117], 牢守力拒, 堅壁不撓云, 十室[118]殘邑, 不足以敵倭十分之一, 且無城郭, 尤難禦賊, 而終免陷沒, 信乎在人, 不在多也。聞其政聲久矣。今當賊熾之日, 益信前言之不虛也。

9일。

화령현(化寧縣) 감관(監官: 곡식 출납 관리) 윤효인(尹孝仁)이 목사(牧使: 상주목사 金澥)의 지시를 받들어서 진휼곡(賑恤穀: 백성을 구휼하는데 쓰는 곡식)을 나누어 주었기 때문에 대산(大山) 노비를 보내어 소미(小米: 좁쌀) 1섬을 받아왔다.

○九日。

化寧[119]縣監官[120]尹孝仁, 承牧伯指揮, 分給賑穀, 故送大山奴, 小米一石受來。

---

117 禹伏龍(우복룡, 1541~1613): 본관은 丹陽, 자는 현길(見吉), 호는 懼庵·東溪. 1573년 司馬試에 합격하여 성균관 유생이 되었다. 임진왜란 때 龍宮縣監으로 용궁을 끝까지 방어, 그 공으로 安東府使에 올랐다. 1599년 洪州牧使가 되어 선정을 베풀고, 羅州牧使·忠州牧使를 거쳐 1612년 成川府使에 이르렀다.

118 十室(십실): 十戶쯤 되는 작은 마을.

119 化寧(화령): 경상북도 상주군 서부 지역(화서면, 화동면, 화남면, 화북면 등)의 옛 지명. 조선시대에는 報恩에서 이곳을 거쳐 栗峴을 지나 尙州에 이르는 도로가 발달하였다. 부근에는 倉과 長林驛이 있었으며, 하천을 따라 永同으로 나갈 수 있었다.

120 監官(감관): 관청이나 宮家에서 돈과 곡식 따위의 출납을 맡아보던 관리.

10일。

삼가 듣건대 거가(車駕: 大駕)가 도성(都城)을 출발하던 날부터 온종일 비를 무릅쓰고 간신히 동파역(東坡驛)에 도착하였으며, 이달 초하룻날 출발하여 저녁이 되어서야 개성부(開城府)에 이르러 하루를 머물렀으며, 다음날 또 출발하여 황해도(黃海道) 금교역(金交驛: 金郊驛의 오기)에, 4일에는 보산역(寶山驛)에, 5일에는 봉산군(鳳山郡)에, 6일에는 황주(黃州)에, 7일에는 평양(平壤)에 이르렀다고 하였다. 행궁(行宮: 임금의 임시 거소)이 이슬을 맞고 진흙탕에 빠지는 곤욕을 치른 것이 이보다 더 심할 수가 없었는데, 외로운 신하가 힘이 없어서 왜구를 소탕하여 평정하지 못하고 앉아서 난여(鑾輿: 大駕)가 도성(都城)을 떠나 피난하는 지경에 이르는 것을 보았으니, 하늘을 우러르고 땅을 굽어보았지만 송구스러워 돌아갈 곳이 없었다.

○十日。

恭聞車駕自發都城之日, 終日冒雨, 艱到東坡驛[121], 今月初一日發行, 夕次開城府[122], 留一日, 翌日又發行, 次黃海道金交驛[123], 四日次寶山驛, 五日次鳳山[124]郡, 六日次黃州[125], 七日到平壤云。行宮[126]露泥之辱, 莫此爲甚, 孤臣無力, 不能掃平寇賊, 坐見鑾輿至於播越, 俯仰天地, 跼蹐[127]無歸。

---

121 東坡驛(동파역): 경기도 파주시 진동면 동파리에 있던 驛. 조선시대에는 京畿右道程驛察訪에 소속되었다가 迎曙道의 속역으로 편입되어 조선시대 후기까지 존속하다 갑오개혁 때 폐지되었다. 사신 일행을 접대하는 등 잡역의 부담이 다른 역보다 심하였다. 그리하여 1425년에는 병조에서, 사신의 수발과 영송에 종사하는 인원을 기존의 8명에서 14명으로 늘릴 것을 요청하기도 하였다. 또한 임진왜란 당시에는 선조가 의주로 피난하면서 이곳에 잠시 머물렀으며, 명나라 군대가 벽제역에서 왜군에게 패한 뒤에는 명군의 주둔지로 활용되기도 하였다.

122 開城府(개성부): 조선시대 수도 방위를 목적으로 개성에 설치되었던 특수 행정기관. 한성부 주변의 행정적·군사적으로 중요한 지역을 선정해 주·부·군·현의 일반적인 행정 체계와는 별도로 특수 행정 체계로 유수부를 설치, 운영하였던 것이다.

123 金交驛(금교역): 金郊驛의 오기. 황해도 금천군 소재 驛.

124 鳳山(봉산): 황해도 봉산군 沙里院에서 동쪽 6km 지점에 있는 고을.

125 黃州(황주): 황해도 중북부에 위치한 고을.

126 行宮(행궁): 임금이 거둥길에 머무는 別宮.

127 跼蹐(국척): 황송하거나 두려워 몸을 굽히고 조심스럽게 걸음.

11일。

노비들이 양식을 구하려고 상주(尙州) 읍내로 가까이 들어가다가, 도중에 적들이 백갈촌(白葛村)에 진을 치고서 불 지르며 노략질하는 것이 더욱 심하여 사람을 만나기만 하면 번번이 해치는지라 나아갈 수 없다는 것을 들었다고 하였다.

○듣건대 청주(淸州)가 일찍이 이미 함락되었었기 때문에 고을의 모든 사람들이 염려를 놓고 다시 들어왔는데, 왜구들이 갑자기 들이닥치자 죽고 다친 사람이 아주 많았고, 사족들이 남아나지 않은 데다 포로가 된 고을 수령은 어디로 붙잡혀 갔는지 알지 못하였고 반자(半刺: 判官)도 또한 처자식을 잃고서 몸만 겨우 빠져나와 지금 공림사(空林寺)에 머물러 있다고 하였다.

○또 듣건대 감사(監司) 김수(金睟)가 도주(道主: 관찰사)로서 도내(道內)의 정예병 5,6백 명을 뽑아 데리고 다니는 것으로 만들었으나 적들을 한 명도 막지 못하여, 적이 상주(尙州)를 지나도 거창(居昌)으로 물러나 숨었지 끝내 군대를 일으키지 않았으며, 나중에 경상도 경계를 벗어나 고개를 넘어서 행군이 용인(龍仁)에 이르렀지만 다시 곧장 도망쳐 되돌아와 의병들로 하여금 무너져 갈라지게 하고 뭇사람들을 흩어지게 하여, 곽재우(郭再祐)가 그의 죄상을 열거한 격문(檄文)을 보냈고 상소문을 행재소(行在所)에 올렸다고 하였다.

○十一日。

奴輩覔糧, 次入州內, 中路聞賊結陣白葛村[128], 焚掠滋甚, 逢人輒害, 不得進去。○聞淸州曾已見陷, 故上下人民, 釋慮還入, 倭寇猝至, 殺傷甚多, 士族無遺, 被擄主倅[129], 不知去處, 半刺亦失妻孥, 身僅抽出, 今寓空林寺[130]云。○又聞監司金睟, 以道主, 抄出道內精兵五六百, 以爲帶率, 而一不禦賊, 賊過尙州。而竄伏居昌[131], 終不起軍, 後雖出境踰嶺, 而行到龍仁[132], 復卽奔還, 使義兵潰裂, 衆情解體, 郭再祐列罪傳檄, 疏聞行在云。

12일。

조굉(趙竑) 아우가 처자식들이 있는 곳에 찾아가서 모두 데리고 이곳으로 왔다. 듣건대 조 좌수(趙座首)는 일가붙이로 나이가 많아서 멀리 피할 수가 없어 남장동(南長洞)의 재사(齋舍: 제사를 지내기 위해 묘소나 사당 옆에 지은 집. 풍양조씨 문중재실)에 있다가 졸지에 적의 무리들을 만났는데, 노인이라며 애걸하니 적들이 양식과 반찬, 유의(襦衣: 겨울옷)를 받고는 보내주었다고 하였다. 대개 노인이 능히 걸어 다닐 수 없는 것을 가긍히 여긴 것이었다. 이와 같은 무리들은 또한 도적이면서도 양심이 있는 자라고 할 수 있다.

---

128 白葛村(백갈촌): 백갈 들. 경상북도 상주시 외서면 봉강리 새마 서쪽와 이천리의 말밭태이 남서쪽 외서천 건너에 있는 들.

129 主倅(주쉬): 淸州牧使 柳涉(생몰년 미상)을 가리키는 듯. 본관은 瑞山. 임진왜란 때 청주목사로 왜적을 맞아 싸웠다. 安邦俊의 《隱峯全書》 권36 〈抗義新編·嶺湖備倭之策〉에 기록이 남아 있다.

130 空林寺(공림사): 충청북도 괴산군 청천면 사담리 낙영산에 있는 사찰. 괴산군 청천면에서 상주시 화북면으로 이어진 37번 국도를 따라가면 있다. 낙영산 북쪽으로는 화양구곡이, 남동쪽으로는 속리산이 자리하고 있다.

131 居昌(거창): 경상남도 북서부에 위치한 고을.

132 龍仁(용인): 경기도 중앙부에 위치한 고을.

○들려오는 소식에 의하면 부원수(副元帥) 신각(申恪)이 함경남도병사(咸鏡南道兵使) 이혼(李渾)의 군과 합세하여 양주(楊州)에서 적을 만나 크게 무찌르니, 변란이 발생한 이후로 처음 이러한 승리가 있어서 사람마다 기뻐 날뛰지 않는 이가 없었지만, 신각은 처음 김명원(金命元) 휘하의 부원수(副元帥)였으면서도 한강(漢江) 나루가 무너질 적에 신각이 김명원을 따르지 않았기 때문에 김명원은 장계(狀啓)로 그를 죽여야 한다고 아뢰었다니 참혹하고 참혹하였다. 다 같이 국사(國事)인데 어떻게 피차를 분별하여 장계로 죽이는 데까지 이르니 이 무슨 마음이란 말인가. 이를 들은 사람은 한탄하고 애석해 하지 않는 이가 없었다.

○듣건대 마을에 있는 소와 말을 왜놈들이 전부 잡아가서는 타고 다니거나 양식을 실어 보내거나 잡아먹거나 하다가 이루 다 쓸 수 없게 된 것은 길가에 버리자, 궁벽한 골짜기에서 굶주렸던 백성들이 또한 다투어 서로 잡아먹어서, 마을에서 길렀던 가축들이 장차 거의 남아날 것이 없었다. 적들이 비록 물러나 가더라도 백성들은 장차 무슨 가축물(家畜物)에 기대어 본업으로 돌아가랴. 병란(兵亂)이 어느 시대인들 없었으랴만, 사람과 가축이 다 없어진 것은 어찌 오늘과 같은 경우가 있겠는가.

○十二日。

竑弟往尋妻孥所在，幷挈來此。聞趙座首，宗人年老，不能遠避，在南長[133]齋舍，猝遇賊徒，以老哀乞，則賊以糧饌襦衣[134]見投云。蓋憐老人不能行步也。如此輩，亦可謂盜而有良心者。○流聞副元帥申恪[135]，與咸鏡南道兵使李渾[136]合兵，遇賊于楊州[137]，

大破之, 自變出以後, 始有此捷, 人人無不踴躍, 而恪初爲金命

---

133 南長(남장): 南長洞. 경상북도 상주시 南院洞에 있는 자연부락. 南長齋는 남장동 357-89번지 재실뜸에 있는 풍양조씨 문중재실이다. 정면 4칸, 측면 2칸 규모에 앞열에 툇마루, 뒷열에 온돌방이 배열된 평면이다.

134 襦衣(유의): 겨울에 입는 옷. 가운데 솜을 넣고 안팎으로 생무명을 바쳐 추위를 피할 수 있도록 만들었다.

135 申恪(신각, ?~1592): 본관은 平山. 아버지는 申景顔이다. 작은아버지 申景閔에게 입양되었다. 1586년 강화부사를 거쳐 이듬해 경상도방어사가 되었으나, 영흥부사 재직 시에 新昌縣監 趙希孟이 그의 첩에서 난 아들을 納粟시켜서라도 벼슬길에 나갈 수 있게 해달라는 요청을 받고 관의 곡식을 꺼내 그 납속을 충당해주었다가 파직되었다. 1592년 임진왜란이 일어나자 다시 기용되었으며 서울 수비를 위하여 守城大將 李陽元 휘하의 中衛大將에 임명되었고, 다시 도원수 金命元 휘하의 부원수로서 한강을 지켰다. 이때 김명원은 임진에 가 있었으므로 留都大將 이양원을 따라 양주에 가서 흩어진 군졸들을 수습하고 함경도병마사 李渾의 원군과 합세하여, 양주 蟹踰嶺에서 일본군을 크게 무찔렀다. 그 결과 적의 머리 70級을 베었는데 이것은 왜란 초기 처음 있는 승첩이었다. 그런데 이 무렵 이양원이 산골에 숨어 있어 소식이 끊겼는데, 신각이 명령을 따르지 않고 이양원을 따라 도망쳤다는 내용의 狀啓가 올라가 당시 우의정 兪泓에 의해 참형을 당하였다. 이날 오후 양주에서 다시 첩보가 도착하여 왕이 신각을 죽이지 말라고 선전관을 뒤따라 보냈으나, 이미 처형된 뒤였다.

136 李渾(이혼, 1543~1592): 본관은 全州. 孝寧大君 5대손으로, 호조참판 李元禮와 참판 趙機의 딸 平壤趙氏 사이에서 태어났다. 1589년 1월 慶源府使로 재직할 때 무신들 가운데 순서에 관계없이 수사·병사에 특별히 천거하여 등용하는 제도가 시행되자 좌찬성 兪泓의 추천을 받았으며, 富寧府使·全羅右水使·濟州牧使 등을 역임하였다. 1591년 咸鏡南道兵使로 부임하였다. 1592년 5월 임진왜란이 시작되면서 南兵使로서 휘하 장병을 이끌고 楊洲에 이르러 副元帥 申恪의 병력과 합세하여, 양주의 蟹嶺에서 왜적을 격파하는 전과를 올렸다. 1592년 6월 12일 鐵嶺에서 군사를 동원해 이 일대를 지키고 있다가 關北 방면으로 진격 중인 왜장 加藤·毛利 군대를 방어하였으나, 그들의 공격에 밀려 鐵嶺을 버리고 甲山으로 퇴각하였다. 이때 咸慶監司 柳永立은 산골에 숨어 있다가 우리 군사가 안내한 적군의 손에 사로잡혔고, 갑산으로 도망간 이혼은 奇春年·朴延文 등 배반한 백성들의 기습을 받고 싸우다가 아들과 함께 전사하였다.

元[138]之副, 漢津之潰, 恪不從命元, 故命元啓殺之云, 慘矣慘矣。同是國事, 何分彼此, 而至於啓殺, 是何心也。聞之者, 莫不嗟惜。○聞閭里牛馬, 倭奴全數取去, 或騎行, 或輸糧, 或屠食, 而不可勝用, 棄之道傍, 窮谷飢餓之民, 亦爭相殺食, 閭閻所畜, 殆將無遺類矣。賊雖退去, 民將倚何物而歸本業哉? 兵亂何代無之, 而人畜竝盡, 豈有如今日者乎?

13일。

한 장의 격문(檄文)이 날아왔는데, 송언명(宋彦明: 宋光國)이 있는 곳에서 온 것이다.{협주: 그 내용은 대략 이러하다. "이번에 수길(秀吉)이 그의 표독함을 자부하고 우리나라를 침범하여 8도(道)에서 승승장구하는데도 여러 고을의 연수(連帥: 節度使)들이 풍문만을 듣고도 달아나 무너졌고, 혹은 굳게 지키며 힘써 싸우는 사람이 있지도 않아 왜놈들이 마치 무인지경으로

137 楊州(양주): 경기도 중북부에 위치한 고을.

138 金命元(김명원, 1534~1602): 본관은 慶州, 자는 應順, 호는 酒隱. 1568년 종성부사가 되었고, 그 뒤 동래부사·판결사·형조참의·나주목사·정주목사를 지냈다. 1579년 의주목사가 되고 이어 평안병사·호조참판·전라감사·한성부좌윤·경기감사·병조참판을 거쳐, 1584년 함경감사·형조판서·도총관을 지냈다. 1587년 우참찬으로 승진했고, 이어 형조판서·경기감사를 거쳐 좌참찬으로 지의금부사를 겸했다. 1589년 鄭汝立의 난을 수습하는 데 공을 세워 平難功臣 3등에 책록되고 慶林君에 봉해졌다.1592년 임진왜란이 일어나자, 순검사에 이어 팔도도원수가 되어 한강 및 임진강을 방어했으나, 중과부적으로 적을 막지 못하고 적의 침공만을 지연시켰다. 평양이 함락된 뒤 순안에 주둔해 行在所 경비에 힘썼다. 이듬해 명나라 원병이 오자 명나라 장수들의 자문에 응했고, 그 뒤 호조·예조·공조의 판서를 지냈다. 1597년 정유재란 때는 병조판서로 留都大將을 겸임했다.

들어와 나뉘어서 마을을 약탈하며 길을 가지도 오지도 못하게 막아 국가가 거의 망하게 되어 아침에 저녁 일을 보장할 수 없듯 상황이 급박하게 되었도다. 무릇 신하된 사람으로서 의리상 모른 체 하기 어려우니, 수령(守令)과 도장(都將), 유향소(留鄕所) 및 사류(士類) 가운데 뜻있는 여러 사람들이 각자 신명(身命)을 바쳐 근왕병(勤王兵)을 불러 모아서 오랑캐 놈들을 섬멸시켜 나라를 회복하자."}지금 이 격문을 보니, 저도 모르게 마음과 간담이 비장(悲壯)해져서 저절로 돌아보건대 재주와 책략이 절반도 남들에게 못 미치면서 단지 스스로의 가슴을 어루만지며 비분강개했을 뿐이었다.

삼가 듣건대 한 늙은 아전이 이 격서(檄書)를 보고는 주백(州伯: 상주목사)에게 알리면 혹 시행될 수 있을 것으로 생각하여 가지고 가서 아뢰니, 주백(州伯)이 답하기를, "이것은 조정이 지휘할 일이 아니라서 달리 처리할 일이 없으니, 너는 물러나 가거라."라고 했다니, 지극히 한심스러웠다.

○十三日。

有一紙飛檄來, 自宋彦明[139]所。{其略曰: "徂玆秀吉, 恃其慓悍, 侵我大邦, 長驅八路, 而連帥列郡, 望風奔潰, 無或有堅守力戰之人, 倭奴如入無人之境, 分抄閭里, 阻搪[140]道途, 國家垂亡, 朝不保夕[141]。凡爲臣子

139 彦明(언명): 宋光國(생몰년 미상)의 字. 본관은 礪山. 아버지는 宋新民이다.

140 阻搪(조당): 가거나 오거나 하지 못하게 막음.

141 朝不保夕(조불보석): 아침에 저녁 일을 보장할 수 없음. 상황이 급박하다는 말이다.

者, 義難恝視, 守令都將, 留鄕所[142]及士子中, 有志諸人等, 各自致身[143], 召號勤王[144], 克勦醜奴, 以復邦家云云.} 今見此檄, 不覺心膽輪囷[145], 而自顧才略, 半不及人, 徒自撫心慷慨而已。竊聞一老吏見此檄書。意謂州伯, 或有施爲, 持而稟告。則答曰: "此非朝廷指揮, 別無處置事, 爾其退去."云, 極可寒心。

14일.

양식이 완전히 떨어져 도조(賭租)를 받기 위해서 대산(大山) 노비를 가은(加恩)에 보냈다. 난리를 만난 지 날이 오래되어 양맥(兩麥: 보리와 밀)이 이미 익음에 생각건대 그 보리와 밀을 거두러 들어가고 싶으나 길이 막혀서 형편상 어찌할 도리가 없으니 거의 죽음의 구렁텅이에 빠질 지경이었다. 가을에 익을 만한 곡식을 심는 것과 잡초를 뽑아내는 김매기 또한 모두 때를 놓쳤으니, 앞으로의 생활이 더욱 지극히 염려되었다. 백성 역시 하늘의 백성인데, 하늘은 어찌 이토록 잔인한가.

○十四日。

糧物頓絶, 以乞租事, 送大山奴于加恩[146]。遭亂日久, 兩麥已

---

142 留鄕所(유향소): 향리의 비행을 규찰하고 풍속을 바로잡으며 수령을 보좌하는 등의 임무를 맡은 지방 자치기관.

143 致身(치신): 나라에 신명을 바침.

144 勤王(근왕): 勤王兵. 임금을 위하여 나랏일에 힘쓰는 군사.

145 輪囷(윤균): 높고 큰 것.

146 加恩(가은): 경상북도 문경군에 속한 고을.

熟, 思欲入去收麥, 而道路阻梗, 其勢末由, 幾至於塡壑之境。根耕[147]除草, 亦皆失時, 來頭生活, 尤極可慮。民是天民, 天胡忍斯?

15일。

듣건대 상주(尙州) 읍내에 머물러 있던 왜적이 수십 명에 지나지 않았으나 낮에는 나뉘어 흩어져서 약탈하고 밤에는 성문을 닫아걸어 스스로 지킨다 하니, 이때 만약 강노(强弩)를 잘 쏘는 사람 10여 명을 앞장서 인솔한다면 일거에 왜적을 모조리 섬멸할 수 있겠으나, 사람들이 모두 도망쳐 산골짜기에 숨고 두려워해 마지않는데 그저 혼자만 큰 활을 당기며 길이 개탄할 뿐이니 어찌하겠는가.

○전해들은 소문에 의하면, 김명원(金命元)과 한응인(韓應寅)이 임진강(臨津江)의 여울을 지키며 강의 선박을 거두어 모조리 북쪽 강안에 매어두니, 적이 임진강 남쪽에 진을 쳤지만 건널 선박이 없어서 서로 대치한 지 10여 일이 되어도 끝내 건널 수가 없었다. 적이 하루는 은밀히 우리군대를 유인함에 우리군대는 경솔하게 진격하도록 꾀하는 것인 줄 알지 못하여 제대로 싸우지도 못하고서 무너져 흩어지자, 적들이 마침내 승세를 타고서 서쪽으로 쳐들어갔다고 하였다.

○十五日。

聞州內留賊, 不過數十, 晝則分散抄掠, 夜則閉門自守, 此時若

---

147 根耕(근경): 가을에 익을 만한 곡식을 심는 것.

倡率强弩十餘手, 則一擧可盡殲, 而人皆亡匿山谷, 畏縮之不已, 徒自張脊永慨而已, 奈何? ○傳聞金命元·韓應寅[148], 守臨津江[149]灘, 斂船盡繫北岸, 賊陣于津南, 無船可渡, 相持十餘日, 終不得渡。賊一日陰誘我師, 而我師不知其謀輕進, 不戰而潰散, 賊遂乘勝西下云。

16일。

듣건대 화령현(化寧縣: 상주의 서부지역)의 창고에서 진휼하는 곡식을 낸다는 소식을 듣고 노비와 말을 보냈지만 도중에 빈손으로 돌아와서 개탄스러웠다.

전해들은 소문에 의하면, 적병이 함경도(咸鏡道)에 쳐들어가자 북병사(北兵使) 한극함(韓克諴)이 적진을 마주하여 해정창(海汀倉)에

---

148 韓應寅(한응인, 1554~1614): 본관은 淸州, 자는 春卿, 호는 百拙齋·柳村. 1576년 사마시에 합격하고, 다음해 謁聖文科에 급제, 注書·예조좌랑·병조좌랑·持平을 지내고, 1584년 宗系辨誣奏請使의 서장관으로 명나라에 다녀왔다. 1588년 신천군수로 부임하여, 이듬해 鄭汝立의 모반사건을 적발하여 告變, 그 공으로 호조참의에 오르고 승지를 역임하였다. 1591년 예조판서가 되어 진주사로 재차 명나라에 가서 이듬해 돌아왔다. 임진왜란이 일어나자 八道都巡察使가 되어 요동에 가서 명나라 援軍의 출병을 요청하고, 接伴官으로 李如松을 맞았다. 이듬해 請平君에 봉해지고, 서울이 수복되자 호조판서가 되었다. 1595년 주청사로 명나라에 다녀오고, 1598년 우찬성에 승진, 1605년 府院君에 진봉되고, 1607년 우의정에 올랐다. 1608년 선조로부터 遺敎七臣의 한 사람으로 永昌大君의 보호를 부탁받았으며, 1613년 癸丑獄事에 연루되어 관작이 삭탈당하였다가 후에 신원되었다.

149 臨津江(임진강): 함경남도 馬息嶺에서 발원하여 서남쪽으로 흘러 경기도 坡州市에서 황해로 들어가는 강.

서 싸워 거의 이길 뻔 하였으나 바로 패하여 사로잡혔고, 또 두 왕자[兩王子]{협주: 臨海君과 順和君}가 모두 적의 수중에 들어갔다고 하니, 나랏일이 이 지경에 이르러 통곡밖에 무슨 말을 하랴.

○十六日。

聞化寧倉賑租之奇, 送奴馬, 中路空還, 可歎。傳聞賊兵入咸鏡道, 北兵使韓克諴[150], 遇賊陣, 戰于海汀倉, 幾至勝捷而旋敗被擒, 兩王子{臨海君[151]·順和君[152]}, 俱陷賊中云, 國事至此, 痛哭何言?

---

150 韓克諴(한극함, ?~1593): 慶源府使를 거쳐, 1592년 임진왜란 때 함경북도병마절도사로 海汀倉에서 加藤淸正의 군사와 싸웠다. 이때 전세가 불리하자 臨海君과 順和君 두 왕자를 놓아둔 채 단신으로 오랑캐마을 西水羅로 도주하였다가, 도리어 그들에게 붙들려 경원부로 호송, 가토의 포로가 되었다. 앞서 포로가 된 두 왕자 및 그들을 호행하였던 대신 金貴榮·黃廷彧등과 다시 안변으로 호송되었다가 이듬해 4월 일본군이 서울을 철수할 때 허술한 틈을 타서 단신으로 탈출, 高彦伯의 軍陣으로 돌아왔으나 처형당하였다.

151 臨海君(임해군, 1574~1609): 宣祖의 맏아들 珒. 임진왜란 때 왜군의 포로가 되었다가 석방되었다. 광해군 즉위 후 유배되었다가 죽었다.

152 順和君(순화군, ?~1607): 宣祖의 여섯째아들. 부인은 승지 黃赫의 딸이다. 임진왜란이 일어나자 왕의 명을 받아 黃廷彧·황혁 등을 인솔하고 勤王兵을 모병하기 위해서 강원도에 파견되었다. 같은 해 5월 왜군이 북상하자 이를 피하여 함경도로 들어가 미리 함경도에 파견되어 있던 臨海君을 만나 함께 會寧에서 주둔하였는데, 왕자임을 내세워 행패를 부리다가 함경도민의 반감을 샀다. 마침 왜군이 함경도에 침입하자 회령에 위배되어 향리로 있던 鞠景仁과 그 친족 鞠世弼 등 일당에 의해 임해군 및 여러 호종관리들과 함께 체포되어 왜군에게 넘겨져 포로가 되었다. 이후 안변을 거쳐 이듬해 밀양으로 옮겨지고 부산 多大浦 앞바다의 배 안에 구금되어 일본으로 보내지려 할 때, 명나라의 사신 沈惟敬과 왜장 小西行長과의 사이에 화의가 성립되어 1593년 8월 풀려났다. 성격이 나빠 사람을 함부로 죽이고 재물을 약탈하는 등 불법을 저질러 兩司의 탄핵을 받았고, 1601년에는 순화군의 君號까지 박탈당하였으나 사후에 복구되었다.

17일。

화령현(化寧縣: 상주의 서부지역) 창고에서 진휼 곡식을 지급한다는 소식을 다시 듣고 대산(大山) 노비를 거느리고 직접 나아갔지만, 감관(監官: 곡식 출납 관리) 윤효인(尹孝仁)이 창고를 진즉 열지 않았고 날이 저물어서도 지급하지 않았다. 어제 노비와 말을 보냈으나 빈손으로 돌아왔고, 오늘 또 직접 나아갔으나 지급하지 않은 것이다. 다른 사족(士族)으로 직접 가서 얻으려고 했던 자도 또한 40여 명이었지만 모두 빈손으로 돌아가는 것을 면할 수 없었으니, 감관(監官)의 처사가 지극히 통분하였다. 도처에 가득한 적들이 조만간에 곧 들이닥친다면 장차 적들의 소유가 되는 것을 면하지 못할 터인데도 기꺼이 나누어 구휼하지 않아서 백성들로 하여금 원망하여 떠들며 휑뎅그렁하게 흩어져 돌아가도록 하였으니, 윤효인 또한 사람의 마음을 가졌다고 이를 수 있겠는가.

○상주(尙州) 읍내에서 통문(通文)이 두 갈래 길로 다급하게 여러 번 겹쳐 왔는데{협주: 대략 이러하다. “상주에 머물러 있는 왜적들이 겨우 30명의 숫자를 채울 정도의 무리인데도, 사람들이 모두 도망쳐 숨고는 왜적을 잡아 죽이려는 계획조차 없었던 것이 오래되었다. 며칠 전부터 산골짜기에 살던 산척(山尺: 사냥꾼) 7,80명이 활과 화살을 잡고서 왜적을 추격하여 잡아 죽인 것이 이미 10여 명에 이르렀다. 그 나머지 왜적들은 모두 성안으로 들어가 피하였는데 지금 성을 포위하여 붙잡으려고 하나 군인들이 많지 않아 형세상 손을 쓸 수가 없어, 여러 곳으로 흩어져 도망친 사람들은 마땅히 하루라도 빨리 일제히 모여 위급한 곳으로 달려가야 할 것이다.”}, 다음날 여러 사족(士族)들이 모두 사람을 거느리고 낙서촌(洛西村) 앞에 모이기로 약

속하였다.

○十七日。

更聞化倉給賑之報, 率大山奴親進, 監官尹孝仁, 趁不開倉, 至日暮不給。昨送奴馬而空還, 今又親進而不給。其他士族之親往求得者, 亦四十餘人而俱未免空還, 監官事極可痛也。處處彌漫之賊, 朝夕且至, 則將不免爲賊所有, 而不肯分賑, 使嗷嗷之民, 枵然散歸, 孝仁亦可謂有人心乎。○自州內通文, 兩道火迫疊到{略曰: "留州賊倭, 僅滿數三十徒, 而人皆亡匿, 無計捕殺者久矣。自數日來, 山谷間山尺[153]等七八十人, 持弓矢, 追捕所殺, 已至十餘人。其餘則皆避入城內, 今欲圍城捕捉, 而軍人不多, 勢不得施手, 令各處散亡之人, 當日急急齊會。赴急云云."}, 以明日諸士族等, 各領人約會于洛西[154]村前。

18일。

이른 아침에 백씨(伯氏: 趙靖)와 함께 이 마을의 군인 30여 명을 인솔하여 낙서리(洛西里)로 달려갔지만 한 사람도 와서 모인 자가 없었으니, 다만 외로운 군사로 어찌 해볼 수 없는 형세뿐만이 아니었다.

---

153 山尺(산척): 산 속에 살면서 사냥질이나 약초를 캐는 것을 업으로 삼고 사는 사람. 임진왜란 이후 조총이 보급되면서 그들 대부분은 활을 버리고 총을 들었기 때문에, 山行砲手라 불렀고 이후로 사냥꾼이라고 하면 으레 산행포수를 지칭했다.

154 洛西(낙서): 경상북도 상주시 낙서리. 낙양과 上洛(상주의 옛 별호)의 서쪽이 되어서 붙여진 이름이다.

또 듣건대 왜적의 배가 와서 죽암(竹巖)의 병성진(屛城津: 飛鸞津인 듯)에 정박해 있으나, 군인들은 모두 뿔뿔이 흩어져 도망치려는 마음만이 있었기 때문에 헛되이 갔다가 헛되이 돌아오니 개탄스러웠다.

길에서 경성(京城)으로부터 도망쳐 오는 사람을 만나니, 바로 고산(孤山) 문택선(文擇善)의 하인으로 스스로 말했다.

"4월 26일 왜적에게 사로잡혀 종이 되어서 그들의 말을 이끌고 뒤따라 충주(忠州)에 이르니, 경상 좌도(慶尙左道)에서 올라온 왜적이 또한 많아서 두 개의 진(陣)으로 나누고는 먼저 충주를 포위하니 우리군대가 뒤에서 적을 포위하였지만, 적의 또 다른 부대가 나중에 이르러 또 우리군대를 포위하니 우리 군대는 앞뒤로 적을 만나게 되어서 먼지가 하늘에 닿도록 대포소리가 땅을 뒤흔들어, 원수(元帥) 신립(申砬)이 어찌할 줄을 모르다가 직접 스스로 돌진하여도 적을 물리칠 수가 없자 강물에 몸을 던져 죽었고, 모든 군사들이 열에 한 명도 살지 못했으며 왜적도 또한 많이 죽었습니다.

이일(李鎰)이 겨우 벗어나 달아나면서 우리 고을의 창고 및 거두어 둔 세곡(稅穀)을 함께 불태워 왜적에게 식량이 되지 않도록 하고 길을 음죽현(陰竹縣)으로 잡아 오다가 바로 여주(驪州)에 이르러서 양근(楊根) 나루를 건너서는 이달 초 3일에 도성(都城)으로 내달려 들어갔습니다. 그런데 원수(元帥) 김명원(金命元)과 유도장(留都將) 이양원(李陽元)은 모두 도성을 버리고 달아나고, 도성의 문이 사방으로 열려 적막하여 사람의 소리가 없었습니다. 종묘의 세 궁궐과 각 관청 및 여러 창고들이 한꺼번에 불탔습니다.

왜적들이 종루(鐘樓) 아래 진을 치고서 머무르며 노략질하여 식량

고모치와 고모산성

을 마련하고 있었고, 다른 하나의 진(陣)이 곧장 사평원(沙平院)을 경유하여 한강(漢江)을 건너 들어오니, 앞뒤로 도성에 들어온 왜적의 수는 헤아릴 수 없이 많았습니다."

또 말했다.

"대가(大駕)가 그믐날 사경(四更: 새벽 2시 전후) 초에 피난하려고 도성을 나서니 성안에 있던 사람들도 동시에 함께 나섰기 때문에 사람과 말들이 서로 짓밟고 짓밟혀서 죽은 자가 그 수를 알지 못할 정도였고, 성 밖은 더욱 심하여 시체가 쌓여 언덕을 이룰 정도여서 그 참혹함을 차마 볼 수가 없었습니다."

얼마 전 김언희(金彦希)의 말과 다르지 않았는데, 또 그의 말을 듣고 상주(商州: 尙州)에서 올라갈 때 가는 곳마다 방비가 없었고, 고모치(姑姆峙)와 조령(鳥嶺)과 같은 곳은 마땅히 매복이 설치되었어야 했지만 닿는 곳마다 평탄한 대로(大路) 같아 마치 무인지경을 들어가듯 왜적들로 하여금 노래하고 춤추며 지나가도록 했다고 하니, 신립(申砬)이 그 험준한 곳을 잃은 죄야말로 이루 다 주벌할 수 있겠는가.

○十八日。

早朝, 與伯氏, 率此洞軍人等三十餘名, 赴洛西, 無一人來會者, 不但孤軍無可爲之勢。又聞賊船來泊於竹巖[155]屛城津[156], 軍人皆有渙散[157]之心, 故空往空還, 可歎。路上遇自京逃來人, 乃孤山[158]文擇善奴子也, 自言: "四月卄六日, 被擄爲僕, 率其卜馱,

155 竹巖(죽암): 경상북도 상주시 중동에 있는 마을. 층대로 된 바위 위에 대나무가 많아 불리는 이름이다.

156 屛城津(병성진): 飛鸞津인 듯. 경상북도 상주시 도남동 무암포에서 중동면 오상2리 대비마을로 건너가는 마루. 병성천과 낙동강이 합류하는 지점으로 수운을 통한 교역이 활발하였다.

157 渙散(환산): 군중이나 단체가 해산하여 흩어짐.

158 孤山(고산): 경상북도 함창군 현내면에 위치한 고을. 利安川과 영강이 만나는 곳 가까이에 있는 봉황대를 마주하며 있는 산이 孤山이다.

隨至忠州, 則自左道上來之賊亦多, 分作兩陣, 先圍忠州, 我軍從後圍賊, 賊一陣後至, 又圍我軍, 我軍腹背受敵[159], 塵埃接天, 炮響震地, 元帥申砬不知所爲, 欲親自突陣而不得, 投水而死, 諸軍十不一活, 賊亦多死。李鎰僅得脫走, 本州倉庫及收稅倉幷焚之, 賊無糧, 取路陰竹[160], 直抵驪州[161], 渡楊根[162]津, 今月初三日, 驅入都城。元帥金命元·留都將李陽元皆走, 城門四開, 寂無人聲。宗廟三闕, 各寺諸倉, 一時焚蕩。賊徒留陣鍾樓下, 抄糧以食, 一陣則直路由沙平院[163], 渡漢江而入, 前後入城之倭, 其麗不億[164]."云。且言: "大駕晦日四更初, 避出都城, 城中之人, 一時竝出, 故人馬躪蹂而死者, 不知其數, 而城外尤甚, 積屍成丘, 慘不忍見."云。與向日金彦希之言無異, 又聞其言, 自商上去時, 所向

---

159 腹背受敵(복배수적): 배와 등의 양쪽, 곧 앞뒤로 적을 만남.

160 陰竹(음죽): 陰竹縣. 경기도 利川市 長湖院邑 梨黃里 일대. 동쪽으로 驪州 경계까지 16리이고 남쪽으로 忠淸道 忠州 경계까지 15리이며, 서쪽으로 竹山縣 경계까지 26리이고, 북쪽으로 利川府 경계까지 29리이며, 서울까지 1백 95리이다.

161 驪州(여주): 경기도 남동에 위치한 고을.

162 楊根(양근): 경기도 양평군 중앙에 위치한 고을.

163 沙平院(사평원): 경기도 廣州 사평리에 있었던 客院. 한양 한강나루 혹은 서빙고나루를 출발한 나룻배는 강을 건너 경기도 광주 사평리에 도착한 뒤 양재와 용인을 거쳐 청주나 충주로 내려갔다. 도성에서 광주를 거쳐 용인으로 통하는 길은 두 갈래였으니, 제1길은 광희문~한강나루(한강진)~사평리~양재였고, 제2길은 광희문~서빙고 나루~사평리~양재였다.

164 其麗不億(기려불억): 《詩經》〈大雅·文王之什·文王〉의 "상나라의 손자가, 그 수가 억뿐이 아니지마는, 상제가 이미 명한지라, 주나라에 복종하였도다.(商之孫子, 其麗不億, 上帝旣命, 侯于周服.)"라고 한 데서 나오는 말.

無防, 如姑姆[165]·鳥嶺等處, 宜有設伏, 而觸處坦然, 如入空境, 使賊徒歌舞而過云, 申砬失險之罪, 可勝誅哉!

19일。

듣건대 장천동(長川洞) 사람인 김일(金鎰)이 적과 싸우다가 죽었다고 하니, 참담하였다. 한우량(韓佑良)의 딸도 또한 사로잡혔지만 절개를 지켜 죽었다고 하였다. 아, 그 딸은 여염집의 여자이다. 본래 보고들은 것이 없었고 게다가 집에서의 가르침이 없었지만 얼떨결에 능히 의리를 스스로 지켰는데, 결박을 짓고 갖은 구박을 받으면서도 끝내 그 뜻을 변치 않고서 죽음을 영광으로 여겼으니 어쩌면 그리도 열렬하단 말인가. 지극히 흠모하고 숭상할 만하였다.

○들려오는 소식에 의하면 경성(京城)에 올라간 적들은 텅 빈 성에 오랫동안 웅거하였으나 군량 보급할 방법이 또한 군색해지자, 장차 행재소(行在所)를 끝까지 추격하고 그대로 연경(燕京)을 침범하여 우선 그들의 풍속으로 우리네 풍속을 바꾸려 한다고 하였다. 어찌 이런 이치가 있겠는가? 그 말을 들으니, 또한 차라리 죽어버려서 아무 것도 알고 싶지가 않았다.

○十九日。

聞長川[166]洞人金鎰戰亡[167]云, 慘矣。韓佑良女, 亦被執死節

---

165 姑姆(고모): 姑姆峙. 충청북도 괴산군 청천면 심송리에 있는 고개.

166 長川(장천): 경상북도 상주시 낙동면에서 북으로 흘러 낙동강에 드는 하천. 상주의 남쪽 20리 지점에 있다.

云。噫! 韓民家女也。素無見聞, 又無家訓, 而倉卒之際, 能以義自守, 至於結縛敺迫, 而終不變其志, 以死爲榮, 何其烈也? 極可欽尙。○流聞上京之賊, 久據空城, 糧道亦窘, 將欲竄追行在, 仍犯燕京, 且欲以其俗易吾俗云。豈有此理? 聞其言, 亦欲溘然而無知也。

20일。

후령(後嶺: 뒷등성이)에 올라 가까운 곳에서 조망하니, 은척(銀尺)과 함창(咸昌) 등지에 적병의 불들이 꽉 들어차 연기와 불길이 하늘로 치솟았다. 이곳과의 거리가 그리 멀지 않으니 적들의 침범은 아침이 아니면 곧 저녁에 닥칠 것이라, 애태우고 걱정한 것을 어찌 말로 할 수 있겠는가.

듣건대 학봉(鶴峯: 김성일) 영감에게 잡아들이라는 어명이 내려져 지난달 호서(湖西) 길에 들어섰다가 올라갔다고 하는데, 사태가 장차 예측할 수 없으니 마지막까지 어떻게 될지 알 수가 없었다. 지극히 걱정되었고 가슴 답답하였다.

○二十日。

登後嶺眺望遠近, 銀尺[168]·咸昌[169]等處, 賊火遍滿, 煙焰漲霄。

---

167 金鎰戰亡(김일전망): 金安節(1542~1632)의 《낙애김선생유고》 권2 〈雜著〉에 〈故士人金鎰戰亡事蹟〉이 실려 있음. 본관 尙州. 金希慶의 아들이다. 곧 김안절의 재당숙이다. 1952년 5월 17일 北溪에서 왜적과 싸우다 전사하였다.

168 銀尺(은척): 경상북도 상주시 은척면.

169 咸昌(함창): 경상북도 상주시 북동부에 위치한 고을.

與此相距不遠, 侵及非朝卽夕, 憂慮何言? 聞鶴峯令公, 有拿命, 去月取路湖西上去, 事將不測, 未知末稍之如何也。極可憂悶。

21일。

듣건대 굶주린 백성 수백 명이 화령현(化寧縣: 상주의 서부지역) 창고 감관(倉庫監官: 尹孝仁)의 인색한 구휼에 불만을 터뜨려 감관이 오기를 기다리지 않고 돌진해 들어가 창고를 열어 제각각 나누어 가졌으니 마치 강도(强盜)와 똑같이 하였는데, 궁색하면 이렇게 외람된 짓을 한다는 말을 어찌 믿지 않겠는가. 그러나 옛사람 중에 굶주린 백성을 위하여 어명을 사칭해 창고를 열어서 구휼한 사람이 있었거늘, 저들이 비록 무지하다고 할지라도 감관이 진실로 백성들을 구휼할 마음이 있었다면 어찌 이 지경에 이르겠는가.

○二十一日。

聞飢民數百餘輩, 發憤化倉監官之吝賑, 不待監官之來, 突入開倉, 各自分執, 有若强盜者然, 窮則斯濫, 豈不信乎? 然古人有爲飢民矯制發倉[170]者, 彼輩雖曰無知, 而監官苟有恤民之心, 豈至於斯?

---

170 矯制發倉(교제발창): 왕의 명령이라고 거짓 꾸며 창고를 개방함. 前漢 武帝 때에 河內의 민가 천여 호가 불에 타는 큰 화재가 발생하자 汲黯을 사자로 파견하여 진상을 조사하게 했다. 급암이 하내의 상황을 보니, 백성들이 가뭄과 홍수로 만여 호가 굶주리고 있었으므로 임의로 황제의 어명을 사칭하고 창고를 열어 백성들을 구제하였다. 뒤에 무제에게 이를 보고하자 무제가 훌륭히 여겨 용서해 주었다고 한다.

23일。

듣건대 학봉(鶴峯: 金誠一)이 가다가 직산(稷山)에 이르렀을 때, 주상의 노여움이 풀리어 그의 죄를 사면하고 다시 경상우도(慶尙右道) 초유사(招諭使)로 제수해 내려 보냈다 하니, 아마도 경상도 인민들로 하여금 의병을 일으켜 왜적을 토벌토록 깨우치라는 뜻이었을 것이다. 영감이 이전에 우상(右廂: 우병사)으로 있으면서 군령(軍令)이 지극히 엄해서 조금도 너그럽게 용서하지 않았으니, 아랫사람들이 두려워 떨면서 복종하지 않는 이가 없었다. 한 번이라도 접전하면 적들은 물러나 웅크렸던 데다 베어 죽인 왜적들이 또한 많았으니, 군사들의 마음은 바야흐로 다시 진작하려는 바람이 있었는데, 갑자기 잡아들이라는 어명에 온 군중 모두가 놀랐다가 지금 또 방환된 것이다. 하늘의 뜻은 장차 우리 영남을 다시 살려주려는 것인가?

○二十三日。

聞鶴峯行到稷山[171], 上怒霽, 命赦其罪, 更拜右道招諭使而下送, 蓋使諭道內人民起兵討賊之意也。令公前在右廂, 軍令極嚴, 略不饒貸, 羣下震慄, 莫不畏服。一與接戰, 賊徒退縮, 其所斬伐亦多, 軍情方有再振之望, 遽被拿命, 一軍皆驚, 今又放還。天意其將再造我嶠南[172]乎?

171 稷山(직산): 충청남도 天原郡에 위치한 고을. 천안시 서북쪽에 있는 고을이다.

172 嶠南(교남): 鳥嶺 남쪽의 경상도를 의미하는데, 즉 嶺南의 별칭.

24일。

듣건대 경성(京城)에서 내려오는 적들이 잇대어 끊이지 않았는데 많더라도 5,60명에 불과하고 적게는 3,40명으로 큰길 근처의 인가를 보기라도 하면 불 질렀다고 하였다. 이와 같이 하잘것없는 적을 쓸어버리는 것이 어찌 어려우랴만, 성이 있고 군사를 거느리고 있는 자들 가운데 혹시라도 군부(君父)를 위해 난리를 평정하려는 자가 있지 않으니 나라에 사람이 있다고 할 수 있으랴. 가슴을 어루만지며 비분강개하나 누구에게 말하겠는가.

○二十四日。

聞自京下來之賊, 陸續[173]不絶, 多不過五六十, 少者三四十, 沿路人家, 遇輒焚燒。如此幺麽之賊, 掃滅何難, 而有城有兵者, 罔或有爲君父撥亂[174]者, 可謂國有人乎? 撫心慷慨, 誰與告語?

26일。

신문숙(申文叔)과 신추백(申樞伯) 형제가 어제 태봉(台峯)에서 백씨(伯氏: 趙靖)의 임시거처를 찾아왔다가 묵고 돌아가는 길에 또 나의 임시거처도 찾아와서는 말했다.

"지난달 20일에 피난하러 나오셨거늘 온 집안이 지금까지 아무 일 없이 지내시니 참으로 다행이고, 오랫동안 떨어져 있다가 뜻밖에 다시 만나게 되니 기쁘기가 이루 말할 수 없습니다."

173 陸續(육속): 끊이지 않고 지속됨.

174 撥亂(발란): 어지러운 세상을 평정하여 잘 다스림.

○二十六日。

申文叔·樞伯兄弟, 昨自台峯[175]訪伯氏寓, 留宿歸路, 又訪鄙寓, 言: "去月卄日出避, 闔族至今經過無事, 極幸, 久別邂逅, 喜不可言."

27일。

듣건대 전라도 방어사(全羅道防禦使: 郭嶸)가 적과 금산(金山: 錦山)에서 접전하여 죽인 왜놈이 수백 명에 이르도록 많았다고 하였다. 아마도 호남 풍속이 모질고 사나워서 전장에 나아가도 겁이 없는데다 용맹하게 나아가는 것도 번갯불같이 신속하여 능히 승리를 취한 것이 이러했던 것이다. 영남은 인심이 나약하여 적을 보면 먼저 겁을 먹는데다 더욱이 주장(主將)들도 의리를 지키다 죽을 마음이 없어서 곳곳마다 이리저리 피하여 구차스럽게 살길을 바라니, 그 때문에 패배를 초래한 것임은 괴이할 것이 없었다.

○二十七日。

聞全羅道防禦使, 與賊接戰于金山地[176], 所殺倭奴多至數百餘人云。蓋湖俗悍猛, 臨陣無怯, 勇進如風霆, 其能取勝者此也。

---

175 台峯(태봉): 경상북도 상주시 함창면에 있는 마을.

176 《선조실록》 1592년 5월 20일조 3번째 기사에 기록되어 있음. 郭嶸(생몰년 미상)을 가리킨다. 본관은 宜寧. 1591년 평안도병마절도사를 역임하였다. 1592년 임진왜란이 일어나자 전라도방어사로서 龍仁·錦山 전투에 참가하였으나 패주, 사헌부로부터 전란 이후 단 한 번도 용감하게 싸움을 못한 拙將이라 하여 탄핵을 받았다. 1595년 右邊捕將·行護軍 등을 역임하였다.

嶺南則人心柔懦, 見賊先怯, 加以主將無死義之心, 到處回避, 冀得苟活之路, 其所以取敗者, 亦無怪矣。

28일。

듣건대 방어사(防禦使)와 조방장(助防將) 등이 장계(狀啓)에서 '영남의 고을수령들이 모두 성을 버리고 도주하였는데 오직 상주 목사(尙州牧使) 김해(金澥)만이 자제와 패잔병들을 이끌고 홀로 빈 성을 지키면서 목숨을 바쳐 떠나지 않았으나, 함창 현감(咸昌縣監) 이국필(李國弼)은 전투에서 패하고 달아나 나타나지 않았다.'라고 하면서, 위에서는 상주 목사를 후하게 포상하되 함창 현감을 주벌(誅罰)하게 하라고 하였다.

아, 함창 현감이든 상주 목사든 그 죄는 매한가지였는데, 방어사와 조방장이 감히 사사로운 뜻을 부린 장계를 임금에게 속여 올리고서 똑같은 죄를 지은 상주 목사만은 주벌로부터 벗어나 포상을 받게 하는 것이 통탄스럽기 그지없다. 만일 상주 목사와 함창 현감으로 하여금 석전(石田)에 진(陣)을 쳤던 날에 군대의 위력을 과시하며 서로 지탱하여 살겠다는 생각은 하지 않고 목숨을 바치겠다는 마음으로 군부(君父)가 있는 것만 알고 자신이 있는 줄은 모르면서 요행히 한번 힘껏 싸워 적의 예기가 꺾이게 했다면 아마도 적을 방어하는 방도가 있었을 것이지만, 한 번도 교전하지 않고 헛된 경보에 무너져 흉적들로 하여금 밤낮으로 북상케 해 수십 일이 되지도 않아서 곧장 경성(京城)을 침범하는 지경에 이르도록 하여 난여(鑾輿: 大駕)는 피란하고 종묘사직에는 먼지만 생기게 하였으니, 상주 목사와 함창 현감의 죄는 만 번 죽어도 오히려 가볍거늘, 함창 현감은 실로 원망하지 못하고 상주 목사는 마음에 부끄럽지 않을 수 있단 말인가.

○듣건대 경성(京城)에서 전해온 통신문에 의하면, 사족(士族) 및 평민, 연고 없는 자라도 왜적 셋 이상의 목을 벤 자는 무과 급제(武科及第)를 내려주고 관노비이든 사노비이든 양민이 되는 것을 허용한다고 하였다.

○二十八日。

聞防禦·助防將等狀啓內, 以爲嶺外守令, 擧皆棄城逃走, 而惟尙州牧金澥, 率其子弟及殘兵, 獨守空城, 效死不去, 咸昌倅李國弼, 敗軍而逃, 不現云云, 自上深褒尙牧, 而命誅咸倅。噫! 咸倅·尙牧, 厥罪惟均, 而防禦·助防兩使之敢逞私意, 欺罔入啓, 使同罪之尙牧, 免誅而蒙褒者, 可勝痛哉。若使兩倅, 陣石田之日, 耀兵相持, 無生之氣, 有死之心, 知有君父, 而不知有其身, 幸一力戰, 使賊挫銳, 則庶可有防禦之道, 而不一交兵[177], 潰於虛警, 至使凶徒晝夜北上, 不數十日而直犯京城, 鑾輿播越, 宗社生塵, 則兩倅之罪, 萬殞猶輕, 咸倅固不寃, 而尙牧得無愧於心乎? ○聞自京傳通內, 士族及平民無故者, 斬倭三級以上, 賜武科及第, 公私賤則從良[178]云。

177 交兵(교병): 병사들이 병기를 맞부딪히며 싸움.

178 從良(종량): 천민이 양민이 되던 일.

• 6월 기축삭

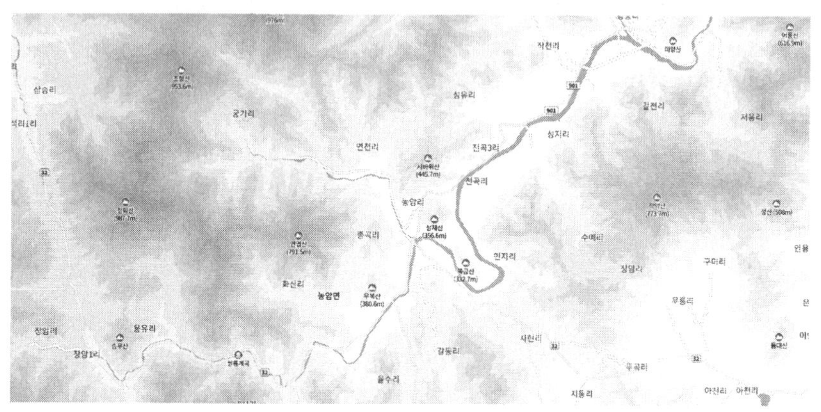

문경시 농암면 궁기리와 화산리

1일。

영남의 땅이 모두 다 불탔으나 홀로 이 면(面)만은 지금까지 보전되어 보리를 거두고 가을에 익을 만한 곡식을 심으면서 평일과 다름이 없으니, 아마도 마을이 깊고 궁벽하기 때문일 것이다. 원래 살고 있던 백성들의 다행일 뿐만 아니라 피난 온 사람이 임시로나마 지낼 땅을 얻을 수 있어 더욱 다행스러웠다. 식사한 뒤 궁기리(宮基里: 문경 농암면 소재 마을)에 가니, 이모(姨母)의 모든 가족들이 어제 이미 화산리(華山里: 문경 농암면 소재 마을)의 상암(上菴)으로 옮겨와서 임시로 지내고 있었다. 이어서 가은(加恩)으로 향해 광주 숙모(廣州叔母)와 내외 친척들에게 인사하고는 모두 모여 안부도 묻고 회포도 풀었는데, 각기 난리 중에 겪었던 어렵고 괴로운 상황을 말하며 구사일생으로 지금에 이르러 모두의 얼굴을 볼 수 있는 것이 죽었다가 살아난 사람을 만난 듯했으니 슬픔과 기쁨이 함께 솟구쳐 마음을 진정할 수가 없었다.

○듣건대 가은리(加恩里)의 사람들과 훈련봉사(訓練奉事) 송건(宋建) 등 100여 명이 모의하여 상주(尙州)와 함창(咸昌)에 남아 있던 적들을 급습하고 무수히 쏘아 죽였는데, 우리 병사도 역시 적의 탄환에 맞아 죽은 자가 6명이고 송건도 죽었다고 하였다. 송건은 무과(武科)에 급제한 자로서 바로 흥양(興陽: 전남 고흥) 사람이다. 방어사(防禦使: 梁士俊)의 군관으로서 전투에 패한 뒤에 궁기리(宮基里)에 와 있었는데 ,목숨을 바쳐 적을 토벌하기로 생각하여 늘 격앙된 뜻을 품고 있다가 끝내 자기의 바람을 크게 이룰 수가 없게 되었으니 어찌 애석하지 않으랴.

六月己丑一日。

嶺外之地, 擧皆焚蕩, 而獨此一面, 至今保存, 收麥根耕, 無異平日, 蓋以村巷深僻之故也。不但居民之幸, 而諸寓之得地, 尤可幸也。食後往宮基[179], 則姨母閤門[180], 昨日已移寓華山[181]上菴矣。因向加恩, 拜廣州叔母·與內外親戚, 咸集蘇敍, 各說亂離中艱苦之狀, 十生九死, 以至今日, 重見面目, 如逢再生之人, 悲喜交至, 不能定情。○聞加恩里人及訓鍊奉事宋建[182]等百餘人, 謀擊尙咸

179 宮基(궁기): 경상북도 문경시 농암면에 있는 마을. 후백제 시대의 견훤이 궁을 짓고 군사를 훈련시켰던 곳이라 한다.

180 閤門(합문): 闔門의 오기. 闔家. 가족 전체.

181 華山(화산): 경상북도 문경시 농암면에 있는 마을.

182 宋建(송건, 생몰년 미상): 본관은 礪山. 1588년 무과에 급제하여 북방의 경비를

間留賊, 射殺無數, 我兵亦中丸死者六人, 而建亦死云。建卽中武科者, 乃興陽[183]人也。以防禦使軍官, 敗軍之後, 來在于宮基, 思欲殉身討賊, 常有激昂之志, 竟未得大遂其願, 豈不惜哉?

2일。

길에서 경성(京城)으로부터 내려온 사람을 만나니, 그가 말했다.

"왜구가 처음 경성에 이르렀을 때 상중(喪中)이던 김명원(金命元)을 도원수(都元帥)로 삼고는 한강(漢江)으로 출병하게 하여 적을 방어하는 계책을 세웠습니다. 아군이 적의 진용을 처음 보고서 모두 두려워하는 기색이 있더니 점차 도망갔고, 김명원도 대적할 수 없음을 헤아리고 또한 퇴각해 가버렸습니다. 적도(賊徒)들이 기세를 올려 아무도 없는 텅 빈 성을 들어가듯이 하고 또 수천 여 명의 왜적을 나누어 파견해 대가(大駕)가 있는 곳을 끝까지 뒤쫓도록 하고, 그 왜장은 그대로 도성 안에 머무르며 오래 주둔할 계책을 삼았습니다. 도성 안의 사람들은 스스로 서로 강도가 되어 도둑질을 하고 빼앗으며 죽이거나 상처를 입힌 것이 이루 다 헤아릴 수가 없으며, 사족(士族)들도 도성을 빠져나간 후에 텅 빈 골짜기에서 굶주려 죽은 자도 또한 셀 수가 없다고 하였습니다."

맡았다. 효자로도 이름이 높았는데, 복무 중 어머니가 세상을 떠나자 곧 귀향해 3년상을 치렀다. 1592년 임진왜란이 일어나자 助防將 梁士俊의 청으로 佐幕이 되어 참전했다. 전투 때마다 선봉에 서 공이 많아 星州判官에 임명되었다. 그 후 統軍別將에 발탁되어 함창전투에 참가하여 적과 싸우다 중과부적으로 죽었다.

183 興陽(흥양): 전라남도 고흥지역의 옛 지명.

아, 대가(大駕)가 피난하러 나간 지 이미 한 달이 지났는데, 서쪽으로 장안(長安: 한양)을 바라봐도 소식은 아득하여 신하들은 이날을 슬퍼함에 하늘에 닿아도 끝이 없고, 서쪽에서 오는 소문에 사람의 마음과 간담이 비장(悲壯)해져서 차라리 아무 것도 알고 싶지 않았으나 그럴 수가 없었다.

○二日。

路遇自京來人, 則言: "倭寇之初至京城之時, 起復[184]金命元爲都元帥, 出師漢津, 以爲禦賊之計。我軍創見賊容, 皆有懼色, 稍稍亡去, 命元度其不能敵, 亦退去。賊徒增氣, 如入空城, 且分遣數千餘倭, 窮追大駕所在, 其將則因留城中, 以爲久住之計。都內之人, 自相爲盜, 攘奪殺傷, 不可勝數, 士族之出城後餓死空谷者, 亦無筭云." 噫! 大駕出巡, 已過一月, 西望長安, 消息茫然, 人臣此日之慟, 極天無涯, 而西來所聞, 每令人心膽輪囷, 寧欲無知而不可得也。

3일。

듣건대 용궁 현감(龍宮縣監) 우복룡(禹伏龍)이 정예병 1천 여 명을 뽑아서 화장산(華莊山: 예천 소재)에 웅거하고 적의 길을 차단하여 죽인 자가 매우 많으니 적이 두려워하여 감히 침범하지 못했는데, 이로써 예천(醴泉)의 동북쪽 여러 고을들이 평온하였으며 백성들 모두

184 起復(기복): 起復出仕. 喪中에는 벼슬을 하지 않는 것이 관례로 되어 있으나 국가의 필요에 의하여 상제의 몸으로 상복을 벗고 벼슬자리에 나오게 하는 일.

전처럼 농사를 지었다고 하였다. 영남의 여러 고을 가운데 이 고을 수령만이 이러한 일을 감당하였으니, 진실로 난리를 맞아 나라를 저버리지 않은 자라 이를 만하다. 탄복할 만하여 가상하도다.

○三日。

聞龍宮倅禹伏龍, 擇精兵千餘人, 據華莊山, 阻遏賊路, 所殺甚多, 賊畏不敢侵犯, 以此醴泉[185]東北諸郡晏然, 民皆農作如故云。嶺外列邑, 惟此倅能辨此事, 眞可謂臨亂不負國者也。可欽可嘉。

4일。

듣건대 적이 산을 넘어 화령현(化寧縣: 상주의 서부지역)에 쳐들어와서 관음사동(觀音寺洞)을 약탈하고 여러 암자의 승려들이 많이 죽임을 당했다고 하였다. 조영(趙榮: 趙榮遠) 조카가 바야흐로 수락암(水落菴)에 임시로 지내고 있었는데, 필시 적을 만나 화를 모면하기 어려웠을 것이라서 그가 살았는지 죽었는지 알지 못해, 백씨(伯氏: 趙靖)가 밤낮으로 애태우고 염려하니 민망스러움을 말할 수가 없었다.

○四日。

聞賊踰入化寧縣[186], 搶掠觀音寺洞[187], 諸菴僧徒多被殺云。榮[188]姪方寓水落菴[189], 必難免逢賊之患, 而莫知其死生, 伯氏晝

---

185 醴泉(예천): 경상북도 북서부에 위치한 고을.

186 化寧縣(화령현): 경상북도 상주에 속한 고을. 조선시대에는 報恩에서 이곳을 거쳐 栗峴을 지나 尙州에 이르는 도로가 발달하였다. 부근에는 倉과 長林驛이 있었으며, 하천을 따라 永同으로 나갈 수 있었다.

187 觀音寺洞(관음사동): 경상북도 상주시 화남면 동관리에 있는 부락.

夜煎慮，悶不可言。

5일。

갑작스레 적이 바싹 이르렀다는 것을 듣게 되자, 백씨(伯氏: 趙靖)와 조굉(趙竑) 동생이 급히 어머니를 모시고서 후령(後嶺: 뒤 고개)을 간신히 넘는데, 산길이 험준해 어머니가 실로 걸어 다니기 어려워 받들고 업어서 갔으나 적이 추격해오지 않을까 두려워서 또한 잠시도 쉴 수가 없었고, 거느렸던 식구들이 사방으로 흩어져 간곳을 알지 못한 채 4,5리를 가서야 비로소 서로 만날 수 있었다. 조굉(趙竑) 동생으로 하여금 어머니를 받들어 소야동(蘇夜洞: 쇠약동)에 있는 이홍도(李弘道)의 임시거처로 보냈다. 대체로 소야동은 신선마을로 깊숙하고 궁벽한데다 초목이 무성하고 빽빽하여 몸을 숨기는데 이로웠기 때문이었다. 여러 식구들은 달전(達田: 大田)에 있는 송언명(宋彦明: 宋光國)과 신문숙(申文叔)의 임시거처로 보내고, 나와 백씨(백씨: 趙靖)는 짐바리를 살펴보기 위해 노동(蘆洞: 葛洞)으로 되돌아갔는데 노복들 및 짐바리·소와 말 등이 모두 바위와 숲 사이에 있어서

---

188 榮(영): 趙榮遠(1577~1640)을 가리킴. 본관은 豊壤, 자는 景長, 호는 儒潭. 아버지는 趙靖이며, 어머니는 義城金氏 金克一의 딸이다. 趙靖의 둘째아들이다. 그는 志氣가 굳세고 德行과 道學에 있어 남달라 남방의 여러 선비들이 그를 매우 중히 여겼다고 한다. 從仕郎에 제수되었다.

189 水落菴(수락암): 경상북도 상주시 화남면 형제봉 남쪽 절골 북쪽에 있는 암자. 동관음사 북쪽 높은 산봉우리 석벽이 떨어진 물에 의해 구멍이 나서 불렸다고 한다.

잃어버리는 데에 이르지 않았으니 이 또한 창졸간에 하나의 다행이었다. 저녁을 틈타 머물렀던 주인집에 들어가니, 주인 또한 산골짜기에서 저녁이 되어서야 들어와서는 말했다.

"깊은 산속의 바위굴에 숨어 있으면서 보니, 적들이 남쪽의 고개에서 총을 쏘면서 곧바로 산을 내려가 약탈하는 것이 더욱 심하여 사람들을 많이 죽였는데도 오직 이 마을만은 아직 재화를 입지 않았습니다."

이 마을이 과연 길지(吉地)인가? 주인과 손님이 모두 무사하여 다시 얼굴을 보았으니, 이 마을의 길운은 진실로 크다고 하겠다. 그러나 이 마을 밖의 소문은 지극히 놀랍고 슬프다.

○五日。

猝聞賊逼至, 與伯氏及竑弟, 急奉慈氏, 艱踰後嶺, 而山路險峻, 慈氏實難徒行, 奉負而進, 而恐有追及之患, 亦不能暫憩, 所率四散, 不知去處, 行到四五里, 始得相遇。使竑弟奉慈氏, 送于蘇夜洞[190]李弘道寓所。蓋蘇夜洞, 洞府[191]深僻, 草木茂密, 利於藏身故也。諸眷送于達田[192]宋彦明·申文叔寓所, 吾與伯氏, 爲

190 蘇夜洞(소야동): 疎野洞인 듯. 경상북도 상주시 화북면 龍遊洞 일대의 골짜기에 있는 부락. 원래 衰弱洞이라 하였는데, 골짜기 위에 철광석을 가공하는 곳이 있어 '鐵冶'라 한 것을 우리말로 읽은 것이다. 문경의 농암에서 상주 속리산 문장대로 향하는 길은 높은 청화산과 도장산을 양쪽으로 끼고 구불구불 나 있는데, 그 길을 따라 흐르는 계곡이 쌍룡계곡이다. 도처에 기암괴석이 맑은 물과 어우러져 있는데, 용유동이 그 가운데에 있다.

191 洞府(동부): 道敎의 용어로, 신선들이 사는 지역이라는 뜻. 李重煥은《擇里志》에서 이 일대를 秘地라 하고 금강산 아래 제1경이라 했던 곳이다.

看檢卜物, 還到蘆洞, 則奴僕及卜物·牛馬。皆在於巖藪間, 不至於漏失, 是亦倉卒中一幸。乘夕入主家, 主人亦自山谷, 暮後入來, 言: "在巖穴見之, 則賊自南嶺放丸, 因卽下山, 搜括滋甚, 多害人物, 惟此村姑免禍."云。此村是果吉地耶? 主客俱無事復面, 此村之幸則固大矣。而村外所聞, 極可驚慘。

6일。

소야동(蘇夜洞: 쇠약동)에 도착해서 어머니를 뵈니 뜻밖의 일이 생길까 염려되었다. 그리하여 어머니를 모시고 산에 올라가 잠복했다가 저녁이 되어서야 내려왔다. 적들의 약탈이 늘 오전에 행해지고 오후가 되면 각기 자기의 진영(陣營)으로 돌아갔기 때문에, 피난민들이 새벽이면 반드시 산에 올랐다가 밤에는 촌락에서 묵었는데, 촌락에 거처가 없으면 섶을 베어다 가리개를 삼아서 낮과 밤을 지냈다. 마침 여름철을 맞았기 때문에 사람들이 모두 한데서 거처하였지만, 만약 몹시 추운 겨울철이었다면 얼어 죽는 근심까지 겸하게 되었을 것이니 이러한 때에 난리를 만난 것이 도리어 다행스러웠다. 오랜 뒤에야 적들은 새벽에 나갔다가 저녁에 들어오는 고을사람들의 형편을 살피고 알아내어 깊숙한 산과 궁벽한 골짜기까지 모두 수색하여 고을사람들을 만나기만 하면 번번이 죽였는데, 이와 같이

192 達田(달전): 경상북도 상주시 외서면 大田里. 원래 상주목 지역이었으나 후에 상주군 외서면 지역이었다. 너점 마을의 동쪽이고 독점 마을의 서북쪽에 있다. 산중에 위치하며 밭이 많은 마을이다.

하기를 그치지 않으니 장차 살아남을 사람이라고는 없게 될 것이었다. 병화(兵火)의 참상이 어느 시대인들 없었겠는가마는 촌락이 텅 비었고 인가의 밥 짓는 연기가 사라졌으니, 비록 제비가 집이 아닌 숲에 둥우리를 트는 세상일지라도 오늘날과 같은 적이 있지 않을 것이다. 어머니를 받들어 노동(蘆洞: 葛洞)에 다시 돌아왔다.

○六日。

到蘇夜洞, 覲慈氏, 慮有意外之患。陪慈氏登山潛伏, 乘暮下來。賊之抄掠, 每趁午前, 而午後則各歸其陣, 故避亂之人, 曉必登山, 夜宿村里, 而無村處, 則伐薪爲障, 以度晝夜。適値夏節, 故人皆露處, 而若是嚴冬, 則又兼凍死之患, 此時逢亂, 還可幸也。久後賊詗知其晨出暮入之狀, 深山窮谷, 并皆搜括, 逢著輒殺, 若此不已, 則人將無類矣。兵火之慘, 何代無之, 而村落之空虛, 人煙之蕭索, 雖燕巢林木之世, 未有如今日也。奉慈氏復還蘆洞。

7일.

어머니를 모시고 낮에는 깊은 골짜기로 피신했다가 저녁이 된 후에는 내려왔는데, 날마다 이와 같이 하였다. 홀연히 어떤 사람이 산꼭대기에서 급히 달려오며 소리쳤다.

"적이 들이닥칩니다."

온 마을이 놀라서 움직이며 분주히 피하다가 자세히 파악하니 곧 허황된 경보이었다. 이는 필시 숨어서 도둑질하는 무리들이 마을사람들을 몰아내고자 꾀하여 몰래 훔치려는 계책이었던 같았다. 그리하여 마을사람들이 그 사람을 불러들여서 물으니, 그 사람이 대답했다.

"실은 적을 보지 못했고, 마침 고개 위에 사람들이 많이 있었기 때문에 급히 소리쳐 알린 것이외다."

그의 종적을 살펴보니 몹시 수상하여, 활잡이들이 한꺼번에 일제히 모여 있다가 모두 말했다.

"이러한 때에 이와 같은 무리들은 그 해가 적도(賊徒)들보다도 더 심하다."

그 자리에서 활을 쏘아 죽였는데, 또 두 사람이 산골짜기에서 내려와 그놈을 변명하여 구하려 했지만 말이 매우 오만하고 모습이 황당하여, 사람들이 즉각 그 두 사람도 모두 죽였다.

아, 이것이 난리 중에 겪은 일이다. 만일 평안하여 아무런 일이 없는 때였다면 그 죄는 볼기를 칠 정도였으나 목숨을 잃는데 이르렀고, 두 놈은 억지로 죽일 죄가 더욱 아니었지만 군중의 노여움이 일제히 터져 또한 죽이는 것을 제지할 수가 없었으니 개탄스러우면서도 또한 가련하였다.

○김달가(金達可)의 서찰을 볼 수 있었는데, 경상 좌도와 우도에 각기 방백(方伯: 관찰사)을 두어 좌도(左道)는 이성임(李成任: 李聖任의 오기)으로 삼았고, 우도(右道)는 상중(喪中)이었던 신대진(申大進)으로 도사(都事)를 삼았다.

또 평구역(平丘驛) 역자(驛子)가 지닌 전언통신문을 보았는데, 왜적의 1운(運)과 2운(運) 모두 이미 남김없이 섬멸됨으로써 적의 기세가 꺾이어 바야흐로 모두 아래 지방으로 되돌아갔다고 하였다.

○七日。

奉慈氏, 晝避深谷, 暮後下來, 日每如是。忽有一人。自山上急走呼曰: "賊至矣." 一村驚動奔避, 仔細審知, 則乃虛警也。此必是竄竊之徒, 謀逐村人, 以爲偸竊之計也。村人招致問之, 則言: "實不見賊, 而適有嶺上多人, 故急呼傳通."云。見其蹤跡, 則極涉殊常, 諸弓手一時齊會, 皆曰: "此時如此之類, 其害尤甚於賊徒." 卽地射殺, 又有二人, 自山谷下來, 伸救厥漢, 而言甚傲慢, 跡涉荒唐, 諸人輒竝殺之。噫! 此是亂離中事也。若在平安無事之時, 其罪可笞, 而至於殞命, 兩漢尤無强殺之罪, 而衆怒齊發, 亦不能使之止之, 可歎而亦可惻也。○得見金達可[193]書, 本道左右道, 各設方伯, 左道則李成任[194]爲之, 右道則起復申大進爲都事。且見平丘[195]驛子[196]所持傳通內, 倭徒一二運, 皆已殲盡,

---

193 金達可(김달가, 1565~?): 본관은 義城. 金宇宏(1524~1590)의 둘째아들. 洪胤崔의 외손자이자, 趙翊의 이종사촌이다. 英陵參奉을 지냈다.

194 李成任(이성임): 李聖任(1555~?)의 오기. 본관은 全州, 자는 君重, 호는 月村. 1583년 聖節使의 書狀官으로 명나라에 다녀왔고, 이듬해 암행어사로 파견되어 안산군수 洪可臣과 삭녕군수 曺大乾이 선치가 있음을 아뢰어 승진하도록 하였다. 1590년 담양부사가 되었으며, 1592년 임진왜란이 일어나자 자청하여 경상도관찰사가 되어, 몸소 군사를 모집하여 왜적을 토벌하려 하였으나 전선이 막혀 뜻을 이루지 못하고 돌아왔다. 곧 순찰부사가 되어 민병 800여명을 거느리고 전선으로 나아가 참찬 韓應寅의 군무를 도왔으나, 임진강의 방어선이 무너져 사태가 급박하여지자 패주하였다. 패주한 죄로 사헌부의 탄핵을 받아 한때 파직당하였으나, 1594년 강원감사·길주목사·황해도관찰사가 되었다.

195 平丘(평구): 平丘驛. 경기도 楊州 동쪽 70리에 있는, 원주와 춘천의 갈림길에 있던 역.

196 驛子(역자): 驛站에 소속되어 그에 관련된 각종 役을 부담하는 사람.

以此賊勢稍挫, 方皆下歸云。

9일。

조영(趙榮: 趙榮遠) 조카가 수락암(水落菴)에서 돌아오니, 밤낮으로 우려하던 즈음에 즐겁고 기쁘기가 헤아릴 수 없었다. 그의 말을 듣건대 그 암자는 두 번이나 적을 맞는 변을 당하여 수색이 너무 심해서 터럭 하나 남아 있지 않지만, 암자는 불타지 않았고 사람들은 모두 잘 피했기 때문에 한 사람도 해를 입지 않았다고 하니 더욱 다행이었다.

○듣건대 용궁 현감(龍宮縣監: 禹伏龍)과 신임 방백(方伯) 이성임(李成任: 李聖任)이 군사를 이끌고서 왜적을 막고자 두 차례나 나아가 공격하려고 준비하였으나 모두 불리하여 함창(咸昌)으로 물러나 진(陣)을 쳤다고 하였다.

○九日。

榮姪自水落菴還來, 日夜憂慮之餘, 欣喜難量。聞其言, 其菴再逢賊變, 搜括太甚, 一毫不遺, 而菴宇則不焚, 人皆善避, 故一無見害云, 尤可幸也。○聞龍宮倅與新方伯成任, 領兵拒倭, 兩度進攻, 俱不利, 退屯咸昌云。

10일。

온 가솔이 산에 오른 것은 급박한 근심이 있을까 두려워서 미리 피하려는 계획이었던 것이다. 사방을 둘러보니 상주(尙州)·문경(聞慶)·용궁(龍宮)·함창(咸昌)·보은(報恩)·괴산(槐山) 등지에 전혀 밥

짓는 연기라고는 없었으나, 유독 화령현(化寧縣: 상주의 서부지역)의 남쪽은 연기와 불길이 대단히 심하였다. 괴산·보은에서 내려온 왜적들이 모두 화령을 거치는 길로 상주에 들어왔기 때문에 이산(離山: 속리산)·성산(城山)·도장산(道莊山) 등지를 두루 거치며 노략질했다고 하였다.

또 듣건대 덕통역(德通驛) 및 낙역(洛驛)·도곡(道谷)의 큰길가에 마음대로 가옥(假屋: 임시로 지은 오두막집)을 지어 10여 리나 길게 이어졌는데 무려 수십 칸이나 되었다.

○전해들은 소문에 의하면, 충청(忠淸: 尹先覺)·경기(京畿: 沈岱)·전라(全羅: 李洸) 세 도의 방백(方伯)이 15만의 병사를 거느리고 도성으로 달려가 싸웠으나 패하여 무너져 흩어졌다고 하니, 한탄스러웠다.

○十日。

擧屬登山, 恐有急遽之患, 以爲豫避之計也。回顧四方, 尙州·聞慶·龍宮·咸昌·報恩·槐山[197]等處, 了無煙氣, 而獨化寧縣南, 煙焰極熾。自槐山·報恩下來之倭, 皆由化寧路, 入尙州, 故歷抄離山[198]·城山[199]·道莊[200]等處云。且聞德通驛[201]及洛驛[202]·道

197 槐山(괴산): 충청북도 중앙부에 위치한 고을.

198 離山(이산): 俗離山. 충청북도 속리산면과 괴산군, 경상북도 상주시 화북면에 걸쳐 있는 산.

199 城山(성산): 충청북도 괴산군 칠성면에 위치한 마을.

200 道莊(도장): 道莊山. 경상북도 문경시 농암면 내서리와 상주시 화북면 용유리의 경계에 있는 산.

谷[203]沿路, 橫作假屋, 連亘[204]十餘里, 多至數十餘間云。○傳聞忠淸·京畿·全羅三道方伯, 率十五萬兵。赴戰都城。見敗潰散云, 可歎。

11일。

듣건대 적도(賊徒)들이 대부분 가은현(加恩縣)에 들어가 분탕질을 하고 약탈하며 장차 주둔할 계획이었다. 여기서부터 거기까지 거리가 서로 그리 멀지 않기 때문에 온 권속(眷屬: 한집에 사는 식구)이 밤을 무릅쓰고 길을 떠나 다른 곳으로 옮겨갔다.

○전해들은 소문에 의하면, 조정의 신하들은 적군이 가까이 다가오자 또 대가(大駕)가 다른 곳으로 피난해야 한다는 논의가 있었다고 한다. 대가가 평양(平壤)에 이미 도착했었을 때 사정이 경성(京城) 때와는 달라서 인심이 대동강 때문에 견고하다고 하였으며, 또 이미 황조(皇朝: 명나라)에게 구원병을 청하여 마땅히 도와줄 것으로 믿고서 왜적을 물리칠 계책으로 여겼는데도 굳게 지킬 방안을 강구하지 않고 오로지 대가가 피난해야 한다는 논의만 주장하고 있으니,

---

201 德通驛(덕통역): 경상도 幽谷道에 속한 역. 오늘날의 경상북도 상주시 함창읍에 위치에 있었다. 유곡도는 문경에서 남쪽으로 뻗어 함창을 지나 상주와 선산 방면으로 이어지는 역로이었다.

202 洛驛(낙역): 상주의 洛陽驛·洛東驛·洛源驛·洛西驛·洛平驛의 하나인 듯.

203 道谷(도곡): 도장골. 경상북도 상주시 이안면에 있는 마을. 분산골들과 양달마의 남쪽 지평천 건너에 있는 마을이다.

204 連亘(연긍): 길게 뻗침.

이후로 난여(鑾輿: 大駕)가 다시 평양을 버리고 어디로 갈 것이랴. 서쪽을 바라보고 통곡하니 눈물이 옷깃에 가득하였다.

○十一日。

聞賊徒多入加恩縣, 焚蕩抄掠, 將爲留陣之計。自此去彼, 不甚相遠, 故闔眷[205]冒夜離發, 移寓他處。○傳聞朝臣以賊兵之近逼, 又有去豳[206]之議云。大駕旣至平壤, 則事勢與京有異, 人心以水爲固, 又旣請兵於皇朝, 當藉以爲恃, 以爲卻賊之計, 而不講堅守之策, 專主出避之議, 自此鑾輿更舍何處? 西望痛哭, 有淚盈襟。

13일。

날이 저문 뒤 후령(後嶺: 뒤 고개)에 올라가 골짜기를 두루 살피다가 창졸간에도 몸을 숨길만한 곳을 골랐다. 석 달 동안 이리저리 바삐 피해 다니느라 발이 부르트고 기력도 부쳐서 이미 고통스럽고 답답함이 지극한데다 양식까지 떨어져가니 형편상 지탱하기가 어려웠고, 게다가 노복들이 굶주림에 못 이겨 흩어져 도망치려는 생각만 하고 있으니 더욱 염려스러웠다. 또 편치 않은 형편이 있어서 백씨(伯氏: 趙靖)는 그대로 달전(達田: 大田)에 머물렀고, 나는 어머

---

205 闔眷(합권): 온 권속.

206 去豳(거빈): 去邠. 임금이 전란을 피해 서울을 버리고 다른 곳으로 옮겨가는 것. 원래 邠은 중국 周나라의 서울이었는데, 太王이 오랑캐의 침입을 받자 이를 피하기 위해 岐山 밑으로 옮겨간 것에서 유래하였다.

니를 모시고 다시 노동(蘆洞: 葛洞)의 옛 주인집에 임시로 머물렀다.

장천(長川)의 소식을 듣건대 상주성(尙州城)에서 죽현(竹峴)에 이르기까지 왜놈들이 가옥(假屋: 임시로 지은 오두막집)을 지은 것이 100여 개에 이른데다 날마다 왕래하여 도로에 가득하니, 이러한 양맥(兩麥: 보리와 밀)이 이미 썩거나 말라가는데도 사람들이 수확할 수 없다고 하였다. 피난하여 산골짜기에 있는 자들은 장차 무엇을 먹고 살 것이며, 적의 칼날을 기다리지 않아도 사람들은 장차 모두 죽을 것이었다.

요포(繞浦)의 위아래에 있는 여러 마을 사람들이 해를 입은 것이 거의 20여 명에 이르렀으며, 그것을 피해 마을로 돌아온 사람들이 군사로 징발되어 적을 막은 까닭에 더욱 참혹한 화를 입었고, 죽은 자들도 70여 명에 이르렀다고 하니, 더욱 참담하고 통분하였다.

○十三日。

日晩登後嶺, 周覽洞壑, 爲擇倉卒藏身之所。三朔奔走, 幷力倦, 已極苦悶, 而糧餉垂乏, 勢難支過, 且奴僕困於飢渴, 皆有散亡之意, 尤可慮也。又有難便之勢, 伯氏因留達田, 吾則奉慈氏, 更寓蘆洞舊主人家。聞長川消息, 自州城至于竹峴[207], 倭奴輩所作假屋, 至於百餘所, 逐日往來, 彌漫道路, 以此兩麥已至腐枯, 而人不得收穫云。避在山谷者, 其將何食? 不待鋒鏑, 而人將盡斃矣。繞浦[208]上下諸里人被害, 幾至卄餘, 避回村之人, 以發軍

207 竹峴(죽현): 경상북도 상주시 낙동면 용포리와 구미시 옥성면 죽원리(지금은 대원리) 사이에 있는 고개.

捍賊之故, 尤被慘禍, 死者至七十餘人云, 尤極慘痛。

15일。

백씨(伯氏: 趙靖)가 어머니를 뵈러 왔다가 저녁에 달전(達田: 大田)으로 돌아갔다.

듣건대 공성(功城)·외남(外南)·청리(靑里)에 사는 김사종(金嗣宗)·권서(權署)·노감(盧瑊) 등이 군사들을 모아 왜적을 막음에 죽거나 다친 이들이 매우 많았기 때문에 적도(賊徒)는 끝내 그 마을에 들어가 노략질을 하지 못했지만 나중에 우리의 군대가 해이해져서 흩어진 것을 알고 그 틈을 노려 졸지에 들이닥쳐, 김사종은 말을 달리며 화살을 쏘아 10여 명의 왜적을 죽였으나 화살이 떨어진데다 적의 탄환을 맞고서 말을 달려 빠져나왔다. 왜놈들이 앙심을 품고 횡포를 부려 더욱 더 심하게 살상하였는데, 사족(士族)으로서 해를 입은 자는 이루 다 헤아릴 수가 없었고 이숙재(李叔載: 李坱)·정경임(鄭景任: 鄭經世) 집안의 소식은 더욱 지극히 놀랍고 애통하였다.

○十五日。

伯氏來省慈氏, 夕還達田。聞功城[209]·外南·靑里[210]居人金嗣宗·

208 繞浦(요포): 경상북도 尙州의 낙동면에 있는 자연마을. 상주의 案山인 甲長山이 동쪽 자락을 펼쳤고 면의 한가운데는 長川이 북으로 흘러 낙동강과 하나가 되는데, 그 사이에 昇谷里가 있고 그 마을에 養眞堂이라는 자연마을을 가리킨다. 장천으로 둘러싸인 포구였던 것으로 보인다.

209 功城(공성): 경상북도 상주시 남부에 위치한 고을.

210 靑里(청리): 경상북도 상주시 청리면 일대에 있던 옛 고을.

權署·盧瑊等, 聚軍拒賊, 殺傷甚多, 故賊徒終不得入抄其里, 後知其軍情之懈散, 乘釁猝至, 嗣宗躍馬而射殺數十餘倭, 因以矢盡, 中丸馳出。倭奴銜憾恣凶, 殺傷滋甚, 士族之被害者, 不可盡數, 而李叔載[211]·鄭景任[212]家消息, 尤極驚慘。

16일。

백씨(伯氏: 趙靖)와 함께 간소한 제수를 마련하여 외할머니(外祖母: 洪胤崔의 아내, 洪彦忠의 딸) 초상(初祥)에 갔다.{협주: 본손(本孫)들이 난중에 떠돌았기 때문이다.}

○十六日。

與伯氏, 備薄需, 行外王母初祥。{本孫, 亂中漂泊故也.}

---

211 叔載(숙재): 李埈(1558~1648)의 字. 본관은 興陽, 호는 月澗. 임진왜란 때 李埈이 의병을 일으켜 왜적과 싸우다 적중에 포위된 적이 있었는데, 그 때 이전이 동생을 데리고 적진 탈출에 성공하여 형제가 무사할 수 있었다. 뒤에 이준이 감복하여 화공을 시켜 이 모습을 그리게 하고 〈急難圖〉라 이름하니, 당시의 명공·거경들이 이 일을 노래로 읊었다고 한다.

212 景任(경임): 鄭經世(1563~1633)의 字. 본관은 晉州, 호는 愚伏. 1596년 이조좌랑에 시강원문학을 겸했으며, 잠시 영남어사의 특명을 받아 禦倭鎭營의 각처를 순시하고 돌아와 홍문관교리에 경연시독관·춘추관기주관을 겸하였고, 이어서 이조정랑·시강원문학을 겸하였다. 이조정랑에 있을 때에는 인사 행정이 공정하여 賢邪를 엄선해서 임용·퇴출했으며, 특정인에게 경중을 둔 일이 없었다. 1598년 2월 승정원우승지, 3월에 승정원좌승지로 승진되었고, 4월에는 경상감사로 나갔다. 이때 영남 일대가 임진왜란의 여독으로 民力이 고갈되고 인심이 각박해진 것을 잘 다스려, 도민을 너그럽게 무마하면서 양곡을 적기에 잘 공급해 주고, 백성들의 풍습 교화에 힘써 도내가 점차로 안정을 찾게 되었다.

17일。

듣건대 적이 이미 임진강(臨津江)을 건너 잇달아 송도(松都: 개성)를 함락시켜 대가(大駕)가 서경(西京)을 떠나 용천(龍川)으로 피난 갔고 학금(鶴禁: 왕세자 광해군)이 재신(宰臣)들을 거느리고서 강계(江界)로 들어갔는데, 13일에 적이 서경을 함락시키자 대가가 또 의주(義州)로 피난 갔다고 하였다.

○十七日。

聞賊已渡臨津, 連陷松都[213], 大駕自西京[214], 移蹕[215]龍川[216], 鶴禁[217]率諸宰, 入江界[218], 十三日, 賊陷西京, 大駕又移蹕義州[219]云。

18일。

백씨(伯氏: 趙靖)가 가솔들의 양식이 이미 떨어졌기 때문에 가솔들을 거느리고 임하(臨河)로 들어가고자 계획하였으나 도로가 여전히 막혀서 아직 결행하지 못하였지만 조만간에 만약 계획이 이루어지면, 누구와 더불어 어머니를 받들어 모시고서 다급하고 갑작스러운 상황을 피할지 벌써 몹시 걱정되어 답답하다.

---

213 松都(송도): 開城. 松嶽山 밑에 있던 서울이란 뜻으로 일컫는 말이다.
214 西京(서경): 高麗 때 四京의 하나. 조선시대에 平壤을 일컫는 말이었다.
215 移蹕(이필): 播遷. 임금이 도성을 떠나 난리를 피함.
216 龍川(용천): 평안북도 서단에 위치한 고을.
217 鶴禁(학금): 왕세자의 궁궐. 광해군을 일컫는다.
218 江界(강계): 평안북도 북동부에 위치한 고을.
219 義州(의주): 평안북도 북서단에 위치한 고을.

○우리나라가 전란을 겪으며 패한 나머지 스스로 떨치고 일어날 수 없어 황제의 위엄에 의지하여 수복할 수 있는 희망이 있기를 바랐다.

듣건대 유격(遊擊) 사유(史儒)가 외로운 군대로 경솔히 진격하였다가 평양(平壤)에서 좌절되었고, 그 후로 흉적의 칼날이 더욱 설쳐댄다고 하니 어찌 통분하지 않겠는가.

또 듣건대 천조(天朝: 명나라)가 다시 대군을 일으켜 제독(提督) 이여송(李如松)이 승리한 위세를 타고서 이리저리 옮겨 다니며 싸우면서 동쪽으로 오고 있어 보잘것없는 왜적들은 장차 바위로 달걀을 눌러버리는 형세가 될 것이라고 하니, 참으로 치하할 만하였다.

○十八日。

伯氏以累眷[220]糧餉已盡, 欲率眷入臨河[221]計, 而道路尙阻, 姑未決行, 然早晩若遂計, 誰與奉護慈氏, 以避倉卒急遽之患也, 預切愁悶。○我邦積敗之餘, 不能自振, 冀仗皇威, 庶有收復之望。聞史游擊儒[222], 孤軍輕進, 挫於平壤, 厥後凶鋒益肆, 豈不痛哉? 又聞天朝更發大兵, 李提督如松[223], 乘新捷之威, 轉戰[224]東來, 蕞爾小

220 累眷(누권): 家累. 一家에 속하는 모든 사람. 노비·처자를 포함하여 어떤 사람에게 매여 있는 家率을 말한다.

221 臨河(임하): 경상북도 안동시 남동부에 위치한 고을.

222 史游擊儒(사유격유): 史儒(?~1592)를 가리킴. 명나라의 요동성 유격대장. 문무를 겸비한 무장이었다. 일찍부터 비적들을 물리치는 등 전공을 세웠다. 임진왜란이 발발하자 조선을 원조하러 왔다가 평양성에서 전사했다.

223 李提督如松(이제독여송): 명나라 장수 李如松(1549~1598)을 가리킴. 朝鮮 출신인 李英의 후손이며, 遼東總兵으로 遼東지역의 방위에 큰 공을 세운 李成梁

醜, 將成壓卵之勢云, 可賀可賀。

19일。

어르신 김방선(金邦善: 김자형의 백부)씨 및 매부 김자형(金子亨: 金安節, 金宗善의 아들)이 장천(長川)에서 가솔들을 데리고 들어와서 말했다.

“처음에는 멀리 피하지 않고서 늘 가까운 곳에 있었으나, 적도(賊徒)를 여러 차례 마주쳐 간신히 달아나 초야에 피했지만 끝내 위험을 면할 수 없음을 알고 지금에야 비로소 깊숙이 들어왔네.”

난리 중에 죽거나 살면서 서로 만날 수가 없는데 뜻밖에도 만나 손을 맞잡으니 기쁘기 그지없었다.

○들려오는 소식에 의하면 영유(永柔)·순안(順安)은 서경(西京: 평양)과 멀지 않은데도 적도(賊徒)들이 아직 침범해오지 않아서, 그 때

(1526~1615)의 長子이다. 임진왜란 때 防海禦倭總兵官으로서 명나라 구원군 4만 3천 명을 이끌고 동생 李如柏과 왔다. 43,000여의 明軍을 이끌고 압록강을 건넌 그는 休靜(1520~1604), 金應瑞(1564~1624) 등이 이끄는 조선의 僧軍, 官軍과 연합하여 1593년 1월 고니시 유키나가[小西行長]의 왜군을 기습해 평양성을 함락시켰다. 그리고 퇴각하는 왜군을 추격하며 평안도와 황해도, 개성 일대를 탈환했지만, 한성 부근의 碧蹄館에서 고바야카와 다카카게[小早川隆景], 다치바나 무네시게[立花宗茂] 등이 이끄는 왜군에 패하여 開城으로 퇴각하였다. 그리고 함경도에 있는 가토 기요마사[加藤淸正]의 왜군이 평양성을 공격한다는 말이 떠돌자 평양성으로 물러났다. 그 뒤에는 전투에 적극적으로 나서지 않고 화의 교섭에만 주력하다가 그 해 말에 劉綎(1558~1619)의 부대만 남기고 명나라로 철군하였다.

224 轉戰(전전): 옮겨 다니며 싸우는 것.

문에 인심이 조금 진정되어 패망한 나머지 군사를 수습하여 명나라 군대를 맞아 인도하여서 회복할 수 있다는 희망을 가지게 되었다고 하였다. 이는 진실로 하늘이 다시 일어나도록 도와주는 운수이니, 사람의 힘으로 할 수 있는 바가 아니었다.

○十九日。

金丈邦善[225]氏, 及妹壻金子亨[226], 自長川率家屬入來, 言: "初不遠避, 常在近地, 累逢賊徒, 艱辛走避於草莽之間, 知其終不得免危。今始深入."云。亂離之中, 死生相阻, 意外得逢, 欣握可勝。○流聞永柔[227]·順安[228], 去西京不遠, 而賊徒姑不來犯, 以此人心稍定, 收拾餘軍, 導迎天兵, 庶有恢復之望。此實天贊中興之運, 非人力之所能也。

20일。

전해들은 소문에 의하면 경성(京城)에서 온 장수와 병사들이 충청도(忠淸道)의 여러 고을에서 적도(賊徒)들을 몰아내어 멀지 않아 우

225 金丈邦善(김장방선): 金邦善(생몰년 미상). 金子亨의 백부.

226 子亨(자형): 金安節(1564~1632)의 자. 본관은 尙州, 호는 樂涯. 아버지는 金宗善이고, 어머니는 眞城李氏 李宰의 딸이다. 趙翊의 둘째 누이의 남편. 상주 長川里 百源村에서 태어났다. 朴守一에게 글을 배운 뒤 成允謙의 문인이 되었다. 임진왜란이 일어나자 金鎰과 모의하여 의병을 일으켰으나 모친 때문에 禮安 溫溪로 피난하였다. 선조 때 진사에 올랐으나 광해군 때 廢母論이 일어나자 文科에의 응시를 포기하였다.

227 永柔(영유): 永柔縣. 평안남도 平原郡의 屬縣. 평양의 서북쪽에 인접해 있다.

228 順安(순안): 평안남도 平原郡의 屬縣. 평양의 북서부에 인접해 있다.

리 경내에 도착할 것이라고 하니, 영남의 백성들이 이 소식을 듣고는 모두 소생되기를 바라는 마음을 지니고 있지만 아직도 들리는 것이 없다. 적도들의 횡행함이 아직 끊어지지 않고 있으니, 어찌 이전에 들은 것이 진짜가 아니란 것인가? 의아하고 답답함을 이길 수가 없다.

또 듣건대 전라수군절도사(全羅水軍節度使) 이순신(李舜臣)이 우수사(右水使) 이억기(李億祺)·경상우수사(慶尙右水使) 원균(元均) 등과 군대를 합하여 왜놈의 적선을 거제도(巨濟島)의 견내양(見乃梁)에서 마주하여 대파했다고 하니, 장쾌할 뿐만이 아니었다. 적은 처음 바다와 육지에서 합세하고 장차 협력하여 서쪽으로 공격하려는 계획이었는데 이번 전투로 말미암아 틀어졌다고 하니, 이것이 어찌 하늘의 뜻이 아니겠는가. 이 소식을 들은 자는 펄쩍 뛰며 기뻐하지 않은 자가 없었다.

○二十日。

傳聞京城將士，忠淸諸邑，驅逐賊徒，近將到境云，嶺外之民，得聞此報，咸有其蘇之望，迄無所聞。賊徒之橫行尙不絶，豈前聞之非眞耶？不勝訝鬱。且聞全羅水軍節度使李舜臣[229]，與右水

229 李舜臣(이순신, 1545~1598): 본관은 德水, 자는 汝諧. 1576년 식년무과에 급제했다. 1589년 柳成龍의 천거로 高沙里僉使로 승진되었고, 절충장군으로 滿浦僉使 등을 거쳐 1591년 전라좌도 水軍節度使가 되어 여수로 부임했다. 이순신은 왜침을 예상하고 미리부터 군비확충에 힘썼다. 특히, 전라좌수영 본영 선소로 추정되는 곳에서 거북선을 건조하여 여수 종포에서 點考와 포사격 시험까지 마치고 돌산과 沼浦 사이 수중에 鐵鎖를 설치하는 등 전쟁을 대비하고 있었다. 임진왜란이 일어나자 가장 먼저 전라좌수영 본영 및 관하 5관(순천·낙안·보성

使李億祺[230]·慶尙右水使元均[231]等合兵, 與賊船遇於巨濟[232]見乃

·광양·흥양) 5포(방답·사도·여도·본포·녹도)의 수령 장졸 및 전선을 여수 전라좌수영에 집결시켜 전라좌수영 함대를 편성하였다. 이 대선단을 이끌고 玉浦에서 적선 30여 척을 격하하고 이어 泗川에서 적선 13척을 분쇄한 것을 비롯하여 唐浦에서 20척, 唐項浦에서 100여 척을 각각 격파했다. 7월 閑山島에서 적선 70척을 무찔러 閑山島大捷이라는 큰 무공을 세웠고, 9월 적군의 근거지 부산에 쳐들어가 100여 척을 부수었다. 이 공으로 이순신은 정헌대부에 올랐다. 1593년 다시 부산과 熊川의 일본 수군을 소탕하고 한산도로 진을 옮겨 本營으로 삼고 남해안 일대의 해상권을 장악, 최초로 삼도수군통제사가 되었다. 1596년 원균 일파의 상소로 인하여 서울로 압송되어 囹圄의 생활을 하던 중, 우의정 鄭琢의 도움을 받아 목숨을 건진 뒤 도원수 權慄의 막하로 들어가 백의종군하였다. 1597년 정유재란 때 원균이 참패하자 다시 삼도수군통제사에 임명되었다. 12척의 함선과 빈약한 병력을 거느리고 鳴梁에서 133척의 적군과 대결, 31척을 부수어서 명량대첩을 이끌었다. 1598년 명나라 陳璘 제독을 설득하여 함께 여수 묘도와 남해 露梁 앞바다에서 순천 왜교성으로부터 후퇴하던 적선 500여척을 기습하여 싸우다 적탄에 맞아 전사했다.

230 李億祺(이억기, 1561~1597): 본관은 全州, 자는 景受. 1591년 이순신이 전라좌도 수군절도사로 부임할 때 순천부사에 발탁되었다. 임진왜란이 일어나자, 전라우도 수군절도사가 되어 唐浦·玉浦·安骨浦·絶影島 등의 해전에서 왜적을 크게 격파했다. 이순신이 무고로 투옥되자 李恒福·金命元 등과 함께 이순신의 무죄를 주장했다. 1597년 정유재란 때 통제사 元均의 휘하에서 부산에 있던 왜적을 공격하다가 漆川梁海戰에서 전사했다.

231 元均(원균, 1540~1597): 본관은 原州, 자는 平仲. 무과에 급제한 뒤 造山萬戶가 되어 북방에 배치되어 여진족을 토벌하여 富寧府使가 되었다. 전라좌수사에 천거되었으나 평판이 좋지 않다는 탄핵이 있어 부임되지 못했다. 경상우도 수군절도사에 임명되어 부임한 지 3개월 뒤에 임진왜란이 일어났다. 왜군이 침입하자 경상좌수영의 수사 朴泓이 달아나버려 저항도 못해보고 궤멸하고 말았다. 원균도 중과부적으로 맞서 싸우지 못하고 있다가 퇴각했으며 전라좌도 수군절도사 이순신에게 원군을 요청하였다. 이순신은 자신의 경계영역을 함부로 넘을 수 없음을 이유로 원군요청에 즉시 응하지 않다가 5월 2일 20일 만에 조정의 출전명령을 받고 지원에 나섰다. 5월 7일 옥포 해전에서 이순신과 합세하여 적선 26척을 격침시켰다. 이후 합포·적진포·사천포·당포·당항포·율포·한산도·안골포·부

梁[233], 大破云, 非但快壯。賊初欲水陸合勢, 將竝力西下之計, 賴此一戰而緯繣云, 此豈非天耶? 聞之者, 莫不踴躍。

21일。

보리쌀 및 염장(鹽醬: 소금과 간장 등 양념)을 거두어들이는 일로 대산(大山)을 읍내 및 장천(長川)에 보냈다.

듣건대 도로에 왜놈들이 끊이지 않아서 보리와 밀을 거두어 타작하지 못했다고 하니 통탄스러웠다.

○二十一日。

산포 등의 해전에 참전하여 이순신과 함께 일본 수군을 무찔렀다. 1593년 이순신이 삼도수군통제사가 되자 그의 휘하에서 지휘를 받게 되었다. 이순신보다 경력이 높았기 때문에 서로 불편한 관계가 되었으며 두 장수 사이에 불화가 생기게 되었다. 이에 원균은 육군인 충청절도사로 자리를 옮겨 상당산성을 개축하였고 이후에는 전라좌병사로 옮겼다. 1597년 정유재란 때 加藤淸正이 쳐들어오자 수군이 앞장서 막아야 한다는 건의가 있었지만 이순신이 이를 반대하여 출병을 거부하자 수군통제사를 파직당하고 투옥되었다. 원균은 이순신의 후임으로 수군통제사가 되었다. 기문포 해전에서 승리하였으나 안골포와 가덕도의 왜군 본진을 공격하는 작전을 두고 육군이 먼저 출병해야 수군이 출병하겠다는 건의를 했다가 권율 장군에게 곤장형을 받고 출병을 하게 된다. 그해 6월 가덕도 해전에서 패하였으며, 7월 칠천량 해전에서 일본군의 교란작전에 말려 참패하고 전라우도 수군절도사 이억기 등과 함께 전사하였다. 이 해전에서 조선의 수군은 제해권을 상실했으며 전라도 해역까지 왜군에게 내어 주게 되었다. 그가 죽은 뒤 백의종군하던 이순신이 다시 수군통제사에 임명되었다. 임진왜란이 끝난 뒤 1603년 이순신·권율과 함께 선무공신에 책록되었다.

232 巨濟(거제): 巨濟島. 경상남도 鎭海灣 전면에 위치한 섬.

233 見乃梁(견내양): 경상남도 통영시 龍南面 長坪里와 거제시 沙等面 烏良里 사이에 있는 해협.

收得麥糧及鹽醬事, 送大山于州內及長川。聞道路賊奴不絶, 兩麥不得收打云, 可痛。

22일。

듣건대 경성(京城)에서 전언통신문(傳言通信文)이 왔다고 하였다. {협주: 대략 이르기를, "도성 안의 적들은 거의 모조리 소탕되었고, 서북도(西北道)의 장수와 병사들이 최근 또 몰아내어서 흩어진 왜적의 군졸들이 고개를 넘어 영남의 경계에 도달할 것이니 여러 고을에서는 각기 군사들을 불러 모아 기다리라."라고 하였다.}

○二十二日。

聞自京中有傳通。{略曰: "都中之賊, 幾盡勦滅, 西北道將士, 近又驅逐散卒, 踰嶺到界, 列邑其各聚軍待候."云.}

23일。

듣건대 오가는 길에 왜적들이 올라가거나 내려가거나 하는 것이 계속 끊어지지 않으며 닥치는 대로 예천(醴泉)과 안동(安東) 등의 고을들을 약탈하자, 아군이 점차 후퇴하고 좌절하는 데에 이르렀다고 하였다. 적들을 몰아내 고개를 넘도록 하며 미리 성대한 위세로 겁을 주었는데도 끝내 아무런 영향을 끼치지 못하였으니, 인민들이 정녕 두려워하여 승리할 기약까지 까마득히 없었다.

세월이 쉽게 흘러가서 이미 가을의 계절이 닥쳐오는데, 사방의 들판은 황폐하여 이삭 하나도 똑바로 서 있지 않아 가을과 겨울을 날 수가 없으니, 사람들은 장차 모두 시체로 도랑이나 골짜기를 메울 것이다. 이를 어찌해야 좋단 말인가?

○二十三日。

聞中路來往之倭，或上或下，連續不絶，旁抄醴泉·安東[234]等邑，我軍漸至退挫云。驅賊踰嶺，豫有先聲[235]，而迄無影響，人民寧戢，邈無其期。時月易邁，已迫秋序，四野荒廢，一苗不立，不出秋冬，人將盡塡溝壑[236]矣。奈何奈何?

24일。

듣건대 목백(牧伯: 상주목사 金澥)이 속리산에서 병천(屛川)의 사찰로 이동하여 머물러 있을 때는 이방(吏房)이 명을 거역하였어도 형벌을 드러내 행하지 않았지만, 창고에 쌓아 둔 곡식을 훔쳐낸 현리(縣吏: 고을 아전)는 목을 베었고, 또 아전들에게 명을 내려 알려주며 군졸들을 거두어 모으게 했다고 하였다. 아마도 지난번 경성의 소식을 듣고 비로소 생기가 나서 군졸을 준비하여 기다리려는 계획으로 삼고자 한 것이며 또한 지난날 군대를 버리고 성을 버려서 나라를 저버리며 구차히 살아남은 죄를 면하고자 도모하려 하니, 그의 정황과 종적을 살펴보면 심히 가소로운 일이다. 만약 적의 기세가

---

234 安東(안동): 경상북도 북동부에 위치한 고을.

235 有先聲(유선성): 먼저 성대하게 아군의 위세를 과시한다는 말. 《史記》〈淮陰侯列傳〉의 "병법에 진실로 먼저 소문을 퍼뜨리고 뒤에 실제로 행동한다고 하는데 바로 이를 말하는 것이다.(兵固有先聲而後實者. 此之謂也.)"에서 나온다.

236 塡溝壑(전구학): 도랑이나 골짜기를 메움. 목숨을 잃는 것을 겸손하게 일컫는 말이다.

다시 치성해진다면, 또 산속의 바위굴 속에 숨어 있는 목사가 되지 않으리라는 것을 어찌 알겠는가.

○二十四日。

聞牧伯[237]自離山移住屛川[238]寺, 以吏房之拒逆, 不現行刑, 以倉穀之偸出, 斬縣吏, 又知委[239]諸吏, 收聚軍卒云。蓋聞向日京報, 始有生氣, 欲爲支待[240]之計, 且欲圖免前日棄師棄城負國偸生之罪, 究其情跡, 甚可笑也。若使賊勢更熾, 安知不又作巖穴間牧使乎?

25일。

백씨(伯氏: 趙靖)가 어머니를 뵈러 왔다가 저녁에 돌아가려는데, 높은 데 올라 북쪽으로 가은현(加恩縣)의 마을들을 바라보니 적병들의 불길이 꽉 들어차 보기에 매우 참혹했지만 어두움을 무릅쓰고 임시거처로 돌아갔다.

---

237 牧伯(목백): 지방행정 단위의 하나인 목을 맡아 다스리던 정3품의 외직 문관.

238 屛川(병천): 甁泉의 예전 이름. 속리산에서 발원하여 점촌으로 흐르는 영강의 상류에 해당함. 청화산과 도장산이 병풍처럼 되어 있어 그 골짜기 이름이 되었다고 한다. 상주 화북의 용유리 일대를 龍遊洞이라 하고, 문경 농암의 내서리 일대를 雙龍洞이라 하였다. 용유계곡에 병천정이 잇고 경치가 아름답기도 하지만, 임진왜란 때는 상주의 의병들이 머물며 이 내를 따라 당교에 주둔한 왜적을 공격한 것이기도 하다.

239 知委(지위): 명령을 내려서 알려주는 것.

240 支待(지대): 지방에 출장 나간 관원에게 필요한 음식물·일용품 등을 지방 관아에서 공급하는 일.

장천(長川) 사람 신태(申兌)가 그의 어머니 및 부형(父兄)들을 모시고 산속으로 피난하여 들어왔다가, 그의 부친 별감공(別監公)이 살해되었음을 듣고 어렵게 집으로 급히 돌아가 그대로 며칠을 머물렀는데, 갑자기 적도(賊徒)와 마주쳐 칼에 찔려 거의 죽을 뻔했으나 요행으로 벗어날 수 있었는데 어깨에는 칼에 찔린 흔적이 있었다. 지극히 놀랍고 참담하였다.

○二十五日。

伯氏來覲夕還, 登高北望加恩縣里, 賊火遍滿, 所見極慘, 冒昏還寓。長川人申兌, 陪其慈氏及諸父兄, 避入山中, 聞其父別監公遇害, 艱得奔喪[241], 因留數日, 遽遇賊徒, 幾被刺殺, 僥倖得脫, 而臂有劍痕。極可驚慘。

26일.

내금(內禁) 김사종(金嗣宗)은 무사(武士)로서 용맹이 있는 자이었다. 앞서 외남(外南)의 전투에서 적의 탄환이 바깥 복사뼈를 뚫고 들어가서 마침 병석에 눕게 되었다고 하였다. 때문에 백씨(伯氏: 趙靖)와 함께 가서 보니, 상처를 입은 곳이 부어올라 그 크기가 허리통만 하여 다시 일어날 가망이 만무하였다. 이런 때에 이러한 사람을 잃는 것이 어찌 애석하지 않을 수 있으랴.

○二十六日。

---

241 奔喪(분상): 먼 곳에서 어버이의 죽음을 듣고 집으로 급히 돌아감.

金內禁嗣宗，武士而有勇者也。頃於外南之戰，鐵丸入外踝。方病臥云。故與伯氏往見，受傷處成浮，其大如腰，萬無復起之望。此時失此人，可不惜哉?

28일。

듣건대 상주(尙州) 읍내에 머물렀던 적들이 모두 용궁(龍宮) 땅으로 향한 것은 아마도 용궁 현감(龍宮縣監: 禹伏龍)이 잘 방어하였기 때문에 네다섯 차례 접전하면서 승리하거나 퇴각하거나 하면서도 아직 스스로 꺾을 수 없자, 이 때문에 그 적은 앙심을 품고서 반드시 이기기를 기약하며 번번이 나아가 싸운다고 하였다.

○듣건대 적도(賊徒)들이 가은현(加恩縣)에 침범하여 신응개(申應漑) 집의 곡물 40여 석(石)을 약탈해 갔다고 하였다. 애통하고 애석하였다.

○양식 자루가 모두 바닥이 나서 이자를 내더라도 벼를 얻고자 대산(大山) 노비를 데리고 가은(加恩)의 신순(申諄) 집에 직접 가니, 그 집도 또한 여러 차례 적변(賊變)을 당하여 집에 비축해 두었던 물건들을 전부 잃게 되어 오직 잡곡 수백여 석(石) 가운데 남아있는 것이 단지 네다섯 석 가량뿐인 데다 날이 저물어서 그대로 그 집에 묵었고 다음날 새벽에 임시거처로 돌아왔다.{협주: 뒤늦게 듣건대 그날 아침 식사 후에 적들이 또 그 집에 들이닥쳐서 약탈해 빼앗아가는 것이 호랑이 같았다고 하니 두렵기만 하였다.}

○二十八日。

聞州內留賊，盡向龍宮地，蓋龍倅善禦，故四五次接戰。或勝或退, 猶不自挫, 以此賊含憾, 期於必勝, 每每進戰云。○聞賊徒入寇加恩縣, 掠去申應溉家穀物四十餘石云。可痛可惜。○糧橐俱乏, 欲得殖租, 率大山奴, 親往加恩申諄家, 其家亦累遭賊變, 家藏等物, 沒數見失, 惟雜穀數百餘石, 見存只許四五石, 而日暮留宿其家, 翌曉還寓。{追聞食後, 賊又到其家, 掠攫如虎云, 可怕.}

• 7월 무오삭

2일。

백씨(伯氏: 趙靖)가 여러 가솔들을 거느리고 다시 노동(蘆洞: 葛洞)의 옛 주인집으로 돌아갔다. 왜놈들이 다시 가은(加恩)으로 들어가 30여 채의 집들을 분탕질하였기 때문에 점점 핍박할 우려가 생길까 두려웠다. 광주(光州) 이모네가 화산(華山: 문경 농암면 소재 마을)에서 이곳으로 옮겨와 부쳐 지냈는데, 친족들이 모두 한곳에 모이니 정말로 위로가 되었다.

七月戊午二日。

伯氏率諸眷, 復還蘆洞舊主人家。倭奴復入加恩, 焚蕩三十餘家, 故恐有漸逼之慮。光州姨母, 自華山移寓此中, 親屬俱會一處, 可慰可慰。

3일。

듣건대 초유사(招諭使: 金誠一)가 오랫동안 거창(居昌)에 머물러 있었으나 적들은 진주성(晉州城)에 지키는 자가 없다는 것을 염탐하여 알고서 거창의 적과 진해(鎭海)의 적들이 서로 호응하여 대거 진주성을 침입하자, 초유사가 위급한 소식을 듣고 달려가다가 단성(丹城)에 이르러 함양(咸陽)·산음(山陰)·단성(丹城)의 세 고을 병사들을 다 일으켜서 진주성에 도착하니, 김시민(金時敏)이 준동하지 못하도록 하여 적들은 촉석루(矗石樓) 아래에 이르렀으나 감히 바싹 다가오지 못하고 있었는데, 우리나라의 여러 군사가 합세해 추격하니 적들이 낭패를 당해 퇴각하여 아군이 죽거나 다치거나 할 염려가 없었다고 하였다.

○三日。

聞招諭使久駐居昌, 賊覘知晉城無守, 居昌賊與鎭海[242]賊相應, 大擧侵晉, 招諭使聞急, 馳至丹城[243], 悉起咸·陰·丹三邑兵以赴, 金時敏[244]使不敢動, 賊至石樓下, 而不敢逼, 諸軍合勢追擊, 賊狼

---

242 鎭海(진해): 경상남도 창원시의 북서부에 위치한 고을.

243 丹城(단성): 경상남도 山淸의 남동부에 위치한 고을.

244 金時敏(김시민, 1554~1592): 본관은 安東, 자는 勉吾. 1578년 무과에 급제했다. 1591년 晋州判官이 되었고, 이듬해 임진왜란이 일어나자 죽은 牧使 李璥을 대신하여 城池를 수축하고 무기를 갖추어 진주성을 지켰다. 이후 곽재우 등 의병장들과 합세하여 여러 차례 적의 공격을 막아내고 고성과 창원 등지의 성을 회복하는 등의 공로로 8월 진주목사에 임명되었다. 9월에는 적장 平小太를 사로잡는 전공을 세웠으며, 10월에는 왜군이 대대적으로 진주성을 공격하였다. 당시 진주성을 지키고 있던 그는 3,800여명의 군대를 이끌고 적장 長谷川秀一가 이끄는 2만의 군대를 맞아 승리를 거두었다. 진주성 안에서의 전체적인 지휘를 그가 이끌었으며, 곽재우 최경회 등 의병장들이 적군의 배후를 위협하는 도움을 받아 전투가 진행되었다. 10월 5일부터 11일까지 실시된 이 전투에서 마지막 날 적의 대대적인 총공세를 맞아 동문을 지키던 김시민 장군이 적의 탄환을 맞아 쓰러지자 곤양군수 이광악이 대신 작전을 지휘해 승리를 거두었다. 이 전투를

狽而退，所殺傷無慮云。

4일。

오늘은 외왕고(外王考: 외할아버지 洪胤崔)의 제삿날이다. 백씨(伯氏: 趙靖) 및 이모와 함께 약소하나마 제사를 베풀어 행하였다.

듣건대 상주 목사(尙州牧使: 金澥)는 사사로이 저지른 죄를 이유로 삼아 상주의 이방(吏房) 윤문경(尹文卿)을 죽였고, 또 죄인을 잡는 사람을 보내어 산골짜기의 유랑민들이 가지고 있던 양식을 수색해 가져다가 그의 임시거처에 쌓아 모아두고 자기가 사사로이 쓸 계획이었다고 한다. 몇 달 동안 도망하여 숨어서 뼈도 없는 사람처럼 있다가 하루아침에 머리를 세우고 가혹하게 위세를 부리며 주벌(誅罰)하는 것이 어지러운 데다 토색질이 이를 데 없이 더해져 인심이 더욱 소란스러워지고 원망과 비방이 사방에서 일어나니 지극히 한심스러웠다.{협주: 듣건대 누군가가 그것을 하도록 사주하고 강요하는 자가 있다고 하니 더욱 통탄스럽다.}

○四日。

今日是外王考忌辰[245]也。與伯氏及姨母，略設奠儀。聞州伯以私罪殺州吏尹文卿，且發差[246]，搜括山谷間流民所齎糧物，積聚

임진왜란 3대 대첩의 하나로 꼽기도 한다.

245 忌辰(기신): 죽은 사람이나 또는 죽은 사람과 관련되는 사람을 높이어 그 제삿날을 이르는 말.

246 發差(발차): 죄 지은 사람을 잡아 오려고 사람을 보내는 것.

其寓, 以爲自用之計云。累月竄伏, 有同無骨之人, 一朝起頭, 暴生威焰, 誅罰狼藉, 加以徵索無厭, 人心益騷, 怨讟四起, 極可寒心。{聞有人有以慫恿嗾而爲之云, 尤可痛也.}

5일。

초유사(招諭使: 金誠一)의 격문을 보니, 대개 오늘날의 일을 말하는데 다만 군사와 백성들이 무너지고 흩어진 것뿐만 아니라 윗사람을 위해 죽으려는 마음조차 없었고, 여러 고을 수령들이 모두 몸을 숨기고 도피하며 방백(方伯: 관찰사)과 연수(連帥: 절도사)들도 또한 모두 각처에 흩어져 있어 윗사람으로서 통솔하는 자가 없어 엉킨 실타래와 같으니, 비록 간혹 뜻있는 선비가 있어도 귀속될 만한 뜻이 없으므로, 도망하여 숨은 백성들을 장차 불러들여 깨우치고 각각 무장시켜 나라를 위해 적에게 분개하라는 것이었다. 그 말이 모두 사리에 합당하여 족히 사람들로 하여금 감동하게 하였다.

○공경히 듣건대 대가(大駕)가 도성을 떠난 후에 광해군(光海君)을 세자(世子)로 책봉하니 백성들의 바람을 따른 것이라고 하였다. 국본(國本: 왕세자)을 정해두는 것이 신민(臣民)의 다행임은 무엇에 비할 수 있으랴.

윤식(尹湜)이 무과(武科) 출신으로서 재주와 용맹이 있는 자였는데 잠깐 용궁(龍宮)의 진영(陣營)에 가서 왜적 몇 명의 머리를 베고 오자, 상주 목사는 우리 고을의 적을 잡지 않고 멀리 다른 고을에 갔었다는 이유로 장형(杖刑) 50대를 심하게 쳤다고 하였다. 윤식이 저 고을로 간 것은 누구의 잘못인가. 단지 우리 고을의 주장(主將)은 몸을 숨기고서 일찍이 군사들을 모아 적을 토벌한 적이 없었지만, 저 고을수령은 나라를 위해 목숨을 바칠 각오로 병사를 거느리고 방어에 힘쓰니, 그에 의지하여 전공(戰功)을 세울 수 있었기 때문이었다. 또 이 고을의 적이든 저 고을의 적이든 나라의 적인 것은 똑같으니 그 전공을 상 주어야 하는데도 도리어 죄가 된다고 여긴 것이 무슨 정성스런 마음이랴? 품은 뜻이 나라에 있지 않으면서도 남의 능력을 가리고 전공(戰功)을 시기하여 반드시 자신의 진영(陣營)에서만 움직이려는 실상이야말로 이것으로써 알 수 있을 것이다.

○五日。

得見招諭使檄書, 蓋言今日之事。不徒軍民潰散, 無死上之心, 列邑守宰, 擧皆竄身逃避, 方伯連帥, 亦皆散在各處, 上無統率, 有同亂繩, 雖或有有志之士, 無所歸屬之意。而將招諭逃散之民, 使之各執兵器, 爲國敵愾也。其詞皆剴切。足令人感動也。○恭聞大駕出城後, 冊封光海君[247]爲世子, 以係民望云。國本[248]有定,

---

247 光海君(광해군, 1575~1641): 본관은 全州, 이름은 李琿. 宣祖의 둘째아들로, 어머니는 恭嬪金氏이다. 妃는 판윤 柳自新의 딸이다.1592년 임진왜란이 일어나자 피난지 평양에서 서둘러 세자에 책봉되었다. 선조와 함께 의주로 가는 길에 영변에서 만약의 사태에 대비해 分朝를 위한 國事權攝의 권한을 위임받았다. 그 뒤 7개월 동안 강원·함경도 등지에서 의병 모집 등 분조 활동을 하다가 돌아와 行在所에 합류하였다. 서울이 수복되고 명나라의 요청에 따라 조선의 방위체계를 위해 軍務司가 설치되자 이에 관한 업무를 주관하였다. 또 1597년 정유재란이 일어나자 전라도에서 모병·군량 조달 등의 활동을 전개하였다. 1594년 尹根壽를 파견해 세자 책봉을 명나라에 주청했으나, 장자인 임해군이 있다 하여 거절당하였다.

248 國本(국본): 나라의 근본이라는 뜻으로, 왕위를 이을 세자를 달리 이르는 말.

臣民之幸何喩? 尹湜以武出身, 而有才勇者也, 頃赴龍宮陣, 斬倭數級而來, 州牧以不捕吾州之賊, 而遠赴他邑之故, 重杖五十度云。湜之赴彼, 是誰之過? 只以此州主將竄身, 曾無聚軍討賊之事, 而彼倅則爲國效死, 摠兵勤禦, 可以依而成功故也。且此賊彼賊, 同是國賊, 則其功可賞, 而反以爲罪, 是何誠心? 志不在國家, 而掩能忌功, 動必自營之實, 據此可知也。

7일。

듣건대 고령(高靈) 사람인 전 좌랑(前佐郞) 김면(金沔)·합천(陜川) 사람인 전 장령(前掌令) 정인홍(鄭仁弘)·전 현감(前縣監) 박성(朴惺)·전 함양 군수(前咸陽郡守) 조종도(趙宗道)·이로(李魯)·문덕수(文德粹) 등 예닐곱 명이 의병을 일으켜서 적을 무찌르고 길을 막기로 도모하며 적개심을 품었는데 벌써 군사 5,6천 명을 모아서 군사들에게 양식을 주지 못할까 염려스럽다고 하였다.

또 듣건대 고경명(高敬命)이 담양(潭陽)에서 거의(擧義)하였고, 김천일(金千鎰)이 금성(錦城: 羅州)에서 기병(起兵)하였고, 조헌(趙憲)이 공산(公山: 公州)에서 창의(倡義)했다고 하였다.

난여(鑾輿: 大駕)가 도성(都城)을 떠나 피난을 떠난 지 넉 달이 되도록 의리를 떨치며 근왕병을 일으킨 사람이 있다는 것을 끝내 듣지 못하였는데, 지금 이러한 소식을 들으니 기쁨을 이루 다 말할 수가 없다.

○七日。

聞高靈人前佐郎金沔[249]·陜川[250]人前掌令鄭仁弘[251]·前縣監朴

惺[252]·前咸陽郡守趙宗道[253]·李魯[254]·文德粹[255]等六七人, 謀擧義

---

249 金沔(김면, 1541~1593): 본관은 高靈, 자는 志海, 호는 松菴. 임진왜란 때 분연궐기하여 의병을 규합하여 開寧 지역에 있는 적병 10만과 대치하여 牛旨에 진을 치고, 金時敏과 함께 知禮를 역습하여 대승했다. 1593년 경상우도 병마절도사가 되어 의병과 함께 진을 치고 善山의 적을 치려할 때 병에 걸리자 죽음을 알리지 말라는 유언을 남기고 죽었다.

250 陜川(합천): 경상남도 북서부에 위치한 고을.

251 鄭仁弘(정인홍, 1535~1623): 본관은 瑞山, 자는 德遠, 호는 萊菴. 南冥 曺植의 문인으로, 崔永慶, 吳建, 金宇顒, 郭再祐 등과 함께 경상우도의 南冥學派를 대표하였는데, 1581년 掌令이 되어 鄭澈·尹斗壽를 탄핵하다가 해직되었다. 1589년 鄭汝立 獄事를 계기로 동인이 남북으로 분립될 때 北人에 가담하여 領首가 된 인물이다. 1592년 임진왜란 때 濟用監正으로 陜川에서 의병을 모아, 星州에서 왜병을 격퇴하여 영남의병장의 호를 받았다. 이듬해 의병 3,000명을 모아 성주·합천·함안 등을 방어했고, 1602년 대사헌에 승진, 중추부동지사·공조참판을 역임하였으며 柳成龍을 임진왜란 때 화의를 주장하였다는 죄목으로 탄핵하여 사직하게 하고, 洪汝諄과 南以恭 등 北人과 함께 정권을 잡았다. 1608년 柳永慶이 선조가 광해군에게 양위하는 것을 반대하자 이를 탄핵하다가, 이듬해 寧邊에 유배되었다. 하지만 선조가 급서하고 광해군이 즉위하자 대사헌이 되어 大北政權을 세웠다. 자신의 스승인 남명 조식의 학문을 기반으로 경상우도 사림 세력을 형성하였다. 더구나 임진왜란 당시의 의병장으로서 활약한 경력과 남명의 학통을 이어받은 수장으로써 영남사람의 강력한 영향력과 지지기반을 확보하였다. 1623년 인조반정 뒤 참형되고 가산은 적몰되었으며, 이후 대북은 정계에서 거세되어 몰락하였다.

252 朴惺(박성, 1549~1606): 본관은 密陽, 자는 德凝, 호는 大菴. 鄭逑의 문인. 裵紳에게 사사, 科擧에의 뜻을 버리고 학문에 정진, 崔永慶·金沔·張顯光 등과 사귀었다. 鄭仁弘과도 친했으나 그가 대사헌에 올라 권세를 부려 절교하였다. 1592년 임진왜란 때 招諭使 金誠一의 참모로, 정유재란 때는 趙穆과 상의해 의병을 일으켜서 체찰사 李元翼의 참모로 종군, 周王山城의 대장으로 활약했다. 王子師傅에 임명되었으나 부임하지 않았다. 뒤에 司圃가 되고 이어 工曹佐郎·安陰縣監을 지낸 후 모든 벼슬을 사퇴했다.

253 趙宗道(조종도, 1537~1597): 본관은 咸安, 자는 伯由, 호는 大笑軒. 1589년 鄭汝立의 모반 사건에 연루되어 투옥되었다가 석방되었으며, 임진왜란 때 단성

兵, 勦遏賊路, 期於敵愾, 已聚軍五六千人, 而以軍糧之不給爲慮云。且聞高敬命[256]擧義於潭陽[257], 金千鎰[258]起兵於錦城[259], 趙憲[260]

현감을 지내고 1596년 咸陽郡守에 있다가 병으로 사임했다. 정유재란 때 의병을 규합, 안음현감 郭䞭과 함께 黃石山城에서 왜장 加藤淸正이 인솔한 적과 싸우다 전사했다.

254 李魯(이로, 1544~1598): 본관은 固城, 자는 汝唯, 호는 松巖. 1564년 진사시에 합격하고, 1590년 문과에 급제했다. 임진왜란 때 귀향하여 의병을 일으켰다. 金誠一과 함께 곳곳에 召募官을 보내 창의하도록 하고 군량을 모았다. 《龍蛇日記》가 있다.

255 文德粹(문덕수, 1519~1595): 본관은 南平, 자는 景胤, 호는 孤査亭. 효행이 뛰어나 살아서 정려를 받은 합천의 선비이다. 1591년 선정을 베풀지 않던 경상감사 金睟에게 글을 보내 백성을 생각하는 선정을 베풀라고 충고하자, 그에게 미움을 사서 옥에 갇히기도 했다. 임진왜란이 일어나자 김수는 왜적에게 패하여 도망을 가는데, 김면·조종도·박성·이로 등과 의병을 일으켜 나라를 위기에서 구하려고 했다.

256 高敬命(고경명, 1533~1592): 본관은 長興, 자는 而順, 호는 苔軒·霽峯. 아버지는 대사간 高孟英이며, 어머니는 진사 徐傑의 딸이다. 1552년 진사가 되었고, 1558년 식년문과에 장원으로 급제해 成均館典籍에 임명되고, 이어서 공조좌랑이 되었다. 그 뒤 홍문관의 부수찬·부교리·교리가 되었을 때 仁順王后의 외숙인 이조판서 李樑의 전횡을 논하는 데 참여하고, 그 경위를 이량에게 몰래 알려준 사실이 드러나 울산군수로 좌천된 뒤 파직되었다. 1581년 영암군수로 다시 기용되었으며, 이어서 宗系辨誣奏請使 金繼輝와 함께 書狀官으로 명나라에 다녀왔다. 이듬해 서산군수로 전임되었는데, 明使遠接使 李珥의 천거로 從事官이 되었으며, 이어서 종부시첨정에 임명되었다. 1590년 承文院判校로 다시 등용되었으며, 이듬해 동래부사가 되었으나 서인이 실각하자 곧 파직되어 고향으로 돌아왔다. 1592년 임진왜란이 일어나 서울이 함락되고 왕이 의주로 파천했다는 소식을 전해 들은 그는 각처에서 도망쳐온 官軍을 모았다. 두 아들 高從厚와 高因厚로 하여금 이들을 인솔, 수원에서 왜적과 항전하고 있던 廣州牧使 丁允佑에게 인계하도록 했다. 전라좌도 의병대장에 추대된 그는 종사관에 柳彭老·安瑛·楊大樸, 募糧有司에 崔尙重·楊士衡·楊希迪을 각각 임명했다. 그러나 錦山전투에서 패하였는데, 후퇴하여 다시 전세를 가다듬어 후일을 기약하자는 주위의 종용을 뿌리치고

"패전장으로 죽음이 있을 뿐이다."고 하며 물밀듯이 밀려오는 왜적과 대항해 싸우다가 아들 인후와 유팽로·안영 등과 더불어 순절했다.

257 潭陽(담양): 전라남도 북부에 위치한 고을.

258 金千鎰(김천일, 1537~1593): 본관은 彦陽, 자는 士重, 호는 健齋·克念堂. 1578년 任實縣監을 지냈다. 임진왜란 때 나주에 있다가 高敬命·朴光玉·崔慶會 등에게 글을 보내 倡義起兵할 것을 제의하는 한편, 담양에서 고경명 등과도 협의하였다. 그 뒤 나주에서 宋濟民·梁山璹·朴懽 등과 함께 의병의 기치를 들고 의병 300명을 모아 북쪽으로 출병하였다. 한편, 공주에서 趙憲과 호서지방 의병에 관해 협의하고는 곧 수원에 도착하였다. 북상할 때 수원의 연도에서 스스로 의병에 참가한 자와 또 호서방면에서 모집한 숫자가 크게 늘어나자 군세는 사기를 떨쳤다. 수원의 禿城山城을 거점으로 본격적인 군사 활동을 전개, 유격전으로 개가를 올렸다. 특히, 金嶺戰鬪에서는 일시에 적 15명을 참살하고 많은 전리품을 노획하는 대전과를 올렸다. 8월 전라병사에 崔遠의 관군과 함께 강화도로 진을 옮겼다. 이 무렵 조정으로부터 倡義使라는 軍號를 받고 掌禮院判決事에 임명되었다. 강화도에 진을 옮긴 뒤 강화부사·전라병사와 협력해 연안에 防柵을 쌓고 병선을 수리해 전투태세를 재정비하였다. 강화도는 당시 조정의 명령을 호남·호서에 전달할 수 있는 전략상의 요충지였다. 9월에는 通川·陽川 지구의 의병까지 지휘했고 매일같이 강화 연안의 적군을 공격했으며, 양천·김포 등지의 왜군을 패주시켰다. 한편, 전라병사·경기수사·충청병사, 秋義兵將 禹性傳 등의 관군 및 의병과 합세해 楊花渡戰鬪에서 대승을 거두었다. 또한, 일본군의 圓陵 도굴 행위도 막아 이를 봉위하기도 하였다. 다음해인 1593년 정월 명나라 군대가 평양을 수복, 개성으로 진격할 때 이들의 작전을 도왔으며, 명·일간에 강화가 제기되자 반대 운동을 전개하였다. 서울이 수복되어 굶주리는 자가 속출하자 배로 쌀 1,000석을 공급해 구휼하였다. 전투에서도 경기수사·충청수사와 함께 仙遊峯 및 沙峴戰鬪에서 다수의 적을 참살, 생포하고 2월에는 權慄의 행주산성 전투에 강화도로부터 출진해 참가하였다. 이들 의병은 강화도를 중심으로 장기간의 전투에서 400여 명의 적을 참살하는 전공을 세웠다. 1593년 4월 왜군이 서울에서 철수하자 이를 추격, 상주를 거쳐 함안에 이르렀다. 이 때 명·일강화가 추진 중인데도 불구하고 남하한 적군의 주력은 경상도 밀양 부근에 집결, 동래·김해 등지의 군사와 합세해 1차 진주싸움의 패배를 설욕하기 위한 진주성 공격을 서두르고 있었다. 이에 6월 14일 300명의 의병을 이끌고 입성하자 여기에 다시 관군과 의병이 모여들었다. 합세한 관군·의병의 주장인

倡義於公山[261]。鑾輿播越, 四朔于玆, 而迄不聞奮義勤王之有人, 今得此報, 喜不可言。

8일。

듣건대 아래 지역에서 올라오는 적들이 대부분 상주성(尙州城)에 들어왔는데 그 수가 심히 많다고 하였다.

○八日。

聞自下上來之賊, 多入州城, 而厥數甚衆云。

都節制가 되어 항전 태세를 갖추었다. 10만에 가까운 적의 대군이 6월 21일부터 29일까지 대공세를 감행하자 아군은 중과부적임에도 분전했으나 끝내 함락되고 말았다. 이에 아들 金象乾과 함께 촉석루에서 南江에 몸을 던져 순사하였다.

259 錦城(금성): 전라남도 나주 지역의 옛 지명.

260 趙憲(조헌, 1544~1592): 본관은 배천(白川), 자는 汝式, 호는 重峯·陶原·後栗, 시호는 文烈. 李珥·成渾의 문인이다. 1567년 式年文科에 급제하고, 호조와 예조의 좌랑·감찰을 거쳐 通津縣監으로 濫刑한다는 탄핵을 받고 富平에 유배되었다. 1581년 공조좌랑에 등용되어 全羅道都事·宗廟署令을 거쳐 1582년 報恩縣監으로 나갔다. 1586년 공주제독관이 되어 동인이 이이·성혼을 追罪하려는 것을 반대하고 고향에 내려가 임지를 이탈한 죄로 파직 당하였다. 1589년 동인을 공박하다가 길주에 귀양 가고, 그해 鄭汝立 모반사건이 일어나 동인이 실각하자 풀려났다. 임진왜란이 일어나자 沃川에서 의병을 일으켜 1,700여 명을 모아 靈圭 등 승병과 합세하여 청주를 탈환하였다. 이어 전라도로 향하는 왜군을 막기 위해 錦山으로 향했으나, 전공을 시기하는 관군의 방해로 의병이 대부분 해산되고, 700명의 의병으로 금산전투에서 분전하다가 의병들과 함께 모두 전사하였다.

261 公山(공산): 충청남도 公州의 옛 지명. 그런데 조헌이 10차례에 걸쳐 유생들을 회동하여 공주와 청주 사이를 왕래하여 의병을 모집해 옥천에서 봉기한 것으로 되어 있는 것과는 약간의 착종이 있는 듯하다.

10일。

듣건대 장천(長川)에 머물렀던 적들이 모두 돌아갔고 오직 네다섯 명 정도의 왜놈들만이 마을 사이를 홀로 다니자, 서당에 있던 승려들 및 마을 사람들이 그들을 때려죽이고는 모두 그 머리를 베었다고 하였다.

또 듣건대 상주성(尙州城)에 들어와 점거해있던 적들은 두 방향인 이사벌(二沙伐: 沙伐面) 및 중동면(中東面)의 비란(飛鸞)·개암(開巖) 등으로 사방 흩어졌지만, 좌도(左道)에서 올라온 자들 또한 대부분 다인현(多仁縣)의 길을 잡아서 모두 상주에 들어와서는 살상하거나 약탈하는 것이 또 더욱 심하여 사람들이 피신할 곳이 없었는데, 김징(金澂: 金澄의 오기인 듯)도 역시 사로잡혔지만 갖가지로 애원하며 탈출하여 도망해왔다고 하였다.

○백씨(伯氏: 趙靖)와 함께 정경임(鄭景任: 鄭經世)을 조문하러 소야동(蘇夜洞: 쇠약동)으로 갔다. 이 친구도 변을 당한 날에 또한 상처를 입고 거의 위태로웠다가 이제 차도가 있어서 불행 중 다행이었다.

○十日。

聞長川留賊盡歸, 惟有四五餘倭, 單行閭里間, 書堂僧及里人等, 打殺之, 盡斬其首云。且聞州城入據之賊, 四散二沙伐[262], 中東[263]·飛鸞[264]·開巖[265]等處, 自左道來者, 亦多取路多仁縣[266], 皆

262 沙伐(사벌): 경상북도 상주시 북동부에 있는 면. 동쪽은 중동면·예천군 풍양면, 서쪽은 공검면·외서면, 남쪽은 북문동·계림동·동문동, 북쪽은 함창읍에 접해 있다. 二沙伐은 경상북도 사벌면 삼덕리 이사골인 듯하다.

入尙州, 殺掠又尤甚, 人無避身之地, 金澂亦被執, 百般求哀[267], 脫身逃來云。○與伯氏, 往弔鄭景任於蘇夜洞。此友遭變之日[268]。亦被傷幾危, 今就蘇境, 還爲不幸中幸。

13일。

듣건대 왜구가 달전(達田: 大田)에 들어왔다고 하여, 서로 거리가 멀지 않기 때문에 급히 어머니를 모시고 용화(龍化: 운흥리)로 옮겨 지낼 계획이었으나, 형수씨(兄嫂氏: 의성김씨)와 조카가 발바닥이 부르터 걸을 수가 없기에 마지못해 백씨(伯氏: 趙靖)가 도중에 뒤처져 마탈산(馬奪山: 천마산인 듯)으로 올라갔다. 나와 심중(審仲: 趙竑. 趙翊의 동생)이 어머니를 모시고 막내 여동생을 데리고 곧바로 용화로 향하였다. 광주(光州) 이모도 또한 어머니를 따라와서 같이 지냈다.

○十三日。

---

263 中東(중동): 경상북도 상주시에 있는 면. 남·서쪽은 낙동강을 경계로 東門洞·洛東面, 북·동쪽은 예천군·의성군에 접한다. 3면이 낙동강으로 둘러싸여 있다.

264 飛鸞(비란): 飛鸞津. 대비나루라 부르기도 한다. 경상북도 상주시 중동면 오상리 대비마을과 상주시 도남마을을 잇는 나루이다. 병성천과 낙동강이 합류하는 바로 위쪽이라 예전에는 교역이 활발하게 이루어졌었는데, 부산에서 소금배가 이곳까지 올라와 주변에 취락이 형성되었다고 한다.

265 開巖(개암): 경상북도 상주시 중동면 화상리 蒼鷹峰 아래에 있는 자연부락. 강변에 있는 가로로 터져 마치 입을 벌린 바위 형상에 기인하였다고 한다. 金宇宏(1524~1590)이 그의 호로 삼기도 하였다.

266 多仁縣(다인현): 경상북도 의성군에 위치한 현.

267 求哀(구애): 불쌍히 여기어 거두어 주기를 청함.

268 이때 정경세의 어머니 陜川李氏와 동생 鄭興世가 피살됨.

聞倭寇入達田, 相去不遠, 故急奉慈氏, 爲移寓龍化[269]之計。而嫂氏[270]及姪兒, 足繭不能行, 不得已伯氏, 中路落後, 上馬奪山[271]。余與審仲, 陪慈氏, 率季妹[272], 直向龍化。光州姨母, 亦隨慈氏同寓。

14일。

백씨(伯氏: 趙靖)가 마산(馬山: 천마산)에서 와서 어머니를 뵙자마자 돌아갔는데, 마산이 큰길과 가까웠기 때문에 다시 노동(蘆洞: 葛洞)으로 되돌아갔다. 정경임(鄭景任: 鄭經世)·이사곽(李士廓: 李弘道)·김경복(金景福) 등 여러 친구가 소야동(蘇夜洞)에서 적을 만나 소와 말, 양식을 헤아리기가 어려울 정도로 탈취당했으나 몸만은 겨우 벗어나 해를 면하고 또한 노동(蘆洞: 葛洞)으로 피난 와서 임시로 머물렀다.

○十四日。

伯氏自馬山來省慈氏卽還, 以馬山近大路, 復歸蘆洞。鄭景任·

---

269 龍化(용화): 龍化里. 경상북도 화북면 雲興里. 본래 化寧縣 지역이었으나 후에 상주군 화북면 지역이 되었다. 용화리의 한자어는《세종실록》1442년 2월 3일조 4번째 기사와《磻溪隨錄補遺》〈郡縣制·歷代制〉에 나온다. 咸昌에는 龍華寺가 있다.

270 嫂氏(수씨): 趙鼎의 부인 義城金氏. 金克一의 딸이다.

271 馬奪山(마탈산): 이후로는 馬山으로 표기되고 있음. 龍化로 가는 길목에는 天馬山이 있는바, 이를 가리키는 듯하다. 경상북도 외서면 연봉리·개곡리·관동리 경계에 있는 산이다.

272 季妹(계매): 李勛의 부인.

李士廓[273]·金景福諸友，自蘇夜洞逢賊，牛馬糧物，盡數見奪，身僅免害，亦來寓蘆洞。

16일。

노비들이 모맥(牟麥: 보리와 밀)을 가지고 장천(長川)에서 들어왔는데, 올해 거두어들인 것이 두서너 석(石)에 불과하였다.

○十六日。

奴輩持牟麥[274]，自長川入來，今年所收不過數三石。

17일。

적도(賊徒)들이 병천(屛川: 甁泉)·장암(莊巖)·화산(華山: 문경 농암면 소재 마을)·율현(栗峴) 등 여러 곳을 쳐들어왔는데, 용화(龍化)와 율현과의 거리가 멀지 않아서 침입해오는 근심이 있을까 염려되어 곧장 어머니를 모시고 옮아가 지내려 속리산(俗離山)으로 향하였다.

○十七日。

賊徒入寇屛川·莊巖[275]·華山·栗峴[276]諸處，龍化之去栗峴不遠，慮有侵及之患，卽陪慈氏，移寓向俗離。

---

273 士廓(사곽): 李弘道(생몰년 미상)의 자. 본관은 眞城, 호는 冠巖. 찰방을 지냈다.

274 牟麥(모맥): 보리와 밀.

275 莊巖(장암): 경상북도 상주시 화북면 장암리. 원래 화령현 지역이었으나, 나중에 화북면 지역이 되었다.

276 栗峴(율현): 경상북도 상주시 화북면 장암리에 있는 고개. 栗峙. 밤티. 아랫늘티에서 용화 중벌리로 넘어가는 고개이다.

20일。

속리산(俗離山)의 대사(大寺: 법주사)는 오히려 깊지 않아서 다시 작은 암자로 옮아서 부쳐 지냈다.

편지를 써서 노비를 시켜 백씨(伯氏: 趙靖)가 있는 곳으로 보냈고, 경성(京城)에서 온 관보(官報)를 보니, 적은 이미 평양(平壤)을 함락시켜 대가(大駕)가 피난길을 떠나 다시 용천(龍川) 땅으로 가서 머물러 있고, 중조(中朝: 명나라)는 우리나라가 구원병을 요청했었기 때문에 장수로 하여금 귀화 달자(歸化㺚子) 5천 명을 거느리고서 이미 압록강(鴨綠江)을 건너게 하였고 또 5만 명의 병사들을 내보내어 압록강 가에 머무르면서 계속 지원하도록 하였다고 하니, 이는 위안이 되었다.

좌의정과 우의정{협주: 崔興源과 兪泓} 및 여러 대신들로 하여금 왕세자(王世子: 光海君)을 모시고 강계(江界)에 머무르며 장차 병사들을 모으게 하였으니, 감국(監國: 왕세자)이 계획한 것이다.

○고경명(高敬命)이 처음으로 의병을 일으키고 아들 고인후(高因厚)와 함께 싸움터로 나아갔다가 부자가 같이 죽었다고 하니, 탄복할 만하고 또한 가련하였다.

○김천일(金千鎰)이 수군을 거느리고 곧장 행재소(行在所)로 가서 근왕(勤王)할 계책을 세웠다고 하니, 그 뜻이 가상하였다.

○二十日。

俗離大寺猶不深, 復移寓小菴。裁書送奴于伯氏所, 得見京報, 賊已陷平壤, 大駕移蹕, 再駐龍川地, 中朝以我國請援之故, 命將領向化㺚子五千兵, 已渡鴨綠, 又出五萬兵, 駐江邊以爲繼援, 是則可慰。領右兩相[277]{崔興源[278]·兪泓[279]}及諸大臣, 陪王世子, 駐江界, 將聚兵, 爲監國[280]之計。○高敬命倡義之初, 與子因厚[281]赴戰, 父子同死, 可欽亦可惻也。○金千鎰領舟師, 直赴行在, 以

277 右兩相(우양상): 左右兩相의 오기.

278 崔興源(최흥원, 1529~1603): 본관은 朔寧, 자는 復初, 호는 松泉. 1588년 평안도관찰사가 되었다. 이후 지중추부사를 거쳐 1592년 임진왜란이 일어나자 우의정·좌의정을 거쳐 柳成龍의 파직에 따라 영의정에 기용되었다. 이듬해 병으로 사직, 領敦寧府事, 寧平府院君에 봉해졌다.

279 兪泓(유홍, 1524~1594): 본관은 杞溪, 자는 止叔, 호는 松塘. 1587년 명나라에 사신으로 가서 이성계가 고려의 권신 李仁任의 아들로 잘못된 것을 바로잡았으며, 1589년 좌찬성으로서 판의금부사를 겸해 鄭汝立의 逆獄을 다스렸다. 이러한 공으로 1590년 宗系辨誣 1등, 討逆 2등에 策勳되어, 平難功臣 호를 하사받고 輔國崇錄大夫·杞城府院君에 봉해졌으며, 이조판서·우의정에 올랐다. 1592년 임진왜란 때 선조를 호종했고, 평양에서 세자(뒤의 광해군)와 함께 종묘사직의 신위를 모시고 동북방면으로 가 도체찰사를 겸임하였다. 그리고 伊川에서 격문을 여러 도로 보내 각 도의 의병들을 격려, 지휘해 방어태세를 갖추었다. 이듬해 왜적이 서울에서 물러나자, 먼저 서울에 들어와서 불탄 도성을 정리하고 전재민을 구호하는 데 힘을 기울였다. 1594년 좌의정으로서 해주에 있는 왕비를 호종하다가 객사하였다.

280 監國(감국): 임금이 일시적으로 멀리 行幸할 때 세자가 都城에 남아 대신 정치를 보살피던 일.

281 因厚(인후): 高因厚(1561~1592). 본관은 長興, 자는 善健, 호는 鶴峯. 1592년 임진왜란이 일어나자 전라도관찰사 李洸은 관군을 이끌고 북상, 공주에 이르러 선조가 몽진하였다는 소식을 듣고 군대를 해산, 귀향시켰다. 이때 광주의 향리에 있으면서 아버지의 명에 따라 이들을 다시 모아 형 고종후와 함께 수원에 留陣하고 있는 丁允祐에게 인계하고 행재소로 가려 하였으나, 길이 막혀 귀향 중에 북상중인 아버지의 의병 본진과 泰仁에서 합류하였다. 의병이 礪山에 이르러 黃澗·永同의 왜적이 장차 전라도로 침입하려 한다는 정보를 입수하고, 당초의 계획을 변경하여 금산으로 향하였다. 금산에서 방어사 郭嶸의 관군과 합세하여 왜적을 방어하기로 하였으나, 왜적이 침입하자 관군이 먼저 붕괴되고, 이에 따라 의병마저 무너져 아버지 고경명과 함께 전사하였다.

爲勤王之計, 其志可尙。

22일。

어린 노비가 백씨(伯氏: 趙靖)의 답서를 가지고 돌아왔는데, 삼가 살피건대 임시거처가 평안하다고 하니 위안이 되었다

또 좌랑(佐郞) 박덕응(朴德凝: 朴惺)의 편지가 와서 도착한 것을 보니 바야흐로 거창(居昌)에서 의병의 진영(陣營)을 점검하는 일로 있다고 하였다.

○二十二日。

僮奴持伯氏答書, 還來, 伏審寓所平安慰幸。且示朴佐郞德凝書來到, 而方在居昌義陣檢事云。

26일。

함창 현감(咸昌縣監) 이국필(李國弼)이 군사를 불러 모아 적을 토벌하려는 계획을 세웠다고 하였다. 아마도 이 현감은 석전(石田)에서 군대를 궤멸한 죄로 인하여 문경(聞慶)에 감금되었으나 논죄를 미처 하기도 전에 문경이 함락되자 궁벽한 골짜기로 도망쳤다가 근자에 공을 세우는데 스스로 노력하여 지난날의 죄를 용서받고자 공무를 행할 수 있도록 청한 것이다. 방백(方伯: 李聖任)이 죄주지 않고 그를 종전의 관직 그대로 임명해주고 말았다.

○청주(淸州) 사람 이봉(李逢)은 나이가 70세에 가까웠으니, 젊을 때 무술을 익혔으나 나아가지 못하였는데 기개와 절조가 없지 않아 산척(山尺: 사냥꾼) 수십여 명을 불러 모아서 적을 토벌하고 나라의

은혜를 보답하려는 계획을 세웠다. 그의 생질 채유희(蔡有喜)도 힘써 도와서 거사하여 지금 황령(黃嶺)에 모였고 군량까지 조처하여 얻었으며 바야흐로 매복(埋伏)을 두기로 꾀하였는데, 초야의 선비들이 충의를 떨쳐 적에게 분개하는 뜻을 갖지 않는 이가 없으니 옛 문물을 회복하는 일에 어찌 기약이 없겠는가.

○듣건대 호남의 승장(僧將: 靈圭)이 승군(僧軍) 700여 명을 거느리고 떨쳐 일어나 막 청주(淸州)에 도착하여, 그 충청도의 방어사(防禦使: 李沃)·목판관(牧判官: 공주목사 許頊) 등과 함께 청주에 머물러 있는 적을 물리치기로 도모하였는데, 승장이 스스로 선봉이 되겠다며 기일을 확정하여 공격하기를 재촉했지만 여러 장수들이 나아가지 않고 머뭇거리면서 응하지 않았다고 하였다.{협주: 이 승장은 재주와 능력이 남보다 뛰어나고 지혜와 계책이 얕지 않은데다 병법(兵法) 또한 지극히 엄밀히 밝았으나 제때 적을 잡지 못하자 관군의 양식을 먹지 않았다고 하였다.}

○二十六日。

咸倅李國弼, 爲聚軍討賊之計。蓋此倅以石田潰軍之罪, 囚繫聞慶, 未及論罪, 聞慶見陷, 脫身竄谷, 近欲立功自效[282], 欲贖前罪, 報請行公。方伯不之罪, 而許其因任[283]。○淸州人李逢[284],

---

282 立功自效(입공자효): 무슨 실수나 과오 같은 것이 있는 사람을, 어떤 일이 있는 기회를 계기로 삼아 공을 세우는데 스스로 노력하도록 하는 것.

283 因任(인임): 종전대로 임명함.

284 李逢(이봉, 1526~?): 본관은 全州, 자는 子雲. 1592년 임진왜란이 일어나자 趙憲·鄭經世와 의병을 모집, 險峻한 요지에 진을 치고 적군의 후방을 교란하여

年近七十, 少時業武不就, 不無氣節, 召募山尺數十餘徒, 欲爲討賊報國之計。其甥蔡有喜[285], 力贊擧事, 今會黃嶺, 措得軍糧, 方謀設伏, 草野之士, 莫不有奮忠敵愾之志, 恢復舊物, 豈無其期也? ○聞湖南僧將[286], 倡率僧軍七百餘名, 方到淸州, 與其道防禦使[287]·牧判官[288]等, 謀擊留州賊, 僧將自爲先鋒, 刻日促事, 而

많은 적을 죽였다. 서울이 수복되자 해산하고 고향에 내려갔다가 왕의 부름으로 상경, 1595년 監察로 발탁 되었다. 이듬해에 沃川郡守로 나가 백성들이 기근으로 굶주리자 부호들의 저장 양곡을 풀어 구제했다. 후에 槐山郡守가 되어 義倉을 두어 많은 빈민을 구제했고, 1597년 정유재란이 일어나자 관군·의병을 각 요해지에 배치, 적군의 진격을 저지했다. 그 공으로 堂上官에 올랐으나 사퇴하고 고향에 돌아갔다. 그의 庶女가 李玉峰이다. 이옥봉은 趙瑗(1544~1595)의 소실이었지만 버림을 받은 뒤 지어진 시들이 여인의 애절하고 처절함이 절절하다.

285 蔡有喜(채유희, 1558~1597): 본관은 仁川, 자는 仲懼, 호는 蘭軒. 1592년 임진왜란이 일어나자 의병을 일으켜 李逢, 蔡有終, 趙熊, 張忠範 등과 함께 활약하였다. 이후 괴산군수가 된 李逢을 따라 괴산으로 가 義穀 1천 여석을 마련하여 군량에 대비했는데, 1597년 충청도소모사 金時獻에 의해 의곡을 빼앗기고 살해당하였다.

286 僧將(승장): 靈圭(?~1592)를 가리킴. 密陽朴氏. 호는 騎虛. 충청남도 공주 출신. 계룡산 甲寺에 들어가 출가하고, 뒤에 休靜의 문하에서 법을 깨우쳐 그의 제자가 되었다. 임진왜란이 일어나자 분을 이기지 못하여 3일 동안을 통곡하고 스스로 승장이 되었다. 義僧 수백 명을 규합하여 관군과 더불어 청주성의 왜적을 쳤다. 관군은 패하여 달아났으나 그가 이끄는 승병이 분전하여 마침내 8월초 청주성을 수복하였다. 이어 의병장 趙憲이 전라도로 향하는 고바야가와(小早川隆景)의 일본군을 공격하고자 할 때, 그는 관군과의 연합작전을 위하여 이를 늦추자고 하였다. 그러나 조헌이 듣지 않자 그는 조헌을 혼자서 죽게 할 수는 없다고 하면서 조헌과 함께 금산전투에 참가하였다. 그리하여 조헌이 이끄는 의사와 영규가 거느린 승군은 1592년 8월 18일 금산전투에서 최후의 한사람까지 싸워 일본군의 호남침공을 저지하였다.

287 防禦使(방어사): 충청도 방어사 李沃을 가리킴.

諸將逗遛不許云。{此僧才力過人, 智計不淺, 軍法亦極嚴明, 而以時未捕賊, 不食官糧云.}

27일。

감사(監司)가 보낸 관문(關文: 공문서)을 얻어 보았는데 당병(唐兵: 명나라 군대) 5만 명이 이미 압록강(鴨綠江)을 건넜고 4천 명은 지금 선천(宣川) 땅에 도착하였으며, 또 우수사(右水使: 경상우수사 元均)가 전라주사(全羅舟師) 이순신(李舜臣) 및 고성 현감(固城縣監: 元坱) 등과 합세하여 왜선 70여 척을 격파하고 300여 명의 왜적의 머리를 베었으며 바닷물에 빠져 죽은 자는 또한 그 수를 알지 못한다고 하였다.

○듣건대 진주(晉州)·함안(咸安)·사천(泗川)·단성(丹城)·거창(居昌)·함양(咸陽)·안음(安陰)·산음(山陰)·합천(陜川) 등 9개 고을은 전라주사(全羅舟師)가 방어를 잘한 것에 힘입어 여전히 성을 보전하

---

288 牧判官(목판관): 공주목사 許頊(1548~1618)을 가리키는 듯. 본관은 陽川, 자는 公愼, 호는 負暄. 1591년 공주목사가 되었다. 이듬해 임진왜란이 일어나자 금강을 굳게 지켜서 호서·호남 지방을 방어하는 데 공을 세웠다. 또한, 僧將 靈圭를 불러 도내의 승군을 뽑은 뒤 장수로 삼았고, 의병장 趙憲과 함께 청주성을 탈환하는 데 성공하였다. 1593년 충청도관찰사가 된 뒤, 서울 수복을 위해 군대를 通津·禿山城 등지로 주둔시키다가 도원수 權慄로부터 內浦가 풍년임에도 불구하고 군량을 충분히 확보치 못한다고 탄핵을 받아 파직되었다. 곧 이조의 요청과 柳成龍의 추천으로 형조참의에 임명되고, 請糧使로 명나라에 건너가 산둥지방의 곡식 2만 2,700섬을 얻어왔다. 그 뒤 강계부사로서 여진족의 움직임을 정탐해 보고하였다. 이어 의주부윤·평안도관찰사·병조참판 등을 지냈으며, 1604년 이조판서가 되었다.

였으며, 또 방백(方伯: 李聖任)·초유사(招諭使: 金誠一)가 모두 그곳에 있고 김면(金沔)·박성(朴惺)·조종도(趙宗道) 등의 의병도 또한 거창(居昌)에 주둔하면서 지주로 삼았다고 하였다.

만약 훌륭한 장수가 있어서 상도(上道: 북도)에서 적을 몰아내려 간다면 소탕하여 깨끗이 쓸어 없애는 경사가 날을 꼽아 기다릴 수 있을 것인데도 그러한 사람이 없는 것이 한스럽다.

○二十七日。

得見使關, 唐兵五萬已渡鴨江, 四千則今到宣川[289]地, 且右水使與全羅舟師李舜臣及固城[290]倅[291]等, 合勢撞破倭船七十餘隻, 斬首三百餘級, 溺水死者, 亦不知其數云。○聞晉州[292]·咸安[293]·泗川[294]·丹城·居昌·咸陽·安陰·山陰·陜川等九郡, 賴舟師之善禦, 尙爾全城, 且方伯·招諭使, 皆在其地, 金沔·朴惺·趙宗道等義兵, 亦住居昌, 以爲撑柱云。若有良將, 又自上道驅逐, 則勦滅廓清[295]之慶, 可指日以待, 而恨無其人也。

---

289 宣川(선천): 평안북도 서남해안에 위치한 고을.

290 固城(고성): 경상남도 남부 중앙에 위치한 고을.

291 固城倅(고성쉬): 固城縣監 元墺(?~1597)을 가리킴. 원균의 셋째동생으로 임진왜란 때 고성현감으로서 원균 휘하의 종사관으로 활약하였다. 정유재란 때 원균과 함께 해전에 나가 전사한 것으로 전해진다.

292 晉州(진주): 경상남도 남서부에 위치한 고을.

293 咸安(함안): 경상남도 남부 중앙에 위치한 고을.

294 泗川(사천): 경상남도 남부에 위치한 고을.

295 廓淸(확청): 깨끗이 쓸어 없애서 맑게 하는 것.

30일.

위에서 애통하고 안타까워하는 교지를 하달하여 인심을 감동시켜 분발하게 하고 의기를 두드려 움직이게 하자 의(義)를 내세워 적을 토벌하려는 군대가 곳곳에서 봉기하는데, 유독 문경(聞慶)·함창(咸昌)·상주(商州: 尙州) 세 고을만은 한 사람도 앞장서서 의병을 일으키는 자가 없어 마음속으로 분개를 느꼈다.

백씨(伯氏: 趙靖)가 찰방(察訪: 保安察訪) 권종경(權從卿: 權景虎)·내한(內翰) 정경임(鄭景任: 鄭經世)과 함께 황령(黃嶺)으로 가서 의병을 일으켜 적을 토벌하는 일로 회동하였는데, 이봉(李逢)을 추천하여 상장(上將)으로 삼고 함창의 이천두(李天斗)를 중위장(中衛將)으로 삼았다. 전식(全湜)·송광국(宋光國)·조광수(趙光綏) 및 백씨(伯氏: 趙靖)는 좌막(佐幕; 참모)이 되었으며, 채천서(蔡天瑞)·홍경업(洪慶業)이 서기(書記)를 맡았으나 백씨 또한 그것을 겸임하여 곧 세 조항의 약조를 지었다. 정경임으로 하여금 약속을 함께 맹세하는 뜻을 기록하되 성명을 엮은 문서의 앞머리에 쓰도록 하였으니, 마음속으로 기뻐하고 다행스러워함을 어찌 말할 수 있으랴. {협주: 채유희(蔡有喜)는 청주(淸州)에 가서 활잡이[弓手] 일고여덟 명을 모집하였으며, 문경(聞慶)·함창(咸昌)·상주(商州: 尙州)의 사족들이 상호 의기투합하는 자가 40여 명이었고 활을 쥘 수 있는 자가 또한 50명에 가까웠다.}

○三十日。

自上下哀痛惻怛之敎, 感發人心, 鼓動義氣, 擧義討賊之師, 處處蜂起, 而獨聞·咸·商三邑, 無一人挺身而起者, 心竊憤惋。伯氏與權察訪從卿[296]·鄭內翰景任, 往會于黃嶺, 爲倡義討賊之事,而推李逢爲上將, 以咸昌李天斗爲中衛將。全湜[297]·宋光國·趙光綏[298]及伯氏爲佐幕[299], 蔡天瑞[300]·洪慶業爲掌書, 而伯氏又兼之, 仍立三章之約。使鄭景任記同盟之意, 書諸編名之首, 私心喜幸, 曷可容喩?{蔡有喜往淸州, 募得弓手七八人。聞·咸·商士族輩, 同聲相應[301]者四十餘人, 操弓之手, 亦近五十.}

---

296 從卿(종경): 權景虎(1546~1609)의 자. 본관은 安東, 호는 晩悟軒. 아버지는 안동부사 權紹이고, 형은 權景龍이다. 保安察訪을 거쳐 임진왜란 때 金誠一의 천거로 咸昌 일대의 召募官으로 활동했고, 長城郡守·司憲府監察 등을 지냈다.

297 全湜(전식, 1563~1642): 본관은 沃川, 자는 淨遠, 호는 沙西. 1592년 임진왜란이 일어나자 의병을 모아 왜적을 토벌해 많은 전과를 올렸으며, 金應南의 추천으로 連原道察訪이 되었다. 1599년 禮賓寺直長으로 전임되었으나 나가지 않았고, 1603년 식년 문과에 병과로 급제해 1607년 전적·예조좌랑과 정랑을 거쳐, 1611년 울산판관이 되어 고을 백성들의 교화에 힘썼다. 다음해 전라도도사가 되었으나 광해군의 실정으로 벼슬을 단념하고 鄭經世·李埈 등과 산수를 유람해 세칭 商社의 三老라 일컬어졌다. 1623년 인조반정으로 새 왕이 등위하자 예조정랑에 이어 수찬·교리가 되어 經筵에 참석하였다.

298 趙光綏(조광수, 1565~1603): 본관은 豐壤, 자는 佩卿. 증조부는 趙懊, 조부는 趙允成, 아버지는 趙徽이고, 조익의 族叔이 된다. 조익의 〈公山日記〉를 통해 생몰년이 확인되었으며, 조익은 그의 挽詞를 썼는데 조광수의 아버지 松坡 조휘로부터 가르침을 받았던 것으로 되어 있다.

299 佐幕(좌막): 監司·留守·兵使·水使 따위에 따라 다니는 관원의 하나로 裨將을 가리킴.

300 蔡天瑞(채천서, 생몰년 미상): 본관은 仁川. 고조부가 蔡壽, 아버지가 蔡有光으로 그의 셋째아들이다.

301 同聲相應(동성상응): 같은 소리끼리는 서로 응하여 울린다는 뜻으로, 같은 무리끼리는 서로 통하여 모인다는 말.

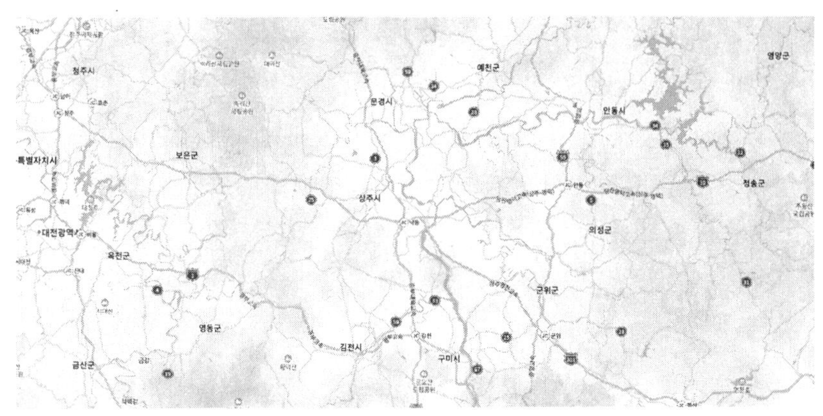

예천 김천 낙동

• 8월 무자삭

1일。

감사(監司)가 보낸 관문(關文: 공문서)을 얻어 보았는데, 저가(邸駕: 동궁 행차 곧 왕세자)가 강계(江界)에서 친히 함경도 병사들을 거느리고 장차 내려올 것이라고 하였다.

대체로 요즘 의병들이 곳곳에서 다투어 일어나자, 적의 기세가 날로 점점 쇠하여 꺾여서 조금씩 아래 지역으로 갔다.

八月戊子一日。

得見使關, 邸駕[302]自江界, 親率咸鏡道兵, 自將下來云。大槩近日義旅, 處處爭起, 賊勢日漸衰挫, 稍稍下去。

---

302 邸駕(저가): 동궁의 행차.

2일。

백씨(伯氏: 趙靖)가 의를 내세워 의병을 일으킨 연유를 갖추어 진술한 격문을 함창 현감(咸昌縣監: 李國弼)에게 보내는 것은 그로 하여금 초유사(招諭使: 金誠一)와 순찰사(巡察使: 金睟)에게 보고하도록 부탁하려는 것이었다.

심중(審仲: 趙竑)이 백씨가 있는 곳에서 보고하는 문서를 전하는 일로 왔다가 말했다.

"봉화대(烽火臺)에서 망보는 사람들의 보고에 의하면 예천(醴泉)·김산(金山: 金泉)·낙동(洛東)·장천(長川) 등지에 불타는 연기가 극히 심하다고 합니다."

○二日。

伯氏具陳倡義起兵之由。移文咸倅。使之轉報[303]招諭·巡察兩使。審仲自伯氏所來, 傳文報之事, 且言: "候望人[304]所報, 醴泉·金山·洛東·長川諸處, 煙氣極熾云."

3일。

용궁 현감(龍宮縣監: 禹伏龍)의 통문(通文)을 얻어 보았는데, 안동(安東)의 적들이 좌병사(左兵使: 朴晉)에게 쫓겨 수백여 명의 무리가 일시에 상주(尙州)로 들어왔고, 또 금산(錦山)의 적들이 졸지에 중모(中牟)와 화령(化寧) 두 현으로 들이닥쳐 날마다 분탕질한다고 하였

303 轉報(전보): 사람에게 부탁하여 알림.

304 候望人(후망인): 烽火臺에서 망보는 사람.

다. 아! 우리 고을의 재 밖에 있는 요충지(要衝地)와 낙동강(洛東江) 우측의 거진(巨鎭)들은 진실로 훌륭한 장수가 있어 잘 지휘하였다면 정예병과 건장한 군졸이 없다며 근심하지 않았을 것이다.

그리고 고을수령이 정사(政事)를 펼치면서 걸핏하면 백성의 뜻을 저버리니, 원망하는 소리가 길에 깔려서 관청의 일에 기꺼이 힘쓰지 않았다. 촌락에 또 혹시 적을 토벌하려는 자가 있어도 그 공이 자기에게 돌아오지 않는 것을 분하게 여겨서 기꺼이 적의 목을 베려고 하지 않았다. 심지어 탈취한 왜놈의 물건, 은갑옷, 환도(環刀) 등은 모두 다 고을수령 스스로 차지하였고, 군량에 대비하도록 부탁하였으나 산골짜기에서 거두어들인 곡식까지도 사람을 보내어 탈취하고서 공산(公山: 공주)으로 수송하여 처자식들의 식량으로 제공하였다. 이 때문에 인심이 더욱 소란스러웠고 적의 기세는 다시 치성해졌으니, 누가 이러한 난리가 일어나는 날을 만나서 또 다른 강적이 생길 줄 헤아렸겠는가. 그런데도 고을수령이 가로채 간 왜놈의 머리가 무려 수십여 급(級)에 이르렀고, 뒷날 상을 주기 위해 논의할 때면 반드시 승진의 포상을 받기 위해 세상 모두가 아는 것을 밝은 대낮에도 속이니, 이보다 더 심하게 개탄스러운 것이 없다.

○듣건대 가은현(加恩縣)의 들에서 13명의 왜놈이 올벼를 베고 있었는데, 복병(伏兵)들이 활을 쏘아 그들을 죽이고 그들의 소와 말, 환도(環刀)와 화통(火筒: 화약을 넣어 탄환을 쏘는 총통) 등의 물건을 빼앗았다.

○三日。

得見龍倅之通, 安東之賊, 爲左兵使[305]所逐, 數百餘徒一時來,入于尙州, 且錦山[306]之賊, 猝逼於中牟[307]·化寧兩縣, 連日焚蕩。噫! 吾州嶺外要衝, 江右巨鎭, 苟有良將, 善爲指揮, 則不患無精兵健卒。而主倅爲政, 動輒[308]咈民, 怨聲載路, 莫肯用力於官事。村巷間又或有討賊者, 憤其功不歸己, 不肯獻馘。至於所奪倭物銀甲環刀之類, 竝皆自占, 託備軍糧, 山谷間所收之穀, 發差奪取, 輸送公山, 以供妻子之奉。以此人心益騷, 賊勢更熾, 誰料當此喪亂之日, 又添得一秦[309]耶? 然所擭倭頭, 多至數十餘級,

---

305 左兵使(좌병사): 朴晉(1560~1597)을 가리킴. 본관은 密陽, 자는 明夫. 1584년 무과 급제, 備邊司에서 근무하다가 1589년 沈守慶의 천거로 등용되어 선전관을 거쳐, 1592년에 밀양부사가 되었다. 같은 해 4월에 왜적이 침입해 부산·동래 등이 차례로 함락되는 와중에서 鵲院에서 적을 맞아 싸우다 패해 포위되자, 密陽府를 소각하고 후퇴하였다. 이후 경상좌도병마절도사로 임명되어 나머지 병사를 수습하고, 군사를 나누어 소규모의 전투를 수행해 적세를 저지하였다. 같은 해 8월 영천의 민중이 의병을 결성하고 永川城을 근거지로 해 안동과 상응하고 있는 왜적을 격파하려 하자, 별장 權應銖를 파견, 그들을 지휘하게 하여 영천성을 탈환하였다. 이어서 안강에서 여러 장수들과 회동하고 16개 읍의 병력을 모아 慶州城을 공격했으나 복병의 기습으로 실패하였다. 그러나 한달 뒤 군사를 재정비하고 飛擊震天雷를 사용해 경주성을 다시 공략해 많은 수의 왜적을 베고 성을 탈환하였다.

306 錦山(금산): 충청남도 남동부에 위치한 고을. 동쪽은 충청북도 영동군, 서쪽은 논산시 및 전라북도 완주군, 남쪽은 전라북도 무주군과 진안군, 북쪽은 대전광역시와 충청북도 옥천군 등과 접하고 있다.

307 中牟(중모): 경상북도 상주군 牟東面과 牟西面 지역에 있었던 현.

308 動輒(동첩): 걸핏하면.

309 一秦(일진): 또 다른 강적이 생겨날 가능성이 있다는 말. 《史記》〈張耳陳餘列傳〉에 "진나라가 아직 망하지 않은 상태에서 무신 등의 집안을 처벌한다면, 이는 또 하나의 진나라를 만들어 내는 것이다.(秦未亡而誅武臣等家, 此又生一秦也.)"라고 房君이 陳王을 설득하는 말이 나온다.

後日論賞, 必得升敍之褒, 白日欺明[310], 莫此爲甚可痛。○聞加恩縣野, 十三倭刈早稻, 伏兵等射殺, 奪其牛馬環刀火筒等物。

4일。

듣건대 안동(安東)·용궁(龍宮) 등지에서 적병들의 불들이 더욱 치성하였는데, 아마도 적도(賊徒)들이 어제 사살된 것의 분노를 되갚는 듯하다.

○四日。

聞安東·龍宮等地, 賊火更熾, 蓋賊徒爲報昨日射殺之憤。

5일。

감사(監司)가 보내온 관문(關文)을 통해 저가(邸駕: 왕세자 광해군)가 군사를 거느려 이천(伊川) 가까이에 주둔하고 있음을 알았다. 또 듣건대 서원(西原: 청주)의 적들은 아군이 나아가 공격하였으나 밤을 틈타 달아나 아직 미처 섬멸하지 못했다고 하니, 한편으로 통쾌하였고 다른 한편으로 한스러웠다.

○또 듣건대 포산(苞山: 달성군 현풍) 곽재우(郭再祐)가 의병을 이끌고 성주(星州)에 도착했는데 그의 용병술이 자못 귀신인 듯했고, 함안 군수(咸安郡守) 류숭인(柳崇仁) 또한 의병을 일으켜 적을 토벌

310 欺明(기명): 세상 모두가 아는 것을 속임. 《古文眞寶》〈讀李斯傳〉의 "남이 모르는 것을 속이려 해도 뜻대로 안 되는 것을 천하가 다 아는 일을 속이려 했으니 마땅히 죽음을 자초하였네.(欺暗常不然, 欺明當自戮.)"에서 나오는 말이다.

하니 적도들이 그를 마주칠 때마다 절로 가슴 서늘하여 저들끼리 "류장군(柳將軍)을 조심해서 피해야 한다."라고 하였다 한다.

○듣건대 선성(宣城: 예안) 사람 금응협(琴應夾)·금응훈(琴應壎)과 상주(尙州) 사람 김해(金垓) 등이 또한 의를 앞세워 병사를 모집하니 적개심을 품은 군대가 곳곳에서 벌이 날아오르듯 일어나, 군부(君父)의 원수를 머지않아 복수할 수 있을 것이니 얼마나 다행스러운 일인가.

○五日。

因使關知邸駕領軍, 近駐伊川[311]。且聞西原之賊, 以我軍進攻, 乘夜逃走, 未及勦滅云, 一快一恨。○聞苞山[312]郭再祐, 率義旅, 到星州, 用兵頗神, 咸安倅柳崇仁[313], 亦起兵討賊, 賊徒遇之。輒自膽慄。相謂曰: "謹避柳將軍." ○聞宣城[314]琴應夾[315]·應壎[316]·

---

311 伊川(이천): 강원도 서북부에 위치한 고을.

312 苞山(포산): 경상북도 달성군 현풍면의 옛 이름.

313 柳崇仁(류숭인, ?~1592): 본관은 文化. 함안군수로 있을 때 임진왜란이 일어나 성이 포위되자 군민과 합세하여 성을 지켰다. 6월 郭再祐의 의병에게 진로를 차단당한 왜군을 추격하여 47명을 참획하는 전과를 올렸다. 진해에서 李舜臣 휘하의 함대와 합세하여 적을 크게 무찔렀다. 7월 금강을 거슬러 공격해 오는 왜군을 직산현감 朴誼와 합동으로 대적하여 전공을 세웠다. 경상우도 병마절도사에 특진, 10월 창원에서 진주성을 지원하러 갔다가 전사했다.

314 宣城(선성): 예안의 옛 명칭.

315 琴應夾(금응협, 1526~1596): 본관은 奉化, 자는 夾之, 호는 日休堂. 1574년 行義가 조정에 알려져 集慶殿參奉을 제수받았다. 다시 敬陵·昌陵의 참봉, 王子師傅에 제수되었으나 모두 취임하지 않았다. 1587년 조정에서는 遺逸로 뽑아서 6품직을 超授(일정한 승진단계를 뛰어넘어 관직을 제수함)하고 河陽縣監을 제수하였으나, 얼마 되지 않아서 부모의 봉양을 이유로 사직하였다.

金垓[317]等, 亦倡義募兵, 敵愾之師, 在在蠭起[318], 君父之讎, 可不日而復, 何幸如之。

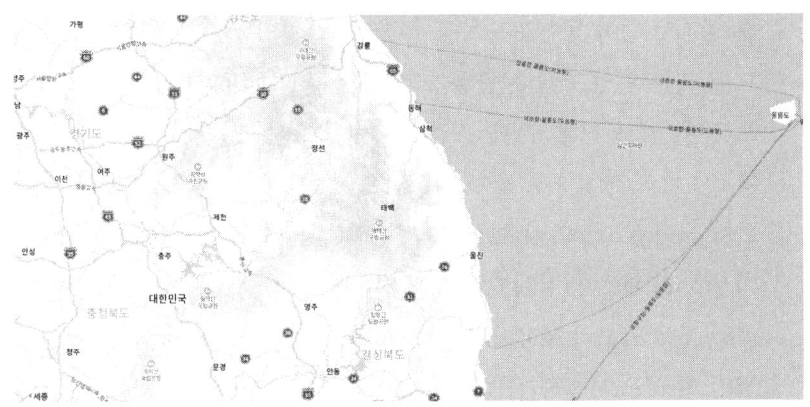

강릉 삼척 안동 봉화

316 應壎(응훈): 琴應壎(1540~1616). 본관은 奉化, 자는 壎之, 호는 進齋. 李滉의 문인이며, 柳成龍·趙穆과 교우하였다. 1570년 사마시에 합격, 1594년 학행에 의하여 좌찬성 鄭) 등의 천거를 받아 宗廟署副奉事에 제수되었다. 그 뒤 영춘현감과 제천현감 등을 역임하고 1600년 의흥현감에 제수되었으나, 유성룡과 조목의 요청에 따라 사직하고 《退溪先生文集》 간행실무자로 참여하였다.

317 金垓(김해, 1555~1593): 본관은 光山, 자는 達遠, 호는 近始齋. 1589년 10월 鄭汝立의 모반사건이 일어나고, 11월 史局에서 史草를 태운 사건에 연루되어 면직되었다. 임진왜란이 일어나자 향리 禮安에서 의병을 일으켜 영남의병대장으로 추대되어 안동·군위 등지에서 분전하였다. 이듬해 3월 좌도병마사 權應銖와 합세하여 상주 唐橋의 적을 쳐서 큰 전과를 거두고, 4월 한양에서 부산으로 철수하는 적을 차단하고 공격하여 대승하였으며 5월에는 양산을 거쳐 경주에서 李光輝와 합세하여 싸우다가 진중에서 병사하였다.

318 蠭起(봉기): 起兵하는 자가 많아서 벌이 날아오르는 것과 같음을 이르는 말.

6일。

듣건대 관동(關東: 강원도)의 적들이 강릉(江陵)·삼척(三陟)에서 안동(安東)·재산(梓山: 才山의 오기. 봉화군 소재)·소천(小川: 봉화군 소재) 등지로 넘어 들어와 도처에서 해치고 노략질하여 사람과 짐승이 모두 해를 입었으나, 아군들이 참획한 것 또한 많았다.

○뒤늦게 듣건대 7월에 조정(朝廷)이 초유사(招諭使: 김성일)를 좌감사(左監司: 경상 좌도 감사)로 삼았으며, 선전관(宣傳官: 李克新)이 와서 전해준 전후의 유지(有旨: 임금의 특별 분부 문서)를 통해 비로소 기성(箕城: 평양)이 함락되었고 대가(大駕)가 용만(龍灣)으로 옮겨갔다는 것을 알고서 초유사가 가슴을 치며 크게 통탄하며 말하기를, "백발의 외로운 신하가 명을 받들고 남쪽으로 내려온 뒤 왜구들을 소탕하지도 못했는데 난여(鑾輿)가 파천하는 것을 앉아서 보기만 하였으니 하늘을 우러르고 땅을 굽어보아도 너무 두려워서 돌아갈 곳이 없다."라며 목이 메어 말을 하지 못하자, 좌우에 있던 사람들 모두가 울었다고 하였다.{협주: 이것은 오늘 들은 것으로 함께 기록한다.}

○六日。

聞關東[319]之賊，自江陵[320]·三陟[321]，踰入安東·梓山[322]·小川[323]

319 關東(관동): 畿湖지방의 동쪽, 즉, 대체로 강원도 지역을 말하는데, 좁게는 大關嶺 동쪽 지역을 가리킴.

320 江陵(강릉): 강원도 영동지역 중앙부에 위치한 고을.

321 三陟(삼척): 강원도 남동부에 위치한 고을.

322 梓山(재산): 才山面의 오기. 경상북도 봉화군 남동부에 위치한 고을. 동쪽은 영양군, 서쪽은 明湖面, 남쪽은 안동시, 북쪽은 小川面·法田面과 접한다.

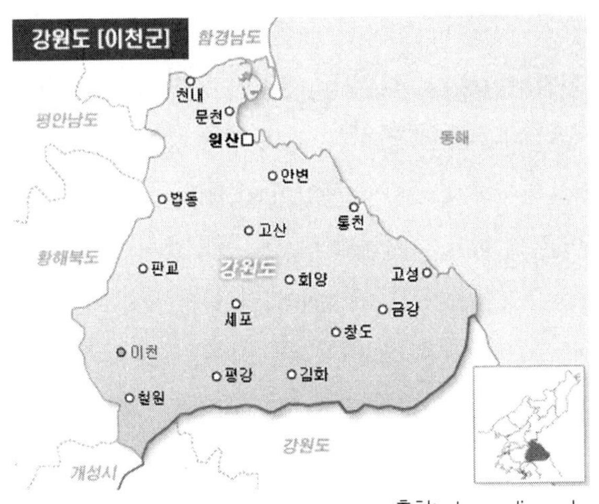

출처: doopedia.co.kr

等地, 到處攻劫, 人物俱被害, 然我軍斬獲亦多。○追聞七月, 朝廷以招諭使, 爲左監司。宣傳官[324]來傳, 前後有旨[325], 始知箕城[326]失守, 大駕移蹕龍灣[327], 招諭使遂撫膺大痛曰: “白髮孤臣, 奉命南來, 不能掃滅倭寇, 坐使鑾輿播遷, 俯仰天地, 跼蹐無歸.” 哽咽不能成聲, 左右皆泣云。{此是今日所聞, 故幷錄.}

---

323 小川(소천): 경상북도 봉화군 북동부에 위치한 고을.

324 宣傳官(선전관): 《학봉선생문지복집》 권3 〈左監司時狀〉에 의하면 李克新(1559~?)을 가리킴. 본관은 原州, 자는 愼修. 1583년 무과 별시에 급제하였다. 강진현감, 부안군수, 혜산진 첨사 등을 역임하였다.

325 有旨(유지): 임금의 특별한 분부를 전하는 문서.

326 箕城(기성): 平壤의 옛 이름.

327 龍灣(용만): 평안북도 의주의 옛 이름.

7일。

용궁 현감(龍宮縣監) 우복룡(禹伏龍)이 힘을 다해 적을 토벌한 것으로 포상이 내려와 통정대부(通政大夫)로 승진하였으니, 이는 곧 통진(通津) 노대하(盧大河)의 하인이 전해준 소식이다.

이 하인은 일 때문에 이천(伊川)으로 올라갔다가, 왕세자가 곧 그를 불러들여 영남에 있는 왜적의 세력이 성한지 약한지를 자세히 묻고 나서 조보(朝報) 및 비변사(備邊司)의 공무를 이 하인에게 부탁하여 보내니 아마도 길마다 막혀 역로(驛路)를 통해 곧바로 전할 수 없었기 때문일 것이다.

○七日。

龍倅禹伏龍, 以戮力討賊, 褒陞通政, 此乃盧通津大河[328]之奴所傳也。此奴因事, 上去伊川, 王世子卽引見, 備問嶺外賊勢之盛衰, 仍以朝報[329]及備邊司公事, 付送此奴, 蓋道途阻梗, 不得以驛路直傳故也。

---

328 盧通津大河(노통진대하): 通津 盧大河(1546~1610). 본관은 光山, 자는 受吾, 호는 履素堂. 아버지는 盧克愼이며, 큰아버지인 盧守愼이 珍島에 유배되었을 때 따라가 학문을 배웠다. 은진현감을 거쳐, 의성현령이 되고, 1584년에 교하현감을 지냈다. 임진왜란 중에 세자를 이천에 배종하여 첨정이 되었고, 金應南과 함께 군량운반에 공을 세웠다. 1597년에 청풍군수와 단양군수를 거쳐 1602년 천안군수가 되었고, 대동법을 처음으로 시행하였다 한다.

329 朝報(조보): 京報·朝紙·邸報·漢京報·寄別紙 등으로도 불림. 승정원이 발행을 담당했으며, 서울과 지방의 관리들에게 배포되었다. 내용은 임금의 명령과 지시, 정부의 중요 결정 사항, 관리 임명 외에 기상 이변, 자연 재해 및 사회·군사 문제 등을 다루었다.

8일。

백씨(伯氏: 趙靖)가 의병소(義兵所)에서 하인을 보내어 어머니에게 안부를 여쭙고 아울러 양식과 물건을 보냈으며, 또 어제 황령사(黃嶺寺)에 도착하여 대장(大將: 이봉)과 함께 송원현(松院峴) 마을 입구에 매복하고서 왜적을 만나자 사부(射夫: 활쏘는 사람)가 일제히 쏘아 죄다 잡아 머리를 베었고 그들이 찼던 환도(還刀), 화통(火筒)·철환(鐵丸)·화약(火藥) 등의 무기류 및 서간 20여 통을 싼 꾸러미도 획득하였음을 쓴 편지를 보여주었다.

○八日。

伯氏自義兵所送奴, 奉候安否于慈氏, 兼致糧物, 且書示昨赴黃嶺寺[330], 與大將, 設伏松院峴[331]洞口, 遇倭, 射夫一時齊發, 盡獲斬首, 得其所佩環刀·火筒·鐵丸·火藥等物及書簡封卄餘裹。

9일。

듣건대 함창 현감(咸昌縣監: 이국필)이 처음에는 의병진(義兵陣)에 따르기를 원했다가 의병들이 왜적들을 잡고난 뒤로는 그것을 자기의 전공으로 삼고자 자못 도로 빼앗으려는 뜻이 있어서, 의병을 일으킨 여러 공들이 극력 배척하니 감히 아무 까닭 없이 탈취하지 못하다가 공훈을 기록 문서로 보고하기 위해 사람을 보내려는 즈음에

330 黃嶺寺(황령사): 경상북도 상주시 은척면 황령리에 있는 산.

331 松院峴(송원현): 경상북도 상주시 사벌면 목가리의 솔티고개. 목가리 원터 마을에서 함창읍 신덕리 솔티마을로 가는 고개이다.

왜적을 협력하여 함께 잡은 것으로 말하며 호협(豪俠)이라는 명칭을 의병 일으킨 여러 사람에게 붙이고는, 사족(士族) 집에 있는 활과 화살을 거두어들여 의병들로 하여금 사용할 수 없게 하고 또 궁장(弓匠: 활을 만드는 장인)·철장(鐵匠: 대장장이)을 금하여 의병진(義兵陣)의 무기들을 보수할 수 없게 하였다고 한다. 마음을 쓰는 것이 사특한 수작이나 부리고, 계책을 세운 것이 정도가 아닌 게 어찌 이 지경에 이른단 말인가.

○九日。

聞咸倅初欲願從於義陣, 自義兵捕倭之後, 欲以爲已功, 頗有還奪之意, 倡義諸公, 極力排之, 則不敢空然奪取, 而錄勳報使[332]之際, 以協力共捕爲辭, 因以豪俠之名, 加之於倡義諸人, 而收取士族家弓矢, 使義兵不得用, 且禁弓匠鐵匠, 使不得修補義陣軍器云。用心之回譎[333], 設計之不正, 胡至於此?

11일。

김홍민(金弘敏){협주: 사담(沙潭)} 어른 및 그 동생 김홍미(金弘微){협주: 성극당(省克堂)}를 만나러 백운암(白雲菴)에 갔다가 돌아왔다.

듣건대 회덕(懷德)의 사인(士人) 송경창(宋慶昌)은 전 군수 송응수(宋應守: 宋應秀의 오기)의 아들로 문의(文義) 땅으로 피란을 갔다가 적이 갑자기 칼날을 휘두르며 쳐들어오자 응수는 병 때문에 움직이

332 報使(보사): 하급관아에서 상급관아에 보고하기 위하여 보내는 使者.

333 回譎(회휼): 간사스럽고 속임수가 많음.

지 못하여 적이 칼을 휘둘러 막 베려 하니 경창이 몸으로 감싸 안아서 부자가 같은 날에 함께 죽어서 참혹하였고 또한 가상하였다.

○十一日。

往訪金丈弘敏[334]{沙潭}及其弟弘微[335]{省克堂}，於白雲菴[336]而還。聞懷德[337]士人宋慶昌[338]，前郡守應守[339]之子，避亂于文義[340]地，賊

---

334 金丈弘敏(김장홍민): 金弘敏(1540~1594). 본관은 尙州, 자는 任父, 호는 沙潭. 1570년 式年試에 급제하여 한림과 三司를 거쳐 1584년 이조좌랑이 되었고, 삼사와 함께 李珥와 朴淳을 탄핵하였다. 그 후 舍人을 거쳐 1590년 典翰에 임명되었다. 1592년 임진왜란 때는 의병을 모아 忠報軍이라 칭하고 상주에서 적의 통로를 막아 왜적이 호서지역으로 돌아서 가게 했다.

335 弘微(홍미): 金弘微(1557~1605). 본관은 尙州, 자는 昌遠, 호는 省克堂. 曺植과 柳成龍의 문인이다. 1579년 진사가 되고, 1585년 식년 문과에 급제하여 승문원부정자에 발탁되고, 홍문관정자·著作, 예문관검열 등을 거쳐 부수찬을 역임하였으며, 당시 형인 金弘敏과 함께 사림으로 영예를 누렸다. 1589년 이조좌랑으로 있을 때 남인으로 鄭汝立의 모반사건에 연루되어 파면되었다. 그 뒤 복관되어 1592년 임진왜란이 시작될 무렵에는 경상좌도도사가 되고, 이어 교리 겸 시강원문학을 거쳐 이듬해 경연관·응교·사간·사성 등을 역임하였다. 1597년 승정원동부승지로 있을 때, 삼도수군통제사인 李舜臣을 탄핵하여 파면하게 하고 元均을 통제사로 삼게 하는 데 가담하였다. 그 뒤 좌부승지·훈련도감제조를 거쳐, 형조참의·대사간·이조참의·승문원부제조 등을 역임하다가 1598년 관직을 사퇴하였다. 그 이듬해 다시 青松府使를 거쳐 1604년 江陵府使로 부임하였다.

336 白雲菴(백운암): 경상북도 상주시 모동면 수봉동에 있는 암자.

337 懷德(회덕): 충청남도 대덕군에 속한 마을.

338 宋慶昌(송경창, 1541~1592): 본관은 恩津, 자는 運久. 아버지는 郡守 宋應秀이다. 임진왜란이 일어나 아버지를 모시고 피난 도중 왜적을 만났다. 송경창이 아버지의 목숨을 살려달라고 애걸하니 효성에 감동해 놓아주었다. 이때 아버지 은수의 나이가 81세였는데 오히려 왜적을 욕하고 아들 경창이 적에게 애걸한다고 꾸짖었다. 이에 왜적이 화가나 칼로 치니 경창이 몸으로 막았다. 오른팔이 끊어졌어도 굴하지 않았다. 또다시 칼을 휘두르자 왼팔로 막아 두 손이 모두

鋒猝至, 應守以病不能運動, 賊揮劒將斬, 慶昌以身翼蔽[341], 父子同日俱死, 可慘亦可嘉也。

13일。

허황된 경보에 온 암자가 놀라서 들썩거려 영대암(靈臺菴)에서 어머니를 모시고 산꼭대기로 올라갔다가 저녁이 되어서야 영대암으로 돌아왔다.

대산(大山) 노비가 장천(長川)에서 과일과 양식을 가지고 왔는데, 보름날에 추석 제사에 쓸 것이었다. 노비의 말을 듣건대, 정월(鄭越)·황정준(黃庭俊)·류응춘(柳應春) 형제들이 양식을 구하는 일로 각자 자기 집에 들어갔다가 한밤중에 적에게 죽었다고 하니, 지극히 놀랍고 참혹하였다. 근래에 적도(賊徒)들이 번번이 밤을 틈타 노략질하니, 이것이 더욱 두려워할 만한 일이다.

○十三日。

驚動於虛警, 自靈臺菴陪慈氏, 上絶頂, 暮還本菴。大山奴自長川, 持果物·糧資而來, 爲其用望日秋夕奠也。聞奴言, 鄭越·黃庭俊·柳應春之弟, 以覓糧事, 各入其家, 夜半爲賊所殺云, 極爲驚慘。近來賊徒, 每乘夜抄掠, 此尤可怕。

잘려나갔다. 이때에 부친과 함께 왜적에게 죽었다. 1608년에 孝行을 높이 사 旌閭가 내려지고 《三綱行實錄》에 기록되었다.

339 應守(응수): 宋應秀(생몰년 미상)의 오기. 본관은 恩津. 興海郡守를 지냈다.

340 文義(문의): 충청북도 청주 지역에 위치한 고을.

341 翼蔽(익폐): 새가 날개로 새끼를 품듯이 감싸는 일.

14일。

백씨(伯氏: 趙靖)와 심중(審仲: 趙竑)이 노동(蘆洞: 葛洞)에서 어머니를 뵈러 오니, 겸하여 내일 추석 차례 제사에 참여하기 위함이었다.

○十四日。

伯氏與審仲, 自蘆洞來覲慈氏, 兼爲參明日節祀。

15일。

지방(紙牓)을 설치하여 조상들의 여러 신위(神位)에 제사를 올렸는데, 난리를 만난 이래로 동쪽으로 내닫고 서쪽으로 숨는 동안 세월이 물 흐르듯 빨리도 흘러서 추석이 이미 되었으나 선영(先塋)에 술 한 잔을 올리고 성묘할 길이 없어 흑석(黑石: 云坪里)를 슬피 바라보니, 단지 절로 전란의 시국을 걱정하여 마음속으로 애통해할 뿐이다.

○十五日。

設紙牓, 奉奠祖先諸位, 遭亂以來, 東奔西竄, 日月流邁, 秋夕已屆, 而松楸[342]一酌, 奠掃無路, 悵望黑石[343], 只自感時傷懷而已。

---

342 松楸(송추): 소나무와 오동나무. 이 두 나무는 묘소 주위에 주로 심는 것이어서, 묘소를 가리키는 말로 사용된다.

343 黑石(흑석): 경상북도 상주시 낙동면 云坪里 琴川마을. 연보와 행장에 의하면, 趙翊이 묻힌 곳이기도 하다. 이곳에 있던 黑石齋가 1957년 소실되고 1990년 새로 중수하였다. 흑석은 조익의 조부 趙禧가 1565년 한양에서 내려와 처음 터를 잡은 곳이다. 조익의 묘는 처음 흑석에 있다가 1621년 12월 형인 黔澗 趙靖이 임야를 마련해주자, 조익의 아들이 경상북도 상주시 공검면 양정리 산 5-1로 이장하였다.

16일。

김 영감[金丈, 협주: 金弘敏] 형제 및 노통진(盧通津: 盧大河) 등 여러 공들과 속리산(俗離山)의 마을 어귀에서 모여 의병을 일으켜 적을 토벌하는 일을 의논하였다.

아! 나랏일이 이 지경에 이르렀으니 통곡하는 심정을 어찌 다 말하겠는가. 돌아보건대 나의 재주와 지략은 절반도 남에게 미치지 못하고 게다가 무략(武略)에 익숙하지 못하니, 이른바 적을 토벌한다고 해도 요로(要路)에 매복을 설치하고, 한두 명의 낙오된 왜놈을 사살하는 것에 불과하니, 비록 나라가 왕성하고 쇠퇴하는 운수에는 이익이 없음을 알지언정 우선 힘이 미치는 대로 할 수 있는 것을 하는 것이 또한 만에 하나라도 족히 보답할 수 있는 길이 되지 않겠는가.

노통진(盧通津: 盧大河)이 모집한 활잡이[弓手]가 10여 명, 청주(淸州)·보은(報恩)·상주(尙州) 등지의 선비[儒紳]들 가운데 상호 의기투합한 자가 70여 명, 문벌이 좋은 집안[士族]의 자손들 가운데 자원하여 따르려는 자가 60여 명이었다. 이에, 중론으로 사담(沙潭) 김공(金公: 金弘敏)을 대장으로 추대하였고, 이제경(李悌慶)을 중위장(中衛將)으로 삼았다. 장천뢰(張天賚)와 노대하 및 내가 좌막(佐幕: 참모)이 되었고, 김홍미(金弘微)가 서기(書記)를 맡았지만 내가 겸임하게 되었다. 충보군(忠報軍)이라 부르기로 하였다.

의논이 끝나자 대장이 북쪽을 향해 절하였고 좌중 또한 북쪽을 향해 절하였다. 절하기를 마치고 또 대장에게 절하니, 대장이 말했다.

"나라의 치욕이 이 지경에 이르렀으니 오늘의 일에 대해서는 죽을지라도 변함이 없어야 하오."

모두 "네."하자, 바로 세 조항의 약조(約條)를 세웠다.{협주: 약조는 이러하다. 맹세한 후에 퇴각하기를 도모하는 자는 벨 것이되, 전투에 임하여 먼저 도주하려는 자도 벤다. 유언비어[訛言]로 군중(軍衆)을 미혹케 하는 자는 벤다. 명령을 어기거나 약속을 저버리는 자는 모두 군법(軍法)으로 다스린다.} 나로 하여금 약속을 함께 맹세하는 뜻을 기록하되 성명을 엮은 문서의 앞머리에 쓰게 하고, 또 군중(軍中)을 깨우쳐 말했다.

"성가(聖駕: 大駕)가 먼지를 덮어쓴 지 어느덧 다섯 달이나 되었으나 봉록(俸祿)을 먹는 신하, 병사를 지휘하는 장수 등이 모두 도망쳐 숨었건만, 다행히 성상(聖上)께서 자신에게 책임을 돌리며 도움을 구하는 교지에 힘입어 군신 사이의 대의(大義)를 다소나마 알던 자가 감격해 충성을 떨치지 않음이 없어 다 적개심을 품고 적을 토벌하려는 군대가 곳곳에서 떼지어 일어나는데, 호서(湖西)의 일대만 끝내 의를 굳게 지켜 충성심을 발휘하지 않으니 하북(河北)에 의사(義士)가 없다는 탄식이 불행히도 이에 가깝도다. 지금 여러분들이 소문을 듣고 다투어 모여들어 충의로써 서로 단결해 오늘의 약조를 이룰 수 있었으니, 어찌 우리 충보군의 다행이 아니겠는가?"

이 말을 들은 사람은 모두 감탄해 마지않았다.{협주: 주장(主將)은 내가 일찍부터 알고 있는 분으로 평소에 기개와 지조가 있고 말하는 것이 강개한 데다 자신의 몸을 잊고서 나라를 위해 죽으려는 뜻을 품어 반드시 대사를 능히 처리할 수 있으니, 보통 사람들이 능히 미칠 바가 아니었다.}

○十六日。

與金丈{弘敏}兄弟及盧通津諸公, 會于俗離洞口, 議倡義討賊事。噫! 國事至此, 慟哭何言? 顧我才略, 半不及人, 且不閑武事, 所謂討賊, 不過設伏要路, 射殺一二零倭, 則雖知其無益於國家成敗之數, 姑爲其所及爲者爲之, 亦足爲萬一報效之道耶? 盧通津所募弓手十餘人, 淸州·報恩·尙州等地儒紳, 同聲相應者七十餘人, 士族之願從者, 亦六十餘員。於是, 僉議推沙潭金公爲大將, 以李悌慶[344]爲中衛將。張天賚·盧大河及余爲佐幕, 金弘微爲掌書, 而以余兼之。號忠報軍。議訖, 大將北向拜, 座中亦北向拜。拜訖, 且拜大將, 大將曰: "國辱至此, 今日之事, 有死勿渝." 咸曰諾, 乃立三章之約。{約曰: 約後謀退者斬, 臨戰先逃者斬。訛言惑衆者斬。違令失期者, 幷以軍法論.}使余記其同盟之意, 書諸編名之首, 且諭軍中曰: "聖駕蒙塵, 已浹五朔, 食祿之臣, 提兵之將, 率皆逃竄。幸賴我聖上責己求助之教, 粗知君臣大義者, 無不感激奮忠, 咸有敵愾之心, 討賊之師, 在在蝟起, 而湖西一帶, 迄無抗義奮忠之擧, 河北無義士之歎[345], 不幸近之。今諸君聞風爭赴, 結以忠義, 得成今日之約, 豈非吾軍之幸耶?" 聞者皆感歎不已。{主將吾所曾知, 素有氣節, 言論慷慨, 有忘身殉國之志, 必能辦大事, 非尋常人所能及也.}

---

344 李悌慶(이제경, 1541~?): 본관은 光州, 자는 順吉. 1570년 식년시에 급제하였다.

345 河北無義士之歎(하북무의사지탄): 安祿山의 난이 일어나자 河北의 郡縣들이 모두 바람에 휩쓸리듯 무너졌다는 말을 듣고, 唐나라 玄宗이 한탄하여 말하기를, "二十四郡 중에서 한 사람의 義士도 없구나.(二十四郡, 曾無一人義士耶?)" 라고 한 데서 나오는 말.

17일。

이제경(李悌慶)·장천뢰(張天賚)·노대하(盧大河) 등 여러 사람과 함께 의병소(義兵所)에 달려가서 아직 충분하지 못한 약조를 의논하여 정하였다.

○十七日。

與李悌慶·張天賚·盧大河諸人, 共赴義兵所, 議定未盡約條。

18일。

대장이 복병을 백갈촌(白葛村)에 나누어 파견해 요해처를 지키도록 한 것은 덫을 놓아서 적을 사로잡으려는 계획이었다.

○十八日。

大將分遣伏兵于白葛村, 守要害處, 以爲設機捕賊之計。

19일。

어머니를 뵈러 온 백씨(伯氏: 趙靖)의 진중(陣中)에서 생긴 권모술수를 들었는데, 함창 현감(咸昌縣監: 李國弼)이 순찰사(巡察使: 韓孝純)에게 거짓 보고하여 말하기를, "이봉(李逢) 등이 나이 어린 서생들을 거느리고 의병을 일으킨 것으로 거짓 꾸며대고는 관군들이 잡은 왜놈들을 자신의 전공(戰功)으로 삼고 현감으로 하여금 손도 놀리지 못하게 하였소이다."라고 하였다 한다. 그의 간사하고 음험한 장계가 반복되어 사람들로 하여금 몹시 분개하게 하였다.

○十九日。

來覲慈氏, 聞伯氏陣中事機, 則咸倅誣報巡使[346]曰: "李逢等,率年少書生, 冒稱擧義, 以官軍所捕倭奴, 爲己功, 使縣監不得措手."云。其反覆邪險之狀, 令人憤痛。

21일。

백갈촌(白葛村)의 복병들이 약탈하고 있는 왜적을 만나 활을 쏘아서 5명을 죽인 뒤 그들의 소와 말, 환도(環刀) 등의 물건을 빼앗고, 병장기 및 군량을 복병이 설치된 곳으로 규정에 따라 보냈다.

○백씨(伯氏: 趙靖)의 편지를 보니, 전날 함창 현감(咸昌縣監: 李國弼)이 보고한 것에 대한 회답에 의하면 수령이 의병 모집에 대해 막는 것을 일절 불허하며 "적을 토벌하는 것은 균등하니 관의 위세로 빼앗아서는 아니 된다."라고 하였다. 순찰사(巡察使: 韓孝純)의 현명함은 함평 현감의 속마음을 살핀 것이라고 이를 만하였다.

○二十一日。

---

346 巡使(순사): 巡察使 韓孝純(1543~1621)을 가리킴. 본관은 淸州, 자는 勉叔, 호는 月灘. 1576년 식년문과 급제, 검열·수찬을 거쳐 1584년 寧海府使에 임명되었다. 1592년 임진왜란이 일어나자 8월 영해에서 왜군을 격파하고 경상좌도관찰사에 승진, 순찰사를 겸임해 동해안 지역을 방비하며 군량조달에 공을 세웠다. 1594년 병조참판, 1596년 경상도·전라도·충청도의 體察副使가 되었다. 그해 閑山島武科에 試官으로 참여하고, 통제사 李舜臣과 함께 수군강화에 힘썼다. 그 뒤 지중추부사가 되었다가 남해 지역의 도순찰사로 해상군비강화에 계속 노력하였다. 1598년 전라도관찰사로서 병마수군절도사를 겸하였다. 이듬해 전라좌수사 이순신 막하의 戰船監造軍官으로 있으면서 거북선 건조에 공이 많았던 羅大用의 건의를 받아들여 거북선 모양의 소형 무장선인 鎗船 25척을 건조하도록 하였다. 1604년 이조판서에 이르렀다. 다음해 평안도관찰사·판중추부사 등을 거쳐, 1606년 우찬성·판돈녕부사 등을 역임하였다. 1610년 다시 이조판서를 역임한 뒤, 1616년 우의정을 거쳐 좌의정에 올랐다.

白葛伏兵等, 遇焚掠之倭, 射殺五級, 奪其牛馬環刀等物, 軍器及軍糧, 檢送[347]于設伏所。○見伯氏書, 則頃日咸倅所報回題[348]內, 守令之禁遏募兵者, 一切不許曰: "均是討賊, 不可以官威奪去云." 巡使之明, 可謂能燭咸倅之肺肝。

22일.

김창원(金昌遠: 金弘微)·김가종(金可宗)과 함께 의병의 진영(陣營)에 가서 군중(軍中)의 일을 처리하였다.

○二十二日。

與金昌遠·金可宗, 同赴義陣, 料理軍中事。

24일.

노통진(盧通津: 盧大河)·김대호(金大好)·김봉수(金峯壽)·박경룡(朴慶龍)과 함께 의병의 진영(陣營)으로 갔다. 대장이 율원(栗院)의 잔도(棧道: 험한 벼랑길)에 매복을 설치하였는데, 왜적 20여 명을 만나자 분노가 쌓인 나머지 사부(射夫: 활 쏘는 병사)들이 일시에 모두 활을 쏘아 순식간에 전부 참획하였고 그들의 환도(環刀)·화통(火筒)·탄환[鐵丸]·화약(火藥) 등을 빼앗았다. 참획한 것이 비록 적으나 모두 강한 왜적이었다. 우리들이 진영에 도착하여 축하의 인사를 하자, 대장은 단상에 앉아 축하를 받았다. 의로운 명성을 크게 떨치자, 장수와

347 檢送(검송): 규정에 의거하여 넘겨줌.

348 回題(회제): 아뢴 내용에 대한 회답.

병사들이 기뻐하고 즐거워하여 춤추면서 자못 적을 죽이려는 마음을 가지지 않는 이가 없었다.

○노동(蘆洞: 葛洞)의 의병 막하로 달려가니 백씨(伯氏: 趙靖) 및 머무르고 있는 곳[寓所]은 모두 안전하였으나, 거사한 후에 일을 하려면 많이 방해를 받는 데다 적을 아직 많이 잡기도 전에 군대의 동정이 날로 흔들리자, 대장은 이를 우려하여 영문(營門: 순찰사)에 진언하지 않을 수 없어서 그런 다음에야 처치할 방법이 있게 된 까닭에 백씨와 이사곽(李士廓: 李弘道)을 사자(使者)로 삼아 장차 다음날 길을 떠나게 하였다.

○二十四日。

與盧通津·金大好·金峯壽·朴慶龍, 赴義陣。大將設伏于栗院[349]棧道[350], 遇倭二十餘徒, 蓄憤之餘, 射夫一時俱發, 頃刻之間, 沒數斬獲, 奪其環刀·火筒·鐵丸·火藥等物。所斬雖小。皆是勁賊。吾等到陣參謁[351], 大將坐壇受賀。義聲大振, 將士欣喜蹈舞, 莫不殊有死敵心。○馳往蘆洞義幕, 伯氏及寓所俱安。而擧事之後, 事多掣肘[352], 賊未多捕, 軍情日撓, 大將憂之, 不可不陳聞於營門然後有處置之道, 故以伯氏及李士廓爲使, 將以明日發程。

---

349 栗院(율원): 충청북도 보은군 보은읍 栗枝里로, 우리말이름은 밤개울. 현재는 학림리이다.

350 棧道(잔도): 험한 벼랑 같은 곳에 선반을 매달아 놓은 듯이 만든 길.

351 參謁(참알): 새로 임명된 벼슬아치가 감독 관아를 돌아다니며 인사하던 일.

352 掣肘(체주): 남을 간섭하여 마음대로 못하게 함.

25일。

백씨(伯氏: 趙靖)가 거창(居昌) 가는 길에 찾아와서 어머니를 뵙고 갔다. 김산(金山: 金泉)·지례(知禮)의 적이 그 사이에서 막고 있었기 때문에 중모현(中牟縣)으로 가는 길을 잡아서 샛길로 가니 멀리서 염려가 적지 않게 되었다.

듣건대 학유(學諭) 류팽로(柳彭老)가 첨지(僉知) 고경명(高敬命)의 막하에서 같이 거사하였는데, 금산(錦山) 전투에서 적의 기병들이 갑자기 들이닥쳐 주장(主將: 고경명)을 몇 겹으로 에워싸서 형세상 벗어날 수가 없게 되자, 학유가 말하기를, "당초 거사하던 날에 나와 고공(高公: 고경명)은 같이 죽기로 약속했는데 오늘의 위기는 의리상 홀로 면하기 어렵다."라고 하며 옷소매를 떨치고 곧장 나아가자, 노비가 말고삐를 잡고 억지로 제지했지만 곧바로 칼을 휘둘러 물리치고서 포위망 속으로 달려 들어가 고경명과 함께 죽었다. 말씨가 의연하였을 뿐만 아니라 의기 또한 태연하였으니, 그의 기풍을 들은 자는 마음속에서 분개가 절로 솟구쳤다.

○二十五日。

伯氏以居昌行來到, 爲覲慈氏而去也。金山·知禮[353]之賊, 梗其間, 故取路中牟, 間道而行, 遙慮不淺。聞柳學諭彭老[354], 同事

353 知禮(지례): 경상북도 김천 지역의 옛 지명.

354 柳學諭彭老(류학유팽로): 學諭 柳彭老(1554~1592). 본관은 文化, 자는 亨叔·君壽, 호는 月坡. 1588년 식년문과에 을과로 급제하였으나 벼슬에 뜻을 두지 않고 玉果縣에서 살았다. 1592년 임진왜란이 일어나자 梁大樸·安瑛 등과 함께 궐기하였으며, 피난민 500명과 家僮 100여명을 이끌고 담양에서 高敬命의 군

於高僉知敬命之幕, 錦山之戰, 賊騎猝至, 圍主將數重, 勢不得脫, 學諭曰: "當初擧事之日, 吾與高公約以同死, 今日之危, 義難獨免." 奮袂直進, 其奴執鞚强止, 卽揮劒以卻, 突入圍中, 與敬命同死。不但辭氣凜烈, 就義亦從容, 聞其風者, 肝膽自激。

26일。

맹약한 사람들과 함께 의병소(義兵所)로 갔는데, 약조에는 아직 제대로 갖추지 못한 조항이 많이 있어서 서로 의논하여 정하였다.

대장은 복병을 설치할 계획을 세웠으나, 군량을 얻지 못한 것을 걱정하였다.

○二十六日。

與約中人。同赴義兵所。約中多有未備之條。相與議定。大將爲設伏計。而以未得軍糧爲憂。

27일。

대장을 모시고 진중(陣中)의 일을 의논하다가 저녁에야 머무르고 있는 곳으로 돌아왔다. 광주(光州) 이모가 노동(蘆洞: 葛洞)으로 임시 거처를 옮겼다.

○二十七日。

陪大將論陣中事。夕還寓所。光州姨母, 移寓蘆洞。

사와 합세하였다. 여기에서 고경명이 의병대장으로 추대되었는데, 유팽로는 고경명 휘하의 從事官이 되어 錦山에서 왜적과 싸우다가 전사하였다.

28일。

듣건대 지례(知禮)의 적이 의병들에게 공격을 받아 절반이 넘도록 사망하였고 나머지는 모두 도망쳐 흩어졌다고 하였다.

○二十八日。

聞知禮之賊，爲義兵之所擊，過半死亡。餘皆逃散云。

• 9월 정사삭

1일。

대장에게 가서 인사드리고 그대로 진영(陣營)에 머무르며 군사에 관한 일을 논의하였다.

들려오는 소문에 의하면 의병장 김면(金沔)이 수천의 병마(兵馬)를 거느리고 성주(星州)에 머물러 있는 적을 토벌하기를 도모하여 가조(加祚: 경남 거창 소재 고을)로 출진하였으며, 곽재우(郭再祐)·정인홍(鄭仁弘) 또한 각기 거느린 의병들을 나누어 매복시켜서 적을 잡으려고 조치하였는데 곽공(郭公: 곽재우)의 용병술이 자못 귀신과 같아서 적도(賊徒)들은 간담이 서늘해져 벌벌 떨었다고 하였다.{협주: 아래 지역은 초유사(招諭使: 김성일)가 조치를 한 까닭에 의병이 모이면 많게는 수만에 이르고 군량[糇糧]과 병장기는 모두 관청에서 변통해 마련해 주기 때문에 군대의 함성을 바야흐로 떨쳐 아마도 적을 섬멸할 기약이 있을 것이었다.}

九月丁巳一日。

往拜大將, 因留陣論事。流聞義兵將金沔, 率數千兵馬, 謀討星州留賊, 出陣加祚[355], 郭再祐·鄭仁弘, 亦各率義旅, 分伏措捕, 而郭公用兵頗神, 賊徒膽慄云。{蓋下道, 以招諭使措置之故, 義兵之集, 多至數萬, 糇糧器械, 皆自官辦出, 故軍聲方振, 庶有勦滅之期.}

2일。

적이 길을 아직도 막고 있어서 임금 주변의 소식을 제때에 들을 수가 없었으니, 대장과 함께 말하는 것이 행재소(行在所)에 미치자 저도 모르게 통곡하고 눈물을 뿌렸다.

○二日。

賊路猶梗, 日邊[356]消息, 不得以時承聞[357], 與大將語及行在, 自不覺痛哭而洒涕也。

3일。

중국사람[唐人] 허의후(許儀後){협주: 허는 본래 명나라 유생이다.}가 명나라에 보내는 글을 얻어 볼 수 있었다. 지난 신미년(1571)에 포로가 되어 왜놈에게 잡혀가 이로 인해 머물며 돌아오지 못했는데, 왜놈들이 장차 군사를 일으켜 상국(上國: 명나라)을 침범하려는 계획을 미리 알고 그 거사의 곡절과 임기응변의 책략을 갖추 기록한 것으로

355 加祚(가조): 경상남도 거창군에 위치한 고을.

356 日邊(일변): 임금 주변.

357 承聞(승문): 존경하는 사람에 관한 소식을 들음.

그가 말한 수백 언을 왕래하는 사람들에게 부탁하여 상국(上國)에 전달하도록 하니, 그 문장이 아주 상세하고 적의 실정을 모두 갖추어서 서술한 게 마치 부절(符節)처럼 부합하였다.

○三日。

得見唐人許儀後[358]所送於大明文字{許本大明儒士也.}。 往在辛未被擄入倭, 因留不得還, 預知倭奴將有稱兵犯上之計, 備錄其擧事曲折, 及臨時應變之策, 其說累百言, 轉付往來人, 以達上國, 其文甚詳, 俱述賊情, 若合符契。

4일。

듣건대 성주(星州)·현풍(玄風)의 적들이 차츰 올라오는 것이 거의 수천 명에 이르렀고, 근래는 위 지역에 있던 적들이 계속해서 내려가다가 지금 갑자기 다시 올라오니, 반드시 적들이 다시 일어날 염려가 있어 근심스러웠다.

○四日。

---

358 許儀後(허의후): 明나라의 福建省 行商이자 첩자. 徐光啓의 〈皇明警世編〉을 보면, 이미 임란 전부터 사쓰마의 첩보원들이 본국에 임진왜란 발발의 첩보를 보냈고 당시 시마즈의 22만 군대와 중국 복건성 사람들의 도움을 받아 풍신수길을 암살, 제거하려는 계획도 세웠음을 알 수 있다. 허의후 등이 명나라에 은밀히 보고하기를, "조선이 일본에 나귀를 바치고 일본과 모의하여 명나라를 침범하려 하면서 조선이 그의 선봉이 되기로 하였다." 하니, 명나라에서는 자못 우리나라를 의심하였으므로 우리나라의 패전 소식이 명나라에 이르자 명나라 조정에서는 의논이 흉흉하였는데, 閣老 許國이 홀로 큰 소리로 말하기를, "내가 일찍이 조선에 사신으로 간 적이 있어 그 실정을 익히 아는데, 조선은 禮義의 나라이니 결코 이와 같은 짓을 하지 않을 것입니다."하였다는 일화가 있다.

聞星州·玄風之賊, 次次上來者, 幾至數千, 近來上道之賊, 連續下去, 而今遽復上, 必有復起之慮, 可憫。

5일。

예천(醴泉)에서 온 자를 만나 듣자니 예천의 위량곡(位良谷: 位羅谷의 오기) 길가에 해골들이 언덕을 이루었는데, 이는 용궁 현감(龍宮縣監) 우복룡(禹伏龍)이 적과 접전했을 때 아군이 죽은 것이라고 하였다. 일찍이 용궁 현감은 잘 방어하고 잘 싸웠다고 일컬어졌지만, 지금에서야 비로소 상세히 듣건대 실로 크게 이긴 공도 없이 오직 관할 지역을 떠나지 않아서 성을 버리고 군사를 버린 죄를 면했을 따름이거늘, 저번에 통정대부(通政大夫)로 승진하고 지금 안동 부사(安東府使)로 제수되었으니 마음에 부끄러움이 없을 수 있겠는가. 그러나 도망쳐 숨으며 구차히 살고자 적을 토벌하려는 뜻이 없는 상주 목사(尙州牧使: 金澥)와 함창 현감(咸昌縣監: 李國弼) 같은 자와는 서로 거리가 먼 것이다.

○五日。

逢自醴泉來者, 聞醴泉位良谷[359]路邊, 髑髏成丘, 此是龍倅禹伏龍與賊相戰時, 我軍所死云。曾謂龍倅善禦善戰, 今始詳聞, 實無大捷之功, 而惟不離封壃, 得免棄城棄軍之罪而已, 頃陞通政, 今拜安東, 得無愧於心乎? 然逃竄偸活, 無意討賊, 如尙·咸

359 位良谷(위량곡): 位羅谷의 오기. 경상북도 예천군 호명면에 있는 골짜기. 위량곡은 경상북도 김천시 감문면에 있는 골짜기이다.

兩倅者, 相去遠矣。

6일。

듣건대 신문길(申文吉: 申禮男){협주: 진보(眞寶: 청송) 출신이다.}이 청주(淸州)에 장가들어서 그곳에 살았다고 한다. 여름 사이에 왜적에게 포로가 되었는데, 오랑캐의 옷을 입도록 겁박하고 항복하여 굴복하라고 하였지만 신문길이 죽음을 무릅쓰고 따르지 않자, 적이 문길의 머리채를 잡아채어 끌며 칼을 휘둘러 베려고 해도 여전히 굴복하지 않았다. 적은 내버려두고 편안하게 지내도록 했지만 늘 사람들로 하여금 에워싸게 하자, 신문길은 도망칠 수 없음을 헤아리고 찼던 칼을 뽑아 스스로 목을 찔러 죽고 말았다. 적장이 놀라 애도하며 말하기를, "이 자는 참된 의인이로다."라고 애석해 마지않으면서 즉시 묻어주도록 하였다. 신문길의 처 또한 사로잡혔는데 적들이 욕보이려 하니 사력을 다해 저항하다가 죽었다. 절개와 의리를 둘 다 이룬 것이 오늘날에도 있거늘, 그 누가 고금이 서로 미치지 못하여 다르다고 했는가. 탄복할 만하여 가상하도다.

○六日。

聞申文吉[360]{眞寶人}娶于淸州, 因居焉。夏間, 爲倭所擄, 劫著卉服[361], 欲令降附, 文吉抵死不從, 賊捽髮扶曳, 揮刃欲斬, 猶不

---

360 文吉(문길): 申禮男(?~1592)의 자. 본관은 平山. 아버지는 申濡이고, 功金의 문인이다. 학문으로 세상에 이름을 떨쳤다. 일찍이 청주에 살았는데, 임진왜란 때 왜군의 포로가 되었을 때 절의를 지키며 자결하였다. 이에 왜적들이 놀라 그의 충정을 애도하면서 참된 의인이라고 칭송하였다.

屈。賊舍令自便[362], 而每使人圍擁, 文吉度不得逃。拔佩刀自刎而死。賊將驚悼曰: "此眞義人也." 嗟惜不已, 卽令埋之。其妻亦被執, 賊欲汙之, 力拒而死。節義雙成, 今亦有之, 孰謂古今不相及也? 可欽可嘉。

7일。

백씨(伯氏: 趙靖)가 별 탈 없이 되돌아왔지만 감기에 걸려 즉시 어머니를 뵈러 오지 못하고 사람을 보내어 안부를 물었다.

듣건대 창의군(昌義軍, 협주: 백씨의 의병진 이름이다.)이 어제 가은(加恩)의 신전(新田: 薪田의 오기) 땅에서 왜적 2명을 포획하고 소 4마리를 획득하였다고 하였다. 의병을 일으킨 지 겨우 1달이 지났건만 적을 토벌하는데 용감하여 전후로 참수한 바가 적지 않으니 치하할 만하였다.

○七日。

伯氏無撓還旆, 但感寒疾, 未卽來覲慈氏, 伻候[363]安否。聞昌義{伯氏陣名}軍, 昨於加恩新田之地, 捕賊二級, 得牛四頭云。擧義纔一月, 勇於討賊, 前後所斬不少, 可賀。

361 卉服(훼복): 풀로 만든 옷. 곧 오랑캐의 옷.

362 自便(자편): 저 혼자의 편안함을 꾀함.

363 伻候(팽후): 사람을 보내어 안부를 묻는 일.

8일.

노동(蘆洞: 葛洞)에 갔는데, 백씨(伯氏: 趙竫)에게 문안을 드리고 겸하여 다음날 절사(節祀: 중양절 차례 제사)에 참여하기 위해서였다. 백씨가 이번 길에서 도모한 일을 순찰사(巡察使: 韓孝純)가 일일이 시행하면서 양식과 기계(機械: 병장기)를 많이 지급하니 다행스러웠다.

듣건대 백씨가 전하는 바에 의하면 조헌(趙憲)이 그의 아들(역자주: 趙完基) 및 군졸 700명을 거느리고 승군(僧軍)과 함께 금산(錦山)에 가서 적진을 경솔히 범하였다가 적군에게 포위되어 전군이 거의 다 피살되었고 사인(士人)이 더욱 많았는데, 조헌의 부자가 함께 진중에서 죽었다고 하니, 지극히 놀랍고 참혹하였다.{협주: 이 사람이 재주와 역량을 헤아리지 않고 경솔히 나섰다가 패배를 자초하였지만, 그는 전쟁에 임하여 두려워한 자와 다르다. 그의 절의는 족히 사람들로 하여금 공경히 감탄하게 하였다.}

또 듣건대 순찰사 영감이 좌절(左節: 경상좌도관찰사)로 승진하여 장차 진(鎭)을 옮기게 되자, 경상우도 사람들이 섭섭한 마음을 이기지 못하여서 여러 고을의 유생들이 상소를 올려 행재소(行在所)에 호소하였다고 한다.

○八日。

往蘆洞, 問候伯氏, 兼爲參明日節祀也。伯氏今行所營事, 巡察使一一施行, 多給糧械, 可幸。聞伯氏所傳, 趙憲率其子及軍卒七百, 與僧軍同赴錦山, 輕犯賊陣, 爲賊所圍, 一軍幾盡被殺, 而士人尤多, 其父子同死陣中云。極可驚慘。{此人不量才力, 輕進取敗, 其與臨事而懼者異矣。而其節義, 足令人欽歎.}且聞巡察令公, 陞左節將移鎭, 右人不勝缺望[364], 諸邑儒生, 拜疏以籲行在云。

9일。

백씨(伯氏: 趙靖)와 함께 약소하나마 절기에 나는 과일을 갖추고 지방(紙牓)을 설치하여 조상의 여러 신위(神位)에게 제사를 지냈다.

○九日。

與伯氏略備時物, 設紙牓, 奠祖先諸位。

10일。

대장(大將: 김홍민)에게 가서 인사하자, 여러 벗들이 모두 모였다. 듣건대 남쪽으로 내려오는 왜적들이 유곡(幽谷: 문경 소재 유곡역) 이하로부터 40여 리에 길게 이어졌다.

○十日。

往拜大將, 諸友皆會。聞南下之倭, 自幽谷[365]以下, 連亘四十餘里。

11일。

창의군(昌義軍)의 서기를 맡았던 김이경(金而慶: 金喜南)이 진영(陣營)에서 가은(加恩)의 마을에 묵으려고 돌아가다가 적에게 해를 입어 놀라움과 슬퍼함을 이길 수가 없었다.{협주: 진중(陣中)의 문서 등을 모두 빼앗겼다.}

---

364 缺望(결망): 바라는 대로 이루어지지 아니하여 원망함.

365 幽谷(유곡): 경상북도 聞慶縣 남쪽 40리 지점에 위치한 역.

삼가 경상도의 선비와 백성들에게 내리는 교서(敎書)를 보니, 반성하여 스스로 책망하며 신민(臣民)들에게 도움을 구하는 뜻이 한 마디 한 마디 간절하고 지성스러운 것은 이전의 애통했던 교서에 비해서 한 가지의 뜻과 말이라도 더욱 절실함이 더해져, 무릇 신하가 된 자라면 누군들 활을 당기고 칼을 휘두르며 그 힘을 다하지 않겠는가. 저궁(邸宮: 왕세자)이 또한 내린 교서도 군사와 백성을 깨닫도록 이르는 것이었지만 그 뜻은 행재소(行在所)에서 내린 교서와 마찬가지였다.

○十一日。

昌義陣掌書金而慶[366]。自陣所歸宿加恩村。爲賊所害。不勝驚怛。{陣中, 文書等物, 盡數見奪.}伏見下慶尙道士民敎書, 反躬自責, 其求助臣民之意, 節節懇惻, 與前哀痛之敎, 一意而語益加切, 凡爲臣子者, 孰不欲張弮冒刃, 以效其力哉? 邸宮亦下敎, 曉諭軍民, 而意與行在敎書一般。

13일.

대장(大將: 김홍민)이 진중(陣中)의 상의할 일로 만나자고 요청하여 즉시 의병진이 있는 곳으로 가니, 곧 군량과 병장기를 준비하라는 일이었다. 다시 16일로 약속하고 돌아왔다.

○듣건대 이숙평(李叔平: 李埈)이 와서 백씨(伯氏: 趙竫)가 있는 곳

366 而慶(이경): 金喜南(생몰년 미상)의 자. 《黔澗先生文集辰巳日記》 1592년 9월 11일조에 기록되어 있다.

에서 묵었는데, 군량을 구하기 위하여 용화(龍化: 운흥리)에 목백(牧伯: 상주목사 金澥)의 임시거처로 가는 길이라고 하였다.{협주: 숙평의 부모는 일찍이 외남(外南)의 전투에서 같은 날에 해를 입었는데, 바야흐로 복수하려고 진사 김각(金覺)씨와 의병을 모집해 거사하기를 도모하였다.}

○十三日。

大將以陣中相議事要見, 卽赴陣所, 乃兵糧兵器覔得[367]事也。更以十六日, 約束而還。○聞李叔平[368]來宿伯氏所, 爲軍糧求得, 往龍化牧伯寓所云。{叔平兩親, 曾於外南之戰, 同日被害, 方謀復讎, 與金進士覺[369]氏, 募兵擧事.}

---

367 覔得(멱득): 찾아냄.

368 叔平(숙평): 李埈(1560~1635)의 字. 본관은 興陽, 호는 蒼石. 1591년 별시 문과에 급제해 교서관정자가 되었다. 1592년 임진왜란 때 피난민과 함께 안령에서 적에게 항거하려 했으나 습격을 받아 패하였다. 그 뒤 鄭經世와 함께 의병 몇 천 명을 모집해 姑姆潭에서 외적과 싸웠으나 또다시 패하였다. 1594년 의병을 모아 싸운 공으로 형조좌랑에 임명되었으나 사양하였다. 이듬해 경상도도사가 되었으며, 이때 중국 역대 왕들의 덕행과 신하들의 正邪를 밝힌《中興龜鑑》을 지어 왕에게 바쳤다. 당시 鄭仁弘이 세력을 키워 많은 사람들을 주변에 모았으나 가담하지 않았다. 1597년 지평이 되었으나 柳成龍이 국정운영의 잘못 등으로 공격을 받을 때 함께 탄핵을 받고 물러났다. 같은 해 가을 召募官이 되어 의병을 모집하고 군비를 정비하는 등 防禦使와 협력해 일하였다. 이어 예조정랑·단양군수 등을 거쳐, 1603년 수찬으로 불려 들어와 형조와 공조의 정랑을 거쳤다. 1604년 奏請使의 서장관으로 명나라에 다녀왔다. 광해군 때 濟用監正을 거쳐 교리로 재직 중 대북파의 전횡이 심해지고, 특히 1611년 정인홍이 李滉과 李珥를 비난하자 그에 맞서다 벼슬을 버리고 고향으로 돌아갔다. 1623년 인조반정으로 정국이 바뀌자 다시 교리로 등용되었다.

369 金進士覺(김진사각): 진사 金覺(1536~1610). 본관은 永同, 자는 景惺, 호는 石川. 상주 출신이다. 1592년 임진왜란이 일어나자 그해 여름에 상주에서 의병을 일으켜 적을 다수 참획하는 전과를 올렸다. 감사 金睟가 전공을 行在所에 보고

14일。

듣건대 창의군(昌義軍)이 백야원(白也院)에 매복을 설치했다가 적을 만나 9명을 베었고 또 탄환과 환도(環刀) 등의 물건을 탈취했는데, 예닐곱 명의 왜적도 사살하였지만 아군 또한 총탄에 맞아 3명이 죽어서 놀랍고 참혹하였다.

○十四日。

聞昌義軍設伏白也院[370], 遇賊斬得九級, 且奪鐵丸·環刀等物, 射殺亦六七倭, 而但我軍亦中丸三人殞命, 驚慘。

15일。

진중(陣中)에 있었다.

○十五日。

在陣中。

16일。

종곡(鍾谷: 보은읍 종곡리)의 송정(松亭)에 모두 모여 군량을 모으는 일을 상의하여, 장차 호영(湖營: 충청 감영)에 가기로 하고 다음날 떠

하여 司醞署主簿를 제수받았으나 사양하였고, 그해 가을에는 순찰사가 咸昌縣의 수령이 궐석이라는 이유로 그에게 함창현의 공무를 보도록 하였으나 또 다시 나아가지 않았다. 1593년 모친상을 당하였는데 노년에 전란까지 겹쳤음에도 예식을 집행함에 틀림이 없었다. 상복을 벗자 1596년에 조정에서는 龍宮縣監을 제수하여 왜적에 맞서게 하였다. 그 뒤 1604년 穩城判官을 역임하였다.

370 白也院(백야원): 경상북도 상주시 외서면에 있었던 원.

나기로 약속하였다. 일행은 대장 김홍민(金弘敏), 이희성(李希聖), 이제경(李悌慶), 김봉수(金峯壽), 김공근(金恭謹), 김덕민(金德民), 김호덕(金好德), 박진(朴震), 이양춘(李陽春), 신의복(申義福), 김성문(金聲聞), 나까지 모두 12명이었다.{협주: 근래에 적들의 기세가 다시 치성해졌다. 노인을 봉양하는 사람으로서 차마 멀리 떠나지 못하고 지체한 지가 오래였지만, 이러한 위급한 때를 당하여 생각해보니 나랏일이 든든하지 못하니 의리상 죽음도 사양할 수 없고 또한 어머니가 속히 가도록 권하였기 때문에 삼가 피하라는 뜻으로 심중(審仲: 趙竑)에게 간곡히 당부하고 마침내 어머니에게 하직 인사드리고는 곧바로 달려가 의병 막부에 다다랐다.}

○十六日。

齊會于鍾谷[371]松亭, 相議募糧, 將往湖營, 約以明日發行。一行。大將金弘敏·李希聖·李悌慶·金峯壽·金恭謹·金德民[372]·金好德[373]·朴震·李陽春·申義福·金聲聞及余, 竝十二人。{近日賊勢更熾。奉老之人, 不忍遠離, 遲回者久之, 因念當此危急, 王事靡盬, 義不辭死。且慈氏勸其速行, 故以謹避之意。勤託審仲, 遂拜辭慈氏, 因馳赴義幕.}

17일。

일행이 출발하여 회인(懷仁)의 송현(松峴)에서 말에게 먹이를 먹

371 鍾谷(종곡): 충청북도 보은군 보은읍 종곡리

372 金德民(김덕민, 1570~1651): 본관은 慶州, 자는 邦良, 호는 澗西齋. 報恩 출신이다. 아버지는 이산현감 金可幾이다. 사위가 曺挺立이고 외손자가 尹鑴이다.

373 金好德(김호덕, 1577~?): 본관은 泗川, 자는 子潤.

이고 저녁에 주안현(周岸縣)에서 묵으니, 전 찰방(前察訪) 김익련(金益鍊)이 저녁밥을 보내왔다.{협주: 그의 동생 김대련(金大鍊)과 그의 아들 김성진(金聲振)이 함께 와서 이야기를 나누었으며, 상주사람 홍우안(洪友顔)과 홍우민(洪友閔) 또한 왔으며, 회인의 충의(忠義) 양상(梁祥)과 양평(梁評)이 찾아왔으며, 함께 맹약한 김성발(金聲發) 또한 뒤늦게 도착하였다.}

본현(本縣: 회인현) 현감이 콩 2되와 조세미(租稅米) 3되를 행자(行資: 여비)로 주었다.

○十七日。

發行, 秣馬[374]于懷仁松峴[375], 夕宿周岸[376]縣, 前察訪金益鍊[377], 饋夕食。{其弟大鍊, 其子聲振[378], 偕來敍話, 尙州人洪友顔[379]·友閔[380], 亦來, 懷仁忠義梁祥·梁評來見, 同約人金聲發[381], 亦追到.}本縣監官,

---

374 秣馬(말마): 말에게 먹이를 주는 일.

375 松峴(송현): 충청북도 보은군 회인면 송평리를 일컫는 듯.

376 周岸(주안): 충청북도 보은군 회남면에 있는 고을. 그 이전에는 文義郡 주안면에 속했던 고을이었다.

377 金益鍊(김익련, 생몰년 미상): 金淨의 셋째손자이다. 幽谷察訪을 지냈다.

378 聲振(성진): 金聲振(1563~1644). 본관은 慶州, 자는 而遠, 호는 醉睡堂. 아버지는 金益鍊이다. 찰방을 지냈다.

379 洪友顔(홍우안, 생몰년 미상): 본관은 南陽, 자는 希聖. 洪思道의 아들이다.

380 友閔(우민): 洪友閔(1576~?). 본관은 南陽, 자는 孝伯. 金益鍊의 맏사위이자, 淸道人 金三樂의 장인이다.

381 金聲發(김성발, 1569~1642): 본관은 慶州, 자는 景時. 아버지는 金益鍊이다. 1592년 임진왜란이 일어났을 때에 그 부친이 幽谷察訪을 맡아 여섯 郵驛을 관장하여 驛隷를 징발하였는데, 문득 말이 와전되어 밤에 흩어지므로 장병이 모두 칼을 뽑아 들고 몹시 꾸짖는 것을 공이 앞에서 가로막고 호소하여 軍伍를 감동시켜 무사할 수 있었다. 1605년 별시 문과에 급제하여 예문관검열에 제수되었고,

以太二斗·租三斗，助行資。

18일。

일행이 출발하여 개천(价川) 송응서(宋應瑞) 집에서 말에게 먹이를 먹이고, 회덕(懷德) 가관(假官: 임시관리) 류억수(柳億壽) 집에 투숙하였다.

○十八日。

發行，秣馬于宋价川應瑞[382]家，投宿于懷德假官柳億壽。

19일。

일행이 출발하여 벽락정(碧落亭)이 있는 냇가에 도착해서 말에게 먹이를 먹이고 유성현(儒城縣)에서 투숙하였다.

2경(二更: 밤 10시 전후) 초에 유성현의 복병들이 여인 6명을 붙잡아 왔는데, 대개 왜놈의 포로였던 사람들로 금산(錦山)에서 도망쳐 온 것이었다. 그녀들의 말에 의하면 금산의 적들은 지난밤에 전부 도망쳐 갔는데, 관가의 창고에 있는 곡식을 죄다 분탕질하였으며, 남녀 가운데 곱고 젊은 자들은 모두 실어갔지만 늙고 추한 자들은 더러 놓아주었기 때문에 뜻하지 않은 틈을 타서 몰래 도망쳐 돌아올 수 있었다고 하였다.

그 뒤 注書·說書·典籍·병조좌랑·正言·持平을 거쳐, 1611년 海美縣監으로 나갔다.

382 宋价川應瑞(송개천응서): 宋應瑞(1530~1608). 본관은 恩津, 자는 瑞元. 충청도 懷德 출신.

○진사 박로(朴輅, 협주: 자는 景行)가 야심한 시각에 찾아와서 이야기를 나누었는데, 곧 같은 해의 과거에 급제한 친구이다.

○十九日。

發行, 到碧落亭川邊秣馬, 投宿儒城縣[383]。二更初, 本縣伏兵等, 捉女人六口而來, 蓋被擄人, 自錦山逃來也。其言內, 錦山之賊, 去夜沒數遁去, 官家倉穀, 盡被焚蕩, 男女姸少者, 竝載去, 老醜者, 或放出, 故乘其不意, 潛得逃還云。○朴進士輅[384]景行[385], 夜深來話, 乃吾年友[386]也。

20일。

일행이 모두 이른 새벽에 출발하여 공암서원(孔巖書院: 충남 공주 소재)에서 아침밥을 지어 먹고 마현(馬峴)을 넘은 뒤, 인백(仁伯: 李元長)·패경(佩卿: 趙光綬, 조익의 족숙)·경시(景始)와 내가 효가리(孝家里)의 오대린(吳大麟) 집에 들어가서 군량을 구하니, 주인이 자못 후하게 대접해주었다. 여러 일행이 곧장 공주(公州)의 향사당(鄕射堂)에 도착했다.

○二十日。

一行, 俱凌晨[387]發行, 朝炊于孔巖書院[388], 踰馬峴, 仁伯[389]·佩

---

383 儒城縣(유성현): 대전광역시 유성구 일대.

384 朴進士輅(박진사로): 진사 朴輅(생몰년 미상). 본관은 忠州, 자는 景行, 호는 霽湖. 1582년 사마시에 올라 진사가 된 후 의금부도사에 이르렀다.

385 景行(경행): 박로의 字이어서 협주 표시가 있어야 함.

386 年友(년우): 同年友. 趙翊도 1582년 사마시에 합격했기 때문이다.

卿[390]·景始及余, 入孝家里吳大麟家, 求覓軍糧, 主人待之頗厚。諸行直到公州鄕射堂。

21일。

대장이 먼저 객사(客舍)에 들어가 주인 영감을 만났으며, 식사 뒤에 일행이 모두 출발하였다.

○二十一日。

大將先入客舍, 訪主人令公, 飯後, 一行俱發。

22일。

판사(判事) 우성전(禹性傳) 씨를 방문하자, 매우 후하게 대접해주어서 의병을 일으킨 곡절과 군량을 마련하는 방책을 다 말했다.

듣건대 김포(金浦) 수령 이주(李冑)가 시종일관 성을 지키며 마음을 다해 적을 막아내어 온 경내에서 힘써 농사를 지을 수 있게 되자, 그 공이 커서 통정대부(通政大夫)에 승진되었다고 하였다. 부평(富平) 수령 남유(南愉)는 적병이 미처 이르기도 전에 미리 스스로 숨어서 다만 노래하고 술 마시며 자신을 위로할 뿐 적을 토벌할 마음이 전혀 없었으며, 비록 간혹 의병을 일으키는 사람이 있을지라도 전

---

387 淩晨(능신): 이른 새벽.

388 孔巖書院(공암서원): 충청남도 公州에 있었던 서원.

389 仁伯(인백): 李元長(생몰년 미상)의 字. 충주사람이다. 趙翊의 〈公山日記〉에 기록되어 있다.

390 佩卿(패경): 趙光綬. 趙翊의 족숙이다. 조익의 〈공산일기〉에 기록되어 있다.

연 불응하였다고 하니, 사람으로서 선량하지 못함이 어찌 이런 지경에까지 이르렀단 말인가. 그리고 인종 혜빈(仁宗惠嬪: 鄭藴의 딸)이 피란하여 경내로 들어오자, 곁에 있던 사람의 권유로 겨우 쌀 2되만을 보냈다고 하니 신하의 의리가 과연 어디에 있었는가.

날이 저물 때에 금강(錦江)을 건너 길에서 정자(正字) 임직경(林直卿: 林忠幹)을 만났는데 곧 같은 해의 과거에 급제한 친구로 나를 만나보기 위해 왔다. 당곡(堂谷) 이란(李鑾: 字 鳴彦)의 집에 함께 갔는데, 조은진(趙恩津)·이충의(李忠義)·한극효(韓克孝)가 다 같이 이른 것 또한 군자금을 빌리기 위해서였다.

○二十二日。

訪禹判事性傳[391]氏, 待之甚厚, 因盡說倡義曲折及軍糧措備之策。聞金浦[392]守李胄, 終始守城, 盡心禦賊, 一境得以力農, 其功爲大, 陞通政。富平[393]守南愉, 賊鋒未至, 先自遁縮, 只以歌酒自慰, 全無討賊之念, 雖或有擧義之人, 而邈然不應, 人之無良, 胡至此極? 且仁宗惠嬪[394], 避亂入境, 以傍人之勸, 僅送二斗米云,

391 禹判事性傳(우판사성전): 판사 禹性傳(1542~1593). 본관은 丹陽, 자는 景善, 호는 秋淵·淵庵. 임진왜란이 일어나자, 풀려나와 경기도에서 의병을 모집하여 軍號를 秋義軍이라 하고, 海鹽과 식량을 조달하여 난민을 구제하고, 강화도에 들어가서 金千鎰과 합세하여 전공을 세우고, 강화도를 장악하여 남북으로 통하게 하였다. 병선을 이끌어 적로를 차단하였으며, 權慄이 수원 禿城山城에서 행주에 이르자 의병을 이끌고 지원하였다. 단, 判事 경력을 확인할 수가 없었다.

392 金浦(김포): 경기도 북서부에 위치한 고을.

393 富平(부평): 인천광역시와 경기도 부천 지역의 옛 명칭.

394 仁宗惠嬪(인종혜빈, ?~1595): 延日鄭氏 鄭藴의 딸.

臣子之義, 果安在哉? 向晩渡錦流[395], 路遇林正字直卿[396], 乃吾年友, 要見我而來也。同往堂谷李鑾[397]鳴彦家, 趙恩津·李忠義·韓克孝竝至, 亦以乞得軍資也。

23일。

일행이 출발하여 당촌(堂村) 참봉(參奉: 후릉참봉) 정천경(鄭天卿: 字는 國佐)을 방문하였다. 대개 이 사람 또한 의병을 일으켰기 때문에 의병의 조목(條目)들을 보려고 한 것이었는데, 이윽고 의병 일으킨 일을 말하였다.

듣건대 강원도 방백(方伯: 관찰사) 한덕순(韓德純: 柳永立의 오기)은 왜놈들이 강원도의 경계에 들어온 이후에 산골짜기로 달아나 그 종적을 숨겼는데, 학금(鶴禁: 왕세자)이 강원도에 있어도 한 번도 달려와 문후하지 않았고 여러 고을의 파발꾼으로 하여금 찾게 하였으나 찾을 수가 없었다고 하였다. 이러한 무리로 관청에 채운들 어떻게 외적의 난리를 막을 수 있겠는가.

○二十三日。

---

395 錦流(금류): 錦江. 전라북도 장수군 장수읍의 神舞山에서 발원하여 군산에서 황해로 흘러드는 강

396 直卿(직경): 林忠幹(1547~1598)의 字. 본관은 平澤. 1591년 식년시에 급제하였다.

397 李鑾(이란, 1522~?): 본관은 全州, 자는 鳴彦. 李久洵의 아버지이다. 이구순은 경기도 김포 일대에서 살다가 난리를 피해 당시 공주 우성면 내산리로 내려왔다가 다시 금암리로 옮겨 터전을 잡았다고 하며, 錦山郡守를 지냈다. 趙翊의 〈公山日記〉 1605년 3월 30일 기록에 나온다.

發行, 訪堂村鄭參奉[398]國佐天卿[399]。蓋此人亦擧義, 故要見其節目也, 因論擧義事。聞江原方伯韓德純[400], 倭奴入界之後, 逃遁山谷, 秘其蹤跡, 鶴禁在境[401], 一不奔問, 至使列邑馳報之人, 無以得尋云。使此輩備官, 而何以禦外亂乎?

24일。

금주(錦州: 錦山)에 도착하여 윤 순상(尹巡相: 순찰사 尹先覺)이 금주에 들어온 것을 듣고 공해(公廨: 관아)에서 만나 이야기를 나누었는데 밤이 깊어서야 끝났다.

---

398 參奉(참봉): 《宣祖實錄》 1591년 12월 22일 1번째 기사에 의하면 정천경은 厚陵參奉이었음.

399 天卿(천경): 鄭天卿(1547~1600). 본관은 晉州, 자는 國佐, 호는 茂東. 鄭苯의 5세손이다. 아버지는 영동현감을 지낸 조봉대부 鄭麟德이다. 1585년 식년시에 합격하고 1591년 厚陵參奉애 제수되었다. 임진왜란이 일어나자 의병으로 참가하여 적군을 무찌른 공으로 선무원종 2등공신에 책록되었다. 1597년 임천군수로 부임하였고 1598년 전의현감으로 부임하였는데 전쟁으로 창고에 비축된 곡식이 없는 것을 보고 자기의 논밭을 팔아 빈민을 구제하였다. 1598년 2월에 전의현감으로 부임하여 1600년 8월에 損하여 전의현감 재임 중 사망한 것으로 보인다.

400 韓德純(한덕순): 《선조실록》 1592년 9월 6일 1번째 기사에 의하면 강원도 관찰사 柳永立(1537~1599)이 賊倭가 嶺을 넘자 겁을 집어먹고 어찌할 바를 모르다가 자신이 먼저 도망침으로써 한 道를 궤멸시켰고, 적에게 잡혀 구금되었다가 간신히 도망쳐 나온 것으로 되어 있으며, 1592년 10월 18일 4번째 기사에 의하면 柳永吉(1538~1601)이 강원도 관찰사에 제수되는 것으로 나옴. 그런데 류영립과 류영길은 柳軒을 증조부로 한 6촌 형제간이며, 류영길의 자가 德純인바, 원전의 내용은 착종된 것이다. 류영립이라야 사실에 부합하는 것이다.

401 鶴禁在境(학금재경): 《선조실록》 1592년 8월 6일조 6번째 기사에 의하면, 영상 崔興源과 우상 劉泓이 동궁을 모시고 모두 강원도에 있었다고 함.

김방량(金邦良: 金德民)이 금정(金井)에서 돌아왔는데, 얻은 것이 많아서 두어 달치의 군자(軍資)가 될 수 있으니 다행스러웠다.

○二十四日。

到錦州, 聞尹巡相[402]入州, 謁於公廨, 陪話, 夜深乃罷。金邦良還自金井[403], 多有所得, 可以資數月之用, 可幸。

25일。

일행이 모두 순상(巡相: 순찰사 윤선각)을 만나 거사를 일으킨 연유를 아뢰자, 군기(軍器: 병장기) 등과 같은 물품을 각 관아에 매기어서 나누어 주고 또 한산(韓山) 쌀 40석(石)을 주었다. 아! 이러한 난리를 당한 때에 의병들이 필요로 하는 물자들을 사람으로서 누가 감히 인색하게 아끼랴만, 지금 한 마디라도 하면 넉넉히 도와주는 것이 이에 이르렀으니 충성과 의리가 사람들 마음속에 있음에 조금도 차이가 없음을 알 수 있다.

○二十五日。

一行齊謁巡相, 禀達擧事之由, 軍器等物, 分題各官, 且給韓山[404]米四十石。噫! 當此喪亂之日, 義旅所需之資, 人孰敢靳惜,

---

402 尹巡相(윤순상): 충청도 순찰사 尹先覺(1543~1611)을 가리킴. 본관은 坡平, 자는 粹天, 어렸을 때는 자는 國馨, 호는 恩省·達川. 1592년 충청도관찰사가 되고, 임진왜란이 일어나자 왜적을 맞아 싸우다가 패전하여 삭직되었다. 뒤에 재기용되어 충청도순변사·판결사·중추부동지사 등을 거쳐, 비변사 堂上이 되어 임진왜란 뒤의 혼란한 업무를 수습하였다.

403 金井(금정): 충청남도 靑陽郡 斜陽面 金井里에 있었던 조선시대의 驛 이름.

而今一發口，優助至此，可見忠義之在人心者，無異同也。

26일。

금주(錦州: 錦山)에 머물렀다. 청주(淸州) 의병장 정약(鄭若)이 의병 수백 명을 이끌고 읍내에 와서 진을 쳤는데, 우리 일행이 온 것을 듣고 찾아와서 일을 의논하였다.

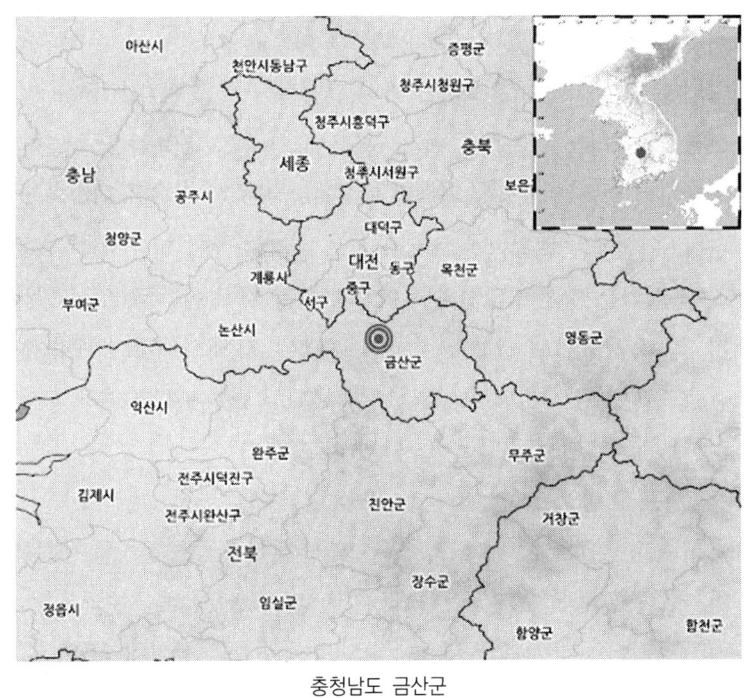

충청남도 금산군

404 韓山(한산): 충청남도 서천군 남동부에 위치한 고을.

○선전관(宣傳官: 申景澄인 듯)이 행재소(行在所)에서 황제의 칙서(勅書) 및 임금의 교서(敎書)를 받들어 오시(午時: 낮 12시 전후)쯤 금주(錦州)에 들어오자, 신관 사또 및 도사(都事) 등 여러 사람이 위의(威儀)를 갖추어 가서 맞았는데 난리 중에도 한창 왕성할 때의 위의를 볼 수 있어서 다행스러웠다.

그의 말을 듣건대, 대가(大駕)가 용만(龍灣)에 머무르고 있을 때 명나라 사신 알반(薛潘: 薛潘의 오기)이 황제의 칙서를 받들고 와서 이달 2일에 압록강을 건넜다가 하루를 머물고 곧 되돌아갔는데, 천자의 돌봄이 지극히 융숭하고 말이 간절하여 크게 병마(兵馬)를 일으켜서 만 리를 달려가 구원하도록 본국의 신료(臣僚)들을 특별히 깨우치며 적을 토벌하는 의리로 권유하고 융숭한 성은을 내렸다고 하니, 이전에는 없었던 일로서 진실로 우리 주상이 대국(大國: 명나라)을 섬기는 정성이 없었다면 어떻게 이런 일에 이를 수 있었겠는가. 심 유격(沈遊擊: 沈惟敬)이 먼저 평양(平壤)에 도착하여 왜장(倭將)을 만나보았는데, 현소(玄蘇)가 야차(野次: 임시 거소)에 나와서 절하며 말하는 것이 지극히 간사하였다고 한다.

○二十六日。

留本州。淸州義兵將鄭若[405], 率義旅數百人, 來陣邑內, 聞吾行, 來見議事。○宣傳官[406]自行在所, 奉皇勅及敎書, 午時入州,

---

405 鄭若(정약, 1546~1594): 본관은 晉陽, 자는 順勝. 아버지는 鄭思顯(1509~1564)이다.

406 宣傳官(선전관): 申景澄을 가리키는 듯. 權斗文의《虎口日錄》1592년 8월 19

新使及都事諸人, 具儀往迎, 亂離中, 得見全盛時威儀, 可幸。聞其言, 大駕時駐龍灣, 天使辥潘[407]奉勅來, 今月初二日, 越江, 留一日卽還。天眷極隆, 辭語懇切, 大發兵馬, 赴援萬里, 別諭本國臣僚, 勸以討賊之義, 恩出尋常, 前古未有, 苟非吾王事大之誠, 何以致此? 沈游擊[408], 先到平壤, 邀見倭將, 玄蘇[409]出拜野次[410],

---

일자에 선전관 신경징이 나오며, 또한 이《辰巳日記》의 1593년 2월 24일자에는 신경징이 선전관에 복직하는 것으로 나오기 때문이다.

407 辥潘(알반): 薛潘의 오기. 1592년 9월 3일 명나라 神宗이 보낸 勅使. 그는 遼陽 정병 10만 명을 보내겠다는 칙서를 가지고 왔고, 조선의 사정을 듣고 신종에게 보고서를 작성한 인물이다. "遼津은 北京의 팔이고 朝鮮은 遼津의 담장입니다. 2백년간 福建과 浙江에 왜적이 침범했으나 요양은 그러하지 않았는데, 이는 조선을 담장으로 삼은 까닭입니다. 만약 왜적이 조선을 점령한다면 요양이 하루도 안심할 수 없으며 배를 타고 오면 북경의 앞뜰인 天津도 화를 당할 것이며 북경이 진동하게 될 것입니다. 우리가 빨리 출정하면 조선 사람 힘을 빌려 왜적을 치는 것이 되고 늦게 출정하면 왜적이 조선 사람을 이끌고 와서 우리와 싸우게 될 것입니다."라고 보고하였다. 명나라 자국의 안보를 위해 출정해야 한다는 국익판단에 기초한 예방전쟁의 필요성을 강조한 것이다.

408 沈游擊(심유격): 유격 沈惟敬. 1592년 임진왜란 때 祖承訓이 이끄는 명나라 군대를 따라 조선에 들어왔는데, 평양성 전투에서 명나라군이 일본군에게 대패하자 일본과의 화평을 꾀하는데 역할을 하였고, 1596년 일본에 건너가 도요토미 히데요시를 만나 협상을 진행하였으나 매국노로 몰려 처형되었다.

409 玄蘇(현소, ?~1612): 하카다[博多] 세이후쿠사[聖福寺]에서 승려 생활을 하던 중 대륙 침략의 야심을 품은 도요토미 히데요시[豊臣秀吉]의 부름을 받아 그 수하로 들어간 인물. 1588년 조선에 드나들며 자국의 내부 사정을 설명하고, 일본과 修好관계를 맺고 通信使를 파견하라고 요청하였다. 1590년 정사 黃允吉, 부사 金誠一, 서장관 許筬 등의 통신사 일행이 일본의 실정과 도요토미의 저의를 살피기 위하여 일본으로 갈 때 동행하였으며, 이듬해 다시 입국하여 조선의 국정을 살피고 도요토미의 명나라 침공을 위한 교섭활동을 하였다. 1592년 임진왜란이 일어나자 고니시 유키나가[小西行長]가 이끄는 선봉군에 國使와 역관 자격으로 종군하였다. 이후 임진강을 사이에 두고 조선과 명나라의 연합군과

言極譎詐云。

27일。

대장(大將: 김홍민)은 군량미를 내어 도와주는 사람을 한 장의 별지에 기록하되, 10말 이상을 낸 자는 모두 보사(報使: 보고 使者)가 장차 상달하도록 하려는 계획이었다.

○二十七日。

大將以軍糧出助之人, 別錄一紙, 十斗以上, 竝報使[411], 將爲上達之計。

28일。

두루 들르며 순상(巡相: 순찰사 윤선각)에게 인사하였는데, 전한(典翰)과 도사(都事) 등 여러 사람이 사초(巳初: 오전 9시쯤)에 출발하였다. 인백(仁伯: 李元長)·경숙(敬叔)·경시(景始)는 나와 함께 동행하였고, 대장 및 여러 사람은 연기(燕岐)로 가는 길을 잡았는데 아마도 먼저 돌아갈 계획인 것 같았다.

경기(京畿)에서 온 전언통신문을 얻어 보니, 경성(京城)의 적들은 전부 도성 밖으로 나와서 과천(果川)·금천(衿川: 시흥) 등지에 진을

대치할 때 일본측 고니시의 제의로 이루어진, 中樞苏知事 李德馨 등과의 강화회담에 참여하는 등 일본의 전시외교 활동에 종사하였다.

410 野次(야차): 임금이 郊外에 행차할 때 임시로 머무르던 곳.

411 報使(보사): 하급 관아에서 상급 관아에 보고하기 위해 보내는 使者.

치고 있다고 하였다.

성동(城洞)의 소여망(蘇汝望, 협주: 字는 聞久) 집에 투숙하였다.

○二十八日。

歷辭[412]巡相, 典翰·都事諸人, 已初發行。仁伯·敬叔·景始, 與我同行, 大將及諸人, 取路燕岐[413], 蓋爲先還計也。得見京畿傳通, 京城之賊, 沒數出來, 結陣于果川[414]·衿川[415]等地云。投宿城洞蘇汝望聞久家。

29일。

부여(扶餘)에 도착했는데, 이 땅은 곧 백제(百濟)의 옛 도읍지이다. 백강(白江)의 뛰어난 경치 및 옛 자취들은 볼 만한 곳이 많았으나, 지금은 노닐며 완상할 때가 아니라서 미처 찾아가 완상할 수 없음이 한스러웠다. 이 정언(李正言: 李存吾)의 정문(旌門)이 길가에 있었는데, 맑은 기품이 천년토록 전해져 사람으로 하여금 일어나 공경하게 하였다.{협주: 임시 수령 조경(趙景: 趙儆의 오기)이 나와 맞이하였는데 전 진주목사(前晉州牧使)였다.}

○二十九日。

到扶餘[416], 此地卽百濟舊都也。白江[417]形勝及古跡, 多有可觀

412 歷辭(역사): 수령이 임지로 떠날 때 각 관아를 차례로 돌아다니면서 인사하는 것.

413 燕岐(연기): 충청남도 동쪽 끝에 위치한 고을.

414 果川(과천): 경기도 중서부에, 도성 남부에 위치한 고을.

415 衿川(금천): 경기도 시흥의 옛 명칭.

處，而此非遊翫之時，未得往賞可恨。李正言[418]旌門在路左，淸風千載，令人起敬。{假官趙景[419]出接，前晉州牧使.}

30일。

임시 수령이 병을 구실로 나오지 않으니 자못 싫어하고 꺼리는 기색이 있는 듯하여 통탄스러웠다.

임천(林川)으로 향해 출발했으나 도중에 눈이 내리고 날씨가 점점 심해져 가는 일이 염려스러웠는데, 고을 수령{협주: 곧 옛 고을 수령 윤견철(尹堅哲)이다.}이 나와 매우 친절하게 맞이하였다.

○三十日。

---

416 扶餘(부여): 충청남도 남서부에 위치한 고을.

417 白江(백강): 충청남도 부여군 부근을 흐르는 금강의 하류 구간.

418 李正言(이정언): 李存吾(1341~1371)를 가리킴. 본관은 慶州, 자는 順卿, 호는 石灘·孤山. 1360년 문과에 급제, 수원서기를 거쳐 史官에 발탁되었다. 1366년 우정언이 되어 辛旽의 횡포를 탄핵하다가 왕의 노여움을 샀으나, 李穡 등의 옹호로 극형을 면하고 장사감무로 좌천되었다. 그 뒤 공주 石灘에서 은둔생활을 하며 울분 속에 지내다가 죽었다.

419 趙景(조경): 趙儆(1541~1609)의 오기. 《宣祖實錄》 1592년 7월 4일 14번째 기사에 의하면 진주목사에 제수되었다. 본관은 豊壤, 자는 士惕. 무과에 급제, 선전관을 거쳐 1591년 江界府使 때, 유배되어 온 鄭澈을 우대했다가 파직되었다. 이듬해 임진왜란이 일어나자 경상우도방어사가 되어 黃澗·秋風에서 싸웠으나 패배, 그 뒤 金山에서 왜군을 격퇴시키고 상처를 입었다. 그해 겨울 水原府使로서 적에게 포위된 禿山城의 權慄을 지원하였고, 이듬해 권율과 함께 행주싸움에서 대승을 거두었다. 도성이 수복되자 都城西都捕盜大將이 되고, 그해 훈련도감의 설치로 右營將을 겸임, 1596년 훈련대장이 되었다. 1599년 會寧府使로 부임, 1604년 宣武功臣 3등에 책록되어 豊壤君에 봉해졌다.

假官託病不出, 頗有厭憚之意, 可痛。發向林川[420], 途中遇雪, 日候漸嚴, 行事可悶,{主倅, 乃舊地主尹堅哲.}出接甚款。

• 10월 정해삭

1일。

고을 수령이 또 나와 살피고서 군기(軍器: 병장기)와 군량을 주었다. 오후에 일행이 출발하여 고성진(固城津: 古省津의 오기, 백마강)을 건너려는데 밀물이 한창 성하였다. 저녁이 되어서야 석성현(石城縣)에 도달하니, 현감 이충가(李忠可)가 나와 맞이하는데 매우 은근하였다.

十月丁亥。一日。

主倅又出見, 贈軍器軍糧。午後發行, 渡固城津[421], 潮水方盛。夕投石城縣[422], 主倅李忠可[423]出接, 甚慇懃。

---

420 林川(임천): 충청남도 부여군 남부에 위치한 고을.

421 固城津(고성진): 古省津의 오기. 백마강이라고도 한다. 전라북도 장수군 神舞山에서 발원하는 금강은 서쪽으로 꺾여 흘러서 공주에 이르러 熊津 또는 금강이 되고 維鳩川을 합하여, 남쪽으로 곡류하면서 부여군에 이르는 강이다.

422 石城縣(석성현): 충청남도 부여와 논산군의 일부를 차지하고 있던 옛 행정구역.

423 李忠可(이충가, 1551~1614): 본관은 全義, 자는 勿欺, 호는 梨谷散人. 1583년 鄭宗榮이 천거하여 蔭職으로 관직에 진출하여 통훈대부에 올랐으며, 군자감부정, 石城縣監, 龍仁縣令, 林川郡守, 醴泉郡守 등을 지냈다. 특히 예천군수로 있던 중 慶尙道巡檢御史 柳澗은 이충가가 행정에 조리와 두서가 있어 부임한 지 반 년 만에 온갖 폐해가 없어졌으니 특별히 상줄 것을 조정에 건의하였다.

2일。

고을 현감이 나와 맞으면서 여러 가지 물품 10여 종을 주었고 또 여러 의병을 위하여 군기(軍器: 병장기)들을 따로 만들었으니 가히 재간과 능력이 있다고 할 만하였다.

일행이 출발하여 이산(尼山)에 도착하였는데, 고을 현감 이진정(李晉庭)이 상방(上房)에 앉은 채로 나를 불러서 창을 마주하고 홀로 앉으니 접대함에 거만한 기색이 심하게 있었다. 무부(武夫)의 무지함이야 괴이쩍을 것도 없었다.

오후에 곧바로 출발하여 은진(恩津)에 도착했는데, 고을 임시현감 이담(李曇)이 접대함에 정성스러웠다.

○二日。

主倅出接, 贈諸色十餘種, 且爲諸義兵, 別造軍器, 可謂有幹能也。發行到尼山[424], 主倅李晉庭坐上房, 招我當牕獨坐, 接待甚有踞慢之色。武夫之無知, 無足怪也。午後卽發, 到恩津[425], 假官李曇[426], 接待款款矣。

3일。

소금을 사는 일 때문에 인백(仁伯: 李元長)과 경숙(敬叔)을 머물러

424 尼山(이산): 충청남도 논산군 魯城面 지역에 있던 縣. 보통 논산 지역을 일컫는 옛 명칭이라고 한다.

425 恩津(은진): 충청남도 논산시 남서부에 있는 고을.

426 李曇(이담, 생몰년 미상): 본관은 龍仁. 아버지는 李孝幹, 할아버지는 李末孫이다.

있게 하고, 나는 해질 무렵에 출발하여 호남 지경으로 향해 곧 여산군(礪山郡)에 이르렀다. 여산 군수 정설(鄭渫)이 관아의 동쪽 행랑채에까지 나와 맞이하였다.

○전주 유생(全州儒生) 유지강(柳之綱)은 학가(鶴駕: 왕세자)를 남도(南道: 호남)에 옮기는 일을 받들어 청하는 것으로 상소문을 가지고 올라가다가 여산군에 도착하여 함께 묵었다.

○三日。

以貿鹽事，留仁伯與敬叔，吾則晩發，向湖南境，卽礪山郡[427]也。主倅鄭渫[428]，出接于東廂[429]。○全州儒生柳之綱[430]，以奉請鶴駕移御南道事，持疏上去，到郡同宿。

4일.

여산군(礪山郡)에서 장(醬) 한 독을 얻어 정대춘(鄭大春)으로 하여금 은진(恩津)으로 가져가도록 하였다.

일행이 출발하여 경숙(敬叔)은 익산(益山)으로 향하였고, 나는 고산(高山)으로 돌아갔는데 고을 현감이 같은 해의 과거에 급제한 친구

---

427 礪山郡(여산군): 조선시대 전라도에 속한 군. 전라북도 익산군의 여산면과 낭산면 지역에 있었던 고을이다.

428 鄭渫(정설, 1547~?): 본관은 光州, 자는 元潔. 謙齋 鄭敿이 그의 현손이다. 1576년 식년시에 급제하였고, 성균관박사를 거쳐 1591년 영천군수, 1592년 여산군수, 1597년 나주목사, 1599년 선산부사, 광양목사 등을 지냈다.

429 東廂(동상): 관아 건물의 동쪽에 붙어 있는 행랑채.

430 柳之綱(류지강, 생몰년 미상): 본관은 全州, 호는 鼇巖. 李珥의 문인이다.

신자수(申子受: 申景禧)였다. 이 사람 또한 의승(義僧) 1천여 명을 거느리고 장차 임금을 위하여 떠나려 하였으니, 승장(僧將)은 바로 순천(順天)에 거처하던 희묵(熙默)이었다. 희묵이 시 지어주기를 청해서 급히 지어 그의 원을 들어주었다.{협주: 시는 원 문집에 실려 있다.}

○四日。

自是郡得醬一甕, 使鄭大春, 領去恩津。發行, 敬叔向益山[431], 余歸高山[432], 主倅年友申子受[433]也。此人亦領義僧千餘, 將作勤王之行, 僧將卽順天[434]居熙默也。熙默請詩, 走草以塞其願。{詩在元集.}

5일。

고산현(高山縣) 사람인 국함(鞠涵)·노문주(盧文周)가 찾아와서 각기 군수품을 보내주었다.

---

431 益山(익산): 충남과 접경에 있는 전라북도의 고을. 금강과 만경강 사이의 비옥한 충적평야에 위치하였다.

432 高山(고산): 전라북도 완주와 충청남도 논산 지역의 옛 지명.

433 子受(자수): 申景禧(?~1615)의 자. 본관은 平山. 申礏의 아들이고, 申砬의 조카이다. 1588년 蔭補로 임관되었다. 이듬해 鄭汝立의 옥사가 일어나자 그 일당인 宣弘福을 붙잡은 공로로 6품직에 발탁되어 1591년 濟用監主簿가 되었다. 1593년 고산현감으로 도원수 權慄의 휘하에 종군하여 공을 세우고 같은 해 행주산성의 大捷을 제일 먼저 왕에게 보고하였으며, 면천군수와 중화부사 등을 역임하였다. 1605년 재령군수로 재직 중 순변사 李鎰의 종사관 尹暹을 사칭하며 도당을 모아 횡행하던 尹世沈을 붙잡아 중앙에 보고할 때 공명심으로 狀啓를 날조한 사실이 발각되어 삭직되고 門外黜送(사대문 밖으로 쫓겨남)의 처벌을 받았다.

434 順天(순천): 전라남도 동남부에 위치한 고을.

고산 현감과 함께 승려의 의병진으로 가니, 계산(溪山)에 있는 정자로 들어가 앉아 계산의 뛰어난 경치를 자못 시원스레 두루 바라보았으나 난리 통에 무슨 감정이 있었겠는가. 이윽고 관아의 동쪽 행랑채에 묵었다.

○五日。

縣人鞠涵[435]·盧文周來見, 各饋軍需。與主倅往僧陣, 入坐溪亭, 溪山之勝, 殊快眺望, 而亂離之餘, 有何情緒? 因宿東廂。

6일。

아헌(衙軒: 동헌)에 들어가니, 고산 현감(高山縣監: 申景禧)이 군량미 7석(石), 활 3장(張), 장전(長箭: 긴 화살)과 편전(片箭: 아기살)을 각기 10부(部)를 주었으며, 또 곤궁을 구제하고 추위를 막아줄 물자로 별도로 행낭을 만드니 그 수효 또한 많았다. 옛 친구를 돌보아주는 정이야 비록 당연하다고 말할지라도, 병든 어버이를 위한 것은 깊이 감사하고 감사하였다.

고산현의 북쪽으로 길을 잡아 지름길로 은진(恩津)으로 향했는데, 인백(仁伯: 李元長) 및 노비들은 이미 소금을 샀고, 경숙(敬叔) 또한 익산(益山)에서 돌아와 우리 일행을 몹시 기다리고 있었다.

좌랑(佐郞) 이유함(李惟諴)이 관동(關東)으로 피란을 가서 반년 동

---

435 鞠涵(국함, 1573~?): 본관은 潭陽, 자는 養源, 호는 喚醒. 거주지는 高山이었다. 鄭經世의 문인이다. 1613년 증광시에 급제하였다. 전라북도 완주군 비봉면 수선리 반저동에 있는 泮谷書院을 1613년에 짓기도 하였다.

안 어렵게 떠돌아다녔는데 적이 쳐들어오는 길을 몰래 벗어나 내행(內行: 부녀자)을 거느리고 장차 가산(家山: 先山이 있는 고향)을 향하다가 또한 이 은진현에 도착하였다. 간난과 고초를 겪은 그의 모습은 이루 다 형용할 수 없었고, 그와 더불어 같이 자면서 자루를 털어주었다.

○六日。

入衙軒[436], 主倅以軍米七石·弓子三張·長片箭各十部贈之, 且以救窮禦寒之資, 別致行橐, 其數亦多。綈袍之戀[437]。雖曰當然, 而爲病親, 深爲感感。取路縣北, 徑向恩津, 仁伯及奴輩, 已貿鹽, 敬叔亦還自益山, 苦待吾行。李佐郎惟諴[438], 避亂關東, 間關[439]半年, 潛出賊路, 率內行將向家山, 亦到此縣。其艱楚之狀, 不可形言, 與之同枕, 傾橐以給。

7일。

지나는 길에 연산(連山)의 충의(忠義) 홍희(洪僖)씨 집에 들렀는

---

436 衙軒(아헌): 지방 관아에서 감사·병사·수사·수령 등이 공사를 처리하는 동헌.

437 綈袍之戀(체포지련): 綈袍之戀의 오기. 옛 친구를 돌보아주는 정을 가리킴. 전국시대 魏나라 사람 范雎가 須賈를 섬기다가 무고를 입고 秦나라로 도망가 이름을 바꾸고 재상이 되었다. 수가가 진나라에 사신으로 오자 허름한 행색을 한 범저가 만나러 갔다. 이때 수가가 그를 가련히 여겨 명주 솜옷을 주었는데, 범저가 옛 친구를 생각하는 정이 있다고 여겨 관대히 풀어주었다고 한다.

438 李佐郎惟諴(이좌랑유함): 좌랑 李惟諴(1557~1609): 본관은 星州, 자는 汝實, 호는 梧月堂. 1591년 별시에 급제하였다. 榮川郡守를 지냈다.

439 間關(간관): 길이 울퉁불퉁하여 걷기 곤란한 상태.

데, 바로 나의 할머니 4촌 동생이었다. 여러 유사(有司) 일행에게 군자(軍資: 군수품)를 빌려주었고, 양대진(楊大振)은 쌀 1석(石)을 주었다.

○七日。

歷入連山[440]洪忠義僖氏家, 卽我祖母之從弟也。與諸有司行借軍資, 楊大振[441]給米一石。

8일。

연산(連山)의 관청으로 달려가 도착하였는데, 전 가관(前假官) 권희인(權希仁)은 승진해 조방장(助防將)이 되어 승장(僧將)을 거느리고 바야흐로 근왕병으로 떠나려 하면서, 군자(軍資: 군수물자)를 청하길래 이미 김성발(金聲發) 일행에게 주었다고 하였다.

연산현(連山縣) 사람인 사축(司畜) 곽현(郭賢)이 찾아와서 함께 이야기를 나누었는데, 지난여름에는 병영에서 대가(大駕: 宣祖)를 용만(龍灣)으로 뒤좇아 가 뵈었고, 내려올 때는 학금(鶴禁: 왕세자)을 성천(成川)으로 찾아가 뵈었고, 조승훈(祖承訓)을 정주(定州)에 주둔해 있던 군문(軍門)으로 찾아가 만났다고 하였다. 그의 기개가 자못 넓고 커서 사랑스러웠다.

저녁이 되어서 진잠(鎭岑)에 도착하니, 현감(縣監) 변호겸(邊好謙)

---

440 連山(연산): 충청남도 논산군의 중앙에 위치한 고을.

441 楊大振(양대진, 생몰년 미상): 자는 伯起, 호는 城谷. 청주 출신이다. 敎官을 지냈다.

이 나와서 대접하였고, 적을 토벌하려는 충성스러운 뜻을 깊이 가지고 있었으니 그 뜻이 가상하였다.

○八日。

馳到連山官，前假官權希仁[442]，陞爲助防將，領僧將，方作勤王之行，而所請軍資，已付於金聲發之行云。縣人郭司畜賢來見，同話，去夏自營中追覲大駕於龍灣，來時歷謁鶴禁於成川[443]，入見祖承訓[444]於定州[445]軍門云。其氣槩頗恢廓，可愛。夕到鎭岑[446]，主倅邊好謙[447]出接，深有惓惓[448]討賊之念，其志可尙。

---

442 權希仁(권희인, 1558~1593): 본관은 安東, 자는 士安, 호는 參巖. 1591년 舒川浦萬戶에 임용, 이듬해 임진왜란이 일어나자 영남 의병장 金沔의 휘하에 들어가 활약함으로써 沃川郡守 겸 충청도 助防將이 되었다. 그 무렵 의병을 모아 각처에서 왜적을 무찌르던 중 1593년 10월 웅천 부근에 주둔해 있던 왜군이 永善(경상남도 고성군 영현면)에 쳐들어왔다. 이때 동료 李應輔와 조카 權協·權忔 등과 함께 군사를 이끌고 백병전으로 맞서 혈전을 거듭하였는데, 조총의 위력에도 굴하지 않고 단기로 적진에 뛰어들어 적군을 격파하였다. 이 전투에서 적의 정예병이 거의 섬멸될 무렵 숲속에 잠복해 있던 왜병의 총탄에 맞아 진중에서 전사하였다.

443 成川(성천): 평안남도 동남부에 위치한 고을.

444 祖承訓(조승훈): 임진왜란 때 명에서 파견된 장군 가운데 하나. 파병 당시 직위는 總兵. 1592년 7월에 기마병 3천을 거느리고 평양을 공격하게 하였으나 이기지 못한 채 퇴각하여 요동으로 되돌아갔다. 그 뒤 12월에 다시 부총병 직위로 이여송 군대와 함께 다시 와서 평양성을 수복한다.

445 定州(정주): 평안북도 남서 해안에 위치한 고을.

446 鎭岑(진잠): 대전광역시 유성구에 위치한 고을.

447 邊好謙(변호겸, 생몰년 미상): 본관은 原州. 장인은 李昌亨이다. 봉산군수를 역임하였다.

448 惓惓(권권): 충성스러움. 간절함.

9일。

같은 해의 과거에 급제한 친구 박경행(朴景行)의 유성(儒城) 집에 도착했는데, 가는 도중에 비를 만나 옷과 두건이 죄다 젖었다. 박경행 대인이 나와서 매우 정성스럽고 후하게 맞이하였으며, 또 곤궁함을 구제할 물자를 보내주어 너무도 감사하였다.

회덕(懷德)에 투숙하였는데, 가관(假官: 임시관리 柳億壽)이 나와 대접하는 것이 또한 정성스럽고 친절하였다.

밤이 깊었을지라도 향교(鄕校)에 있는 의병도청(義兵都廳)을 방문하여 의병에 관한 일을 의논하였다. 송복여(宋福汝: 宋爾昌) 집에 묵었다.

○九日。

到儒城[449]朴年友景行家，途中遇雨，濕盡衣巾。景行大人出接甚款厚。且饋以救窮之資，可感。投宿懷德，假官出待亦款款。夜中往訪義兵都廳于縣校，因論義兵事。宿宋福汝[450]家。

---

449 儒城(유성): 대전광역시 북서부에 위치한 구. 대전광역시 북서쪽에 위치해 있으며, 서쪽으로는 수양산과 금병산이 있는 산악지대가 자리 잡고 있고 동쪽으로는 甲川이 흐른다.

450 福汝(복여): 宋爾昌(1561~1627)의 자. 본관은 恩津, 호는 靜坐窩. 아버지는 군수 宋應瑞이며, 宋浚吉의 아버지이다. 1590년 사마시에 합격하고, 1600년 連原道察訪, 그 뒤 1606년에 감찰을 지내고, 이듬해 鎭安縣監을 거쳐 1613년에 新寧縣監으로 재임 중 이른바 七庶之獄 주모의 한 사람인 徐羊甲의 처남이라 하여 파직되었다.

10일。

송복여(宋福汝: 宋爾昌) 주인집에서 해를 넘길 물자를 보내주어 감사하고 감사해 마지않았다. 송흠조(宋欽祚)가 피란해 있는 곳을 방문하였고, 가는 길에 송황생(宋黃生)을 만나보았다.

저녁이 되어서 탑산(塔山)의 김 찰방(金察訪: 金益鍊) 집에 도착하니, 김사강(金士剛: 金集), 김성진(金聲振)·김성발(金聲發) 형제, 홍우안(洪友顔)·홍우민(洪友閔) 형제가 모두 이곳에 모였다. 이윽고 듣건대 대장(大將: 金弘敏)이 지난 6일에 의병진을 병풍송(屛風松)에 쳤는데, 추인(芻人: 허수아비)을 100보쯤 떨어진 곳에 세우고는 사졸(士卒)들을 시켜 재주를 시험하여 상중하로 나누고 소를 잡아 먹였으며, 오늘 수정봉(水晶峯)에 제사를 지냈다고 하였다.

○十日。

主家饋卒歲之資, 感感無已。訪宋欽祚[451]避亂所, 歷見宋黃生[452]。夕到塔山[453]金察訪家, 金士剛, 金聲振·聲發, 洪友顔·友閔, 俱會于此。因聞大將去初六, 結陣屛風松[454], 立芻人百步許, 令士卒試才, 以分上中下, 殺牛而餉, 以今日設祭于水晶峯[455]云。

---

451 宋欽祚(송흠조, 생몰년 미상): 본관은 恩津. 宋時烈의 가장 큰 아버지이다. 서자 宋時燮만 두어서 셋째 동생 宋邦祚의 아들 宋時榮에게 가계 계승을 하도록 하였다가 송시영이 병자호란 때 화를 입어 일찍 죽고 말았다.

452 宋黃生(송황생, 1537~1620): 본관은 恩津, 자는 仲耉, 호는 淨友堂. 첨지를 지냈다. 懷德에 살았다. 宋浚吉의 庶叔父 宋胤昌이 송황생의 계후자로 들어갔다.

453 塔山(탑산): 충청남도 회덕군 일도면에 있었던 지명. 지금 수몰되어 사라진 곳이다.

454 屛風松(병풍송): 충청북도 보은군 속리산면 상판리에 있는 소나무. 지금 정이품송이라 일컫기도 한다.

11일。

김 찰방(金察訪) 형제[金益鍊과 金大鍊]가 궁핍한 사람을 구제하는 물자들을 갖추어 보내주었다. 회인현(懷仁縣)에서 말들에게 먹이를 주고 종곡(鍾谷: 보은읍 종곡리)의 경숙(敬叔) 집에 미처 도착하기 전인데도 날이 벌써 저물었다. 듣건대 의장(義將: 의병대장 김홍민)이 오늘 군사를 이끌고 토현(土峴) 사기점(沙器店)으로 향할 것이라 한 까닭에, 먼저 김성발(金聲發)로 하여금 의병 막하에 재빨리 장계를 전하도록 해 그들로 하여금 알게 하였다.

○十一日。

金察訪昆季，俱餽濟窘之資。秣馬懷仁縣，前到鍾谷敬叔家，日已曛矣。聞義將今日行師，向土峴[456]沙器店故，先使金聲發，飛狀義幕，使之知之。

12일。

새벽밥을 먹고 청항령(菁項嶺)을 넘어서 의병진(義兵陣)으로 달려가니, 대장(大將: 김홍민)이 머물러 기다리고 있어 바로 들어가 인사를 하였다. 직접 대장을 뵙고 군대를 출동하는 까닭을 아뢰었는데 서원(西原: 청주)에는 의병 모집에 응할 사람이 있을 것이기 때문에

455 水晶峯(수정봉): 충청북도 보은군 속리산의 봉우리 가운데 하나.

456 土峴(토현): 능안고개. 일명 사기점재 또는 토막재라고도 한다. 충청북도 충주시의 신니면 문숭리와 노은면 법동리를 연결하는 고개이다. 능안고개 중간쯤에 백자요지가 있어 사기점재라고도 한다.

장차 청주(淸州)를 향해 가야 제때에 불러 모을 수 있다고 하였다. 또 도체찰사(都體察使: 鄭澈)가 이미 육지에 내렸으니 장차 내포(內浦)에서 맞이하여 군수물자를 구해야 한다고 하였다.

일행이 출발한 후에 조패경(趙佩卿: 趙光綬, 조익의 족숙) 등 여러 사람과 회문(回文: 여러 사람이 돌려보도록 쓴 글)을 내어 17일에 장자평(長者坪: 장안면 구인리)에서 모이기로 약속하니, 말을 먹이기 위한 풀을 거두어 모으는 일을 위해서였다.

저물녘을 무릅쓰고 영대암(靈臺菴)으로 오르니, 산길에 쌓인 눈이 깊어 거의 걸을 수가 없었다. 어머니는 지난 20일 이후에 노동(蘆洞: 葛洞)으로 임시거처를 옮기셨고{협주: 광주이모가 장차 예안(禮安)으로 돌아가기 때문에 직접 보고 작별하려는 것이었다.}, 백씨(伯氏: 趙靖) 또한 가솔들을 이끌고 지난 그믐날에 벌써 임하(臨河)로 갔다.

○十二日。

蓐食[457], 踰菁項嶺[458]赴義陣, 大將留待, 卽入拜。面禀[459]行師之由, 則以爲西原人有應募, 故將向淸州, 趁時召募。且都體察使[460]已下陸, 將迎於內浦[461], 求得軍資云。發行後, 與佩卿諸人,

---

457 蓐食(욕식): 새벽밥.

458 菁項嶺(청항령): 경상북도 상주시 화북면에 있는 項嶺을 가리키는 듯.

459 面禀(면품): 직접 상관을 만나서 아룀.

460 都體察使(도체찰사): 鄭澈(1536~1593)을 가리킴. 그는 1592년 7월 29일 의주에서 하직하고 8월 9일에 영유를 지나 강화도를 거쳐 10월 18일에는 정산을 지나 공주에 도착해 있었던 것으로 《瑣尾錄》에 기록되어 있음. 본관은 延日, 자는 季涵, 호는 松江. 어려서 仁宗의 淑儀인 맏누이와 桂林君 李瑠의 부인이 된 둘째누이로 인하여 궁중에 출입하였는데, 이때 어린 慶原大君(明宗)과 친숙해

出回文, 期以十七會長者坪[462], 爲馬芻收合事也。冒昏上靈臺菴, 山逕雪深, 幾不得行。慈氏去念後, 移寓蘆洞{光州姨母, 將歸禮安[463], 故欲爲面別也.}, 伯氏亦率家累, 去晦已向臨河。

13일。

아침 일찍 복천암(福泉庵)으로 내려가 짐바리를 운반해 옮겼는데,

졌다. 1545년 을사사화에 계림군이 관련되자 부친이 유배당하여 配所를 따라다녔다. 1551년 특사되어 온 가족이 고향인 전라도 담양 昌平으로 이주하였고, 그곳에서 金允悌의 문하가 되어 星山 기슭의 松江가에서 10년 동안 수학하였다. 1561년 진사시에, 다음 해 별시문과에 각각 장원하여 典籍 등을 역임하였고, 1566년 함경도 암행어사를 지낸 뒤 李珥와 함께 賜暇讀書하였다. 1578년 掌樂院正에 기용되고, 곧 이어 승지에 올랐으나 珍島 군수 李銖의 뇌물사건으로 東人의 공격을 받아 사직하고 고향으로 돌아왔다. 1580년 강원도 관찰사로 등용되었고, 3년 동안 강원· 전라· 함경도 관찰사를 지냈다. 1589년 우의정에 발탁되어 鄭汝立의 모반사건을 다스리게 되자 西人의 영수로서 철저하게 동인 세력을 추방했고, 다음해 좌의정에 올랐으나 1591년 建儲문제를 제기하여 동인인 영의정 李山海와 함께 光海君의 책봉을 건의하기로 했다가 이산해의 계략에 빠져 혼자 광해군의 책봉을 건의했다. 이때 信城君을 책봉하려던 왕의 노여움을 사 파직되었고, 晉州로 유배되었다가 이어 江界로 移配되었다. 1592년 임진왜란 때 부름을 받아 왕을 의주까지 호종, 다음 해 謝恩使로 명나라에 다녀왔다. 얼마 후 동인들의 모함으로 사직하고 강화의 松亭村에 寓居하면서 만년을 보냈다.

461 內浦(내포): 충청남도 예산 가야산 주변에 있는 10고을을 일컬음. 홍주, 결성, 해미, 서산, 태안, 덕산, 예산, 신창, 면천, 당진 같은 마을이다. 큰 바다가 내포를 만나면 뭍으로 파고들어 '육지 속 바다'가 된다 하여 '內浦'라고 하였다 한다.

462 長者坪(장자평): 충청북도 보은군 외속리면 구인리인 듯. 긴다리라 하는데, 북쪽 말치(말티고개)골짜기까지 길게 뻗은 것으로 보아 '긴 들(長坪)'의 의미이고, 행정지명으로 쓰인 '구인'은 '긴'을 소리빌기로 취한 것으로 보인다. 외속리면은 지금 장안면으로 바뀌었다.

463 禮安(예안): 경상북도 안동군에 속한 고을.

대개 겨울이 깊었기 때문에 장차 오래 머무를 계획이었다.

○十三日。

早下福泉[464], 搬移卜物, 蓋以冬深, 將爲久住之計。

14일。

후령(後嶺)이 있는 고배(古培)를 넘어 노동(蘆洞: 葛洞)에 도착했다. 어머니는 평안하셨고, 심중(審仲: 趙竑) 또한 근심을 면해서 다행스러웠다. 다만 살아서 난리를 만나 형제가 지극히 가까이 있어도 서로 보호하지 못하고 각기 동서로 흩어져서 홀로 떨어져 서로 그리워하니, 서운하고 울적한 기분을 이길 수 없었다.

○十四日。

踰古培所後嶺, 到蘆洞。慈氏平安, 審仲亦免恙, 可幸。但生逢亂離, 兄弟至親, 不能相保, 各散東西, 落落相戀, 不勝悵鬱。

15일。

오늘은 망조(望朝: 보름날 베풀던 큰 조회)가 있는 날이어서 가지고 있던 음식물을 약소하게나마 진설하여 제사를 지냈다. 식사 후에 남현(南峴)에 올라 멀리 바라보니, 황령(黃嶺) 등지에서는 연기와 불길이 하늘로 치솟았고 산골짜기의 백성들은 모두 산에 올라 뜻하지 않은 일을 대비하고 있었는데, 적의 기세가 불꽃처럼 성하여 지금

464 福泉(복천): 福泉庵. 충청북도 보은군 속리산에 있는 절.

회복되는 게 덜해지지 않았다.

어머니를 모시고 곧바로 관음사(觀音寺)에 오르자, 김 의장(金義將: 김홍민)과 노용오(盧容吾: 盧大海)가 군관 10여 명을 거느리고 또한 절에 도착하였다. 장차 오늘 화령(化寧: 상주의 서부지역)에 진을 치고 오르내리는 적을 엿보기 위해서였다.

○十五日。

今日是望朝[465], 以所得饌物, 略設奠儀。食後, 登南峴望見, 則黃嶺等地, 煙焰漲天, 山谷之民, 皆登山, 以待不意, 賊勢之熾張, 今復未減也。奉慈氏, 卽上觀音寺, 金義將·盧容吾[466], 領軍官十餘人, 亦到寺。將以今日陣于化寧, 窺覘上下之賊。

16일.

의장(義將: 의병대장 김홍민)이 화령(化寧: 상주의 서부지역)을 향해 출발했다. 얼핏 듣건대 영남으로 내려온 적들의 기세가 크게 성하여 진주(晉州)를 에워싸는 데까지 나가서 여러 장수 중 죽은 자가 많았고, 호남의 최 의장(崔義將: 崔慶會) 휘하 7천여 의병이 또한 달려갔다고 하였다.

어머니를 모시고 복천암(福泉庵)의 지장전(地莊殿)에 임시로 지냈다. 듣건대 선산(善山)의 적이 무수히 들어와서 장천(長川) 등지에

465 望朝(망조): 조선시대에 보름날 베풀던 큰 조회.

466 容吾(용오): 盧大海(생몰년 미상)의 자. 본관은 光山. 盧守愼의 조카로서 후사로 입양되었다. 생부는 盧克愼이다. 榮川郡守를 지냈다.

방화하고 있다 하였다. 상의군(尙義軍)의 문서를 맡은 자가 우리 의병진에 서찰을 가지고 왔는데, 바로 보병정(寶兵亭)에서 의병진을 합치자는 내용이었다.

○十六日。

義將發向化寧。似聞下道賊勢大熾, 進圍晉州, 諸將多死, 湖南崔義兵七千餘人, 亦馳赴云。奉慈氏, 寓福泉地莊殿。聞善山[467]之賊無數入來, 放火於長川等處。尙義陣掌書, 致書於吾陣, 乃寶兵亭合陣事。

17일。

대사(大寺: 법주사)로 내려갔다가 장자평(長者坪: 장안면 구인리)으로 달려가니 진사 이사미(李士美: 李秀彦)가 제군(諸君) 20여 명과 함께 모이기로 한 약속에 맞춰 와서 말을 먹이기 위한 풀을 거두어 모으는 일과 또 부지런한지 게으른지 공사를 감독하는 것을 점검하여 장차 벌을 정하기로 계획하고는 대사(大寺)에 투숙하였다.

목백(牧伯: 청주목사 柳涉)이 군량 15석(石)을 주었는데, 대장은 밤을 틈타 우곡(牛谷)에 도착했고, 노통진(盧通津: 盧大河)은 자기 집으로 돌아갔다.

○十七日。

下大寺[468], 赴長者坪, 李進士士美[469], 諸君二十餘人, 來會約,

467 善山(선산): 경상북도 서부, 중앙지대에 위치한 고을.

468 大寺(대사): 충청북도 보은군 속리산면에 있는 법주사를 가리킴.

馬芻收合事, 且檢董役勤慢, 將爲定罰計, 投宿大寺。牧伯[470]給軍糧十五石, 大將乘昏到牛谷, 盧通津還其家。

18일。

도청(都廳)에 머물러 있었는데, 군사를 보내어 대현(大峴)에 매복을 설치하게 하면서 김가종(金可宗)이 군사를 거느리도록 하였고, 유성(儒城)에 있는 쌀과 콩을 황적(黃迪)이 그 고을의 말을 이용하여 운반해 오도록 하였다. 순찰사(巡察使: 윤선각)가 있는 곳에서 온 관문(關文: 공문서) 및 어교(魚膠: 부레풀)·지지(紙地: 종이)·방물(方物: 토산물)을 고을 사람들이 와서 들였다.

○十八日。

留都廳。送軍設伏于大峴, 以金可宗領兵, 儒城米豆, 黃迪[471]以其邑刷馬運來。巡察所關子及魚膠紙地方物[472]。縣人來納。

19일。

복천암(福泉庵)에 올라서 어머니를 뵈었다. 듣건대 돌아내려 온

469 士美(사미): 李秀彦(1571~1643)의 자. 본관은 星山, 호는 追慕軒. 장현광의 문인으로 仁同에 거주하였다. 과거에 합격하여 진사가 되었으나 벼슬을 단념하고 평생 후학양성에 전념하였다.

470 牧伯(목백): 청주목사 柳涉(생몰년 미상)인 듯. 본관은 瑞山. 임진왜란 때 청주목사로 왜적을 맞아 싸웠다. 임진왜란 때 청주목사로 그 이전 金欽(1537~1592)이 있었으나 申砬과 충주 달천 전투에서 전사하였기 때문이다.

471 黃迪(황적, 1568~?): 본관은 平海. 黃遠의 동생이다. 충좌위부사직을 지냈다.

472 方物(방물): 조선시대 監司나 守令이 임금에게 바치는 그 고장의 산물.

적들이 당교(唐橋)에 주둔하면서 군막을 지은 것이 200여 곳으로 사람과 물건들을 약탈하고 살육을 제멋대로 행하여 산양(山陽)의 사람들이 더욱 그 해를 입었다고 하였다. 그 뜻이 장차 강우(江右: 경상우도)를 병탄하여 겨울을 나려는 계획으로 삼고자 한 것이니, 지극히 한심스러웠다.

○듣건대 곽재우(郭再祐)가 의병들을 배치한 것이 매우 적절하여 적을 매우 많이 죽여 절충장군(折衝將軍)으로 승진해 조방장(助防將)이 되었다고 하였다.

○十九日。

上福泉覲慈氏。聞下歸之賊，屯於唐橋，結幕二百餘所，侵掠人物，恣行屠戮，山陽人尤被其害。其意將竝呑江右，欲爲過冬之計也，極可寒心。○聞郭再祐以布置得宜，殺賊尤多，陞折衝，爲助防將云。

20일。

듣건대 김해(金海)의 적들이 부산(釜山)·동래(東萊)의 여러 적과 합세하고 창원(昌原)·함안(咸安) 등의 고을에까지 진군하여 공격하니 병사(兵使) 류숭인(柳崇仁)이 다시 싸웠으나 모두 패하여 달아나고 말았으며, 적들이 뒤쫓아 진주성(晉州城)에 이르러 포위하기를 7일 동안 하였지만 목사(牧使) 김시민(金時敏)·판관(判官) 성천경(成天慶: 成守慶의 오기)·곤양 군수(昆陽郡守) 이광악(李光岳)이 성벽을 굳게 하고 스스로 지키며 적들의 형세가 조금이라도 해이해지기를 기다렸다가 나아가 싸워서 대첩을 거두었다고 하니, 그 전공은 컸

다.{협주: 다만 목사가 관자놀이에 탄환을 맞아 중상을 입었다고 하니, 통탄스러웠다.}

○二十日。

聞金海[473]之賊, 與釜山·東萊諸賊合勢, 進攻昌原[474]·咸安等邑, 兵使柳崇仁再戰[475], 皆敗退走, 賊追至晉城, 圍之七日, 牧使金時敏·判官成天慶[476]·昆陽[477]倅李光岳[478], 堅壁自守, 待其賊氣

473 金海(김해): 경상남도 동남부에 위치한 고을.

474 昌原(창원): 경상남도 중부 남단에 위치한 고을.

475 再戰(재전): 1592년 9월 말, 왜군 3만은 김해성에서 집결하여 진주를 향해 진군을 시작하자, 류숭인이 2천 명의 병력으로 창원 외곽의 露峴에서 9월 24일에서 25일까지 방어했으나 불리하여 창원성으로 물러나 다시 싸웠으나 결국 지키지 못하고 9월 27일 퇴각할 수밖에 없었던 것을 일컬음.

476 成天慶(성천경): 成守慶(?~1593)의 오기. 본관은 昌寧. 1592년 임진왜란 때 진주판관으로 재임하였다. 왜군이 쳐들어오자 招諭使 金誠一의 아래에서 군무를 맡아 성을 고쳐 쌓고 무기를 수선하는 데 앞장섰다. 한편 격문을 돌려 충의지사를 부름으로서 군세를 늘리고 싸움에 대비하였다. 그해 10월 제1차 진주성싸움에서 진주목사 金時敏과 함께 3,800여 명의 병력으로 2만여 명의 왜군과 싸워 승리했으나, 이 싸움에서 진주목사 김시민이 전사하였다. 이듬해 6월에 벌어진 제2차 진주성싸움에서 3만 7000여 명의 왜군을 맞아 倡義使 金千鎰, 경상우병사 崔慶會, 충청병사 黃進, 진주목사 徐禮元 등이 이끄는 3,400명의 병력과 함께 싸우다가 전사하였다.

477 昆陽(곤양): 경상남도 泗川郡에 위치한 고을.

478 李光岳(이광악, 1557~1608): 본관은 廣州, 자는 鎭之. 1584년 무과에 급제하여 선전관을 거쳐 1592년 昆陽郡守가 되었는데, 때마침 임진왜란으로 왜병이 영남일대에 쳐들어오자 선봉으로 장병을 격려하여 대비하였다. 그 뒤 적이 대군을 이끌고 진주성을 포위하여 목사 金時敏은 고립되고 대세가 위급해지자, 당시 거창에 있던 招諭使 金誠一의 명령으로 左翼將이 되어 성안에 들어가 김시민과 합세하여 성을 사수하였다. 김시민이 적탄에 맞아 쓰러지자 그를 대신하여 총지휘관으로 싸워 대승을 거두고 적을 격퇴시켰다. 1594년 의병대장 郭再祐의 부장

之少懈而出戰, 能得大捷[479], 其功大矣。{但牧使額角中丸重傷云。可歎.}

21일。

아군이 중모(中牟)에서 공성(功城) 땅에까지 매복을 설치하고는 정예병을 나누어서 곧장 상주성(尙州城) 밑의 적의 형세를 탐문하고자 이제경(李悌慶)이 이끌고 갔다.

○二十一日。

我軍自中牟, 設伏功城地, 分精銳, 直探城底賊勢, 李悌慶領去。

23일。

경시(景始)와 방량(邦良: 金德民)이 함께 중모(中牟)의 의병진이 있는 곳으로 향해 가는데 본진(本陣)이 중모에서 파하고 돌아오고 있어서 그 까닭을 물으니, 공성(功城)의 매복을 설치한 곳에 적의 형상

으로 함께 동래에 갔으나 적이 나오지 않으므로 돌아왔다. 1598년 전라도병마절도사로서 명나라 군대와 합세하여 금산·함양 등지에서 왜군을 무찌르고 포로가 된 본국인 100여명과 우마 60여필을 탈환하였다.

479 大捷(대첩): 1592년 10월 5일부터 일주일간 벌어진 전투, 진주성에는 이 전투의 주장인 진주목사 金時敏과 판관 成守慶, 곤양군수 李光岳, 전 만호 崔德良, 영장 李訥, 율포권관 이찬종이 이끄는 진주성의 본주군 3천7백, 곤양군의 병력 1백을 더한 3천8백의 군사로 3만의 압도적인 전력을 지닌 왜군을 격퇴한 전투를 가리킨다. 진주성 남쪽에는 南江이 있어 자연 垓子역할을 하고, 서쪽은 가파른 경사의 절벽이 있으며 그 앞에는 羅佛川이란 소하천이 흘러 또 자연 해자가 되었으며, 성의 북쪽에는 大舍池란 이름의 큰 인공 연못을 조성해서 해자로 삼았던 것도 승리의 요인이었다.

을 볼 수가 없어서 효길(孝吉: 李悌慶의 字인 順吉의 오기)이 군사를 이끌고 곧장 상주성 가까운 곳으로 다가가자 왜적 수십 명이 말을 타고 나와 아군을 추격하였으며, 이제경이 화살을 여러 차례 쏘았으나 명중시키지 못하고 도리어 쫓겨 몸만 겨우 피했다고 하였다. 이윽고 우곡(牛谷)으로 가서 대장(大將: 김홍민)에게 인사하였다.

○二十三日。

與景始·邦良, 同向中牟陣所, 本陣自中牟罷歸, 詰其由則功城設伏之所, 不見賊形, 孝吉領軍直抵州城近地, 倭數十人, 騎馬而出逐我軍, 悌慶發矢數次不中, 旋被驅逐, 以身僅免云。因往拜大將于牛谷。

25일。

이억경(李億慶)으로 하여금 군사 60명을 이끌고 매복토록 하게 하면서 차례로 김산(金山: 金泉)·개령(開寧) 등지에 보내고, 점촌(店村) 입구에 투숙하였는데 함께 한 일행은 대장 이하 모두 17명이었다.

○二十五日。

令李億慶領軍人六十名設伏, 次送金山·開寧[480]等地, 投宿于求緣[481]店村[482], 同行大將以下, 竝十七人。

---

480 開寧(개령): 경상북도 김천시 북동부에 위치한 고을.

481 求緣(구연): 口緣의 오기인 듯. 店村 입구라는 뜻.

482 店村(점촌): 경상북도 문경지역에 있었던 지명인 듯. 본래 상주군 영순면의 지역으로서 그릇점이 있어 점마라고도 하였다.

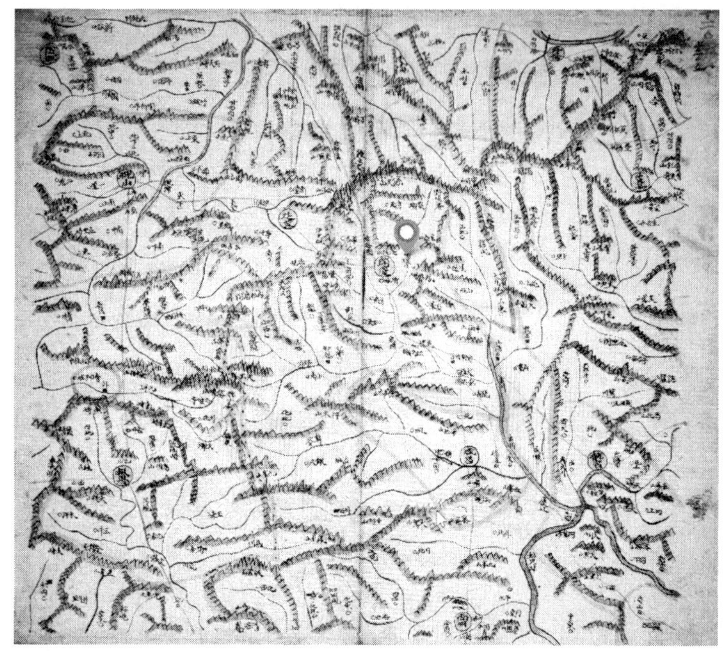

문경에서 보은까지

26일.

보은(報恩) 동쪽 종침정(鍾沈亭)에 투숙하였다. 이날 무사들을 사열하며 재주를 시험하니, 군졸 가운데 한문(汗文)이란 자가 있어 화살 2발을 쏘아서 모두 추인(芻人: 표적 허수아비)을 적중시켰기 때문에 양궁(良弓: 좋은 활) 1장(張)을 상으로 주었다.

○二十六日。

投宿于報恩東鍾沈亭。是日，閱武試才，卒有汗文者，發二矢，皆中芻人，以良弓一張賞之。

27일。

온 충보군(忠報軍)이 장자평(長者坪: 장안면 구인리)에 모두 모였는데, 대장을 모시고 가서 참관하니 각 진중으로부터 와서 모인 자가 수백여 명이었다. 김천상(金天祥)으로 하여금 병졸을 이끌고 함창(咸昌)·문경(聞慶) 등지에 갔다가 저녁이 되면 철군해오도록 하였다. 나는 우선 복천암(福泉庵)으로 돌아갔으니, 대개 다음날 아침에 청천(青川)으로 가기 위함이었다.{협주: 청천진(青川陣)은 진(陣)을 치는 일 때문에 와서 대장을 맞아가려고 했으나, 대장에게 대부인의 병환이 있어서 나로 하여금 대신해 가게 하였다.}

○二十七日。

一軍俱會長者坪，陪大將往參，陣中來會者數百餘人。令金天祥[483]領兵往咸昌·聞慶等處，乘夕罷陣。吾則先歸福泉，蓋以明日爲青川[484]行。{青川陣，以結陣事，來邀大將，而大將有大夫人患候，使余替往.}

28일。

일행은 출발하여 대사(大寺: 법주사)의 도청(都廳)에 도착했다.

여옥(汝沃)과 같이 갔는데 이면부(李勉夫)·김방량(金邦良: 金德民)·김국형(金國馨)·김순근(金純謹) 등 여러 사람이 유현(杻峴)까지 와

483 金天祥(김천상, 1543~1592): 본관은 玄風, 자는 君瑞. 1573년 식년시에 급제하였다.

484 青川(청천): 충청북도 괴산군에 위치한 고을.

서 기다렸고, 청천(靑川)에 도착하니 날이 이미 저물었다. 홍명천(洪明川: 字는 謹形)이 이미 청천현 객사에 와서 기다렸다가 같이 일할 수 있는 사람으로 모두 70명 적은 것을 꺼내주었는데 군정(軍丁)이 겨우 80여 명이었다.

○김산(金山: 金泉)에 매복했던 의병군 승려 초언(楚彦)이 먼저 와서 승전보를 알리니 기뻤다.

○二十八日。

發行。到大寺都廳。與汝沃同往，李勉夫·金邦良·金國馨·金純謹諸人，來待杻峴[485]，到靑川則日已夕矣。洪明川謹形已來待縣舍。錄出同事人竝七十，軍丁[486]只八十許矣。○金山設伏軍僧楚彦先來，報捷音，可喜。

29일。

듣건대, 충주(忠州)의 적들이 괴산(槐山)과 음성(陰城)의 경계를 분탕질하자 의병장 조 군수(趙郡守: 趙濈)가 10여 리를 끝까지 추격하였는데, 적들이 도중에 매복을 설치하고서 아군을 기다리다가 갑자기 아군의 속으로 쳐들어와 의병장이 해를 입었고 군졸 대여섯 사람이 또한 죽었다고 하였다. 이는 비록 적을 가벼이 여긴데서 말미암은 것일지라도 지극히 경악스러웠다.

---

485 杻峴(유현): 충청북도 괴산군 소수면 소암리 普光山에서 사리면 방향에 있는 고개.

486 軍丁(군정): 군적에 이는 지방의 장정을 이르던 말.

괴산의 정자(正字) 우침(禹琛: 禹廷琛의 오기)이 또한 모집한 의병이 있었으니 장차 합세할 뜻이 있어서였다. 대사(大寺: 법주사)로 되돌아오니 대장(大將: 김홍민) 또한 와서 기다리고 있어서, 직접 뵙고 그 사실을 아뢴 후에 곧 복천암(福泉庵)으로 돌아왔다.

○二十九日。

聞忠州之賊，焚蕩槐陰之界，義兵將趙郡守[487]窮追十餘里，賊中路設伏，以待我師，遽入其中，義將被害，軍卒五六人亦死。此雖出於輕賊之故，極可驚愕。槐山禹正字琛[488]，亦有所募之兵，將有合勢之意。還到大寺，大將亦來待，面禀後，卽還福泉。

30일。

이억경(李億慶)이 금릉(金陵: 金泉)에서 와 말했다.

“어모(禦侮) 땅에서 적을 만나, 10여 명의 왜적을 사살하였고 4명의 머리를 베어 죽였으며 왜적의 물건 및 소와 말 4마리를 모두 탈취했습니다.”

---

487 趙郡守(조군수): 趙翊의 연보에 따르면, 趙濈(1568~1631)을 가리킴. 본관은 豐壤, 자는 得和, 호는 花川. 1591년 생원시에 합격하고, 이 해 증광문과에 급제하였다. 1596년에 주서가 되고, 이듬해 사서를 거쳐 1600년 정언이 되었다. 이어 1604년 부수찬을 거쳐 이듬해 전적이 되고, 1611년에 장령을 역임하였다. 그 뒤 1617년에 영해부사가 되었다.

488 禹正字琛(고정자침): 禹廷琛의 오기. 본관은 丹陽, 자는 季獻, 호는 沙潭. 槐山 출신이다. 1589년 증광시에 합격하고 1591년 식년시에 급제하였다. 永春, 扶餘, 濫浦, 海美 군수와 縣監 등을 역임하였다. 임진왜란 때 의병장이 되어 많은 적병을 토벌하였다.

지난번 초언(楚彦)이라는 승려의 말이 허언이 아니었던 것이다. 의병군으로 출동한 지 며칠 사이에 적을 죽인 것이 이와 같아 충보군(忠報軍)의 명성을 갑절이나 떨치게 되니 지극히 기뻤다. 대장은 삼문(三門)에 나가 앉아서 승군들이 바치는 적의 목을 받았다.

이날 잔치를 열어 승군들을 배부르게 하였고{협주: 맹약을 같이한 자로서 축하하러 온 자가 모두 30여 명이었다.}, 보고서의 초안을 함께 의논하였는데 밤이 깊어서야 끝났다.

○三十日。

李億慶自金陵[489]來言: "遇賊于禦侮[490]地, 射殺十餘倭, 斬得四級, 倭物及牛馬四隻, 竝奪取."云。向日楚彦僧之言不誣也。師行數日, 殺賊至此, 軍聲倍振, 極可欣聳。大將出坐三門, 受獻馘。是日, 設泡饗僧軍{同約人來賀者, 幷三十餘人.}, 同議報狀草, 夜深乃罷。

• 11월 정사삭

1일。

여러 유사(有司)가 적을 무찌른 문서를 모아두고 하급 관리들로 하여금 각기 보고서를 쓰도록 하여 군관(軍官) 곽린(郭潾)을 시켜 체

---

489 金陵(금릉): 경상북도 김천에 위치한 고을. 金山이라고도 했다.

490 禦侮(어모): 禦侮縣. 경상북도 김천시 어모면을 일컬음.

찰사(體察使)에게 가져다 올리게 하였는데{협주: 도체찰사는 정철(鄭澈)이고, 부사(副使)는 김찬(金瓚)이다.}, 때마침 공주(公州)에 있다고 하였다. 봉사(奉事)를 임시로 맡은 김득려(金得礪)가 옥천(沃川)에서 도착하였다. 이날 아침에 소를 잡아 군사들에게 잔치를 베풀어서 그 노고에 보답하였다.

十一月丁巳。一日。

與諸有司戡會文書, 令下吏各書報狀, 使軍官郭潾, 往呈于體察使{都體察使鄭澈[491], 副使金瓚[492].}, 時在公州云。權知奉事金得

---

491 鄭澈(정철, 1536~1593): 본관은 延日, 자는 季涵, 호는 松江. 어려서 仁宗의 淑儀인 맏누이와 桂林君 李瑠의 부인이 된 둘째누이로 인하여 궁중에 출입하였는데, 이때 어린 慶原大君(明宗)과 친숙해졌다. 1545년 을사사화에 계림군이 관련되자 부친이 유배당하여 配所를 따라다녔다. 1551년 특사되어 온 가족이 고향인 전라도 담양 昌平으로 이주하였고, 그곳에서 金允悌의 문하가 되어 星山 기슭의 松江가에서 10년 동안 수학하였다. 1561년 진사시에, 다음 해 별시문과에 각각 장원하여 典籍 등을 역임하였고, 1566년 함경도 암행어사를 지낸 뒤 李珥와 함께 賜暇讀書하였다. 1578년 掌樂院正에 기용되고, 곧 이어 승지에 올랐으나 珍島 군수 李銖의 뇌물사건으로 東人의 공격을 받아 사직하고 고향으로 돌아왔다. 1580년 강원도 관찰사로 등용되었고, 3년 동안 강원·전라·함경도 관찰사를 지냈다. 1589년 우의정에 발탁되어 鄭汝立의 모반사건을 다스리게 되자 西人의 영수로서 철저하게 동인 세력을 추방했고, 다음해 좌의정에 올랐으나 1591년 建儲문제를 제기하여 동인인 영의정 李山海와 함께 光海君의 책봉을 건의하기로 했다가 이산해의 계략에 빠져 혼자 광해군의 책봉을 건의했다. 이때 信城君을 책봉하려던 왕의 노여움을 사 파직되었고, 晉州로 유배되었다가 이어 江界로 移配되었다. 1592년 임진왜란 때 부름을 받아 왕을 의주까지 호종, 다음해 謝恩使로 명나라에 다녀왔다. 얼마 후 동인들의 모함으로 사직하고 강화의 松亭村에 寓居하면서 만년을 보냈다.

492 金瓚(김찬, 1543~1599): 본관은 安東, 자는 叔珍, 호는 訥菴. 1573년 평안 삼도사로 나가 軍籍을 정리했으며, 다음 해에는 평안도 순무어사로 활약하였다. 1584년

礪, 自沃川[493]來到。是日朝, 殺牛饗士, 以答其勞。

2일。

대장(大將: 김홍민)이 복천암(福泉庵)에 임하여 밤에 함께 이야기를 나누었는데, 내가 호남으로 갈 일이 있었기 때문에 보고할 일을 함께 의논하기 위해서였다.

○二日。

大將臨福泉, 夜與同話, 余有湖南之行。故爲同議報草事。

3일。

대장(大將: 김홍민)이 저녁에 도청(都廳)이 있는 곳으로 내려가니 별감(別監) 구병(具竝)이 함께 일할 사람의 명단을 책으로 만들어서 장차 보고하고자 사자(使者)를 보내려고 하였다.

심중(審仲: 趙竑)이 노동(蘆洞: 葛洞)에서 들어왔다. 듣건대 창의군(昌義軍)이 여러 차례 당교(唐橋)의 적을 공격하여 왜적 몇 명을 베었

이후로는 典翰·直提學·승지·좌참찬·동지중추부사·대사헌·대사간·대사성·경기도관찰사 등을 역임하였다. 1592년 임진왜란이 일어났을 때 임금의 파천을 반대했으며, 임금 일행이 개경에 이르자 東人 李山海의 실책을 탄핵해 영의정에서 파직시키고, 백성들의 원성을 샀던 金公諒을 공격하는 데 앞장섰다. 뒤에 鄭澈 밑에서 體察副使를 역임하고, 兩湖調度使로 전쟁 물자를 지원했으며, 接伴使로서 명나라와의 외교를 담당하였다. 또, 일본과 강화 회담을 벌일 때 李德馨과 함께 공을 세웠다. 1597년 정유재란 때부터 예조판서·지의금부사·대사헌·이조판서를 지냈고 지돈녕부사를 거쳐 우참찬까지 승진하였다.

493 沃川(옥천): 충청북도 남단에 위치한 고을.

고 활을 쏘아 100여 명을 죽였다고 하였다. 우리 의병군도 이미 금릉(金陵: 金泉)에서 승리하였었다. 반자(半刺: 판관) 정기룡(鄭起龍)이 부임한 지 10일도 되지 않았지만 적을 베어 죽인 것 또한 많아서 더욱 사람들로 하여금 사기를 더하게 하였다.

○三日。

大將夕下都廳所，具別監竝成冊同事之人，將報使。審仲自蘆洞入來。聞昌義陣累擊唐橋賊，斬首累級，射殺百餘。吾陣旣捷於金陵。半刺鄭起龍[494]，赴任未旬，斬殺亦多，益令人增氣。

4일。

일행이 출발하여 도청(都廳)이 있는 곳에 도착했다. 보정사(寶晶

---

494 鄭起龍(정기룡, 1562~1622): 본관은 晉州, 초명은 茂壽, 자는 景雲, 호는 梅軒. 경상남도 하동에서 출생하였다. 1590년 경상우도 병마절도사 申砬의 휘하에 들어가고 다음해 훈련원봉사가 되었다. 1592년 임진왜란이 일어나자 별장으로 승진해 경상우도방어사 趙儆의 휘하에서 종군하면서 방어의 계책을 제시하였다. 또한 거창싸움에서 왜군 500여명을 격파하고, 金山싸움에서 포로가 된 조경을 구출했고, 곤양 守城將이 되어 왜군의 호남 진출을 막았다. 이어 游兵別將이 지내고, 상주목사 金澥의 요청으로 상주판관이 되어 왜군과 대치, 격전 끝에 물리치고 상주성을 탈환하였다. 1593년 전공으로 회령부사에 승진하고, 이듬해 상주목사가 되어 통정대부에 올랐다. 1597년 정유재란 때에는 討倭大將으로서 고령에서 왜군을 대파하고, 적장을 생포하는 등 큰 전과를 올렸다. 이어 성주·합천·초계·의령 등 여러 성을 탈환하고 절충장군으로 경상우도병마절도사에 승진해 경주·울산을 수복하였다. 1598년 명나라 군대의 摠兵직을 대행해 경상도 방면에 있던 왜군의 잔적을 소탕해 龍驤衛副護軍에 오르고, 이듬해 다시 경상우도병마절도사가 되었다. 1601년 임진왜란이 끝난 뒤 다시 경상도방어사로 나가 다시 침입해올지 모르는 왜군에 대처했고, 다음해 김해부사·밀양부사·中道防禦使를 역임하였다.

師) 및 인백(仁伯: 李元長)과 면부(勉夫: 宋思誠)가 동행하여 마현(馬峴)을 넘어 종곡(鍾谷: 보은읍 종곡리)에 도착하였다. 김사인(金士因)이 저녁밥을 지어 주었고, 김순근(金純謹)이 술을 가지고 와서 권하였다.

○四日。

發行到都廳所。與寶晶師[495]及仁伯·勉夫[496]，同行踰馬峴，到鍾谷。金士因供夕炊，金純謹持酒來餞。

5일。

도중에 갑자기 조준(趙竣: 조익의 막내동생) 동생을 만났는데, 각자 천리 밖에 떨어져 있으면서 이 난리를 만나 살았는지 죽었는지 전혀 모르고 있다가 뜻밖에 서로 만나니 마치 다시 살아난 사람 같아서 손을 잡고도 아무런 말을 하지 못하고 다만 더더욱 목이 메일 따름이었다.{협주: 이 동생은 난리 초에 종조부모(從祖父母: 趙褀 부부)를 받들어 포천(抱川)에서 금화(金化)로 피란해 들어가 있다가 6월 중 모두 해를 입었지만, 동생은 천신만고 끝에 목숨을 부지하여 이리저리 떠돌다가 이곳에 도착한 것이다. 나는 처음에 알아보지 못했으나 하배(下輩: 하인들)들이 먼저

---

495 寶晶師(보정사): 본래 상주사람이고 속리사에 있었다고 함. 조익의 문집에는 그와 시문을 주고받은 것들이 있다.

496 勉夫(면부): 〈火旺入城同苦錄〉에 의하면, 宋思誠(1557~?)의 자임. 조익의 문집에 의하면, 걸상을 같이 쓰던 친구로 전쟁이 끝나고 10년 동안 소식을 알지 못하다가 서로 만나게 되어 기뻐서 시문을 주고받은 사실을 기록하고 있다. 조익의 문집에는 李勉夫와 金勉夫로도 표기된 것들이 있어서 구별되어야 할 듯하다.

알아보니, 입은 옷들이 남루하기 그지없고 갓과 신발이 찢어진데다 떨어졌으니 그 고생하여 초라한 모습은 말로 형언하기가 어려웠다.} 가야할 일이 다급하여 노비로 하여금 복천암(福泉庵)으로 인도해 가도록 보내고는 즉시 길을 떠났다. 동생의 말을 듣자니, "강원(江原)·경기(京畿)는 인심이 극도로 악화되어 적을 토벌할 뜻이 전혀 없었고, 혹 군사를 불러 모으기라도 하면 사람들이 모두 싫어하고 꺼렸으며 적인데도 이르기를 요청하는 지경에 이르렀으니 세상의 도의가 말하기도 한심스럽습니다. 오직 양주 목사(楊州牧使) 고언백(高彦伯) 한 사람만이 처음부터 끝까지 적을 토벌하여 베어 죽인 것이 지극히 많았습니다."라고 하였다.

○五日。

中路忽逢竣弟, 各在千里, 逢此亂離, 不知其死生存沒, 意外相逢, 如見再生之人, 握手無語, 只增哽咽而已。{此弟亂初, 奉從祖父母, 自抱川[497]入在金化[498], 六月中, 俱遇害, 渠則艱辛圖命, 轉輾到此。吾則初不知而下輩先知, 衣裳百結, 冠屨破落, 其艱楚之狀, 有難形言.}急於行事, 使奴子引送福泉, 卽發程。聞弟言: "江原·京畿, 人心極惡, 全無討賊之意, 或聚軍則人皆厭憚, 至於請賊而至, 世道言可寒心。惟楊牧高彦伯[499]一人, 終始討賊, 斬殺極多."云。

---

497 抱川(포천): 경기도 북동부에 위치한 고을.

498 金化(금화): 강원도 철원군에 위치한 고을.

499 高彦伯(고언백, ?~1609): 본관은 濟州, 자는 國弼. 임진왜란이 일어나자 寧遠郡守로서 대동강 등지에서 적을 방어하다가 패하였으나, 그해 7월 양주목사에 제수되었다. 그리하여 9월 왜병을 산간으로 유인하여 62명의 목을 베는 승리를

6일。

주산(走山)의 송황생(宋黃生)의 집에 도착하자, 송황생이 야차(野次: 임시 거소)에 나와 만나고 식조(息租: 이자를 받던 벼) 5석(石)을 주었다. {협주: 창의군(昌義軍) 정경임(鄭景任: 鄭經世)도 양식을 구하려는 일로 이미 먼저 와 있어서 잠시 이야기를 나누고 헤어졌다.} 여러 유사(有司)와 함께 회덕현(懷德縣)에 묵었다.

○六日。

到走山[500]宋黃生家, 黃生出見野次, 給息租[501]五石。{昌義陣鄭景任, 亦以糧餉求得事, 已先到, 暫話而別.}與諸有司, 宿懷德縣。

7일。

유성(儒城)에 도착하여 체찰사(體察使: 鄭澈)의 군관(軍官)을 만나 행재소(行在所)의 소식을 들을 수 있었다. 중국군의 병사 5천 명이 이미 의주(義州)의 순안관(順安館: 義順館의 오기)에 도착했고 게다가 복건성(福建省) 출신 포수(炮手) 3천 명이 또한 의주성 안으로 들어왔는데 장차 공주(公州)로 향해 가려 한다고 하였다. {부체찰사(副體

거두었고, 이어 1593년 양주에서 왜병 42명을 참살하였다. 利川에서 적군을 격파하고 京畿道防禦使가 되어 내원한 명나라 군사를 도와 서울 탈환에 공을 세웠고, 이어 경상좌도 병마절도사로 승진하여 양주·울산 등지에서 전공을 세웠다. 1597년 정유재란 때 다시 경기도방어사가 되어 참전하였다. 1609년 광해군이 임해군을 제거할 때 함께 살해되었다.

500 走山(주산): 충청북도 회덕군 동면에 있던 주산리.

501 息租(식조): 벼를 빌려 주었다가 돌려받을 때 이자를 붙여 받던 벼.

察使: 金瓚)가 이미 홍주(洪州: 洪城)를 향해 출발했기 때문에 즉시 진잠(鎭岑)으로 가는 길을 잡았다.}

저녁이 되어서 진잠에 도착하니, 의병장 박이룡(朴以龍) 또한 와서 진잠 현감(鎭岑縣監: 邊好謙)과 함께 이야기를 나누다가 밤이 깊어서야 파했다.

○七日。

到儒城, 遇體使軍官, 得聞行在消息。唐兵五千, 已到義州順安館[502], 福建[503]炮手三千, 亦來義州城內, 將向公州云。{副體察, 已發向洪州[504], 故卽指鎭岑[505]路.}夕到鎭岑, 朴義將以龍[506]亦來, 與

---

502 順安館(순안관): 義順館의 오기. 의순관은 의주성에서 남쪽으로 2리 떨어진 압록강 가에 있었고 조선 조정에서 파견한 접반사가 중국 사신을 맞이하고 배웅하던 객관이며, 순안관은 평안남도 평양의 普通門을 지나 있던 객관이다.

503 福建(복건): 福建省. 중국 동남부에 있는 省. 대만 해협에 면해 있으며, 대부분이 산악지대로 이루어져 있다.

504 洪州(홍주): 충청남도 洪城 지역에 위치한 고을.

505 鎭岑(진잠): 충청남도 대덕군 진잠면을 일컬음.

506 朴義將以龍(박의장이룡): 의병장 朴以龍(1533~1593). 본관은 忠州, 자는 施允, 호는 鶴村. 1577년 문과에 급제하고 이조좌랑에 올랐다. 1590년 海西 고을의 수령이 되었지만 軍服에 관한 비위 사건에 연좌되었다가 1592년 임진왜란을 맞아 누명을 씻기 위해 그 길로 고향인 황간에 내려와 친척과 동리 장정 500여 명을 모아 의병을 일으켰다. 1592년 8월 군사를 이끌고 특히 횡포가 심한 왜적을 찾아 金山으로 와 賀老에 진을 치고서 영동의 의병대장 韓明胤, 상주목사 金澥, 訓鍊 鄭起龍 등 군대의 도움을 받아 세 차례나 공방전을 편 끝에 적을 물리쳤다. 10월 초에는 지례 전투에 참가하여 1,500명의 적을 창고에 가둔 채 불살라 적을 몰살하였다. 1593년 1월 처음으로 왜적과 싸웠던 부상고개에서 또 전투가 벌어졌다. 이 싸움에서 박이룡은 적의 화살에 맞아 중상을 입고 말에서 떨어지고 말았다. 적군에게 잡힐 순간 한명윤 대장과 姜節 대장의 도움으로 죽음을 면하

主倅同敍, 夜深而罷。

8일。

비가 와서 머물렀는데, 아침 일찍 신위(神位)를 설치하고 상복을 입었다.{협주: 5일은 종조부모(從祖父母: 趙祺 부부)의 장삿날이었으니, 비록 떨어져 객지에 있을지라도 예의상 폐할 수가 없었다.}

○八日。

以雨留, 早朝, 設位成服。{五日, 聞從祖父母之喪, 雖在客中, 禮不可廢.}

9일。

연산(連山)으로 달려가 도착했는데, 연산 현감(連山縣監: 李犋壽인 듯)이 자못 싫어하는 기색이 있어서 마음속으로 몹시 편안하지 않았다. 오후에는 은진(恩津)에 도착하여{협주: 종사관 황붕(黃鵬)이 군량을 모아서 실어 가는 일로 이미 먼저 도착해 있었다.}, 밤늦게까지 함께 이야기를 나누었다.

○九日。

馳到連山, 主倅頗有厭倦之色, 心甚未妥。午後到恩津, {黃從事鵬[507], 以軍粮戡會事, 已先到.}夜與同話。

고 하로 본진으로 돌아와 치료를 받았다.

507 黃從事鵬(황종사붕): 黃鵬(생몰년 미상). 본관은 長水, 자는 仲擧. 공주 출신이다. 583년 庭試에 급제하였다. 아버지는 黃廷秀이다.

10일。

여산(礪山)에 도착했으나 고을 수령이 있지 않았다. 사인(士人) 송여경(宋餘慶)·송흡(宋翕) 등 4명이 찾아와서 만나니 군수물자를 은혜로이 베풀어 주었다.{대개 온 고을이 힘을 내어 군량을 모으고 무기를 만들어서 의병을 돕는 계책으로 삼은 것이니, 그 뜻이야말로 가상하였다.}

○十日。

到礪山, 主倅不在。士人宋餘慶·宋翕等四人來見, 許惠軍資。{蓋一鄕出力, 聚糧鑄兵, 爲扶義之計, 其意可尙.}

11일。

전주(全州)에 도착했는데, 고을의 거주가 성대하였고 자못 옛 도성의 풍취가 있었으나 왜놈들이 쳐들어와 점거할까봐 염려만 하고 있었다. 우리가 분탕질을 당하여 하나도 남아있지 않은 채로 이른바 금성탕지(金城湯池)를 굳게 지키지 못했건만 도리어 이러한 계책만 세우고 있으니, 말하자면 분통스러웠다. 성문(城門)을 드나들자면 반드시 전령(傳令)이 있은 뒤에라야 주장(主將)과 통할 수 있었기 때문에 한참 지나고서 겨우 들어갈 수 있었는데, 먼저 도사(都事)를 만나니 곧 최철견(崔哲堅)이었다. 종사관(從事官) 송인수(宋仁叟: 宋英耉)·신경숙(申敬叔: 申欽)과 더불어 모두 친구들이었다. 그들로 하여금 이름을 알리도록 하자, 체찰사(體察使: 鄭澈)가 즉시 들어오도록 명하여서 직접 만나 찾아온 곡절을 아뢰고 또 보장(報狀: 보고서)을 제출한 뒤 곧바로 나왔는데, 군수물자를 지급하는 일 등을 종사관에게 명하여 처리하게 하고 관자(關子: 공문)도 만들어 받았으니 다행스러웠다.

○十一日。

到全州[508], 邑居之盛, 頗有舊都之風, 而慮倭人之入據。自我焚蕩, 一無見存, 所謂金湯不能固守, 反有此計, 言之可憤。城門出入, 必有傳令後, 可通主將, 故良久得入, 先見都事, 卽崔哲堅也。與從事宋仁叟[509]·申敬叔[510], 俱故人也。使之通名, 體察卽命入來, 面達曲折, 且呈報狀, 旋乃出來, 軍資題給[511]等事, 令從

508 全州(전주): 전라북도 중부에 위치한 고을.

509 仁叟(인수): 宋英耈(1556~1620)의 자. 본관은 鎭川, 호는 瓢翁. 1576년 牛溪 成渾의 문하에서 수업하였다. 1584년 庭試에 합격하였고, 이듬해 승정원 주서가 되었으나 낙향하였다. 1592년 체찰사 松江 鄭澈의 종사관이 되었는데, 당시 朱之蕃과 인연을 맺었다. 1606년 주지번이 正使의 신분으로 우리나라에 들어와 송영구를 찾아 전주에까지 다녀갔다고 전한다. 1597년 전주에서 임진왜란을 피해 제천으로 들어갔고, 이듬해 충청도 순찰사 金信元의 종사관이 되었다. 1599년 충청도사, 1600년 이조 좌랑을 거쳐 1601년 淸風郡守가 되었다.

510 敬叔(경숙): 申欽(1566~1628)의 자. 본관은 平山, 호는 玄軒·象村·玄翁·放翁. 1592년 임진왜란의 발발과 함께 동인의 배척으로 良才道察訪에 좌천되었으나 전란으로 부임하지 못하고, 三道巡邊使 申砬을 따라 조령전투에 참가하였다. 이어 都體察使 鄭澈의 종사관으로 활약했으며, 그 공로로 持平에 승진되었다. 1593년 이조좌랑에 체직, 당시 폭주하는 대명외교문서 제작의 필요와 함께 知製敎·승문원교감을 겸대하였다. 1594년 이조정랑으로서 역적 宋儒眞의 옥사를 다스리고 그 공로로 가자되면서 사복시첨정으로 승진했으며, 곧 執義에 超授(뛰어넘어 제수됨)되었다. 같은 해 광해군의 세자 책봉을 청하는 주청사 尹根壽의 書狀官이 되어 명나라에 다녀와 그 공로로 군기시정에 제수되었다. 1595년 함경도어사와 의정부사인을 거쳐 掌樂院正·成均館詞藝·종부시정·世子侍講院弼善·홍문관교리·홍문관응교·의정부사인·弘文館典翰을 차례로 역임하였다. 1599년 선조의 총애를 받아, 장남 申翊聖이 선조의 딸인 貞淑翁主의 부마로 간택되어 동부승지에 발탁되었다. 같은 해 형조참의 겸 승문원부제조를 거쳐 병조참지·우부승지·이조참의·예조참의·대사간·병조참의를 역임하였다.

事圖之, 得成關子, 可幸。

12일。

들어가 체찰사(體察使: 鄭澈)를 만나 이윽고 시무(時務)를 논하고는 소모관에게 힘써 권유한 뒤 하직인사를 하고 물러나왔다.

듣건대 충주(忠州)의 적들이 음성(陰城) 경계를 분탕질하자, 청안현감(淸安縣監) 정명원(鄭名遠)과 의병들이 힘을 합쳐 진군해 공격하였으나 도리어 적에게 쫓기게 되어 정명원과 의병들이 피해를 많이 입었다고 하니, 분하고 통탄스러웠다.

○十二日。

入見體察, 因論時務, 力勸召募, 拜辭而出。聞忠州之賊, 焚蕩陰城界, 靑安[512]倅鄭名遠[513]及義兵, 合力進攻, 反爲賊所逐, 鄭及義兵, 多被害云, 憤痛。

13일。

호남 고을의 여러 제급(題給)할 곳에 유사(有司)들을 나누어 파견했는데, 인백(仁伯: 李元長)과 국형(國馨: 金國馨)이 일행이 되고, 패경(佩卿: 趙光綬, 조익의 족숙)과 구충원(具忠源)이 일행이 되고, 나와

---

511 題給(제급): 관부에서, 백성이 제출한 소장이나 원서에 판결이나 물건의 지급 지시 등을 써 주는 일을 이르던 말.

512 靑安(청안): 충청북도 괴산과 증평 사이에 위치한 마을.

513 鄭名遠(정명원, 1558~1592): 본관은 晉陽, 자는 近可. 1584년 무과에 급제하였다. 청안현감을 지내다가 1592년 임진왜란을 맞아 형 鄭名世와 함께 순절하였다.

면부(勉夫: 宋思誠)·정사(晶師: 寶晶師)가 함께 출발했으나 날씨가 혹심하게 추워서 거의 걸을 수가 없어 장암(場巖)의 송생(宋生) 집에 투숙하였다.{협주: 인수(仁叟: 宋英耇)가 이전에 물건을 가지고 상사를 도운 일이 있었기 때문이다.}

○十三日。

湖邑題給處, 分遣有司, {仁伯·國馨}爲一行, {佩卿·具忠源[514]} 爲一行, 余與 {勉夫·晶師} 同發, 日寒甚酷, 幾不得行, 投宿場巖[515]宋生家。{仁叟前有贈[516]物故也.}

14일。

듣건대 고산 현감(高山縣監: 申景禧)이 승병을 거느리고 익산(益山)을 향하여 즉시 달려가느라 이미 먼저 출발하였다고 하니 한스러웠다.{협주: 이전 군량을 준 연고가 있었다.}

○十四日。

聞高山倅領僧兵, 向益山卽馳進{前有軍粮之贈故也.}, 已先發矣, 可恨。

15일。

고을 수령이 군량을 변통하여 처리해서 가는 까닭에 면부(勉夫:

---

514 具忠源(구충원): 조익의 매부가 具光源인바, 그 일족일 것으로 여겨짐.

515 場巖(장암): 충청남도 부여군에 위치한 고을.

516 贈(증): 다른 사람이 물건을 가지고 와서 자기에게 喪事를 도와준 것을 일컬음.

李元長)로 하여금 거느리고 가도록 하였는데, 은진현(恩津縣)에 사는 진사 윤임성(尹任聖)이 의곡(義穀) 1석(石)을 주었다.

듣건대 이일(李鎰)이 충주(忠州)에서 다시 패하고 전전하다 평양(平壤)에 이르렀는데, 평양이 함락된 후에는 의병 수백 명을 모아 고충경(高忠卿) 등과 함께 힘을 합쳐서 자못 참획한 것이 있었다고 하였다.

○十五日。

主倅區處[517]軍糧而去，故使勉夫領送，恩津縣居尹進士任聖，贈義穀一石。聞李鎰再敗於忠州，轉至平壤，平壤陷後，募兵數百，與高忠卿等合勢，頗有斬獲云。

16일。

만항(漫項){협주: 고산(高山)과 은진(恩津) 두 고을 사이에 있다.}에 있는 객점에서 말에게 먹이를 주었는데, 점원 김인순(金仁厚)이 술과 과일을 가지고 와서 먹었다.

저녁이 되어서 채운(彩雲)에 도착하니, 전적(典籍) 이숙평(李叔平: 李埈) 또한 의병의 일로 전주(全州)로 향하고 있어서 속리산(俗離山) 소식을 물었더니 우거하는 중에 모두 무사하다고 하여 부모를 염려하는 마음이 조금 위안되었다.

○十六日。

秣馬漫項店{高·恩兩邑之界}，店人金仁厚，持酒果來饋。夕到彩

517 區處(구처): 변통하여 처리함.

雲[518], 李典籍叔平, 亦以義兵事, 向全州, 問離山消息, 寓中俱無事, 稍慰望雲之戀[519]。

17일。

은진(恩津)에 도착하자, 창의사(倡義使: 金千鎰) 종사관 남평(南平) 서정후(徐廷厚)가 은진현에 들어왔다. 서쪽 길에 적의 형세 및 방어의 형편을 들었고, 동궁(東宮: 광해군)이 성천(成川)에서 숙천(肅川)으로 이동했지만 다른 곳으로 또 이동할 것이라고 하였다.

○十七日。

到恩津, 倡義從事南平徐廷厚[520]入縣。聞西路賊勢及禦賊形止, 東宮自成川, 移肅川[521], 又移他處云。

18일。

오늘은 동지(冬至)이다. 고을 수령이 망궐례(望闕禮: 임금이 있는 곳을 향해 절하던 의식)를 행했다. 보은(報恩)에서 돌아가는 사람이 있어 관자(關子: 공문) 등을 부탁해 보냈다.

○듣건대 군위(軍威)의 장사진(張士珍)이 전사했다고 하니, 참담

518 彩雲(채운): 충청남도 논산시에 위치한 고을.

519 望雲之戀(망운지련): 望雲之情. 구름을 바라보는 심정. 자식이 타향에서 고향의 부모를 그리는 정을 말한다.

520 徐廷厚(서정후, 1565~1593): 본관은 利川, 호는 松村. 진주성 전투에서 순절하였다.

521 肅川(숙천): 평안남도 서부에 위치한 고을.

하고 애석하기가 그지없었다.

○十八日。

是日，乃冬至也。主倅行望闕禮[522]。自報恩有歸人，付送關子等物。○聞軍威[523]張士珍[524]戰死，不勝慘惜。

19일。

여러 유사(有司)가 오기를 기다렸지만 오지 않았기 때문에 연산(連山)을 향해 출발하여 외숙 홍세찬(洪世贊) 집에 묵었다.

○十九日。

待諸有司之行而不至。故發向連山。宿洪叔世贊[525]家。

20일。

인백(仁伯: 李元長)이 채운(彩雲)에서 이곳에 도착했는데, 어제 쌀을 가지고 들어왔다가 오늘 아침에 이미 연산(連山)으로 실어 보냈

522 望闕禮(망궐례): 임금이 궁궐 쪽을 향해서 배례하는 의식.

523 軍威(군위): 경상북도 중앙부에 위치한 고을.

524 張士珍(장사진, ?~1592): 본관은 仁同. 임진왜란 때 軍威의 향교 유생들과 상의하여 의병을 일으키고 檄文을 보내자 수백 명이 모여들었다. 그는 군대의 이름을 復讐軍이라 칭하고, 군위와 인동 지역을 돌면서 왜병들을 닥치는 대로 척살하여 큰 전과를 올렸다. 왜군들은 그를 張將軍이라고 일컬으면서 두려워하였다고 한다. 매복한 왜적의 함정에 빠졌지만 분투하면서 한쪽 팔을 잃었지만 굴하지 않고 계속 싸우다 전사하였다.

525 洪叔世贊(홍숙세찬): 외삼촌 洪世贊. 본관은 南陽. 柳成龍의 아들 柳袗의 장인이다. 군자감정을 지냈다.

다고 하였다. 면부(勉夫: 宋思誠)가 부풍(扶風) 마을에 도착하여 사람을 만나려는 까닭에 인백과 함께 그 집에 가니, 주인은 바로 김정휘(金正輝)이었다. 전날 미처 보지 못한 연유를 말하니, 군수물자를 넉넉하게 주어서 감동하였다. 인백이 쌀을 운반하는 일로 연산으로 가고, 나만 홀로 이산(尼山)으로 향하였다.

○二十日。

仁伯自彩雲來到, 昨日領米入來, 今朝已輸送連山云。勉夫到扶風[526]村, 邀見故, 與仁伯偕往其家, 主人卽金正輝也。謝以前日未見之由, 優許軍資, 可感。仁伯以運米事, 往連山, 吾獨向尼山。

21일。

듣건대 직산(稷山)에서 청회(淸淮)로 올라가던 근처의 적들이 또 진을 치고 경성(京城)과 금령(金嶺: 용인)에 있는 적들과 합세하였다고 하였다. 정사(晶師: 寶晶師)가 석성(石城)에서 와 이곳에 도착하였다.

○二十一日。

聞稷山以上淸淮[527]近處賊, 又結陣, 與京城金嶺[528]之賊合勢云。晶師自石城來到。

526 扶風(부풍): 충청남도 부여에 위치한 마을.

527 淸淮(청회): 경기도 水原과 烏山 근교에 있는 지명.

528 金嶺(금령): 경기도 龍仁을 일컫는 옛 지명.

22일。

이산 현감(尼山縣監: 金公輝인 듯)을 만나 군량 수송하는 일을 부탁하였다. 저녁이 되어서 유성(儒城)에 도착하였다.

○二十二日。

見主倅[529], 付託輸糧事。夕到儒城。

23일。

듣건대 추풍령(秋風嶺)의 적들이 중모(中牟: 牟東과 牟西)를 분탕질한 뒤 곧바로 삼기(三岐: 삼거리인 듯)에 도착하여 황령(黃嶺) 창의군(昌義軍)의 군량과 군기를 전부 빼앗아갔다고 하니 통탄스러웠다.

우리 충보군(忠報軍)의 군인 정대춘(鄭大春)이 보은(報恩)에서 왔는데 말하기를, "아군이 전날 화령(化寧: 상주의 서부지역)의 전투에서 양군이 서로 합세하여 심히 많은 적을 사살했으나 부장(部將) 김천상(金天祥)과 군인 4명이 해를 입었다."라고 하니, 지극히 놀라고 참담하였다.

○二十三日。

聞秋風[530]之賊, 焚蕩中牟, 直到三岐, 黃嶺昌義陣軍糧軍器, 沒

529 主倅(주쉬): 金公輝(1550~1615)인 듯. 1582년 청암찰방을 지내고 세 번 금오정랑을 지냈으며, 두 번 사포 별좌를 지냈다. 상의원주부를 거쳐 이산현감을 지내고, 진위현령을 거쳐 형조좌랑, 양근군수, 호조정랑을 역임하였다. 파주목사와 오천군수를 지내고 도감을 거쳐 통정대부에 올랐다.

530 秋風(추풍): 秋風嶺. 충청북도 영동군 추풍령면과 경상북도 김천시 봉산면의 경계에 있는 고개.

數被奪云, 可痛。本軍人鄭大春, 自報恩入來, 言: “我軍頃於化寧之戰, 兩軍相合, 射殺甚多, 而但部將金天祥及軍人四名遇害云, 極爲驚慘。

24일。

유성(儒城)에서 얻은 곡식은 인백(仁伯: 李元長)이 이미 방아를 찧어두었기 때문에 다음날 회덕(懷德)으로 수송하였다.{협주: 쇄마(刷馬)는 고을 수령이 내준 것이다.}

구충원(具忠源)이 호남에서 얻은 군량과 군기(軍器)들을 가지고 들어왔는데, 얻어 온 것이 자못 넉넉하였으나 쇄마가 부족할 듯해 보여 마음이 답답하였다. 주안(周岸)으로 달려가 도착하여 그곳의 탑산암(塔山菴)에 묵었다.

○二十四日。

儒城所得之穀。仁伯已舂置。故以明日輸送懷德。{刷馬主倅所出.}具忠源領湖南所得糧械入來, 所得頗優, 刷馬似不足, 可悶。馳到周岸[531], 宿塔山菴[532]。

25일。

옥천(沃川)에 도착했는데, 고을의 거주지가 다 타버리고 재만이 남아있어서 보기에 매우 참혹하였다. 군(郡)의 치소(治所)가 옮겨져

531 周岸(주안): 충청북도 청주목의 治所 남동쪽에 있었던 고을. 朱崖라고도 했다.
532 塔山菴(탑산암): 塔山寺. 충청북도 옥천군 죽향리 탑산리골에 사찰.

향교(鄕校)에 있었기 때문에 가서 묵었다.{협주: 구충원(具忠源)이 짐바리를 가지고 저녁이 되어 들어왔다.}

○二十五日。

到沃川，邑居只餘灰燼，所見極慘。郡治移在鄕校。故往宿焉。{具忠源領卜物，乘夕入來.}

26일。

큰 눈이 내려 평지에는 1자 정도 쌓여 사람의 자취가 통하기 어려워 다닐 수가 없었다.

○二十六日。

大雪，平地積尺許，人跡難通，不能作行。

27일。

안읍(安邑)에 도착했는데, 의병장 조여식(趙汝式: 趙憲)의 묘가 길가에 있었기 때문에 가서 조문하였다.{협주: 문집에 제문이 있다.}

종침정(鍾沈亭)에 도착했는데, 밤이 깊은 지 이미 오래되었다.

○二十七日。

到安邑[533]。趙義將汝式之墓，在路傍，故入弔。{有祭文.}到鍾沈[534]，夜暗已久。

533 安邑(안읍): 충청북도 沃川郡 安內面과 安南面 지역에 있었던 縣이름.

534 鍾沈(종침): 충청북도 報恩郡 동쪽에 있는 마을.

28일.

회남(淮南)에서 대사(大寺: 법주사)에 도착하니, 대장(大將: 김홍민) 이하 모두가 와서 모였는데 온 군대가 모두 무사하였다. 지중(止仲: 趙翊의 막내동생 趙竣의 자) 또한 나와 기다렸는데, 어머니가 안녕하여 위안이 되고 다행이었다. 대장을 직접 뵙고 아뢰는 범절을 다 마친 후에 복천암(福泉庵)에 올라서 어머니를 뵈었다.{협주: 지난번 황령(黃嶺)이 분탕질 될 즈음 노동(蘆洞) 사람들 전부 피란을 갔는데 심중(審仲: 趙竑) 또한 가솔들을 거느리고 이곳에 왔다.}

○二十八日。

自淮南[535]到大寺, 大將以下俱來會, 一陣俱無事。止仲[536]亦來待, 慈氏候平安, 慰幸。面陳凡節後, 上福泉省慈氏。{頃者, 黃嶺焚蕩之際, 蘆洞人沒數移避, 審仲亦挈家來此.}

29일.

중부장(中部將) 신경징(申景澄)이 함창(咸昌)에 매복을 두어 왜적 2명의 머리를 베었고 또한 활을 쏘아 죽인 것도 많았는데 해가 저물었을 때 들어와 바깥 처소에서 받았다.

○二十九日。

中部將申景澄, 自咸昌設伏, 斬倭兩級, 亦多射殺, 日昏時入來, 受於外次。

---

535 淮南(회남): 충청북도 報恩郡 淮南面을 일컫는 고을.

536 止仲(지중): 趙翊의 막내동생 趙竣(1568~1605)의 字.

30일。

진중(陣中)의 일로 대장(大將: 김홍민)에게 가서 뵙고 돌아왔다. 대장의 맏아들이 여러 날 아파 누워 있어서 가여웠다.{협주: 병이 여기(癘氣: 전염병)인 듯했기 때문에 아이를 다른 곳으로 피접하여 편안히 있게 하였다.}

○三十日。

以陣中事, 往拜大將而還。大將胤子, 累日痛臥, 可憫。{症似癘氣, 故使裕兒移避他處.}

• 12월 정해삭

1일。

대장(大將: 김홍민)이 대사(大寺: 법주사)에서 모이기로 해서 나 또한 내려가 보고서 초안을 함께 논의하였으니 대개 왜적의 머리를 바치는 일이었다.

백씨(伯氏: 趙靖)가 임하(臨河)에서 돌아왔는데, 몇 달 동안 가슴 속으로 울적하며 우려하던 끝이라 반갑고 좋은 것이야 무엇으로 비유하겠는가. 또 여러 가솔들도 모두 편안하다니 다행이었다.

十二月丁亥。一日。

大將會大寺, 吾亦下去, 同議報草, 蓋爲獻馘事。伯氏自臨河返駕[537], 數月鬱陶[538]憂慮之餘, 欣豁何喩? 且諸眷俱安穩, 可幸。

2일。

좌부군(左部軍)이 밤에 성에 머물러 있는 적을 습격하여 적 1명의 머리를 베고 말 4마리를 노획하였다.

○二日。

左部軍, 夜擊留城賊, 斬一級, 得馬四頭。

3일。

내일은 곧 선친(先親: 趙光憲)의 제삿날인데, 백씨(伯氏: 趙靖)와 함께 재계하고 하루 내내 지내야겠다.

○三日。

明日, 乃先君[539]忌辰, 與伯氏, 齋居終日。

4일。

새벽에 일어나 지방을 설치하여 간소하게나마 제사를 지내려니, 하늘에 미치지 않을 애통함이 집에 있을 때보다도 더욱 심하였으나 제사를 지냈다.

○四日。

晨起, 設紙牓, 略行奠儀, 昊天靡及之慟, 尤有甚於在家而行

537 返駕(반가): 수레를 되돌린다는 뜻으로, 멀리 떠난 사람이 다시 돌아가거나 돌아옴을 이르는 말.

538 鬱陶(울도): (마음이) 매우 답답하고 근심스러워 즐겁지 않음.

539 先君(선군): 趙光憲(1534~1588). 본관은 豐壤, 자는 叔度. 아버지는 趙禧이고, 장인은 洪胤崔이다.

事也。

5일。

전 부장(前部將) 이제경(李悌慶)이 상주 땅에 복병을 배치하여 상주성에 머물러 있는 적을 밤에 습격해 베어 죽인 것이 극히 많아 다행이었으나, 승군(僧軍) 초언(楚彦)이 손으로 왜적 2명을 쳐서 곧장 땅에 엎어놓았지만 이로 인해 적의 칼날에 상처를 입고, 군인 수천(守千)도 적을 베었으나 적에게 해를 입게 되어서 지극히 놀랍고 참혹하였다.

○五日。

前部將李悌慶, 設伏于尙州地, 夜擊留城賊, 斬殺極多, 可幸。而僧軍楚彦, 手擊二倭, 卽仆地, 因傷賊劒, 軍人守千, 亦斬級而爲賊所害, 極爲驚慘。

6일。

정기룡(鄭起龍)이 관직(官職: 판관)을 맡은 뒤로 적의 진을 드나들며 베어 죽인 공이 많이 있었는데, 하도(下道: 경상도)에 있었을 때도 또한 전투에서 세운 공(功)으로 군사들 사이에서 이름이 널리 알려졌다고 하였다.

○六日。

鄭起龍莅官之後, 出入賊陣, 多有斬殺之功, 在下道時, 亦以軍功得名行伍間云。

8일。

백씨(伯氏: 趙靖)가 권종경(權從卿: 權景虎)과 함께 황령사(黃嶺寺)로 가서 함창(咸昌) 가수(假守: 임시 수령)를 만났으니, 대개 진중(陣中)의 일을 의논하고자 해서였다.

○八日。

伯氏與權從卿, 往見咸昌假守於黃嶺寺, 蓋議陣中事也。

9일。

듣건대 적에게 포로가 되었던 사람이 당교(唐橋)의 적진 속으로부터 문서를 가지고서 석방되어 나왔다고 하였다.

○九日。

聞被擄人, 自唐橋陣中, 持文書許放而來。

10일。

김성발(金聲發)·홍우민(洪友閔)이 군기(軍器)를 가지고 들어왔다.

○十日。

金聲發·洪友閔。持軍器入來。

11일。

두 곳에 진(陣)을 쳤는데, 한 곳은 상주(尙州)·공성(功城)·중모(中牟)·화령(化寧)에 출몰하는 적을 방어하려는 것이고, 또 한 곳은 보은(報恩)·황간(黃澗)에 왕래하는 적을 막으려는 것이었다. 그리하여 김순근(金純謹)을 도총(都摠)으로 삼고서 김봉수(金峯壽)가 군량을 조달하고 김공근(金恭謹)이 군졸에게 먹이는 것을 주관하도록 하였다. 이억경(李億慶)을 수병장(收兵將)으로, 김득려(金得礪)를 선봉장(先鋒將)으로, 이제경(李悌慶)을 돌격장(突擊將)으로, 김덕민(金德民)을 독후장(督後將)으로 삼고, 김성문(金聲聞)은 병기(兵器)를 다스리게 하였다. 고을에서 부호들이 다투어 소를 잡아서 날마다 군사들을 먹게 하였다.

○十一日。

設陣兩處, 一以拒尙州·功城·中牟·化寧出沒之賊, 一以捍報恩·黃澗往來之賊。以金純謹爲都摠, 而金峯壽調軍糧, 金恭謹主軍饋。李億慶爲收兵將, 金得礪爲先鋒將, 李悌慶爲突擊將, 金德民爲督後將, 金聲聞治兵械。鄕之富室饒戶, 爭先擊牛, 日以餉軍。

13일。

새벽에 대장(大將: 김홍민)의 맏아들이 병으로 일어나지 못하고 죽었으니, 참혹함을 차마 말할 수가 없었다. 장차 산속에 가매장하려 했기 때문에 두 동생(趙竑과 趙竣)이 여러 도구를 가지고 가서 겨우 흙이라도 덮어 장사지낼 방도를 헤아려 처리하였다.{협주: 대장은 여유로운 듯 자제하려 애쓰면서 억지로라도 음식을 먹고 진중의 일을 처리하니 다행스러웠다.}

○十三日。

曉, 大將胤子不起疾, 慘愕不忍言。將權厝[540]于山內, 故與兩弟治諸具以往, 料理掩土[541]之道。{大將以理寬抑, 强進食飮, 爲陣事,

可幸.}

15일。

상의군(尙義軍: 상주에서 기병한 金覺 휘하의 의병)의 좌막(佐幕: 참모) 김홍경(金弘慶)이 관문(關文: 공문서)을 가지고 왔는데, 대개 관군과 의병을 합하여 감문(甘文)의 적을 토벌하는 일이었다.

○十五日。

尙義佐幕金弘慶[542]持關文來到。蓋爲合官義兵。討甘文[543]賊事。

16일。

삼부군(三部軍)의 장수들이 모여 매복을 설치하려는 계획을 세우고 영을 내렸다.

"신하가 나라를 위해 적을 토벌하는 것이야 흔한 일일러라. 머리를 바쳐 공을 바라는 것은 의리상 옳지 않도다."

어떤 자가 말했다.

"공(公)의 말씀은 옳습니다. 그러나 여러 장수 가운데 공(公)을 따라 힘껏 싸운 자들로서 공을 세워 이름을 떨치고자 하는 마음이 없

---

540 權厝(권조): 정식으로 산자리를 쓸 때까지 임시로 시체를 매장해 두는 것.

541 掩土(엄토): 겨우 흙이나 덮어서 간신히 지내는 장사.

542 金弘慶(김홍경, 1567~?): 본관은 金山, 자는 吉伯. 상주 출신이다. 1615년 식년시에 급제하였다.

543 甘文(감문): 경상북도 金陵君 감문면과 開寧面 지역에 걸친 고을.

겠습니까? 결국에는 반드시 태만해질 것입니다."

"그러하다면 그대의 말이 옳도다. 모름지기 힘써 싸워서 많이 노획하는 것으로 마음을 쓰도록 하라."

○十六日。

聚三部軍將, 爲設伏之計, 令曰: "人臣之爲國討賊, 例也。獻首要功, 於義不可." 或曰: "公之言善矣。而諸將之從公力戰者, 其無功名之心乎? 其終必怠矣." 曰: "然則君言善矣。須力戰以多獲爲心."

17일。

삼부군(三部軍)이 활 쏘는 것을 익히고 재주를 시험하기 위하여 황령(黃嶺) 등지에 내보냈는데, 그 수가 300명에 가까웠다.

○十七日。

三部軍習射試才, 出送黃嶺等地, 其數近三百人。

18일。

이응길(李應吉)이 상의군(尙義軍)의 통문을 가지고 왔는데, 내일 보은(報恩)의 마래리(馬來里)에서 모이기로 약속한 것으로 대략 힘을 같이하여 세를 합하자는 뜻이었다.

대장(大將: 김홍민)은 자식을 잃은 뒤라서 정신과 기운이 불편하여 나를 대신 보냈다.

○十八日。

李應吉持尙義陣通文而來, 以明日約會於報恩馬來里, 蓋同力合勢之意。大將慘慽[544]之餘。氣且不平。以余代送。

19일。

아침 일찍 마래리(馬來里)로 달려가니, 여러 의병진의 우두머리들이 모두 회동하여 약속을 정하였다. 상주 목사(尙州牧使) 김해(金澥), 충보장(忠報將) 김홍민(金弘敏){협주: 대신 소모관(召募官) 조익(趙翊) 참석}, 선산 부사(善山府使) 정경달(丁景達), 조방장(助防將) 선의문(宣義問), 상주 판관(尙州判官) 정기룡(鄭起龍), 상의장(尙義將) 김각(金覺), 보은 현감(報恩縣監) 구유근(具惟謹), 창의장(昌義將) 이봉(李逢){협주: 대신 좌막(佐幕) 조정(趙靖) 참석}, 충의장(忠義將) 이명백(李命百), 숭의장(崇義將) 노경임(盧景任) 등 {이 9진(陣)을 좌위(左衛)로 삼았다.}. 정기룡·선의문·구유근은 장수로 삼아 배속시켰다. 영동 현감(永同縣監) 한명윤(韓明胤), 황의장(黃義將) 박이룡(朴以龍), 회의장(懷義將) 강절(姜節), 청의장(靑義將) 남충원(南忠元), 진잠 현감(鎭岑縣監) 변호겸(邊好謙), 회덕 현감(懷德縣監) 남경성(南景誠), 황간 현감(黃澗縣監) 박명열(朴命說) 등 {이 7진(陣)을 우위(右衛)로 삼았다.}. 남경성·박명열은 장수로 삼아 배속시켰다. 이번 달 25일에 하도(下道: 경상도) 의병장 김면(金沔)과 합세하여 감문(甘文)·선산(善山) 두 고을에 있는 적을 공격하기로 도모하였는데, 이 의론을 주장한 자는 상의장(尙義將)과 영동 현감이었다.

---

544 慘慽(참척): 자손이 부모나 조부모보다 먼저 죽는 일.

○十九日。

早赴馬來里。諸陣帥俱會定約。尙州牧金澥，忠報將金弘敏{代以召募官趙翊}，善山倅丁景達[545]，助防將宣義問[546]，尙判官鄭起龍，尙義將金覺，報恩倅具惟謹，昌義將李逢{代以佐幕趙靖}，忠義將李命百[547]，崇義將盧景任[548]{以右九陣，爲左衛.}。以鄭起龍·宣義問·具惟謹，將而屬之。永同倅韓明胤[549]，黃義將朴以龍，懷義將姜節[550]，靑義將南忠元[551]，鎭岑倅邊好謙，懷德倅南景

545 丁景達(정경달, 1542~1602): 본관은 靈光, 자는 而晦, 호는 盤谷. 1592년 임진왜란이 일어나자 선산군수로서 의병을 모으고 관찰사 金誠一, 병마절도사 曺大坤과 함께 奇略을 써서 적을 金烏山 아래에서 대파하였다. 1594년에는 당시 수군통제사 李舜臣의 啓請으로 그의 從事官이 되었다.

546 宣義問(선의문, 1548~?): 본관은 寶城, 자는 汝晦. 1585년 식년시 무과에 급제하고, 대구도호부사를 역임하였다. 임진왜란 때 의병장 崔慶會의 副將으로 활약하였다.

547 李命百(이명백, 생몰년 미상): 본관 加平, 호는 한포재. 趙憲의 문인이다. 1592년 임진왜란 때 보은에서 왜적을 방어하다 赤巖에서 전사하였다.

548 盧景任(노경임, 1569~1620): 본관은 安康, 자는 弘仲, 호는 敬菴. 1592년 임진왜란이 일어나자 고향에 돌아와서 의병을 모집하여 왜군에 대항하였다. 1594년 사헌부지평이 되었고, 그 뒤 예조좌랑·江原道巡按御使가 되어 삼척부사 洪仁傑의 비행을 적발, 보고하였다. 그 뒤 다시 지평을 거쳐 예조정랑이 되었고, 體察使 李元翼의 종사관이 되어 三南地方을 순찰하면서 임기응변으로 일을 잘 처리하여 그의 신임을 얻었으며, 1597년 이원익의 지시를 받고 올린 전쟁 상황의 상세한 보고로 선조의 신임을 얻어 교리로 임명되었다.

549 韓明胤(한명윤, 1542~1593): 본관은 淸州, 자는 晦叔. 1590년 영동현감으로 부임하여 치적을 올렸다. 1592년 임진왜란이 일어나자 영동에서 의병을 모아 용전하여 조정에서는 그 충성스럽고 용감성을 가상히 여겨 품계를 올려 주고 助防將을 겸하게 하였다. 1593년 상주목사로 防禦使를 겸임하고, 같은 해 10월에 전사하였다.

誠[552], 黃澗倅朴命說{以右七陣, 爲右衛.}。以南景誠·朴命說, 將而屬之。以今月二十五日, 與下道義兵將金沔合勢, 謀擊甘文·善山兩邑之賊, 主此議者, 尙義將及永同倅。

20일。

백씨(伯氏: 趙靖)와 함께 곧바로 복천암(福泉庵)으로 돌아와 어머니를 뵈었다.

저녁에 대사(大寺: 법주사)로 내려가 병사들을 합하는 일로 대장(大將: 김홍민)에게 고하였다.

○二十日。

與伯氏, 直還福泉, 省慈氏。夕下大寺, 以合兵事, 告于大將。

21일。

의소(義所)를 세웠다. 군관(軍官)이 비밀 관문(關文: 공문서)을 가지고 징병하는 일로 찾아와서 즉시 소속된 곳에 그 관문을 보내어 널리 알렸다.{관문의 내용에 이르기를, "여러 의병을 규합하여 적진을 차례

---

550 姜節(강절, 1542~?): 본관은 晉州, 자는 和仲. 懷德 출신이다. 1576년 식년시에 급제하였다. 군자감정, 贊儀, 종부시정 등을 역임하였다.

551 南忠元(남충원, 생몰년 미상): 본관은 固城. 감찰을 역임하고, 1597년 정유재란 때 청양 현감으로 있으면서 왜적에게 잡혀 포로가 되어 일본에 끌려갔다가 1601년 방환되었다.

552 南景誠(남경성, 1558~?): 본관은 宜寧, 永同 출신이다. 1584년 별시 무과에 급제하였다. 1592년 임진왜란 때 영동 현감 韓明胤을 따라 적을 토벌하였다.

로 깨끗이 소탕하려 하니, 각자 소속된 의병들로 이번 달 24일 직산(稷山)으로 달려오라."는 것이었다.}

○二十一日。

建義所。軍官持密關，以徵兵事來，卽於所屬處，移文以通。{關辭曰: "糾合諸兵，痛掃賊陣次，各其所屬義兵，今月二十四日，稷山馳及事.}

23일。

여러 부장(部將)이 상주(尙州)의 백갈(白葛)에서 접전하여 적을 무수히 쏘아 죽이고 왜적 4명의 머리까지 베며 기마(旗馬)와 환도(還刀) 등 물건을 빼앗아 날이 저물어서야 들어왔는데, 깃발을 설치하고 미륵전(彌勒殿) 앞에 나아가 받았다.

○二十三日。

諸部將等，接戰于尙州白葛，射殺無數，斬四級，奪旗馬環刀等物，日夕入來，設旗出受于彌勒殿前。

24일。

대장(大將: 김홍민)이 복천암(福泉庵)으로 올라오고, 황적(黃迪)이 주안(周岸)에서 들어와, 본진(本陣: 충보군)에서 올리는 상소문을 행조(行朝: 행재소)에 가지고 가는 일을 의논하였다.

○二十四日。

大將上福泉，黃迪自周岸入來，議本陣陳疏欲赴行朝事。

25일。

대장(大將: 김홍민)이 나에게 상소문을 짓도록 하였다.

○二十五日。

大將使余製疏。

26일。

대사(大寺: 법주사)로 내려가 상소문에 내용을 더할 것이 있는지 쓸모없는 구절을 지울 것이 있는지 논의하고 진원룡(陳元龍)에게 상소문을 정서하게 하였다.

○창의군(昌義軍)에서 나아가 의논할 일이 있어 백씨(伯氏: 趙靖)가 또 순찰사영(巡察使營)으로 가는데 추운 날 멀리 가는 길이라 실로 마음이 답답하고 염려되었다.

○二十六日。

下大寺, 議疏辭加删削, 令陳元龍寫疏。○昌義陣, 有進議事, 伯氏又作營行, 寒程遠役, 實爲悶慮。

27일。

여러 유사(有司)로 하여금 군공(軍功)을 나누어 써서 각기 책으로 만들게 하였는데 밤이 깊어서야 끝났다.

○二十七日。

令諸有司。分書軍功, 成冊各秩, 夜深乃罷。

29일。

오늘은 섣달 그믐날이다. 해가 장차 바뀌고 있는데도 적의 기세는 오히려 치성하여 고향 산천을 서글프게 바라보니 감회가 끝없이 일어났다.

○二十九日。

今日, 乃除夕[553]。歲律將更, 賊氛尙熾, 悵望家山, 感懷難定。

553 除夕(제석): 한 해의 마지막 날인 섣달 그믐날을 가리키는 말.

만력
계사년(1593)

• 1월 병진삭

1일。

지방(紙牓)을 설치하고 간소하게나마 선조의 신위(神位)들에게 제사를 지냈다.

癸巳正月 丙辰。一日。

設紙牓，略行奠儀於祖先諸位。

2일。

여러 유사(有司)가 활집과 화살통을 갖추고 상소문을 올리고자 길을 떠나서 교문(橋門: 법주사 입구 水晶橋)까지 배웅하고 돌아왔다. 대개 의병을 모집한 뒤로 참획한 바가 다수를 차지하였지만, 행재소(行在所)로 가는 길이 막혀 한 번도 직접 진달하지 못하다가 오늘에서야 비로소 상소문을 갖추어 사인(士人) 황적(黃迪)과 서리(書吏) 정언(鄭鷗)으로 하여금 상소문을 가지고 가게 하였다. 외로운 충성으로 나라를 짊어짐에 미처 목숨 한번 다 바치지 못하다가, 그네들을 천 리 먼 길을 보내려니 괴로운 마음을 짐작할 수 있었다.

○二日。

與諸有司, 具櫜鞬[1], 拜疏而出, 陪至橋門而還。蓋募兵之後, 斬獲居多, 而行朝阻隔, 一未直達, 今始具疏, 令士人黃迪·書吏鄭鷗陪進。孤忠負國, 未效一死, 送君千里, 苦意可想。

4일。

대장(大將: 김홍민)과 회동하여 원 상소문 가운데 약간 글귀를 지우고 고쳐 바로잡을 것들을 의논하였는데, 대개 동궁(東宮: 광해군)에게도 아울러 진달하기 위함이었다. 청주(淸州)의 아전 주천남(周瑞男)으로 하여금 상소문을 정서하게 하였다.

○四日。

與大將會議, 就元疏中, 略加删改, 蓋欲竝達東宮也。令淸州吏周瑞男寫疏。

6일。

대장(大將: 김홍민)이 여러 막료(幕僚) 및 부장(部將)들을 거느려 좌우로 줄지어 서서 상소문 서찰에 절하고 파하였다.{협주: 우부장(右部將) 민천길(閔天吉)과 후부장(後部將) 박광국(朴匡國)이 상소문 서찰을 가지고 황적(黃迪)의 집으로 돌아갔다.}

○六日。

大將率諸幕僚及部將等, 列立左右, 拜書[2]而罷。{右部將閔天吉[3]·

1 櫜鞬(고건): 활과 화살을 넣어 등에 지고 다니는 물건.

2 拜書(배서): 글에 절을 한 뒤 왕에게 올리는 것.

後部將朴匡國, 持書歸黃迪之家.}

7일。

대장(大將: 김홍민)이 호우(湖右: 충청북도)로 향해 출발했는데, 건의대장(建義大將: 沈守慶) 및 여러 도주(道主: 관찰사)를 배알하길 요구하여 이욱(李勖: 趙翊의 매부)·이민갑(李民甲)·김덕민(金德民)과 내가 동행하였다. 낮에는 산북(山北) 윤담(尹潭)의 집에서 밥을 지어 먹고, 눈 오는 것을 무릅쓰고서 청천군(青川軍)에 도착하였다.

○七日。

大將發向湖右[4], 要拜建義大將[5]及諸道主, 同行李勖·李民甲·金德民及吾也。午炊於山北尹潭家, 冒雪到青川陣。

---

3 閔天吉(민천길, 1564~?): 본관은 驪興, 자는 叔善. 1583년 별시 무과에 급제하였다. 음관으로 僉正을 지냈다.

4 湖右(호우): 충청북도를 달리 이르던 말.

5 建義大將(건의대장): 沈守慶(1516~1599)을 가리킴. 본관은 豊山, 자는 希顔, 호는 聽天堂. 1562년 靖陵(中宗陵)을 이장할 때, 경기도관찰사로 大輿가 한강을 건너는 船艙 설치를 하지 않은 죄로 파직되었다. 뒤에 대사헌과 8도 관찰사를 역임하였으며, 청백리에 녹선되었다. 1590년 우의정에 오르고 기로소에 들어갔다. 1592년 임진왜란이 일어나자 연로하기 때문에 임금을 호종하지 못하고 충청도 內浦로 피난하였다가 마침 그 지역에 의병이 결성되자 우두머리로 추대되고 조정으로부터 도체찰사로 임명된 후 다시 충청도지역의 의병을 총괄하는 建義大將으로 직함이 바뀌었다. 이때 각처에 분산된 의병을 규합, 수만 명의 의병으로 한두 곳의 왜병소굴을 공격하려고 계획을 세웠으나 호응이 적어 실현을 보지 못하고 말았다. 난중에 靖陵이 왜군에 의해 파헤쳐져 시신이 노출되고 玉體 여부를 판별하기 어려운 사건이 일어나자 耆舊大臣으로 典故에 밝다 하여 領中樞府事에 임명되어 이를 奉審·수습하였고, 왜란이 끝난 뒤 83세의 고령으로 致仕한 후 과천으로 은거하였다.

8일。

대장(大將: 김홍민)의 일행이 출발하고 나는 뒤처져서 공림사(空林寺)로 달려갔는데 의병장 박춘무(朴春懋: 朴春茂의 오기)가 죽산진(竹山陣)이 있었던 곳에서 와 주성암(酒城菴) 부근에 있다는 것을 들었기 때문에 찾아가 만났다. 죽산(竹山)에서 지난해 있었던 교전 과정을 물으니, 의병장들이 군사를 거느리고 먼저 나아가고 몇 개의 고을수령들이 동시에 진군하자 적군이 또한 기세가 꺾여서 도망치려는 모습이 드러났으나, 병사(兵使: 李沃)가 관망하고 들어오지 않으니 적군의 인접한 진영이 달려와 지원하여 아군이 장차 물러나야 할 즈음에 이르러 피해가 매우 많았다고 하였다. 아아! 병사(兵使)가 다만 정예병을 끼고서 군기(軍機)를 그르치는데 이르렀으니 만약 그 죄를 논하자면 만 번 죽인들 어찌 아깝겠는가.

○八日。

大將發行, 吾則落後, 馳到空林寺[6], 聞朴義將春懋[7], 自竹山[8]陣所來, 在酒城菴[9]近地, 故歷見。問竹山歲前[10]交戰之由, 義將領

---

6 空林寺(공림사): 충청북도 괴산군 청천면 사담리 남서쪽 자락에 있는 절.

7 朴義將春懋(박의장춘무): 의병장 朴春茂(생몰년 미상)의 오기. 본관은 順天, 호는 花遷堂. 察訪을 거쳐, 1592년) 임진왜란 때 倡義使가 되어 의병을 일으키고 趙憲과 함께 호서지방을 지키는 데 큰 활약을 하였다. 鍼灸術이 뛰어나 醫官으로도 활약하였으며, 뒤에는 지방관으로 1597년 정유재란 때는 林川郡守를 역임하고, 이듬해는 富平府使 등을 지냈다.

8 竹山(죽산): 경기도 안성시 남동쪽에 위치한 고을.

9 酒城菴(주성암): 충청북도 沃川郡 靑山面에 있는 암자인 듯. 청산면의 동쪽은 경북 상주시 牟西面, 서쪽은 靑城面, 남쪽은 영동군 龍山面, 북쪽은 보은군 馬

兵先赴, 數邑守令, 同時進兵, 賊亦勢窮, 顯有遁去之狀, 兵使[11] 觀望不入, 賊之隣陣, 馳赴來援, 我軍將退之際, 被傷甚多云。 噫! 兵使徒擁重兵, 致誤軍機, 若論其罪, 萬死何惜。

9일。

임시숙소에 돌아왔다. 상의장(尙義將: 金覺)과 선산 부사(善山府使: 丁景達)의 비밀 관문(關文: 공문)에 의하면, 두 왕자(王子: 臨海君과 順和君)가 다음달 2일에 경성(京城)에서 출발할 것이니 그날에 맞춰 관군과 의병이 합세하여 죽현(竹峴) 길을 엄습하자는 것이었다.

老面·三升面에 접한다. 청산현에 北面, 東面, 縣內面과 南面, 西面, 酒城面 등 6개의 면이 있었던 것이 청산면이 되어 옥천군에 편입되었다.

10 歲前(세전): 1592년 12월 26일 치러진 竹山 終排 전투를 가리킴. 충청도 연합군이 접근하자 일본군은 보루를 지키면서 나오지 않았는데, 일선의 의병장과 수령들은 적극적인 공세를 주장하였지만 이들을 지휘하던 충청병사 이옥은 후방에서 전세를 관망하고 있었다. 이로 인해 충청감사 許頊과 건의부장 曺大坤이 전면으로 나서게 된다.

11 兵使(병사): 충청병사 李沃을 가리킴. 《선조실록》 1593년 1월 12일 6번째 기사에 의하면, "忠淸兵使 李沃은 변란 이후부터 머뭇거리면서 물러나 움크린 것이 한두 번에 그친 것이 아닙니다. 淸州의 전투에서는 군사를 옹위하여 들어가지 않다가 靈圭가 성을 함락시킨 뒤에야 비로소 들어가 웅거하였는데 적이 되돌아올까 두려워하여 즉시 성을 헐고 곡식을 태우게 하고 버리고 지키지 않았으므로 청주의 사람들이 그의 살점을 먹으려고 하였는데 마침내는 적을 물리친 것을 자기의 공으로 삼아 거짓으로 보고하여 상을 받았으니 이미 무상한 것인데다 저 終排의 전투에서는 主將으로서 15리 밖에 진을 치고 진격하여 토벌할 의사가 없었으니 軍律로 논하여 重典으로 처치함이 옳습니다. 그런데도 감히 거만하게 장계하여 죄가 없는 사람인 것같이 하였으니 그가 군율을 멸시하고 조정을 가볍게 여긴 것이 심합니다."고 되어 있다.

노통진(盧通津: 盧大河)이 우리 충보군(忠報軍)에 첩문(帖文: 문서)을 내렸는데, 함창(咸昌)에 있는 군사들로 하여금 대현(大峴)으로 옮겨 진을 치게 하는 것을 여러 장수와 함께 논의해 처리하자는 것이었다.{협주: 안삼룡(安三龍)을 보내어 우리 충보군이 있는 곳을 탐지하였다.}

○九日。

還寓。尙義將及善山倅密關內, 兩王子來初二, 發自京城, 計其日, 期官義兵合勢, 欲爲掩擊竹峴之路云云。盧通津下帖于本陣, 使在咸之軍, 移陣大峴, 與諸將議處。{送安三龍, 探知本軍在處.}

12일。

진영(陣營)에 양식이 떨어질까 염려하여 군량미 50여 말을 보냈다.

○대장(大將: 김홍민)이 전의(全義)에서 서찰을 보내 일행이 무사함을 알려주니 다행스러웠다. 그러나 죽산(竹山)의 전투에서 또 불리한 것으로 들려와 비통하였다.

○十二日。

慮陣糧絶。送軍米五十餘斗。○大將自全義[12]移書。知一行無事, 可幸。而竹山之戰, 聞又不利, 可痛。

13일。

다섯 부장(部將)이 상주(尙州)에서 들어와 10일 외남(外南)에 도착

---

12 全義(전의): 충청남도 燕岐郡에 위치한 고을.

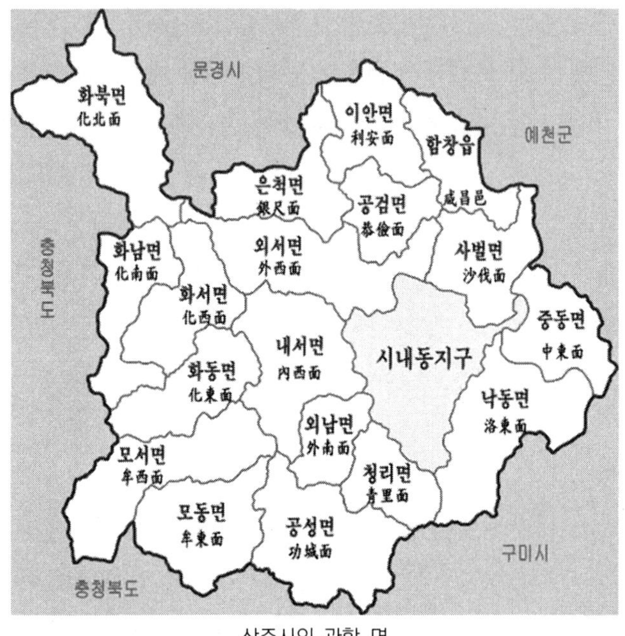

상주시의 관할 면

했다가 밤을 틈타 청리(青里)로 나아갔다. 상주 판관(尙州判官: 정기룡)·상의군(尙義軍)·영의군(永義軍)이 모두 모여 장차 죽현(竹峴)에 매복을 설치하기로 계획하였다. 공성(功城)에서 분탕질한 왜적 200여 명이 청리를 지나다가, 즉시 군대를 돌려서 반포(半浦)에 이르러 큰 전투가 벌어져 죽거나 다친 이가 무수했고 추격하여 오갈지(烏渴池) 앞까지 이르렀지만, 상주성(尙州城) 안의 적들이 합세할까 두려웠다. 또한 양식도 떨어져 군대를 선산(善山)으로 돌렸으나 사람의 모습도 그림자도 없으니, 임금을 위하여 적을 토벌하는 뜻을 과연 이렇게 할 수가 있는가. 심히 원통하고 분하였다.

○十三日。

五部將等, 自尙州入來, 初十日, 到外南, 乘夜進靑里。尙判官·尙義軍·永義軍皆會, 將設伏竹峴計。功城焚蕩賊二百餘倭, 過靑里, 卽回軍, 到半浦[13]大戰, 殺傷無數, 追至烏渴池[14]前, 恐城內之賊合勢。且糧乏, 還軍善山, 則無形影, 爲君父討賊之意, 果若是乎? 深可痛惋。

14일。

우리 도(道)의 과거 기일이 24일이지만 진중(陣中)에 함께 일하는 무부(武夫)들이 모두 이미 흩어져 돌아갔고, 군사들이 모일 시기도 미처 알리지 못했으니 한스러웠다.

○十四日。

本道試期, 在二十四日, 陣中同事人武夫, 皆已散歸, 聚軍之期, 未得布示, 可恨。

15일。

조보(朝報)를 얻어 보건대, 당장(唐將: 명나라 장수) 설번(薛藩)이 황제(皇帝: 명나라 神宗)에게 올린 상소문에 "천병(天兵: 명나라 군)이

13 半浦(반포): 경상북도 상주시 청리면 원장리에 있는 자연부락. 半開는 마을 앞에 연못이 있었는데 매년 연꽃이 반만 피었다고 해서 붙은 이름이라고 하는데, 행정구역을 개편하면서 반포로 바꾸었다고 한다.

14 烏渴池(오갈지): 경상북도 상주시 가장동에 있는 저수지.

즉시 구호하지 않으면 우리나라가 위급하다."라고 아뢰니 글의 뜻이 매우 격동적으로 절실하여 사람으로 하여금 공경하여 일어나게 하니 중국에도 사람이 있다고 할 만하였다.

○十五日。

得見朝報, 唐將薛藩[15], 陳疏于皇帝, 言: "天兵不卽救, 本國之急." 而辭意甚激切, 令人起敬, 可謂中國有人。

17일。

대장(大將: 金弘敏)이 중로(中路)에서 관문(關文: 공문)을 보내왔는데, 건의군(建義軍: 沈守慶의 의병군)이 몹시 위급하다는 전언통신문(傳言通信文)이었다. 천병(天兵: 명나라 군)이 이미 숙천(肅川)에 도착하여 왜적의 장수들을 유인하여 1명은 사로잡았고 9명은 머리를 베었으며, 6일에는 명나라 군이 평양(平壤)을 포위하고 8일 사시(巳時: 오전 10시 전후)에 성을 함락시켜 왜놈들이 죄다 명나라 군사들에게 죽임을 당했으니 19위(衛) 가운데 18위가 모조리 죽었고 1위만 봉산(鳳山)으로 달아났으나 황주(黃州)에서부터 사살되어 그 수를 알지 못하나 왜적의 머리를 벤 것만도 100여 개이었으며, 9일 미시(未時: 오후 2시 전후)에는 선봉대가 황주에 도착하고 대군(大軍)도 10일에 황주에 도착했다고 하였다. 명나라 군대는 대장(大將) 2명, 유격장(遊擊將) 40명, 위장(衛將)과 부장(部將)이 2천여 명이라고 하였다.{협주:

15 薛藩(설번): 임진왜란 때 지원군 파병을 알리는 명나라 칙서를 가지고 조선에 온 명나라의 관리.

두 대장은 시랑(侍郎) 송응창(宋應昌)이고 총병(總兵) 이여송(李如松)으로 이성량(李成梁)의 아들이다. 유격장은 전세정(錢世禎: 錢世楨의 오기)·오유충(吳惟忠)·심유경(沈惟敬)·조승훈(祖承訓)이다. 도사(都司)는 장삼외(張三畏)·왕필적(王必迪)이다. 그 밖의 나머지는 다 기록할 수가 없다.} 황제의 위엄이 미친 곳은 모진 바람 앞의 풀 쓰러지듯 하고 이 조그마한 오랑캐를 치는 것은 태산을 들어 새알을 누르는 듯해 황제의 은혜가 여기에 이르렀으니, 사례할 바를 알지 못하였다.

○백씨(伯氏: 趙靖)가 하도(下道)에 갔다가 평안히 돌아왔으니 다행이었다.

○十七日。

大將在中路移關, 乃建義急急傳通也。天兵已到肅川, 誘引倭將, 一名生擒, 九名斬頭, 初六日, 天兵圍平壤, 八日巳時, 陷城, 倭奴盡爲天兵所殺, 十九衛十八衛盡死, 一衛逃走鳳山, 自黃州射殺, 不知其數, 斬首百餘級, 九日未時, 先鋒到黃州, 大軍十日到黃州云。天兵大將二員。遊擊將四十員。衛部將二千餘員云。{二大將, 侍郎宋應昌[16], 摠兵李如松[17], 成樑[18]之子。遊擊錢世禎[19]·

16 宋應昌(송응창, 1536~1606): 명나라 장수. 임진왜란 당시 1592년 12월 명군의 지휘부, 경략군문 병부시랑으로 부하인 제독 李如松과 함께 43,000명의 명나라 2차 원군의 총사령관으로 참전하였다. 그리고 조선의 金景瑞와 함께 제4차 평양 전투에서 평양성을 탈환한다. 그러나 이여송이 벽제관 전투에서 대패하자 명나라 요동으로 이동, 형식상으로 지휘를 하였다. 이후 육군과 수군에게 전쟁 물자를 지원해 주었고 전쟁 후 병이 들어 70세의 나이로 병사하였다.

17 李如松(이여송, 1549~1598): 명나라 장수. 朝鮮 출신인 李英의 후손이며, 遼東總兵으로 遼東지역의 방위에 큰 공을 세운 李成梁(1526~1615)의 長子이다. 임진

吳惟忠[20]·沈惟敬[21]·祖承訓[22]。都司張三畏[23]，摠兵王必迪[24]，其餘不能盡

왜란 때 防海禦倭總兵官으로서 명나라 구원군 4만 3천 명을 이끌고 동생 李如柏과 왔다. 43,000여의 明軍을 이끌고 압록강을 건넌 그는 休靜(1520~1604), 金應瑞(1564~1624) 등이 이끄는 조선의 僧軍, 官軍과 연합하여 1593년 1월 고니시 유키나가[小西行長]의 왜군을 기습해 평양성을 함락시켰다. 그리고 퇴각하는 왜군을 추격하며 평안도와 황해도, 개성 일대를 탈환했지만, 한성 부근의 碧蹄館에서 고바야카와 다카카게[小早川隆景], 다치바나 무네시게[立花宗茂] 등이 이끄는 왜군에 패하여 開城으로 퇴각하였다. 그리고 함경도에 있는 가토 기요마사[加藤淸正]의 왜군이 평양성을 공격한다는 말이 떠돌자 평양성으로 물러났다. 그 뒤에는 전투에 적극적으로 나서지 않고 화의 교섭에만 주력하다가 그 해 말에 劉綎(1558~1619)의 부대만 남기고 명나라로 철군하였다.

18 成樑(성량): 李成梁(1526~1615)의 오기. 명나라 말의 將令. 자는 汝契, 호는 引城. 遼寧省 鐵玲 출신이다. 조선인 李英의 후예로 遼東의 鐵嶺衛指揮僉事의 직위를 세습해 왔다. 1570~1591년 연간과 1601~1608년 연간 두 차례에 걸쳐 30년 동안 遼東總兵의 직위에 있었다. 이 기간에 그는 軍備를 확충하고, 建州女眞 5部, 海西女眞 4部, 野人女眞 4部 등으로 나뉘어 있는 여진의 부족 갈등을 이용하면서 遼東지역의 방위와 안정에 크게 기여하였다. 1573년 寬甸(遼寧省 丹東) 등에 六堡를 쌓았으며, 1574년 女眞 建州右衛의 수장인 王杲가 遼陽과 瀋陽을 침공해오자 이들의 근거지인 古勒寨를 공격해 물리쳤다. 그리고 建州左衛 女眞을 통제하기 위해 首長인 塔克世의 아들인 누르하치[努爾哈赤, 청 태조, 1559~1626]를 곁에 억류해 두었다. 1580년 이성량의 공적을 치하하는 牌樓가 皇命으로 廣寧城(遼寧省 錦州)에 세워질 정도로 그는 明의 遼東 방위에 큰 공을 세웠다. 1582년 王杲의 아들인 阿台가 다시 군사를 일으키자 古勒寨를 공격해 1583년 함락시켰다. 하지만 이 전투에서 이미 明나라에 歸附했던 누르하치의 아버지와 할아버지인 塔克世와 覺昌安도 阿台를 설득하기 위해 古勒寨에 들어갔다가 明軍에게 살해되었다. 이 사건은 누르하치의 불만을 샀고, 1618년 그가 明과의 전쟁을 선포하며 발표한 이른바 '七大恨'의 첫 번째 항목으로 꼽혔다.

19 錢世禎(전세정): 錢世楨(1561~1642)의 오기. 명나라 장수. 임진왜란 때 기마병 1천 명을 이끌고 조선으로 들어와 전공을 세웠다.

20 吳惟忠(오유충): 임진왜란 당시의 명나라 장수. 1593년에 파병된 우군 유격장군이다. 제4차 평양 전투에서 副摠兵으로 활약하였으며, 정유재란에는 충주를 지키는 임무를 맡았다.

記.}皇威所及, 疾若風草, 殲此小醜, 如山壓卵, 天恩至此, 罔知攸謝。○伯氏下道之行, 平安返駕, 可幸。

22일.

대장(大將: 김홍민)이 어제 청천(青川)에 도착하여 오늘 군사들에게 음식을 주어 위로하고 내일 주안(周岸)으로 향할 예정이다.

○떠도는 소문에 의하면 천병(天兵: 명나라 군)이 이미 경성(京城)에 들어갔다고 하니, 실로 우리나라가 재건할 좋은 기회이다. 무릇 혈기가 있는 자라면 기뻐함이 의당 어떠하겠는가. 절구시(絶句詩) 네 수로 기쁨을 나타내어 장천뢰(張天賚)에게 보냈다.{협주: 시는 원집(元集: 권1)에 있다.}

○二十二日。

大將昨到青川, 今日犒軍[25], 明向周岸。○流聞天兵已入京城

---

21 沈惟敬(심유경): 1592년 임진왜란 때 祖承訓이 이끄는 명나라 군대를 따라 조선에 들어온 명나라 장수. 평양성 전투에서 명나라군이 일본군에게 대패하자 일본과의 화평을 꾀하는데 역할을 하였고, 1596년 일본에 건너가 도요토미 히데요시를 만나 협상을 진행하였으나 매국노로 몰려 처형되었다.

22 祖承訓(조승훈): 임진왜란 때 명에서 파견된 장군. 파병 당시 직위는 摠兵으로 1592년 7월에 기마병 3천을 거느리고 평양을 공격하게 하였으나 이기지 못한 채 퇴각하여 요동으로 되돌아갔다가 12월에 다시 부총병 직위로 이여송 군대와 함께 와서 평양성을 수복하였다.

23 張三畏(장삼외): 遼東 三萬衛 사람. 임진왜란 때 遼東都指揮使司僉事로 義州에 와 머물면서 군량을 관리하였다.

24 王必迪(왕필적): 명나라 장수. 임진왜란 때 副摠兵으로 李如松을 따라 참전하여 활약하였다.

云, 實東方再造之會也。凡有血氣者, 欣抃當何如? 以四絶志喜, 贈張天賚[26]。{詩在元集}

24일。

노비 대산(大山)이 전염병으로 죽으니 슬프고 가엾음을 어찌 다 말할 수 있으랴.{협주: 종살이한 지 10년 동안 늘 눈앞에 있었고 또 난리 즈음에는 충심으로 일하며 자못 부지런하였는데 급작스럽게 이에 이르렀으니 슬퍼하고 탄식해 마지않는다.}

○二十四日。

奴大山, 以染疾化去[27], 慘憐何言?{入役十年, 長在眼前, 又於亂離之際, 服勞頗勤, 奄忽至此, 悼歎無已.}

25일。

대장(大將: 김홍민)이 주안(周岸)에 있으면서 군사 모으는 일로 사람을 통해 관문(關文: 공문)을 보내왔다. 듣건대 수삼일 안에 내려오는 적이 길에 이어져 끊이지 않을 것이라고 하였다. 이것은 필시 천병(天兵: 명나라 군)이 압박해왔기 때문에 각기 스스로 도망쳐 돌아가는 것일 터인데, 만일 대나무를 쪼개는 것처럼 적을 거침없이 물

---

25 犒軍(호군): 군사들에게 음식을 주어 위로함.

26 張天賚(장천뢰, 생몰년 미상): 본관은 禮山, 자는 太說. 선전관, 남해 현령을 지냈다.

27 化去(화거): 다른 것으로 변하여 간다는 뜻으로, 죽음을 이르는 말.

리친다면 요망한 기운을 쓸어서 맑게 하는 것도 다가오는 봄 안에 이루어질 것이니, 나라의 경사를 어떻게 다 말할 수 있겠는가.

○二十五日。

大將在周岸, 以聚軍事, 送人移關。聞數三日來, 下來之賊, 陸續不絶。此必以天兵壓至, 故各自遁歸, 有同破竹, 廓淸妖氛, 不出春內, 國家之慶, 如何可喩?

27일.

대장(大將: 김홍민)이 이평(梨坪)에서 해가 저물 때 들어왔다.

○二十七日。

大將自梨坪[28], 日晩入來。

29일.

군사를 모으는 일로 대사(大寺: 법주사)에 모였다. 삼부군(三部軍)이 먼저 도착하여 법당(法堂) 앞에서 활쏘기를 익히고 있는데, 민천길(閔天吉)·박광국(朴匡國)이 각기 소속 부대를 거느리고 들어왔으며, 남감찰(南監察)이 청주(靑州: 淸州)에서 왔고 노통진(盧通津: 盧大河)이 장암(壯巖)에서 왔다.{협주: 노대하의 노비 청경(靑卿)이 영변(寧邊)에서 오며 기도(箕都: 평양)에서의 접전 상황을 눈으로 보았는데, 천병(天兵: 명나라 군)이 진군하여 포위함에 수많은 깃발에다 군복의 성대함은 족히 적도(賊徒)로 하여금 놀라 흩어지게 하니 적들이 모란봉(牧丹峯)을 거점으로

28 梨坪(이평): 충청북도 보은군 보은읍에 있는 마을.

삼았으나 포성이 하늘을 진동하며 그 소굴을 격파하자, 적들이 절반 넘게 자살하였고 나머지는 모두 목이 베여 죽임을 당했다고 하였다.}

○二十九日。

以聚軍事, 會大寺。三部軍先到, 習射法堂前。閔天吉·朴匡國, 各領所部入來, 南監察來自靑州。盧通津來自壯巖[29]。{盧奴靑卿, 來自寧邊[30], 目見箕都接戰之狀, 天兵之進圍也, 其旗旆之多, 服色之盛, 足令賊徒驚散, 賊之據牧丹峯[31]也, 炮聲震天, 破其巢穴, 賊過半自殺, 餘幷被斬云.}

30일。

아침부터 양향청(糧餉廳)에 앉아 군량을 나누어 주었는데, 오부군(五部軍)이 곧 행군하니 모두 370여 명이었다.{협주: 신선전(申宣傳: 申景澄)은 우별장(右別將)으로 3부(部)를 거느리고 보은 현감(報恩縣監: 구유근)은 좌별장(左別將)으로 2부를 거느려서 상주(尙州)와 함창(咸昌) 사이로 출군하였다.}

○김인백(金仁伯)이 한산(韓山) 등의 군량을 가지고, 박계홍(朴繼洪)이 홍주(洪州) 등의 군량을 가지고서 저녁에서야 진영(陣營)에 도착하였다.{협주: 모두 50여 석(石)이었다.}

---

29 壯巖(장암): 충청북도 보은군 탄부면에 있는 마을.

30 寧邊(영변): 평안북도 남동부에 위치한 고을.

31 牧丹峯(목단봉): 모란봉. 평안북도 영변군 영변읍 네거리 동쪽 철옹성 본성에 솟아 있는 봉우리.

○三十日。

朝坐糧餉廳, 分給軍糧, 五部卽行軍, 竝三百七十餘人。{申宣傳以右別將, 領三部, 報恩倅以左別將, 領二部, 出尙咸間.}○金仁伯領韓山[32]等軍糧, 朴繼洪領洪州等軍糧, 夕到陣所。{幷五十餘石也.}

• 2월 병술삭

1일。

건의장(建義將: 沈守慶)의 관자(關子: 공문)가 세 차례 연달아 왔는데 모두 천병(天兵: 명나라 군)에 관한 소식이었다. 왜적들은 천병이 많이 온다는 것을 듣고 형세상 대적할 수 없어서 모두 도망가려고 함에 다만 건장한 병졸들을 머무르게 하여 후미를 방어하려는 계획으로 삼았으나, 이때에 차례로 진군하여 토벌하는 모의가 급하지 않을 수 없어서 본국의 경도(京都)에 있는 여러 장수 및 한강(漢江) 이남의 각 장수가 있는 곳으로 우선 달려가 알려 그들로 하여금 달려가서 왜적을 뒤쫓도록 해야 한다고 하였다.{협주: 이것은 명나라 장수가 보낸 관문(關文: 공문)의 내용이다.}

二月 丙戌。一日。

建義將關子, 三度連至, 俱天兵消息也。倭人等聞天兵多至, 勢不能抵敵, 皆爲逃去, 只留强壯, 以爲捍後之計, 此時次第進討

32 韓山(한산): 충청남도 서천군에 위치한 고을.

之謀, 不可不急, 本國在京諸將及漢江以南所在各將處, 爲先馳諭, 使之馳躡云。{此天將關辭也.}

2일。

좌병사(左兵使) 박진(朴晉)의 비장(裨將)이 장계를 가지고 행재소(行在所)에 갔다가 내려가는 길에 잠시 들렀는지라 천병(天兵: 명나라 군)에 관한 소식을 상세히 물었다. 지난달 8일에 기도(箕都: 평양)를 함락하였고 송경(松京: 개성)은 칼날을 부딪쳐보지도 않고서 승리하여 27일에 한성(漢城)에 당도했다고 하였다.

아! 천병이 이르는 곳에는 닿는 곳마다 적을 여지없이 부수어 회복할 기약이 있다니, 어육이 된 여생이지만 이러한 소식을 얻어 듣고 매우 놀라 기뻐 미칠 지경이었으며 뒤이어 목메일 정도로 흐느꼈다.

○二日。

左兵使朴晉裨將, 持狀啓赴行在, 下去路暫入, 詳問天兵之奇。前月初八, 陷箕都, 松京[33]則不接鋒刃而捷, 二十七日, 當到漢城云。噫! 天兵所至, 觸處糜碎, 恢復有期, 魚肉餘生, 得聞此報, 驚喜欲狂, 繼之以嗚咽。

3일。

대장(大將: 김홍민)을 모시고 고봉(孤峯)으로 전투하러 나아가니,

---

33 松京(송경): 조선시대 이후 고려시대의 도읍지인 開城을 松嶽山 밑에 있던 서울이란 뜻으로 일컫는 말.

조전장(助戰將) 선의문(宣義問) 또한 모이러 왔고, 연산 현감(連山縣監) 이기수(李猉壽)가 은진군(恩津軍) 의병으로서 적암리(赤巖里)에 와 진을 쳤기 때문에 찾아가서 일을 의논하였다.

○진중(陣中)에서 과거를 보러 갔던 사람들이 과거시험 날짜가 뒤로 물려서 정해지자 돌아왔다.{조정에서 정예병을 얻기 위하여 특별히 널리 구할 길을 열었으니, 호남은 5천 명, 호서는 2천 명, 영남은 4천 명이었는데 좌우에서 각기 2천 명씩 구하고자 양민·천민·첩의 아들들에게 모두 응시할 자격을 부여하였다. 우도(右道)에서는 세 곳을 과거 시험장으로 열었는데, 우리 고을도 한 곳에서 이달 2일에 과거시험장을 열려고 했지만 천병(天兵: 명나라 군)이 가까이에 임하였고 적을 토벌하는 일이 급하였기 때문에 잠시 기한을 연기하였다.}

○三日。

陪大將出陣孤峯[34], 助戰將宣義問, 亦來會, 連山倅李猉壽, 以恩義軍義兵, 來陣赤巖[35], 故往見論事。○陣中人赴擧者, 以試期退定還。{朝廷, 爲得精兵, 特開廣取之路, 湖南取五千, 湖西二千, 嶺南四千, 而左右各取二千, 良賤妾子, 幷許赴。右道三處開場, 而吾州居一, 以月初二設場, 因天兵近臨, 討賊事急, 姑停退[36].}

---

34 孤峯(고봉): 충청북도 報恩郡 馬老面 官基里에 있는 봉우리.

35 赤巖(적암): 충청북도 報恩郡 馬老面에 있는 마을.

36 停退(정퇴): 기한을 연기하는 것.

4일。

보은 현감(報恩縣監: 구유근)·신 선전(申宣傳: 申景澄) 및 오부장(五部將)이 각기 군인들을 거느리고 비를 무릅쓰고서 돌아와서는 말했다.

“줄곧 비가 오고 눈이 내리는데도 병사들을 숨길 데가 없었는데, 백갈촌(白葛村)에 이르러 멀리 적의 형세를 보고는 감히 맞서 싸우지 않았고 또 군량이 떨어져서 돌아왔다.”

{협주: 또 말하기를, “요사이 적들이 연달아 남쪽으로 내려가는데 그저께와 어제 사이에는 60여 리나 길게 이어졌으며 밤을 틈타 내려가는 자도 많았다.” 라고 하니, 적이 도망해 돌아가는 것은 의심의 여지가 없는 듯했다.}

○四日。

報恩倅·申宣傳及五部將, 各率軍人, 冒雨而還, 言: “連以雨雪, 不得藏兵, 到白葛, 望見賊勢, 不敢交鋒, 且以糧絶還來.” 云。{且言: “近日賊連續南下, 昨昨昨日之間, 連亘六十餘里, 乘夜下去者, 亦多.”云, 賊之遁歸, 似無疑矣.}

6일。

체찰사(體察使)의 하리(下吏)가 전하는 통문을 얻어 보건대, 상사(上使: 鄭澈)는 사은사(謝恩使)로 제수되었으니 급히 올라오라 하였고, 부사(副使: 金瓚)는 도(道)에 있으면서 천병(天兵: 명나라 군)을 접대할 식량을 조치하는 등의 일을 오로지 맡아 조사하고 살피는 일을 하는데 교지(敎旨)가 내려왔기 때문에, 상사는 이즈음 강화(江華)를 향해 출발하여 그대로 올라갔고, 부사도 당일 남양(南陽)을 향해 출발했는데 수원(水原)·평산(平山)·온양(溫陽)의 길을 가르쳐주었다면서 본도(本道: 충청도) 순찰사(巡察使: 윤선각)도 군대를 거느리고 이곳{협주: 양천}에 도착하여 바야흐로 만일의 사태에 대비하고 있다고 하였다.{협주: 천병(天兵)은 선봉대가 이미 벽제(碧蹄)에 도착했고 대군(大軍)은 임진(臨津)에 도착했거나 혹은 아직 도착하지 않았다고 하였다.}

○六日。

得見體察使下吏傳通, 上使[37], 謝恩使除授, 急急上來, 副使在道, 天兵接待糧餉措置等事, 專掌檢察事, 有旨來到, 故上使近日發向江華[38], 因爲上去, 副使當日發向南陽[39], 水原[40]·平山[41]·溫陽[42]指路云云, 本道巡察使領軍, 亦到此處{陽川[43]}, 方待變云。{天兵則先鋒已至碧蹄[44], 大軍則或到臨津[45], 或未到云.}

---

37 上使(상사): 체찰사 정철을 가리킴. 《선조실록》 1593년 1월 11일 11번째 기사에 의하면 정철에게 謝恩使로 제수하였다.

38 江華(강화): 경기도 인천 강화군에 있는 섬.

39 南陽(남양): 경기도 화성시에 위치한 고을.

40 水原(수원): 경기도 중남부에 위치한 고을.

41 平山(평산): 황해도 남동쪽에 위치한 고을.

42 溫陽(온양): 충청남도 아산군에 위치한 고을.

43 陽川(양천): 경기도 김포에 위치한 고을.

44 碧蹄(벽제): 경기도 고양군에 위치한 고을.

45 臨津(임진): 경기도 장단 지역에 위치한 고을.

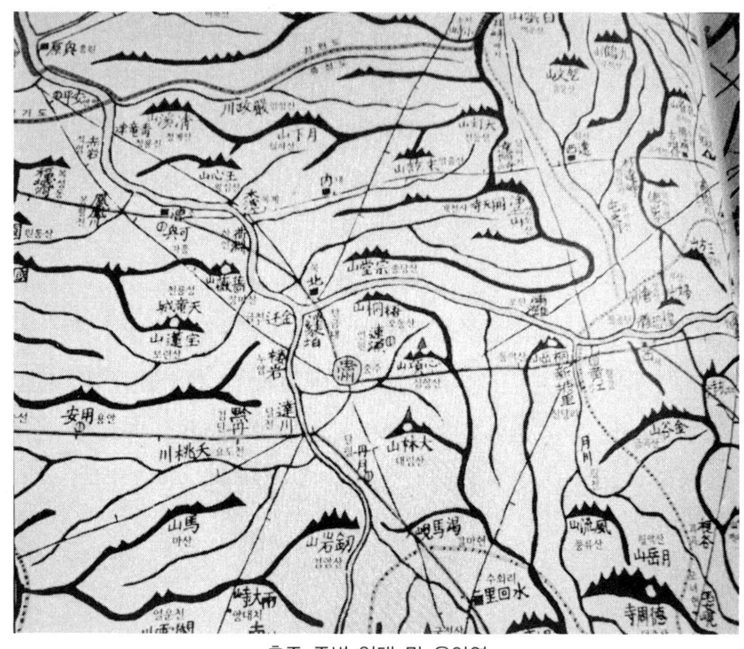

충주 주변 일대 및 용안역

8일。

천병(天兵: 명나라 군)이 필요로 하는 물품을 지급하는 일로 우리 고을수령(本倅: 보은 현감 구유근)과 승차(어명을 받든 파견 관원)가 연기(燕岐)로 가려했으나 많은 물품을 책정한 데다 군대가 주둔할 곳에 또한 임시 가옥을 지어야 하자, 보은(報恩)은 마땅히 충주(忠州)의 용안역(用安驛)에서 출참(出站)해야 한다고 하였다. 이에, 건의군(建義軍)이 있는 곳에서 여러 고을로 통문(通文)을 보냈다.{협주: 그 대략은 이러하니, “명나라 군대가 적을 모조리 휩쓸어서 자리를 말듯이 남쪽으로 내려옴에 소박한 음식으로 맞이하는 것을 의리상 폐할 수 없으니, 각 고을의 유사(有司)는 각기 가지고 있는 대로 술과 안주를 가지고서 접경에 나가 맞이하여 지나간 옛날의 아름다운 일을 오늘날에 다시 보게 된다면 매우 다행일 것이다."라고 하였다.}

○八日。

以天兵支供[46]事。本倅·承差[47]，將行燕岐，而多定雜物。駐軍之所，亦設假屋，報恩則當於忠州用安[48]出站[49]云。自建義所，通文列邑。{其略曰："天兵汎掃，席捲南下，簞壺之迎[50]，義不可廢，各邑有司，隨其所有，或以酒肴，迎于境上，使前古美事，復覩於今日，幸甚."}

9일。

구 상사(具上舍: 具斌)가 알려주며 말했다.

"주부(主簿) 유대건(兪大健){협주: 상국 유홍(兪泓)의 아들이요, 구 상사의 사위이다.}의 노비가 방금 와서 말하기를, '경성(京城)의 적이 전부 피하여 성 밖으로 나와서 오산(烏山) 및 청회(淸淮) 등지에 진을 치고 천병은 모화관(慕華館)에 진을 치니, 우의정 유홍이 삼도도체찰사

---

46 支供(지공): 조선시대 官備物品의 지급을 뜻하는 말.

47 承差(승차): 임금의 명을 받들고 지방에 파견됨.

48 用安(용안): 用安驛. 충청북도 충주시 신니면에 위치했던 역참. 連原道에 속했던 것으로 충주목에 위치하였고 用原驛이라 불리기도 하였다.

49 出站(출참): 使臣·監司·賓客을 맞이하고 접대하기 위해 그가 숙박하는 가까운 역에서 사람을 내보내는 錢穀·驛馬를 支供하는 일.

50 簞壺之迎(단호지영): 소박한 음식으로 군대를 환영한다는 말. 《孟子》〈梁惠王章句 下〉에 "바구니에 밥을 담고 병에 장물을 담아서 왕의 군대를 맞이한다.(簞食壺漿, 以迎王師.)"에서 나온 말이다.

(三道都體察使)가 되어 경성 안에 들어와 계신다.'고 하니, 이 소식이 과연 허언이 아니라면 수복할 기일을 조만간에 생각할 수 있을 것이니 기쁘고 다행함을 말해 무엇 하겠는가."

○듣건대 동궁(東宮: 광해군)이 진역(疹疫: 홍역)을 순하게 겪었다고 하니, 신민(臣民)으로서의 경하하는 마음이 평안하고 무사한 때보다 더욱 갑절이 되었다.

○九日。

具上舍[51], 委通曰: "兪主簿大建[52]{相國泓[53]之子, 具之女壻也.}奴子, 卽刻來到, 言: '京城之賊, 沒數避出, 結陣于烏山[54]及淸淮等處, 天兵陣于慕華館[55], 兪右相泓, 以三道都體察, 入在京中.'云, 此報果若不誣, 收復之期, 想在朝夕, 喜幸何言? ○聞東宮順經疹

51 上舍(상사): 조선시대에 성균관의 유생으로서 생원이나 진사 시험에 합격한 사람을 말함. 2월 12일 일기를 보면, 具斌을 가리킨다. 그의 딸 具桂英(1550~?)이 兪大建에게 시집갔다.

52 兪主簿大建(유주부대건): 주부 兪大建(1551~1626). 본관은 杞溪, 자는 仲植. 兪泓의 둘째아들이다. 1585년 식년시에 급제하였다. 대사헌을 지냈다.

53 泓(홍): 兪泓(1524~1594). 본관은 杞溪, 자는 止叔, 호는 松塘. 1592년 임진왜란 때 선조를 호종했고, 평양에서 세자(뒤의 광해군)와 함께 종묘사직의 신위를 모시고 동북방면으로 가 도체찰사를 겸임하였다. 그리고 伊川서 격문을 여러 도로 보내 각 도의 의병들을 격려, 지휘해 방어태세를 갖추었다. 이듬해 왜적이 서울에서 물러나자, 먼저 서울에 들어와서 불탄 도성을 정리하고 전재민을 구호하는 데 힘을 기울였다. 1594년 좌의정으로서 해주에 있는 왕비를 호종하다가 객사하였다.

54 烏山(오산): 경기도 남서부에 위치한 고을.

55 慕華館(모화관): 서울특별시 서대문구 현저동에 있었던 객관, 중국 사신이 서울에 당도하면 그들 일행을 맞이하고 머물게 하던 곳이다.

疫, 臣民之慶, 尤倍於平安無事之日也。

11일。

주장(主將: 김홍민)이 속리산에서 나오자 함께 일하려는 사람들이 잇따라 와서 만났고, 고향 친구 정발(鄭發)이 창의군(昌義軍)으로부터 와서 군대 합치는 일을 의논하였다. 저녁이 되어서야 복천암(福泉庵)에 돌아와 어머니를 뵈었다.

○十一日。

主將自俗離出來, 同事人相續來見, 鄕友鄭發, 自昌義陣來, 議合陣事。夕還福泉, 省慈氏。

12일。

내일 장차 매복을 설치하기로 하고 다만 한 군대만을 모아 시냇가에서 활쏘기를 연습하였는데, 진사 강주(姜霔)·진사 구빈(具斌)·의병장 이인수(李麟壽)가 모두 와서 모여 병사(兵事)에 관한 일을 의논하였다.

○十二日。

明將設伏, 只聚一軍, 習射溪邊, 姜進士霔[56]·具進士斌[57]·李義

56 姜進士霔(강진사주): 진사 姜霔(1525~1593). 본관은 晉州, 자는 澤遠. 1558년 식년시에 급제하였으나 관직에는 나가지 않았다. 임진왜란 때는 의병을 일으켜 召募官으로 활약했다.

57 具進士斌(구진사빈): 진사 具斌(1527~1597). 본관은 綾城, 자는 宜仲. 출신지는 報恩이다. 1555년 식년시에 급제하였으나 평생 고향을 지키다 정유재란 때

將麟壽, 俱來, 會議兵事。

14일。

듣건대 천병(天兵: 명나라 군)의 선봉대가 벽제(碧蹄)에 도착하여 매복한 왜적들에게 포위되었지만, 명군(明軍)이 대포를 잘 다루고, 한 사람이 백을 감당할 수 있어 사면으로 재빨리 공격하니 왜적들이 도성 안으로 도로 들어와서 도성에 있던 백성들을 모조리 죽였다고 하는데, 아마도 명군이 혁혁하게 들이닥치자 스스로 대적하지 못할 줄 안데다 도성 안에서 호응할까 염려하여 백성들을 도륙한 것일 터이다. 아! 도성 안에 있던 사람들은 한 해 동안 적에게 빌붙어 구차스럽게 얼마 살지도 못할 목숨을 탐내다가 끝내 적의 손에 죽임을 당한 것이니 또 무엇이 아깝겠는가.

○十四日。

聞天兵先鋒, 到碧蹄, 被圍於設伏之賊, 天兵善於大炮, 一能當百, 四面急攻, 賊還入城中, 盡殺都民, 蓋天兵赫臨, 自知不敵, 慮其城中之爲內應而屠戮之也。噫! 都內之人, 經年附賊, 苟偸朝夕之命, 竟死於賊手, 又何惜焉?

15일。

임시거처에 전염병이 돌 기미가 있어 어머니를 모시고 동쪽 암자

왜적에게 살해되었다.

로 거처를 옮겼다.

조준(趙竣) 동생과 함께 오후에 고봉(孤峯)의 의병 진영으로 나아갔다.

○十五日。

寓次[58]有癘氣, 奉慈氏, 移寓東菴。與竣弟, 午後, 進孤峯陣所。

16일。

천병(天兵: 명나라 군)의 필요한 물품을 공급하려는 일로 온 거리가 소란스러웠다.

○十六日。

以天兵支待事, 一路騷撓。

17일。

좌도(左道)의 역졸이 행재소(行在所)에서 왔는데, 삼가 듣건대 대가(大駕)가 지난달 18일에 용만(龍灣)에서 정주(定州)로 옮겼다고 하였다.

○듣건대 명나라 장수 이끄는 대군(大軍)이 동파역(東坡驛)에 있으면서 3일 동안 비를 만나 병사와 말들이 많이 죽어 하는 수 없이 송경(松京: 개성)으로 돌아가서 진을 쳤다가 이달 11일과 12일 사이에 마땅히 다시 경성(京城)에 도착했는데, 평의지(平義智)가 패전한

58 寓次(우차): 사는 곳.

뒤에 곧바로 도망쳐서 경성에 도착해 있었다고 하였다.

○十七日。

左道驛子[59]來自行在所, 伏聞大駕去十八日, 自龍灣移駐定州。○聞唐將大軍在東坡, 遇雨三日, 兵馬多死亡, 不得已還陣松京, 十一二間, 當更到京城, 平義智[60]戰敗之後, 卽逃出到京云。

18일。

노 판관(盧判官, 협주: 통진(通津)의 형이다.)이 의주(義州)에서 중조(中朝: 명나라)의 말먹이와 군량 등 물건을 가지고 뒤따라왔다.{협주: 좁쌀 8만 곡(斛: 말)이었고, 말먹이 40만 속(束: 단)이었다고 한다.}

○대장(大將: 김홍민)과 함께 전공(戰功)을 세운 자에게 상을 내리는 초안을 정리하였다.

건의군(建義軍)의 관문(關文: 공문)이 도착했는데, 곧 각 의병진(義兵陣)이 또한 땔감으로 쓰는 풀을 준비하여서 천병(天兵: 명군)을 기다리는 일이었다.

○풍원(豐原) 류 상국(柳相國: 柳成龍)의 관문(關文: 공문)을 얻어 그 내용을 보건대, 관군과 의병이 서로 힘을 합하지 못하는 것으로 개탄스럽다는 것이었으며, 이때 풍원은 명나라 장군의 접대사(接待使)가 되었다.{협주: 관문의 내용은 대략 이러하다. "왜적이 하늘을 거스르

---

59 驛子(역자): 마필을 제공하던 역에서 일을 보던 사람.

60 平義智(평의지, 1568~1615): 일본 대마도 제18대 島主. 宗義智로도 표기된다. 小西行長(고니시 유키나가, ?~1600)의 사위이자 平秀吉의 심복이었다.

고 조선의 내지(內地)까지 깊숙이 들어와 가축을 도살하고 사람을 약탈하여 온갖 재산을 빼앗은 데다 심지어 난여(鑾輿)까지 피난가게 하였으니, 이들이 야말로 하늘을 같이할 수 없는 원수다. 당초에는 고을수령들이 대부분 도망쳐 숨기만 하고 적을 토벌할 뜻이 없었는데, 이즈음에 이르러서는 충성스러움과 의로움으로 강개한 선비들이 각처에서 스스로 의병을 일으키니, 자신의 몸을 잊고 나라를 위해 죽으려는 정성이 지극하다고 하겠다. 그러나 이미 일고여덟 달이나 지났지만 아직도 아무런 효과를 거두지 못하고 있는 것은 단지 관군과 의병이 각자의 마음대로 하고 있기 때문이다. 관군은 의병을 사사로이 모인 피난민 부류로 보고, 의병은 관군을 서로 관여하지 못할 사람으로 생각하여 각자대로 움직여, 이 때문에 관군과 의병군의 세력이 날로 더욱 위태롭고 약해지니 이것이 어찌 당초에 의병을 일으킨 마음일 것이며, 또한 어찌 조정의 도리가 이와 같았겠는가. 하물며 지금 천병(天兵: 명군)이 혁혁히 임하였으니, 이야말로 잃은 것을 회복할 수 있는 때이다. 모름지기 관군과 의병은 함께하기로 약속하고 서로 번갈아가며 앞뒤에서 협공하는 것을 혹시라도 어기거나 어긋나서 군기(軍機)를 잃지 말아야 한다. 관군과 의병은 물론이고 전공(戰功)을 세운 사람은 넉넉히 위로할 것이니 똑같이 시행할 일이다."고 하였다.} 또 평안도 체찰사(平安道體察使)의 관문 내용을 보니 사람으로 하여금 더더욱 감개가 더해졌다.{협주: 대략 이러하였다. "각처의 모든 장수들은 대부분 힘껏 싸울 마음이 없이 산간벽지로 피하여 있으면서 다만 명군(明軍)으로 하여금 홀로 화살과 돌이 난무하는 전장(戰場)을 감당하게 하고 우리나라 장수와 병사들은 한 사람도 싸우지도 않으니, 그 통분함은 이보다 더 심한 것이 없다. 만일 명군이 오지 않았다면, 우두머리들이 산천과 종묘사직 때문에 안심하고 대적할 수 있으랴.}

○十八日。

盧判官[61]{通津之兄}, 自義州, 領中朝芻糧等物, 隨後而來。{粟八萬斛, 芻四十萬束云.}○與大將, 修軍功上使[62]草。建義陣關文來到, 乃各義陣, 亦備柴草, 以待天兵事。○得見豐原柳相國[63]關辭, 以官義兵之不相合力, 爲慨然, 時豐原爲天將接待使。{關辭略曰: "倭賊逆天, 深入內地, 屠殺擄掠, 盡奪財産, 至使鑾輿播越, 此乃不共戴天之讎也。當初守令, 擧皆奔竄, 無意討賊, 於是忠義慷慨之士, 各自起兵, 其忘身殉國之誠, 可謂至矣。而已經七八月, 尙無成效者, 只以官義兵之各自爲心也。官軍則視義兵以私聚避亂之類, 義兵則以官軍謂不相管攝[64]之人,

---

61 盧判官(노판관): 협주에 通津의 형으로 되어 있는바, 통진은 盧大河를 가리킴. 그런데 그는 盧克愼(1524~1598)의 장남이므로 원전에 착종이 있는 듯하다. 노대하의 동생 盧大海는 노극신의 형인 盧守愼에게 양자되었다. 다만, 노수신이 진도에서 단양우씨와의 사이에 서자 3형제를 두었는데, 그 장남 盧戒來를 가리키는지 알 수 없다.

62 軍功上使(군공상사): 軍功賞賜의 오기인 듯.

63 柳相國(유상국): 柳成龍(1529~1603)을 가리킴. 본관은 豊山, 자는 而見, 호는 西厓. 李滉의 제자이다. 1566년 별시문과에 병과로 급제하였다. 1569년 聖節使 서장관으로 명나라에 다녀왔다. 1583년 부제학이 되어 〈備邊五策〉을 지어 올렸으며, 1589년에는 왕명으로 〈孝經大義跋〉을 지어 올리기도 하였다. 왜란이 있을 것을 대비해 형조정랑 權慄과 정읍현감 李舜臣을 각각 의주목사와 전라도좌수사에 천거하고 1592년 4월 판윤 申砬과 軍事에 대하여 논의하여 일본침입에 대한 대비책을 강구하였다. 4월 13일 왜적의 내침이 있자 도체찰사로 군무를 총괄하고, 영의정이 되어 왕을 扈從하였다. 1593년 명나라 장수 이여송과 힘을 합해 평양성을 수복하고 4도의 도체찰사가 되어 군사를 총지휘하여, 이여송이 碧蹄館에서 대패하여 西路로 퇴각하자 권율 등으로 하여금 파주산성을 방어케 하였다. 1604년 扈聖功臣 2등에 책록되고 다시 豊山府院君에 봉해졌다. 영남 유생의 추앙을 받았다.

各自行止, 以此兩軍之勢, 日益孤弱, 是豈當初擧義之心, 亦豈朝廷事體之如是乎? 況今天兵赫臨, 此乃恢復之秋。幸須官義兵, 同爲約束, 迭相犄角[65], 無或踰越參差, 以失軍機焉。勿論官軍·義, 立功之人, 十分存撫, 而一體施行事云云.}又見平安道體察使關辭, 令人益增感慨。{略曰: 各處諸將。擧皆無力戰之心, 避坐閒地, 只令天兵獨當矢石之場, 本國將士, 一不交鋒, 其爲憤痛, 莫此爲甚。若使天兵不來, 則長以山川廟社, 安心與賊乎?"}

19일。

부장(部將) 이제경(李悌慶)이 보고장(報告狀)을 가지고 들어와서 말하기를, "어제 상주(尙州)에 도착해서 백갈촌(白葛村)과 이천(伊川) 등지에 매복을 하고 기다렸는데, 적이 30여 명 정도가 반 이상이 말을 타고 상주에서 함창(咸昌)으로 올라가서 곧바로 행군하여 쫓아 따르다가 검호(劒湖: 공갈못) 아래에 이르러 맞붙어 싸운 지 오래되자, 적의 형세가 궁하여 샛길로 도망쳐 가고 죽은 자도 또한 많았습니다. 다만 아군 가운데 곽수담(郭壽聃)과 병사 보흡(寶洽)이 모두 탄환에 맞았고 말 2필도 탄환에 맞아 죽었습니다."라고 하니, 분하고 마음이 아팠다.

주장(主將: 김홍민)은 저녁에 속리산으로 돌아갔다.

---

64 管攝(관섭): 어떤 관직을 맡고 있는 사람이 다른 관직을 겸하여 관장함.

65 猗角(의각): 掎角. 사슴을 잡을 때 동시에 시작하는 두 가지 동작으로 사슴의 뿔을 잡는 것과 뒷발을 잡는 것을 일컬음. 곧 앞뒤에서 협공하는 것을 말한다.

○十九日。

部將李悌慶，報狀入來，言："昨到尙州，白葛·伊川[66]等地，埋伏以待，賊三十餘人，過半騎馬，自尙州上去咸昌，卽自行軍追及，至於劍湖[67]下，合戰良久，賊勢窮蹙，由邪路遁去，死者亦多。但我軍中郭壽冊·兵寶洽，竝中丸，馬二匹，亦被丸，致斃." 云，憤痛。主將夕還俗離。

20일。

조방장(助防將: 宣義問)이 의병진을 합하는 일로 옥천(沃川)을 향해 출발하였다.

○二十日。

助防將以合陣事。發向沃川。

21일。

주장(主將: 김홍민)이 진중(陣中)으로 돌아왔는데, 이윽고 건의군(建義軍)에서 관문(關文: 공문)을 보내왔다. 소식을 듣건대 천병(天兵: 명나라 군)이 때마침 송도(松都)에 있었던 것은 비록 도로가 진흙 수렁이었기 때문이었을지라도 또한 깊은 심산이 있었는데, 지난날 평양(平壤)에서 남김없이 죄다 멸하려 했었을 때 중간에 길을 차단하고서 적의 병사 다수로 하여금 달아나려 하다가 죽게 하지 못하여

---

66 伊川(이천): 경상북도 상주시 외서면에 있는 伊川里.

67 劍湖(검호): 공갈못. 경상북도 상주시 공검면 비재로에 있는 저수지.

이로 인해 한을 품었으니, 이번에는 반드시 앞길을 지켜 막은 뒤에 대군(大軍)이 뒤를 따라 천천히 진격해온다고 하였다.

○二十一日。

主將還陣中，因建義陣移關。得聞天兵時在松都，雖因道路泥濘，亦有深筭，前日平壤蕩滅時，不爲中路遮截，致令賊兵多數逃死，因此懷恨，今番則必欲把截前路，然後大軍從後徐進云。

22일。

우리 충보군(忠報軍)의 군공(軍功)으로 행조(行朝: 행재소)에서 벼슬 임명장이 내려져 오늘 도착하였다.{협주: 이제경(李悌慶) 및 군인 최순복(崔順福)·신의복(申義福)이 모두 겸사복(兼司僕)이 되었다.}

○이전에 듣건대 청천진(青川陣)의 김천윤(金天允)은 군관이 세운 군공(軍功)을 사자(使者)에게 올릴 때 다른 사람의 이름을 베어 버리고 자기의 이름을 사실인 것처럼 기록하여서 오히려 그것을 믿을 수가 없게 되었다는데, 지금 군자참봉(軍資參奉)에 임명하는 임명장이 내려왔다고 하니, 과연 이전의 말이 어긋나지 않았던 것인가? 사람의 마음을 헤아릴 수 없음이 마침내 이 지경에 이르게 되었단 말인가. 일이 국법에 관계되어 용서할 수가 없었으니, 관문(關文: 공문)이 우리 고을에 보내와 그를 잡아 가두도록 하였다.

○二十二日。

本陣軍功，自行朝差下[68]，今日來到。{李悌慶及軍人崔順福·申義福，皆兼司僕[69].}○前聞青川陣金天允，以軍官持軍功，上使時，割去他人名，冒錄[70]其名，而猶未之信，今差下軍資參奉，而官敎[71]

下來云, 果是前言之不爽? 人心之叵測, 乃至於斯耶? 事關國法, 不可容貸, 移關本州, 使之捉囚。

24일。

신경징(申景澄)이 선전관(宣傳官)으로 복직되어 장차 행조(行朝: 행재소)에 부임하게 되자, 천병(天兵: 명나라 군)이 필요한 물품을 지급하는 일로 다시 의논한 봉소(封疏: 봉한 상소문)를 그 부임하는 인편에 부쳐 보냈지만 산으로 올라가 골짜기를 넘으며 밤에만 가고 한뎃잠을 잘 것이었는데, 어쩌면 행재소의 아래에 가까이 가더라도 미천한 신하의 충심이 끝내 상달되리라고는 아직 기필할 수가 없어 멀리서 서쪽 변방을 바라보니 오장이 타는 것만 같았다.{협주: 상소문은 직접 지었다.}

○二十四日。

申景澄[72]復職宣傳官, 將赴行朝, 以天兵支待事, 更議封疏, 付送順便[73], 而跨山越谷, 夜行草宿。庶或近於警蹕[74]之下, 而微臣

---

68 差下(차하): 벼슬을 시킴.

69 兼司僕(겸사복): 조선시대 정예 기병 중심의 친위병.

70 冒錄(모록): 사실이 아닌 것을 사실인 것처럼 기록한 것을 말함.

71 官敎(관교): 임명장. 임금이 문무관 1품에서 4품까지의 관리에게 내리는 辭令.

72 申景澄(신경징, 생몰년 미상): 본관은 平山. 1592년 선전관, 1594년 비인현감, 1599년 훈련원 부정, 1601년 만포첨사, 1604년 南道虞候, 1609년 온성부사, 1610년 영암군수, 1614년 전라좌수사, 1616년 경상수사, 1616년 公洪水使 등을 역임한 것으로 보인다.

73 順便(순편): 順歸便. 돌아오는 인편.

寸忱, 其終得達, 姑未可必, 瞻望西極, 五內如燬。{疏自製}

26일。

백씨(伯氏: 趙靖)가 전염병을 앓고 있다는 조카의 소식을 듣고 임하(臨河)로 출발했지만 길이 아직도 막힌 곳이 많으니, 어떻게 갈 수 있을지 속이 답답하도록 걱정스럽기 그지없었다.

○호서 방백(湖西方伯: 충청도 관찰사 許頊)의 편지를 얻어 보건대, 천장(天將: 명나라 장군)이 송도(松都: 개성)에 있으면서 전진할 뜻이 없고 한 군대는 도리어 기도(箕都: 평양)로 가려 하니, 상황이 어찌해 볼 도리가 없어 양천(陽川)에서 군진(軍陣)을 돌려 직산(稷山)으로 돌아간다고 하였다.{협주: 천장의 뜻이 무엇 때문인지 알지 못하겠으나, 회복할 수 있는 기약이 점점 더디어져 가니 가슴이 답답하였다.}

○二十六日。

伯氏聞姪兒患癘之報, 發臨河之行, 而道路尙多阻隔, 何以作行, 不勝悶慮。○得見湖西方伯書, 天將在松都, 無意前進, 一軍還向箕都, 勢無可爲, 自陽川陣還歸稷山云。{天將之意, 未知何故, 而恢復之期, 漸遲可悶.}

27일。

옥천 현감(沃川縣監) 권자원(權子元: 權希仁인 듯)이 군병을 점검하

---

74 警蹕(경필): 임금이 거둥할 때 일반인의 통행을 금한 일. 원래는 중국에서 천자가 밖으로 나갈 때는 '경', 안으로 들어갈 때는 '필'이라 하여 통행을 제지하였다.

는 일로 와서 같이 잠자며 그 일을 의논하였다.

○홍인백(洪仁伯)이 스스로 준비한 군량을 가지고 주안(周岸)에서 와 바쳤다.

○二十七日。

沃川倅權子元[75], 以點檢軍兵事來, 同宿論事。○洪仁伯持自備軍糧, 自周岸來納。

28일。

군량을 거두어 오는 일로 호서(湖西)를 향해 출발하였다.{협주: 일찍이 호서의 군현(郡縣)과 사민(士民)들에게 청하여 얻은 군량을 미처 운반해 오지 못했거늘, 지금 듣건대 천병(天兵: 명나라 군)의 군량이 부족한 것으로 인하여 여러 고을의 의병이 모아놓은 곡식을 받으러 가는 것을 불허한다고 하니, 그러면 진중(陣中)의 일이 지극히 민망해지기 때문에 지금 또 재차 가는 것이다.}

○二十八日。

以軍糧收來事, 發向湖西。{曾於湖西郡縣及士民等處, 請得軍粮而未及運來, 今聞以天兵粮餉之不足, 列邑義兵所募穀, 不許受去云, 然則陣中事, 極爲可憫, 故今又再進.}

75 權子元(권자원): 미상. 그러나 黔澗 趙靖의《辰巳日錄》1593년 5월 3일 일기에 의하면 沃川倅 權希仁을 만난 것으로 기록되어 있어, 권희인이 아닌가 한다.

29일.

어머니를 뵙고, 토정(土井) 김사강(金士剛)의 집에서 묵었다. 전해 들은 소문에 의하면, 송 시랑(宋侍郎: 宋應昌)이 뒤이어 온 원병(援兵)을 거느리고 이미 송경(松京)을 출발했다고 하는데, 비록 적실한 소식인지는 알지 못하겠으나 조금은 다행스러웠다.

○二十九日。

省慈氏, 投宿土井[76]金士剛家。傳聞宋侍郎, 領繼援兵, 已發松京云, 雖未知的報, 而稍可幸。

30일.

송씨촌(宋氏村)에 도착하였다. 천병(天兵: 명나라 군)을 영접할 때 소용되는 잡다한 물건들을 여러 고을에서 지금 막 내놓도록 독촉하느라 지나는 길마다 매우 소란스러웠다. 불쌍하게도 이 살아있는 백성들은 이미 왜적들의 창칼에 죽었고 또 굶주림에 죽었거늘, 살아남은 사람은 또 이러한 독촉을 만나 울부짖고 하소연하는 것이 길에 가득하였다. 이 독촉이 비록 어쩔 수 없이 하는 일에서 나왔다고는 하나, 백성들의 힘이 다했으니 또한 지극히 불쌍하고 가여웠다.

○三十日。

到宋村。以天兵迎接時雜物所用, 列邑時方徵督, 歷路甚騷然。哀此生民, 旣死於鋒鏑, 又死於飢餓, 餘存者, 又逢此督, 號訴

76 土井(토정): 대전광역시 동구 土井里. 恩津宋氏가 정주공간으로 확보한 곳으로, 충청남도 懷德郡에 속했던 마을이다.

盈路。是雖出於不得已之擧, 而民力罄竭, 亦極矜惻。

• 3월 병진삭

1일。

비가 와서 가야 할 길이 지체되었지만, 정건수(鄭乾壽: 字는 天老)·이지탐(李之琛: 字는 汝獻)·채종길(蔡宗吉: 字는 善餘)·김사강(金士剛)·홍우안(洪友顔)·황진(黃進)·조서남(趙瑞男) 등 여러 사람이 모두 모여 군대에 관한 일을 함께 의논하였다.

三月 丙辰。一日。

以雨滯行, 鄭天老乾壽·李汝獻之琛·蔡善餘宗吉[77]·金士剛·洪友顔·黃進[78]·趙瑞男諸人, 俱會共論軍事。

---

77 蔡善餘宗吉(채선여종길): 蔡宗吉(1567~1624). 본관은 仁川, 자는 善餘, 호는 松村. 1610년 진사가 되었으나 조정에서 廢母論이 일자 벼슬에 뜻을 두지 않고 淸州의 上黨山 아래에 살면서 독서를 하였다. 이때 李德胤과 자주 토론을 벌였다. 인조반정 후 遺逸로 천거되어 禧陵參奉에 제수되었으나 사양하여 나아가지 않았고, 이듬해 李适의 난이 일어나자 200인을 모병하여 行在所 公州로 달려가 인조가 상경하는 것을 扈駕한 공으로 6품직을 제수받았다.

78 黃進(황진, 1550~1593): 본관은 長水, 자는 明甫. 1576년 무과에 급제해 선전관에 임명되었다. 그 뒤 거산도찰방에 기용되고 安原堡權管을 역임하였다. 이어 다시 선전관이 되어 통신사 黃允吉 일행을 따라 일본에 다녀왔다. 그 뒤 濟用監主簿를 거쳐, 동복현감에 임명되었다. 1592년 임진왜란이 일어나자, 전라도관찰사 李洸을 따라 군대를 이끌고 용인에서 왜군과 대적했으나 패하였다. 이 후 남하하다가 진안에 침입한 왜적 선봉장을 사살하고 이어 安德院에 침입한 적을 격퇴하였다. 그리고 훈련원판관으로 梨峴戰鬪에 참가해 왜적을 격퇴하였다. 이 공으로 익산군수로 충청도조방장을 겸하였다. 1593년 2월 전라병사 宣居怡를 따라 수원에서

2일。

일행이 출발하여 유성창(儒城倉)에 도착하였다. 듣건대 천병(天兵: 명나라 군)이 아직 멀리 있기 때문에 여러 고을에서 그들이 필요로 하는 물품을 지급하는 일을 우선 천천히 하자고 하였다 한다.

○二日。

發行, 到儒城倉。聞天兵尙遠, 故列邑支待事, 姑徐徐爲之云。

3일。

회덕(懷德)에 도착하였는데, 현감(縣監: 南景誠)이 의병소(義兵所)에서 돌아오지 않았다.

○三日。

抵懷德, 主倅自義兵所未還。

4일。

머무르며 현감(縣監: 南景誠)을 기다렸다가 군량을 운반하는 절차를 부탁하였다.

○四日。

왜군을 맞아 싸웠다. 3월에는 충청도병마절도사가 되어 陣을 안성으로 옮겼다. 여기서 군대를 훈련시키고 대오를 정비해 죽산성에 있는 적과 대치하였다. 이때 적장 후쿠시마 마사노리(福島正則)가 안산성을 탈취하고자 竹山府城을 나와 안성으로 진군하였다. 이에 군사를 이끌고 왜군에 접전해 죽산성을 점령했으며, 퇴각하는 왜군을 상주까지 추격해 대파하였다. 그 뒤 6월 적의 대군이 진주를 공략하자 倡義使 金千鎰, 병마절도사 崔慶會와 함께 진주성으로 들어갔다. 그리고 성을 굳게 지키며 9일간이나 용전하다가 장렬하게 전사하였다.

留待主倅, 付託運糧凡節。

5일。

공주(公州)에 도착하여 목사(牧使: 羅級)의 말을 듣건대, 선전관(宣傳官)이 행조(行朝: 行在所)로부터 떠나 왔지만 천병(天兵: 명나라 군)

의 포수(炮手)들은 그때 송도(松都)에 있고 이 제독(李提督: 李如松)은 아직 기성(箕城: 평양)에 머물러 있다 하니, 대개 북쪽의 왜적이 오히려 치성하였기 때문에 맹산(孟山) 등지를 가로막고자 한 것이었다고 하였다.

○정경임(鄭景任: 鄭經世)의 임시거처를 방문하였다.{협주: 이 친구는 군량을 구하는 일로 1월에 이 고을에 도착했는데 두질(痘疾: 천연두)을 앓게 되었다가 이제야 비로소 머리를 들 만큼 차도가 있다고 하니, 처음에는 듣고 매우 놀라 염려하였으나 이제 위태한 지경에서 벗어난 것을 보니 다행스러웠다.}

○五日。

到公州, 聞主牧[79]言, 宣傳官自行朝出來, 而天兵炮手, 時在松都, 李提督尙留箕城, 蓋以北賊尙熾, 故欲爲遮截孟山[80]等處云。

○訪鄭景任寓所。{此友, 以軍糧求得事, 正月, 到此州, 患痘疾, 今始擧頭[81]云, 初聞甚驚慮, 今見脫危, 可幸.}

---

79 主牧(주목): 公州牧使 羅級(1552~1602)을 가리키는 듯. 본관은 安定, 자는 子升, 호는 後谷. 전라남도 나주 출신이다. 1585년에 식년시에 급제하여 尙衣院直長이 되고 그 뒤 한성부참군·병조좌랑·성균관전적을 거쳐 임진왜란 중 한산군수·공주목사로 난중의 흩어진 민심을 수습하였다. 1596년 제용감정으로 있을 때 왜군과의 강화관계로 부산에 파견되었던 명나라 遊擊 陳雲鴻의 접반관으로 차출되어 적진을 왕래하였다. 이듬해 지평·장령·시강원문학 등을 거쳐 金命元의 서장관으로 명나라에 다녀온 뒤 보덕·장령을 역임하였다.

80 孟山(맹산): 평안남도 북동부에 위치한 고을.

81 擧頭(거두): 무거운 병이 약간 차도가 있어 머리를 들 만큼 됨.

6일。

선여(善餘: 蔡宗吉)로 하여금 효가리(孝家里)에 가서 오대붕(吳大鵬) 집의 군조(軍租: 군역의 조세) 10석(石)을 가져오게 하였다.

○六日。

使善餘往孝家里[82], 取吳大鵬[83]家軍租十石而來。

7일。

신의복(申義福) 등으로 하여금 말과 인부를 거느리고 부전(浮田)의 김득형(金得亨) 집에 가도록 하였는데, 단지 2석(石)만 공급해주어서 통탄스러웠다.{협주: 당초에 약정한 원래 수량은 18석이었으나, 그가 자신에게 쓰는 것이 이롭다고 여겨 저축한 것이 없다고 핑계를 대며 이처럼 매몰차게 하니, 사람의 신의(信義) 없음이 어찌 이 지경에 이르렀단 말인가.}

○七日。

使申義福等, 領馬夫, 往浮田[84]金得亨家, 則只給二, 可痛。{當初, 所許元數十八石, 而利其自用, 託以無貯, 如是埋沒, 人之無信, 乃至於斯耶?}

---

82 孝家里(효가리): 충청남도 공주시 소학리. 向德은 신라 景德王 때 부모가 가난과 병에 시달리자 자신의 살을 베어 봉양하는 등 지성으로 모셨다. 이에 왕이 향덕에에 벼 300석, 집과 토지를 하사하고 비석을 세워 효행을 널리 알리도록 하였다. 이후 향덕이 살던 마을을 孝家里라 하였다.

83 吳大鵬(오대붕, 생몰년 미상): 본관은 寶城, 자는 景圖. 公州 출신이다. 1592년 임진왜란이 일어나자 사촌형 吳大麟과 함께 왕을 호종한 공이 있다.

84 浮田(부전): 충청남도 공주군 우성면 내산리에 있는 자연부락. 뜬밭이라고도 불린다.

8일。

한질(韓晊)이 유성(儒城)에서 와 말하기를, 왜적의 무리가 갑자기 화령(化寧)·중모(中牟) 등지에 들이닥쳐서 김 주부(金主簿)가 의곡(義穀)을 전부 빼앗겼으며, 류시백(柳時伯)·정필화(鄭必和)·김유명(金有鳴) 등이 모두 해(害)를 입었다고 하였다. 왜적의 형세가 널리 퍼져서 벗들이 화를 입게 되는 지경에 이르렀으니 참혹하고 애통함이 어찌 끝이 있겠는가.

○八日。

韓晊, 自儒城來言, 倭徒猝入於化寧·中牟等處, 金主簿義穀穀全數見奪, 柳時伯·鄭必和·金有鳴等, 皆被害云。賊勢充斥[85], 至於朋輩遇禍, 慘痛何極?

9일。

정랑(正郎: 호조 및 공조 정랑) 이구호(李久濠)가 효가리(孝家里)에 있었기 때문에 찾아가 만나서 군량미 10석을 받아왔다.

○우리 충보군(忠報軍)의 대장(大將: 김홍민)이 있는 고봉 진소(孤峯陣所)에서 보낸 관문(關文: 공문)을 얻어 보건대, 왜적 1만여 명의 기병들이 사곡(沙谷: 沙山里)·보미(甫未: 甫尾里) 등지에 난입해서 상주 목사(尙州牧使: 金澥)가 간 곳을 엄중히 따져 묻고 보은(報恩)·눌암(訥巖: 訥里)까지 추격하여 목사 및 그의 아들 김경원(金慶遠)이 동시에

85 充斥(충척): 그득한 것이 퍼져서 넓음.

화(禍)를 입었으나 여러 의병장(義兵將)이 일시에 계속 구원함에 힘입어 왜적의 세력이 그제야 물러갔는데, 인신(印信: 官印)은 조방장(助防將: 宣義問)이 가져왔지만 병부(兵符: 發兵符)는 왜적에게 빼앗겼다고 하였다. 이는 근래에 있지 않았던 변고로 깜짝 놀란 것은 말할 수가 없다. 이 목사(牧使)는 난리가 난 애초부터 왜적을 피하기를 잘하다가 끝내 왜적의 손에 죽었으니, 어찌 운명이 아니겠는가.

○九日。

李正郎久濠[86], 在孝家, 故往見, 取軍糧十石而來。○得見本陣大將在孤峯陣所行關, 則倭徒萬餘騎, 闌入沙谷[87]甫未[88]等處, 窮問尙牧去處, 追至報恩·訥巖[89], 牧使及其子慶遠[90], 同時被禍, 賴

86 李正郎久濠(이정랑구호): 正郎 李久濠(1537~1612). 본관은 全州, 자는 宗宇. 公州에 거주하였다. 조부가 李世璋이다. 1567년 식년시에 급제하였다. 1583년 공조정랑, 1588년 호조정랑을 지냈다.

87 沙谷(사곡): 경상북도 상주시 化西面의 沙山里. 1914년 沙谷里·龍岡里·牛山里·黃山里·馬岩里를 합해 사곡과 황산의 이름을 따서 사산리라고 했다.

88 甫未(보미): 경상북도 상주시 化東面 甫尾里의 오기. 사방이 산으로 둘러싸인 산촌마을로 고개와 골짜기가 발달한 곳이다.

89 訥巖(눌암): 경상북도 상주시 化南面 訥里. 뒷산이 성처럼 에워싸서 출입구가 없어 訥啞라고 하였는데, 앞개울의 물이 항상 검어 빨래를 할 수가 없어서 알아보니, 윗마을인 墨方에서 선비들이 냇가 바위에 글씨를 쓰고 물로 지우고 하여 그 먹물이 아랫마을까지 내려오는지라, 선비를 상대로 욕도 할 수 없고 답답하여 訥里 또는 訥下라 하였으며, 바위까지도 깨끗하지 못하다 하여 訥岩이라 하였다고 한다.

90 慶遠(경원): 金慶遠(1561~1593). 본관은 禮安, 자는 而善. 1588년 진사시에 급제하였다. 아버지 金澥가 상주목사로 있을 때 임진왜란이 일어나자 판관 鄭起龍과 함께 향병을 규합하여 開寧에서 왜군을 격파하고 상주성을 탈환하였고 1593년 왜적 400여 명의 수급을 참하는 전공을 세웠으나 3월에 포위되어 항전하다가

諸義將一時繼援, 賊勢乃退, 而印信則助防將持來, 兵符爲賊所奪云。此是近日所未有之變, 驚怛不可言。此牧, 自初善於避賊, 竟死賊手, 豈非命乎?

10일。

아우 조준(趙埈)으로 하여금 소여망(蘇汝望)의 집에 가서 공급해주는 군량을 가져오게 하였다.

○전적(典籍) 소경열(蘇景悅: 蘇溪)이 대조(大朝: 행재소)에서 떠나왔는데, 천병(天兵: 명나라 군) 수만 명은 이때 송도(松都)와 동파역(東坡驛) 등지에 있고, 이 제독(李提督: 李如松)은 이때 평양에 있으면서 송 시랑(宋侍郎: 宋應昌)의 군대를 기다리며 머물러 있었지만 선봉(先烽)은 벌써 압록강을 건넜으며 대가(大駕)가 이미 영유(永柔)에 도착했다고 하였다. 기왕에 서쪽 변방의 소식을 들으니 위안과 다행스러움이 참으로 깊었다.

○十日。

使埈弟往蘇汝望家, 領所給軍糧而來。○蘇典籍景悅[91], 自大朝[92]出來, 天兵數萬, 時在松都·東坡等處, 李提督, 時在平壤, 留

마침내 순절하였는데, 이때 아버지를 구하려다 함께 순절하였다. 이러한 사실은 柏巖 金玏(1540~1616)의 연보에 자세히 기록되어 있다.

91 景悅(경열): 蘇溪(1540~?)의 자. 본관은 晉州. 石城 출신이다. 아버지는 蘇世貞이고, 숙부는 蘇世良이며, 장인은 金彪이다. 형은 蘇衍이다. 1567년 식년시에 급제하였다. 都事를 지냈다.

92 大朝(대조): 왕세자가 섭정하고 있을 때의 임금을 일컫는 말.

待宋侍郎軍, 而先鋒已渡江, 大駕已到永柔云。旣聞西方之信, 慰幸良深。

11일。

군량을 운반하는 일이 매우 어려워 포(布)로 바꾸기 위해 한질(韓晊)과 신의복(申義福)으로 하여금 감독하며 바꾸도록 하였더니 모두 40여 필(匹)이었다.

○十一日。

軍糧輸運甚難, 換布次, 令韓晊·申義福監貿, 竝四十餘匹。

12일。

포(布)로 바꾸고 남은 곡식 10여 석(石)을 본창(本倉)에 납부하여 유성(儒城)의 조세(租稅)로 바꾸었다.

○듣건대 천병(天兵: 명나라 군)으로 임진(臨津)에 있는 자가 3,4천 명이고 개성(開城)에 머물러 있는 자가 2,3만이라 하였다.

○十二日。

貿餘穀十餘石, 納本倉, 換以儒城之租。○聞天兵在臨津者三四千, 留開城者二三萬云。

13일。

고을사람 박상빈(朴尙賓)이 군량미 10석(石)을 납부하고자 하여, 부사(副使: 金瓚)에게 아뢰어 지급할 수 있는 길을 도모하였다.{협주: 군량미를 납부한 사람은 상관으로 하여금 알게 해야 하는데, 많고 적음에 따

라 임금에게 알려야 하기 때문이다.}

○듣건대 당병(唐兵: 명나라 군사) 2명이 통사(通使: 通譯) 1명과 함께 근래에 도성 안으로 가서 왜장(倭將)을 초치하니 현소(玄蘇) 등이 100여 명의 기병을 거느리고서 나오자, 우리나라 장수 3명도 또한 나오도록 청하여 함께 회동하기로 약속했다고 하는데, 그 뜻은 필시 강화(講和)를 맺자고 말하려는 모양이다. 두 왕자[臨海君과 順和君]가 아직 왜적의 진중(陣中)에 머물고 있었는데, 이보다 하루 전에 사람을 시켜 3통의 봉서(封書: 봉함편지)를 가지고 행조(行朝: 행재소)에 가도록 보내고, 다음날 또 황정욱(黃廷彧)을 시켜 5통의 봉서를 가지고 행조에 가도록 보냈다고 하는데, 그 자세한 것을 모르니 매우 답답하다.

○十三日。

州人朴尙賓, 欲納軍米十石, 稟于副使, 以圖題給之路。{納軍粮者, 使上官知之, 從多少, 上聞之故.} ○聞唐兵二人, 與通使一人, 近到城中, 招致倭將, 玄蘇等率百餘騎出來, 我國將三人亦請來, 同會約束云, 而其意必是講和之說也。兩王子尙留賊中, 前此一日, 使人持三封書, 出送行朝, 翌日, 又使黃廷彧[93]持五封書, 出

93 黃廷彧(황정욱, 1532~1607): 본관은 長水, 자는 景文, 호는 芝川. 1592년 임진왜란이 일어나자 號召使가 되어 왕자 順和君을 陪從, 강원도에서 의병을 모으는 격문을 8도에 돌렸고, 왜군의 진격으로 會寧에 들어갔다가 모반자 鞠景仁에 의해 임해군·순화군 두 왕자와 함께 安邊 토굴에 감금되었다. 이때 왜장 加藤淸正으로부터 선조에게 항복 권유의 상소문을 쓰라고 강요받고 이를 거부하였으나, 왕자를 죽인다는 위협에 아들 赫이 대필하였다. 이에 그는 항복을 권유하는 내용이 거짓임을 밝히는 또 한 장의 글을 썼으나, 體察使의 농간으로 아들의

送行朝, 而未得其詳, 甚鬱。

14일。

유성(儒城)에 도착하였다.

○十四日。

到儒城。

15일。

기성(杞城: 진잠)에 도착하였다.

○十五日。

到杞城[94]。

16일。

현감(縣監: 邊好謙)이 노인을 받들 수 있는 물자를 후하게 베풀어 주어 매우 감사하였다. 도로 유성(儒城)에 도착하였다.

○十六日。

主倅厚惠奉老之資, 感感。還到儒城。

글만이 보내져 뜻을 이루지 못하고 이듬해 부산에서 풀려나온 뒤 앞서의 항복 권유문 때문에 東人들의 탄핵을 받고 吉州에 유배되고, 1597년 석방되었으나 復官되지 못한 채 죽었다.

94 杞城(기성): 충청남도 鎭岺의 옛 이름.

17일。

선여(善餘: 蔡宗吉)의 편지로 인하여 상주(尙州)의 적이 적암리(赤巖里)에 쳐들어왔음을 알게 되었는데, 우리 쪽으로 넘어 들어올까 근심하나 조만간 들이닥칠 것 같으니, 염려가 공적으로 사적으로나 절실하여 마음이 더욱 괴로웠다.

○十七日。

因善餘書, 知尙賊侵到赤巖, 踰入之患, 迫在朝夕, 念切公私, 情悰益苦。

18일

오대린(吳大麟)의 집에서 얻은 조석(租石)은 회덕(懷德)으로 수송하였고, 박경임(朴景任)의 집에서 납부한 곡물은 신의복(申義福)으로 하여금 쇄마(刷馬: 관아의 말)로 운반해 가게 하였다.

○十八日。

吳大麟家所得租石, 輸送于懷德, 朴景任家所納穀物, 使申義福領刷馬運去。

19일。

충의진(忠義陣: 李命百)의 군관(軍官)이 와서 말하기를, 이 제독(李提督: 이여송)의 패문(牌文: 통지문) 안에 왕 총병(王摠兵)이 수군(水軍) 6만 명을 섬라국(暹羅國: 태국) 등의 병사와 연합한 30만 명으로 대마도(對馬島)를 습격하였으니, 우리 고을[本府]에서도 연달아 병마(兵馬)를 징발하면 머지않아서 왕경(王京)으로 진격할 것이라고 하였다니, 비록 적실한 소식인지는 알지 못하겠으나 놀랍고 괴이하기가 그지없었다.

○十九日。

忠義陣軍官來到言, 李提督牌文[95]內, 王摠兵以水軍六萬, 與暹羅等國兵合三十萬, 襲對馬島, 本府續調兵馬, 不日進取王京, 雖未知其的報, 不勝驚怪。

20일。

송씨촌(宋氏村)에 도착하였다.

○二十日。

到宋村。

21일。

쇄마(刷馬: 관청의 말)를 징발할 수가 없어서 본현(本縣: 회덕현)에 머물렀다.

○二十一日。

以刷馬之不得調發, 留本縣。

22일。

겨우 네다섯 짐바리를 얻어 저물녘에 고봉 진소(孤峯陣所)에 도착

95 牌文(패문): 중국에서 조선에 勅使를 파견할 때, 칙사의 파견 목적과 일정 등 칙사와 관련된 제반 사항을 기록하여 사전에 보내던 通知文.

하니, 다만 신경징(申景澄)·김득려(金得礪) 등 몇 사람만 있고 대장(大將: 김홍민)은 대사(大寺: 법주사)에 있어서, 진중(陣中)에 남아있던 군량은 전부 모두 빼앗겼으니 통탄스러웠다.

○二十二日。

僅得四五馱, 暮到孤峯陣所, 只有申景澄·金得礪數人, 大將在大寺, 而陣中留在之糧, 全數見奪, 可痛。

23일。

대사(大寺: 법주사)에 가서 대장에게 인사하고 군량을 운반하는 절차를 직접 아뢰었다. 복천암(福泉庵)에 올라가 어머니를 살폈다.{협주: 지난번 적의 칼날이 가까이 다가왔기 때문에 동암(東菴)에서 이리로 옮겨 지냈다.}

임하(臨河)의 소식을 듣건대 백씨(伯氏: 趙靖)가 전염병을 거듭 겪었다 하여 그 날짜를 헤아려 보니 출입할 수 있을 것 같으나 놀라고 염려한 마음을 무엇에 비유하겠는가. 이미 몸소 살피지도 못한데다 안부도 물을 수 없었다. 좋지 못한 시대를 만나서 심지어 골육조차 서로 의지하지 못하는 데에 이르렀으니, 이렇게 된 것은 누구 때문인가. 다만 스스로 애끓는 심정일 뿐이다.

○건의군(建義軍: 심수경)에서 보내온 군공(軍功)의 포상에 의하면 선전관(宣傳官: 申景澄)은 훈련주부(訓鍊主簿)로 승진되었고, 김 봉사(金奉事: 金得礪)는 수문장겸사복(守門將兼司僕)에 제수되었으며, 양인으로 천역(賤役)에 종사하던 것을 면하는 등의 첩문(帖文: 문서) 30여 통도 내려왔다. 적을 토벌하는 것은 매우 느렸으나 너무나 지

나치게 상을 받았으니 마음에 편안하겠는가. 신하와 백성이 된 자는 더욱 마땅히 힘을 다하여 보답하기를 도모해야 할 것이다.

○二十三日。

拜大將于大寺, 面禀運糧諸節。上福泉, 觀慈氏。{以頃日賊鋒之近逼, 自東菴移寓也.} 聞臨河消息, 伯氏重經染患云, 計其日數, 似得出場, 而驚慮何喩? 旣不得躬診, 又未能伻探。遭世不辰, 甚至於骨肉不相依, 此何人哉[96]? 只自煎迫而已。○自建義陣, 委送軍功賞格[97], 宣傳官陞拜訓鍊主簿, 金奉事除守門將兼司僕, 免役賤[98]等帖文, 三十餘通下來。討賊甚緩, 而蒙賞太過, 於心安乎? 爲臣民者, 益當戮力而圖報也。

24일。

적군이 점점 다가옴에 따라 군량을 나르는 길이 더욱 군색해졌고 형세상 편안히 있기가 어려웠다. 바야흐로 회덕(懷德)으로 옮겨가려고 하자, 대장(大將: 김홍민)의 뜻도 같았으므로 대장이 먼저 가서 지낼 만한 곳을 탐문하기로 하였다.

○서쪽의 소식을 얻어 듣건대, 천병(天兵: 명나라 군)이 송도(松都: 개성)에서 그 선봉대가 먼저 한양(漢陽)에 도착하자, 왜적이 폐백(幣

96 此何人哉(차하인재): 《詩經》〈黍離〉의 “아득하고 아득한 하늘이여, 이 어떤 사람이 이렇게 하였는고.(悠悠蒼天, 此何人哉!)”에서 나온 말.

97 賞格(상격): 공로의 대소에 따라 상을 주는 격식.

98 役賤(역천): 身良役賤. 신분은 양인이면서 천역에 종사하던 부류.

帛: 선물)을 보내며 강화(講和)를 청하였으나 그 뜻은 호서(湖西: 충청도)와 영남(嶺南: 경상도)을 분할하려는데 있었으니, 도체찰사(都體察使) 서애(西厓) 류 상국(柳相國: 柳成龍)이 굳게 불가하다고 고집하였다 한다. 또 듣건대 천조(天朝: 명나라 조정)에서는 두 장수[兩將: 송응창과 이여송]의 사이가 서로 툭 터놓고 협의하지 못하여서 머뭇거리며 진격하지 않으려는 폐단이 있다고 하니, 이는 실로 우리나라의 불행이라 마지막에 과연 어떻게 될지 모르겠다.

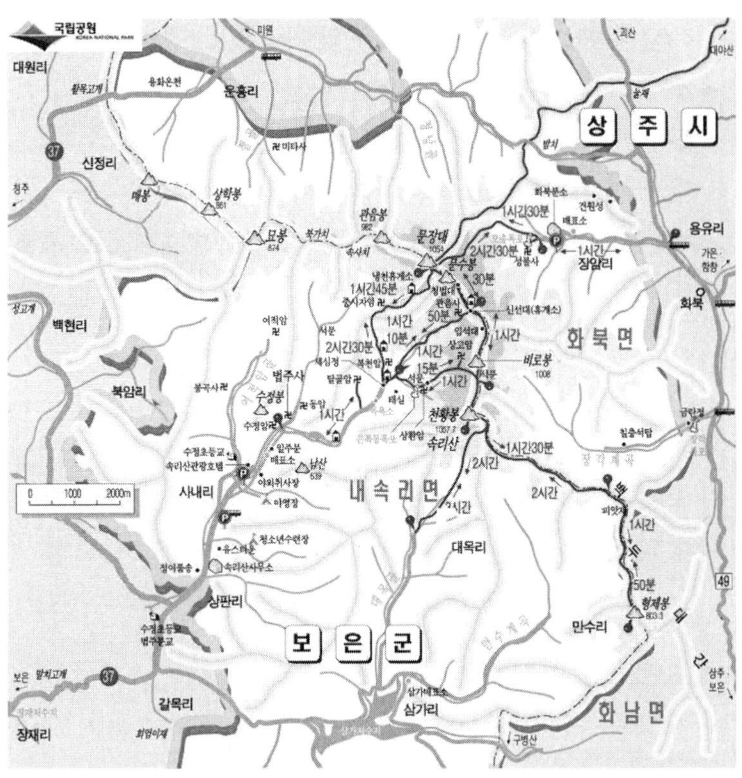

○二十四日。

賊勢漸迫, 糧道益窘, 勢難安處。方欲移寓懷德, 大將之意亦然, 故大將先往探得可寓之地。○得聞西報, 天兵自松都, 前鋒先到漢陽, 倭奴送幣請和, 而意在湖嶺之分割, 都體察使西厓柳相國, 堅執不可云。且聞天朝, 兩將之間, 不相和協, 有逗遛不進之弊, 此實我國之不幸, 未知末稍果何如。

25일。

적의 세력이 이미 관음사(觀音寺)와 가을왕(加乙往: 加乙可峴) 등지에까지 미치니, 대장(大將: 김홍민)의 온 집안 가족과 우리집의 가족들이 어둠을 무릅쓰고 길을 떠났다.

○二十五日。

賊勢已及於觀音寺·加乙往[99]等處, 大將闔家及吾家諸眷, 冒夜發行。

26일。

궁평(宮坪)·보은(報恩)·회인(懷仁)의 경계에 도달했을 때 어머니가 보통 때처럼 편안하지 못한 것을 알고서 애끓는 심정이 비유할 데가 없었다.

○민 봉사(閔奉事: 閔天吉인 듯)가 진중(陣中)에서 뒤따라와 말하기

99 加乙往(가을왕): 加乙可峴을 가리키는 듯. 경상북도 상주시 화북면에서 淸州로 가는 길옥에 있었던 고개로 험애의 관문이었다고 한다.

를, "장수와 병사들이 보은 현감(報恩縣監: 구유근) 및 상주 판관(尙州判官: 鄭起龍)과 함께 율원(栗院)의 잔도(棧道: 험한 벼랑길)에 요새를 구축해 매복을 설치하고 왜적이 돌아오기를 기다렸다가 활을 셀 수 없을 정도로 마구 쏘아서 죽이거나 상처를 입힌 것이 매우 많았고, 또 조방(助防)과 조전(助戰) 두 진영(陣營)이 뒤따라 추격하여 적들로 하여금 낭패를 겪고 돌아가게 하였으니, 근래의 전투 가운데서 오직 이 전투가 통쾌하다."라고 하였다.

○二十六日。

得抵宮坪[100]·報恩·懷仁界, 慈氏有不安節[101], 煎悶不可喩。○閔奉事自陣中追至言: "將士等, 與報恩倅及尙州判官, 栗院棧道, 設險埋伏, 俟賊還歸, 亂射無筭, 殺傷最多, 且助防·助戰兩陣, 隨後追擊, 使賊徒狼狽而歸, 近日之戰, 惟此爲快."云。

27일。

어머니의 병환이 어제보다 더 심한 듯하여 애타는 심정을 어찌할 바를 몰랐으니 말로 표현할 수가 없었다.

○二十七日。

慈氏患節, 比昨似劇, 煎迫罔措, 不可形言。

---

100 宮坪(궁평): 충청북도 보은군 內北面에 위치한 新宮里. 본래 懷仁郡 東面 宮坪里가 報恩郡 內北面 上弓里와 병합하여 신궁리로 되고 懷北面 관할이 되었다가 내북면에 편입되었다.

101 不安節(불안절): 병이 있어 기거와 음식을 보통 때를 따라 할 수 없음을 말함.

28일。

어머니의 환후가 점점 위중하게 되니, 전염병인 것 같아서 애끓게 울며 하늘에 기도할 뿐이었다.{협주: 난리 중에는 각기 살아나는 방도에 얽매이는 것이나, 백씨(伯氏: 趙靖)는 멀리 한쪽 구석에 있으니 누구와 더불어 어머니 병간호를 하겠는가. 이로써 정회가 더욱 찢어진다.}

○二十八日。

患候漸至沈重, 似是染症, 煎泣禱天而已。{亂離之中, 各拘生計, 伯氏遠在一隅, 誰與侍疾? 以此情緖尤惡.}

29일。

어머니의 환후가 한결같이 낫지 않은데, 백씨(伯氏: 趙靖)가 복천암(福泉庵)에서 이곳에 도착하였으니 한편으로는 기쁘고 한편으로는 슬퍼서 손을 마주잡았으나 말이 없었다. 적의 기세가 아직 치성하여 어머니의 병환 소식을 즉시 알리지 못한 것이 죄스러웠는데, 갑자기 이렇게 찾아왔으니 마음이 움직여서 그런 것이 아니겠는가. 나라에 가득한 흉적들의 칼날을 어떻게 피하여 왔는가. 중병을 겪고 난 끝인데도 또 의당 애끓을 터이니, 다시 병이 생길까 두려워 가슴이 답답하다.

○二十九日。

患候一樣無減, 伯氏自福泉尋到此處, 一喜一悲, 握手無言。賊氛尙熾, 以患報之不能卽通爲罪, 忽此來到, 無乃心動而然耶? 滿國凶鋒, 何以避來? 重患之餘, 又當煎灼[102], 恐復生病, 是悶。

• 4월 을유삭

1일。

어머니의 환후가 점차 위독하여 어찌해야 할 바를 알지 못하였다. 김순근(金純謹)이 식량을 가져와서 대접하였고, 그 밖에 친지들이 계속 문병하러 왔는데 다 기록할 수가 없다.

四月 乙酉。一日。

患候漸篤, 罔知攸措。金純謹來饋糧餉, 其餘親知之續續來問, 不能盡記。

2일。

끝내 망극한 변(罔極之變: 모친상)을 당했는데, 10일 삼산(三山: 報恩의 邑號)의 궁평(宮坪)에 임시로 매장하고 이윽고 묘소 곁에 머무르며 지켰다.{협주: 이날부터 19일까지 일기가 없다.}

○二日。

竟遭罔極之變, 以十日, 權厝于三山[103]宮坪, 因留守墓側。{自此, 至十九日, 無日記.}

---

102 煎灼(전작): 애태움.

103 三山(삼산): 報恩縣의 邑號. 보은문화원이 지명과 유래에서 보은군의 산천을 소개한 것에 따르면, 옛 보은현의 주산이 寺山, 蛙山, 猪山인데, 이를 三山이라 불러 읍호가 되었다고 한다.

20일。

아우와 누이동생 및 하인배들이 차례로 전염병에 걸렸으니, 마지못하여 궤연(几筵: 靈座)을 받들고 회덕현(懷德縣)의 탑산촌(塔山村)으로 나누어 지냈다.

○二十日。

弟妹及下屬[104], 次第染痛, 不得已奉几筵, 分寓於懷德縣塔山村。

23일。

좌랑(佐郎) 정경세(鄭經世)가 조문하러 왔다.

○二十三日。

鄭佐郎經世, 來弔。

25일。

대장(大將: 김홍민) 및 찰방(察訪) 이빈(李賓)이 조문하러 왔다.

○二十五日。

大將及李察訪賓, 來弔。

28일。

백씨(伯氏: 趙靖)와 함께 궁평(宮坪)에 가서 묘소를 돌보았다.

○二十八日。

---

104 下屬(하속): 하인배.

與伯氏, 往省宮坪墓所。

• 5월 갑인삭

1일。

간소하게나마 예찬(禮饌: 祭需)을 갖추어 삭전(削奠: 초하룻날 제사)을 지냈다.

五月 甲寅。一日。

略備醴饌[105], 行朔奠[106]。

2일。

궁평(宮坪)에 머물렀다.

○二日。

留宮坪。

3일。

탑산(塔山)의 임시거처로 돌아왔다.

○三日。

還塔山寓所。

---

105 醴饌(예찬): 禮饌. 제사에 쓰는 음식.

106 朔奠(삭전): 喪家에서 매월 초하룻날에 지내는 제사.

7일。

듣건대 천병(天兵: 명나라 군)이 당교(唐橋)에 도착하자, 당교의 적들이 죄다 상주(尙州)로 내려와 상주성(尙州城)의 안팎 및 교외의 들판 사이에 적의 보루(保壘)를 늘어놓고는 사방으로 나와 분탕질하면서 날마다 그치지 않는다고 하였다. 혹시 내려가는 자가 있어도 길에서 느릿느릿 가고 싶으면 가고 머물고 싶으면 머물며 제 마음대로 하나, 끝내 추격했다는 소식을 듣지 못했으니 진실로 분하고 마음이 아팠다.

○七日。

聞天兵到唐橋, 唐橋之賊, 盡下尙州, 州城內外及郊野間, 賊壘羅布, 四出焚蕩, 逐日不止。或有下去者, 而在道緩緩, 欲行則行, 欲留則留, 任意爲之, 而終未聞追擊之報, 誠可憤痛。

8일。

들려오는 소식에 의하면 조정에서 적이 남쪽으로 내려간다는 소문을 듣고 연이어 교지(敎旨: 왕명서)를 내려 여러 장수에게 추격하도록 독려하자, 도원수(都元帥) 김명원(金命元)과 순변사(巡邊使) 이빈(李薲)이 오늘 보은(報恩)의 구암리(灸巖里) 진영(陣營)에 도착하였다고 하였다.

○八日。

流聞朝廷聞賊南下, 連下旨, 督諸將追擊, 都元帥金命元, 巡邊使李薲[107], 以今日來到報恩灸巖[108]陣云。

10일。

듣건대 당교에 진(陣)을 치고 머물러 있는 당장(唐將: 명나라 장수)은 대장이 아니고 다만 파발꾼인 천총(千摠) 송호한(宋好漢)과 전창(田倉)으로 곧 왜놈을 호송하는 사자(使者: 심부름꾼)들이었으며, 천병(天兵: 명나라 군)은 아직 조령(鳥嶺)을 넘지 않아서 호송사(護送使)만 겨우 수십 명이 먼저 왔다고 하였다. 이로써 미루어 보면 천장(天將)은 왜적과 강화(講和)하여 싸우지도 않고 내려 보내려는 것이 아니겠는가. 괴이하였다.

○十日。

聞唐橋留陣唐將, 非大將, 乃撥兒[109]千摠宋好漢·田倉也, 卽護送倭奴使也, 天兵則姑未踰嶺, 護送使僅數十先來云。以此推之, 天將與賊講和, 無乃不戰而下送乎? 可怪。

---

107 李薲(이빈, 1537~1603): 본관은 全州, 자는 聞遠. 1570년 무과에 급제, 여러 관직을 거쳐 회령부사가 되었다. 1592년 임진왜란이 일어나자, 경상좌도병마절도사로 충주에서 申砬의 휘하에 들어가 싸웠으나 패하였다. 그 뒤 金命元의 휘하에 들어가 임진강을 방어하다가 다시 패하고, 평안도병마절도사로 평양을 방어하였으나 성이 함락되자 李元翼을 따라 順安에서 싸웠다. 1593년 1월에 명장 李如松이 평양을 탈환하자 군사를 이끌고 명나라 군대에 종사하였으며, 李鎰을 대신하여 巡邊使에 임명되었다. 같은 해 2월 權慄이 幸州山城에서 왜군을 크게 격파하고 坡州山城으로 옮기자, 권율과 함께 파주산성을 수비하였다. 같은 해 왜군이 진주와 구례 지방을 침략할 때 남원을 지켰다. 1594년 경상도순변사에 복직되었다.

108 灸巖(구암): 충청북도 보은군 탄부면 구암리.

109 撥兒(발아): 擺撥兒. 임진왜란과 정유재란 당시 조선에 파견되었던 명나라의 파발꾼. 공문서를 전달하는 임무가 주어졌다.

11일。

듣건대 경상우도(慶尙右道)의 방백(方伯: 관찰사) 학봉(鶴峯: 金誠一) 영감이 전염병으로 세상을 떠났다고 하니{협주: 지난달 29일에 죽어 세상을 떠났다.}, 놀랍고 애통하기가 그지없었다. 우진(右鎭: 경상우도)이 지금까지 보전된 것은 모두 이 분의 힘이었는데, 지금 갑자기 이렇게 되었으니 다시금 장차 누구에게 의지할 수 있으랴.{협주: 우병사(右兵使: 경상 우병사) 김지해(金志海: 金沔) 영감이 죽은 것은 이미 뜻밖에 나온 것이라 사람들 모두가 애석하게 여겼는데, 또한 학봉 영감의 상사(喪事)를 만나게 되니 경상우도 일대가 바야흐로 울부짖는 소리로 가득하였다고 한다.}

○十一日。

聞右方伯鶴峯令公, 以染患捐館[110]{去月二十九日, 喪出.}, 不勝驚痛。右鎭之尙今保全者, 都是此老之力, 今忽至此, 更將誰賴? {右兵使金志海令公之沒, 旣出意外, 人皆惜之, 又遭此老之喪, 右路一帶, 方嗷嗷[111]云.}

14일。

듣건대 천병(天兵: 명나라 군)이 이제 막 조령(鳥嶺)을 넘고 선봉은 이미 상주에 도착하자, 상주성(尙州城) 안에 주둔해 있던 적들이 모두 아래쪽으로 내려가서 고향땅에 이제 흉적들이 없다고 하니 그 기쁨을 이루 다 말할 수 없었다. 그러나 다만 우리나라 사람들로서

---

110 捐館(연관): 죽다는 것을 비유하는 말.

111 嗷嗷(오오): 아이고 아이고. 슬픔에 젖은 뭇사람의 소리이다.

하늘에 사무치는 원수들이 뱃길로 살아 돌아간다면 사람들의 마음에 쌓인 원망과 분통이 마땅히 어떠하겠는가.

○十四日。

聞天兵時方踰嶺, 先鋒已到尙州, 城中留屯之賊, 全數下去, 故土今無賊氛云, 喜不可言。而但以我國人, 極天之讎, 生還海道, 人心之寃憤, 當何如?

15일。

망전(望奠: 보름날 제사)을 지냈다.

들려오는 소문에 의하면 북쪽 오랑캐[北虜: 후금]는 국경경비가 허술한 틈을 타고 외람되이 소요를 일으켜 점차 나라 안으로 들어왔다고 하는데, 남쪽의 변란이 아직 끝나지 않았는데도 또 이런 기이한 소식이 있으니 나랏일이 매우 절실하여 답답하고 개탄스러웠다.

○十五日。

行望奠[112]。流聞北虜乘虛作梗[113], 漸入內地, 南警尙未殄, 而又有此奇, 爲國事深切, 憫歎。

16일。

듣건대 천조(天朝: 명나라 조정)는 왜적이 바다를 건너가려 하지 않

112 望奠(망전): 喪中의 매달 음력 보름날 아침에 제사 때와 같이 음식을 차리어 지내던 의식.

113 作梗(작경): 도리에 맞지 않은 행실을 부림.

는 것에 분노하여 사천 총병(泗川摠兵) 유정(劉綎)으로 하여금 남만(南蠻)·서촉(西蜀)·복건성(福建省)의 5천 병마(兵馬)를 이끌고 계속 성주(星州)의 팔거현(八莒縣)에 주둔하되, 왕필적(王必迪)·낙상지(駱尙志) 등은 경주(慶州)에 주둔하고, 이녕(李寧)·갈봉하(葛逢夏)·조승훈(祖承訓) 등은 거창(居昌)에 주둔하고, 오유충(吳惟忠)은 선산(善山)의 봉계(鳳溪)에 주둔하게 하여, 사방을 빙 둘러서 서로 대치하며 협공하도록 하였다고 하니, 황제의 은혜가 망극함이 어찌 이에까지 이르렀단 말인가. 또 듣건대 제독(提督: 李如松)이 심유경(沈惟敬)으로 하여금 왜적에게 가서 바다를 건너가도록 달래게 했다고 하였다.

○十六日。

聞天朝憤倭不肯渡海, 令泗川摠兵劉綎[114], 率南蠻·西蜀·福建五千兵馬, 繼屯星州八莒[115]縣, 王必迪·駱尙志[116]等屯慶州, 李寧·葛逢夏·祖承訓屯居昌, 吳惟忠屯善山鳳溪[117], 環四面, 相持犄角[118], 皇恩之罔極, 胡至於此? 又聞提督, 使沈惟敬, 往誘倭渡海云。

---

114 劉綎(유정, 1558~1619): 1592년 임진왜란이 일어나자 이듬해 원병 5천을 이끌고 참전한 명나라 장수. 1597년 정유재란 때 남원에서 졌다는 소식이 전해지자, 배편으로 강화도를 거쳐 입국하였다. 전세를 확인한 뒤 돌아갔다가, 이듬해 提督漢土官兵禦倭總兵官이 되어 대군을 이끌고 와서 도와주었다. 曳橋에서 왜군에게 패전, 왜군이 철병한 뒤 귀국하였다.

115 八莒(팔거): 대구광역시 북구 칠곡동 일원에 있었던 옛 지명.

116 駱尙志(낙상지): 1592년 12월 左參將으로 보병 3천 명을 이끌고 참전한 명나라 장수. 힘이 월등하여 1천 근의 무게를 들었으므로 駱千斤으로 불렸다. 평양 전투에서 앞장서 성벽에 올라 승리에 큰 기여를 하였다.

117 鳳溪(봉계): 경상북도 구미시 고아읍 봉한리. 이전에는 선산군 봉계리였다.

118 이 소문은 《宣祖修正實錄》 1593년 5월 1일 1번째 기사에 실려 있음.

17일。

궁평(宮坪)에 가서 성묘하고 돌아왔다.

○지인과 친구들이 날마다 조문(弔問)하러 온 것은 따로 애감록(哀感錄)에 기록하였다.

○듣건대 적의 포로가 되었던 세 사람이 우리 척후군(斥候軍: 정탐병)에게 잡혔는데{협주: 그 첫째는 송도(松都) 사람이고, 둘째는 배천(白川) 사람이며, 셋째는 금천(黔川) 땅의 사노(私奴: 권문세가에서 부리는 노비)로 성손(成孫)이라 불리는 사람이었다.}, 1월 중 왜적에게 포로가 되어 경성에 들어가서 부역을 하다가 지난달 20일에 도성 안의 왜놈들이 전부 아래쪽으로 내려올 때 모두 뒤따라 당교(唐橋)에 도착해서는 밤을 틈타 도망쳐 나왔지만, 두 왕자[兩王子: 임해군과 순화군]도 또한 적중에서 따라온다고 하였다.

아, 만약 우리 조정으로 하여금 훌륭한 장수가 한 명이라도 있다면, 차마 왕자들을 왜적의 행렬에 보내놓고서는 모시고 돌아올 방법을 생각하지 않을 수 있겠는가.{협주: 왕자를 모신 여러 재상(宰相)이 아직도 머리를 보전하고 있으니 어떻게 분노를 참을 수 있겠는가. 김귀영(金貴榮)은 일찍이 도망하여 행재소에 돌아왔고, 간관(諫官)은 왕자들을 버리고 자신만 편하고자 화(禍)를 피해 도망쳤으니, 추방하여 유배(流配)되도록 논계(論啓)하였다고 한다.}

○十七日。

往宮坪，省墓而歸。○知舊之逐日來弔者，別記哀感錄。○聞被擄人三名，爲斥候軍所捉{其一松都人，其二白川[119]人，其三黔川[120]地私奴[121]，成孫稱名人也.}，正月中，爲賊所擄，入京服役，去念，城中倭奴, 全數下來時, 偕隨到唐橋, 乘夜逃出, 兩王子亦隨來賊中云。噫! 若使我朝有一良將, 忍使王子付送於賊行, 而不思其陪還之道乎?{陪王子諸宰臣, 尙保首領, 何以忍憤? 金貴榮[122]曾已逃還行在所, 諫官以棄王子, 自便逃禍, 論啓放流[123]云.}

18일。

사담(沙潭: 金弘敏) 어른이 주안(周岸)에 있었는데, 또한 모친상을 만났다고 하니 놀라지 않을 수 없었다. 한 해를 보내며 같이 지냈는데 이미 환난을 같이 겪은 데다 또 어머니를 잃어 그지없는 슬픔을 겪는 것도 같으니, 심정이 매한가지라서 더욱 절실하게 서글펐다.

○十八日。

---

119 白川(배천): 황해도 연백 지역의 옛 지명.

120 黔川(금천): 경기도 시흥 지역의 옛 지명.

121 私奴(사노): 권문세가에서 부리는 노비.

122 金貴榮(김귀영, 1520~1593): 본관은 尙州, 자는 顯卿, 호는 東園. 선조 즉위 후 도승지·예조판서를 역임하고, 병조판서로서 지춘추관사를 겸하였다. 1581년 우의정에 올랐고, 2년 뒤 좌의정이 되었다가 곧 물러나 判中樞府事가 되었다. 1589년에 平難功臣 2등에 녹훈되고 上洛府院君에 봉해진 뒤 耆老所에 들어갔으나, 趙憲의 탄핵으로 사직했다. 1592년 임진왜란이 일어나 천도 논의가 있자, 이에 반대하면서 서울을 지켜 명나라의 원조를 기다리자고 주장하였다. 결국 천도가 결정되자 尹卓然과 함께 臨海君을 모시고 함경도로 피난했다가, 회령에서 鞠景仁의 반란으로 臨海君·順和君과 함께 왜장 가토[加藤淸正]의 포로가 되었다. 이에 임해군을 보호하지 못한 책임으로 관직을 삭탈당했다. 이어 다시 가토의 강요에 의해 강화를 요구하는 글을 받기 위해 풀려나 行在所에 갔다가, 사헌부·사간원의 탄핵으로 推鞫당해 회천으로 유배가던 중 중도에서 죽었다.

123 放流(방류): 약한 자를 벌하여 먼 지장으로 좇아내어 돌아오지 못하게 함.

沙潭丈在周岸，亦遭內艱[124]，不勝驚愕。經歲同寓，旣同患難，又同遭罔極之痛[125]，情事一般，尤切悼怛。

19일。

이면부(李勉夫)·구충원(具忠源)이 의진(義陣)에 관하여 상의할 일로 와서 보고 곧 돌아갔다.

○十九日。

李勉夫·具忠源，以義陣相議事，來見卽還。

20일。

사담(沙潭: 김홍민) 어른에게 가서 조문(弔問)하였다.

○二十日。

往弔沙潭丈。

21일。

듣건대 왜놈들이 겉으로는 강화(講和)한다고 핑계대나 속으로는 실제로 딴마음을 품어서 즉시 자기나라로 돌아가지 않고 바닷가에 진을 치고 머물러 있는 자가 너무 많았는데, 서로 번갈아 왕래하면서 굳게 지킬 계획이었기 때문에 천병(天兵: 명나라 군) 또한 돌아가지 못하고 팔거현(八莒縣)과 대구(大邱) 등지에 보루(堡壘)를 쌓고 진

124 內艱(내간): 모친의 초상.

125 罔極之痛(망극지통): 어버이나 임금의 喪事를 당한 때처럼 그지없는 슬픔.

영(陣營)을 연이어서 방어할 계획이었다고 하였다.

○二十一日。

聞倭奴外託講和，內實包藏，不卽還國，留陣沿海者尙多，迭相往來，以爲堅守之計，故天兵亦不得還歸，八莒縣及大丘等地，築壘連營，以爲捍禦之計。

23일。

고봉(孤峯)의 진소(陣所)에 가서 같이 일하는 사람들과 함께 적을 벤 숫자와 군공(軍功)의 등급을 적어 책으로 만들고 행궁(行宮: 행재소)에 보냈다.{협주: 그간 적의 머리를 벤 것이 거의 1백여 급(級)에 이르렀고 사살한 것도 또한 셀 수가 없었는데, 국가의 승패운수에는 진실로 관계가 없으나 충분(忠憤)에 북받친 마음을 조금이나마 품기에는 족했다. 김덕민(金德民)으로 하여금 가져가 바치게 하였다.}

○二十三日。

進孤峯陣所，與同事人，成冊斬賊多少及軍功次第，齎送行宮。{前後所獲賊馘，幾至百餘級，射殺亦無數，國家勝敗之數，固無所關，而亦足以小伸忠憤之忱。使金德民齎進.}

26일。

듣건대 고양(高陽)에 사는 상사(上舍: 진사) 이노(李櫓)가 동료 두 사람과 함께 창릉(昌陵)과 경릉(敬陵)에 들어갔다가 적이 갑자기 나타나 빠져나올 계책이 없어서 넝쿨이 빽빽하게 뒤엉킨 수풀 속으로 숨어, 가지고 있던 활과 화살로 자신들의 몸을 드러내지 않고 숲

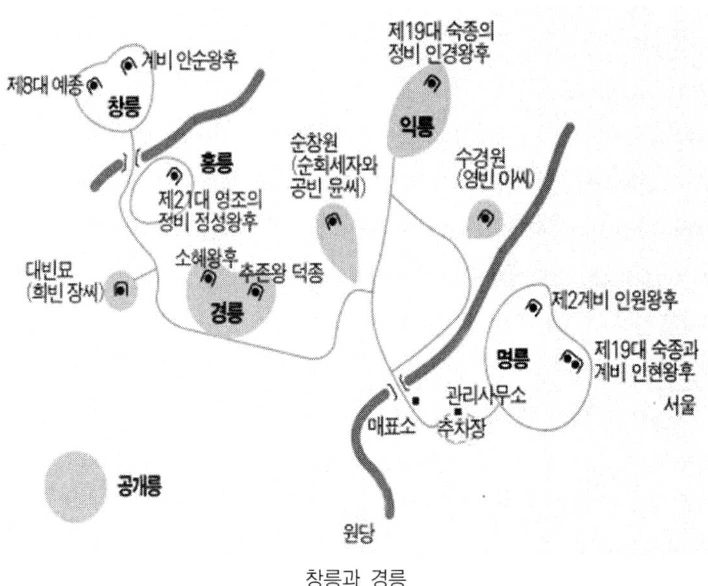

창릉과 경릉

사이에서 화살을 쏘아 낱낱이 사살하니 이때부터 적들이 나무숲이 빽빽한 곳을 보면 두려워 멀리 피해갔기 때문에 두 왕릉이 모두 보전될 수 있었다고 하였다. 이것으로 보건대 비록 병졸이 많지 않더라도 그 지형을 차지해서 사수(射手: 활잡이)를 매복시켜 갑자기 남몰래 발사하면 싸움을 이기지 못할 이치가 없으니, 지형의 위치가 유리한지 그렇지 않은지에 따라 성패가 결판나는 것은 바로 이를 두고 말하는 것이다. 신 총병(申摠兵: 申砬)이 조령(鳥嶺)의 잔도(棧道)를 버리고 평지로 나아간 것이야말로 어찌 이 상사(李上舍: 이노)에게 죄인이 아니랴.

○二十六日。

聞高陽[126]居李上舍櫓, 與同伴二人, 入昌·敬陵[127], 賊猝至, 計無所出, 隱伏於叢薄茂密中, 而所持者弓矢也, 不現其身而自林間發矢, 這這射殺, 自此賊見林木蒙密處, 畏而遠避, 故二陵俱全。以此見之, 雖非衆卒, 得其地形, 埋伏射手, 猝地潛發, 則戰無不勝之理, 地形得失, 成敗隨之者, 正謂此也。申摠兵之棄鳥棧, 就平地, 尤豈非李上舍之罪人乎?

28일。

들려오는 소문에 의하면 황회원(黃會元: 黃汝一)이 황장(黃腸: 黃腸木, 관곽을 만드는 소나무)을 구하는 경차관(敬差官)으로 어제 삼척(三陟)에 부임(赴任)하였다고 하는데, 아마도 산릉(山陵: 왕릉)에 변고(變故)를 당한 곳이 많이 있어서 지금 장차 무덤을 옮기려는데 필요한 관재(棺材)를 구해야 했기 때문이었을 것이다. 신하된 자라면 저도 모르게 더욱 마음이 아프고 뼈에 사무쳤을 것이다.

○듣건대 광주(光州) 이모가 예안(禮安)에서 청송(青松) 땅으로 거처를 옮겨 지냈는데, 병환으로 앓아누운 지 한 달이 넘었다고 하니 놀랍고 걱정스럽기가 그지없다.

반년이나 같이 지내면서 어머니 같이 모시다가 한번 낙동강을 건

---

126 高陽(고양): 경기도 북서부에 위치한 고을.

127 昌敬陵(창경릉): 昌陵과 敬陵. 창릉은 경기도 고양시 덕양구 용두동에 있는 능으로서, 조선 8대 와 예종과 계비 안순왕후 한씨의 무덤이다. 경릉은 역시 경기도 고양시 덕양구 용두동에 있는 능으로서, 추존왕 덕종과 소혜왕후의 무덤이다.

넌 뒤로는 소식이 오랫동안 끊겼으며, 또 어머니를 잃고 우러러 의지할 사람은 단지 이모 한 분만 있어 즉시 달려가서 문안을 드리려 했으나 적 때문에 길이 아직도 막히자 보살펴드릴 방도는 생각만 하였고, 부엌에 식량이 거의 떨어져가자 마치 길 가는 사람 보듯 하였으니, 난리에 인정마저 막힌 게 과연 이와 같단 말인가. 다만 상심하고 탄식할 뿐이다.

○二十八日。

流聞黃會元[128], 以黃腸[129]敬差官[130], 昨赴三陟, 蓋山陵多有遭變處, 今將改葬, 爲取板材故也。爲臣子者, 益不覺痛心而刻骨也。○聞光州姨母, 自禮安移寓靑松[131]地, 症患涉月, 不勝驚慮。同寓半歲, 奉之如母, 一自渡江之後, 消息久隔, 且失所恃[132], 依仰者,

---

128 會元(회원): 黃汝一(1556~1622)의 자. 본관은 平海, 호는 海月軒·梅月軒. 1588년 검열이 되었는데, 下番史官임에도 불구하고 출입하였다 하여 파직되었다. 1592년 임진왜란이 일어나자 종사관으로 종군하여 왜군의 포로가 되었다가 풀려났으며, 이후 여러 전투에서 공을 세웠다. 1594년 형조정랑이 되고 곧 도원수 權慄의 종사관으로 내려갔는데, 얼마 뒤 도원수의 허락을 받고 일시 귀가하여 도원수와 함께 推考하였다. 1598년 사서에 이어 장령이 되고, 이듬해 장악원정을 역임하였다. 1601년 예천군수가 되고 1606년 전적을 역임, 1611년 길주목사, 1617년 동래진 병마첨절제사가 되었다.

129 黃腸(황장): 黃膓木. 나무 속고갱이가 노랗게 된 것으로서 棺槨을 만드는 소나무를 말한다. 황장은 관곽의 별칭이니, 관곽을 松柏의 중심부에 있는 황색 부분으로 만들기 때문에 나온 말이다.

130 敬差官(경차관): 조선시대 수시로 특수임무를 띠고 각 도에 파견된 특명관.

131 靑松(청송): 경상북도 동부에 위치한 고을.

132 所恃(소시): 믿고 의지한다는 뜻으로, 어머니를 일컬음. 所怙는 아버지를 일컫는다.

只有一姨母, 卽欲馳候, 而賊路尙隔, 調度可想, 而行廚垂乏, 視若路人, 亂離之阻人情, 果如是乎? 只自傷歎而已。

29일。

듣건대 며칠 전에 왜적이 노동(蘆洞: 葛洞)에 들어와 매우 참혹하게 분탕질하니, 전정원(全淨遠: 全湜)의 가족도 겨우 화(禍)를 면했다. 지난날 백씨(伯氏: 趙靖)가 거처했던 집주인의 두 딸은 왜적에게 해(害)를 당했다고 하니, 놀랍고 참담하기가 그지없었다. 예로부터 오랑캐가 인민을 살육하고 거리와 마을을 분탕질하는 것이 어찌 오늘날 참혹한 것과 같겠는가.

○二十九日。

聞日前賊入蘆洞, 焚蕩極慘, 全淨遠家屬, 僅得免禍。前者伯氏所寓家主人兩女子, 爲賊所害云, 不勝驚慘。自古外夷之屠戮人民, 焚蕩閭里者, 豈有如今日之慘酷乎?

30일。

듣건대 천장(天將: 명나라 장수)이 접대를 잘하지 못했다며 함창 현감(咸昌縣監: 李國弼)을 잡아갔다고 하였다.

○三十日。

聞天將以接待不善擧行, 捉去咸倅云。

• 6월 갑진삭

1일.

삭전(朔奠: 초하루 제사)을 지냈다.

듣건대 천병(天兵: 명나라 군)이 근래에 간혹 올라간다고 하니, 적들이 과연 죄다 바다를 건너는 것인가? 자세히 알지 못해 답답하였다.

○사담(沙潭: 김홍민)이 찾아와서 각자 마음속에 품은 바를 말하니 공적으로 말한 것은 성가(聖駕: 大駕)가 피난하고 있어 나라의 치욕이 막심하다는 것이었고 사적으로 말한 것은 바삐 다른 도(道)로 도망쳐 숨었으나 집안의 재앙이 매우 혹독하다는 것이었는데, 이 원수를 생각하니 곧장 원수의 살가죽을 깔고 싶었으나 할 수가 없었다. 서로 마주하고 슬퍼하다가 헤어졌다.

六月 甲辰。一日。

行朔奠。聞天兵近或上去云, 賊徒果盡渡海耶? 未得其詳可鬱。○沙潭來見, 各陳所懷, 以公言之, 則聖駕播越, 國辱莫甚, 以私言之, 則奔竄他道, 家禍孔酷, 念此讎怨, 直欲寢皮[133]而不可得也。相對於悒而罷。

2일.

도로에는 굶어 죽은 시체들이 곳곳에서 서로 바라보고 있으며,

---

133 寢皮(침피): 食肉寢皮. 그 고기를 베어 먹고 그 가죽을 깔고 잔다는 뜻에서 나온 말. 적이나 원수 등에 대한 극단적인 원한을 표출할 때 쓴다.

구렁에 시신이 나뒹구는 참혹함은 도륙(屠戮)과 별반 다를 게 없었다. 듣건대 천장(天將: 명나라 장수)이 잘못 없는데도 굶어 죽어가는 사람들을 불쌍히 여겨 군량미를 나누어주어 구제했다고 하니, 가히 인자한 마음이 있는 사람이라 할 만하였다.

○二日。

道路餓殍, 在在相望, 溝壑之慘[134], 無異屠戮。聞天將哀其無辜, 分軍糧賑給, 可謂有仁心者也。

4일。

임하(臨河)의 소식을 들을 수 있었는데, 우선 무사하다니 다행스러웠다.

○四日。

得聞臨河消息, 姑無事可幸。

5일。

정경임(鄭景任: 鄭經世)이 찾아와서 전하는 말에 의하면, 이 제독(李提督: 李如松)이 문경(聞慶)에서 되돌아가는 길에 오른 지 이미 오래되었으며, 천병(天兵: 명나라 군) 또한 절반이 넘게 위쪽으로 올라갔다가 근래에는 또 점차로 되돌아 내려오고 있는데 왜적 역시 바다를 건너지 않은 채 변방(邊方)의 고을에 머물러 있다고 하니, 그들의

---

134 溝壑之慘(구학지참): 《孟子》〈滕文公章句 下〉의 "지사는 구렁 속에 屍身이 뒹굴게 될 것을 항상 잊지 않는다.(志士不忘在溝壑.)"에서 나오는 말을 활용한 것임.

뜻을 도무지 헤아릴 수가 없다.

○五日。

鄭景任來見, 傳言李提督, 自聞慶回程已久, 天兵亦過半上去, 而近又稍稍旋下, 倭奴亦不渡海, 逗遛於邊邑云, 其意俱不可測。

12일.

경성(京城)의 벗 신경술(申景述)이 식량을 구하던 차에 호서(湖西)로 내려왔다가, 내가 이곳에 지낸다는 말을 듣고 편지를 보내어 안부를 묻고 이어 중간 지점에서 얼굴이라도 보자고 하였다. 난리를 만난 이래로 생사가 서로 갈리었는데, 갑자기 이 편지를 받으니 기쁨이야 이루 말할 수 없었지만, 그 친구 또한 어버이를 잃고 몸을 의탁할 곳이 없어 객지를 떠도니, 처한 상황이 나와 다를 바가 없었다. 편지를 들고 몇 번을 거듭 읽었는데 슬픔이 더욱 깊어져서 마치 얼굴을 직접 대한 듯했으니 또 어떠한 마음이 들었겠는가.

○十二日。

京友申景述, 覓糧次, 來湖西, 聞余寓此, 致書相問, 因要中路會面。遭亂以來, 死生兩隔, 遽得此書, 喜不可言, 而渠亦喪親, 身無可託, 流轉客土, 所遭與我無異。執書三復, 悲係益深, 如得對面, 復作何如懷耶?

13일.

들려오는 소문에 의하면 평수길(平秀吉)이 조선(朝鮮)에서 대첩(大捷)을 거둔 것으로 여겨 스스로를 더 높여 대합(大閤)으로 호칭하도록 하고, 관백(關伯: 關白)의 자리는 그 자식에게 물려주었다고 하였다.

○十三日。

流聞平秀吉, 以爲大捷朝鮮, 自加尊號稱大閤, 傳關伯位於其子云。

14일。

양맥(兩麥: 보리와 밀)을 미처 거두지도 못했는데, 적들이 아직 경계에 있어 인심이 안정되지 않으니 하늘의 뜻이 장차 어떻게 될지 모르겠으며, 백성들을 염려하고 나라를 위하는 계책을 마련하려 해도 전혀 좋은 방책이 없어서 단지 스스로 북받쳐 원통하고 슬플 따름이다.

곧이어 정자(正字) 임직경(林直卿: 林忠幹)의 말을 듣건대, 근간에 토적(土賊)들이 곳곳에서 다투어 일어나 여러 고을에서 붙잡아 들이고 옥에 가둔 것이 난리와 다를 바가 없다고 하였다.

아! 어지러운 세상에 흉년이 들어 양민들은 죄다 도적이 되었는데, 전쟁을 치르다 죽고 전염병에 걸려 죽고 굶주림에 시달리다 죽고 또 옥살이를 하다 죽으니 사람이라는 부류는 거의 전멸되고 말 것이었다. 2백 년 동안 길러낸 백성들이 하루아침에 이 지경에 이르렀으니 원통하지 않겠는가.

○十四日。

兩麥未登, 賊尙在境, 人心未定, 未知天意將如何出場? 民憂國計, 了無善策, 只自慷慨而已。卽聞林正字直卿言, 近日土賊處處爭起, 列邑之推捕繫獄, 無異亂離云。噫! 世亂年飢, 良民盡爲盜賊, 死於兵, 死於癘, 死於飢, 又死於獄, 人之類將盡矣。二百年休養赤子[135], 一朝至於斯, 可不痛哉?

15일。

망전(望奠: 보름날 제사)을 지냈다.

○十五日。

行望奠。

16일。

이곳에 온 지가 이미 한 달을 넘겨 더 오래 머무르기가 어려워서 오늘 궤연(几筵: 靈座)을 받들어 거처를 보은(報恩) 땅으로 옮기려니, 가까운 곳의 지인과 친구들이 모두 찾아왔다.

○十六日。

來此已浹月, 難於久留, 今日奉几筳, 移寓報恩地, 近處知舊, 皆來見。

17일。

오늘은 외할아버지가 세상을 떠난 지 1년이 되는 날이다. 백씨(伯氏: 趙靖)가 임시거처에서 외할아버지를 그리며 간소하게나마 제전(祭奠: 제사)을 지냈지만, 나는 가서 참례하지 못하였으니 비통하고

135 赤子(적자): 임금이 백성을 이르는 말.

사모하는 마음이 배나 더 절실하였다.

○듣건대 하도(下道: 경상도)에 있는 적들의 기세가 다시 치성하자, 도원수(都元帥) 권율(權慄)·순찰사(巡察使) 김명원(金命元)·순변사(巡邊使) 이빈(李薲)이 모두 의령(宜寧)에서 회동하였지만 우선 무략(武略)을 써서 처리해야 할 일 등이 없었다고 하였다.

○十七日。

是日卽外王考初朞。伯氏寓所，想略設奠儀，而不得往參，倍切悲慕之懷。○聞下道賊勢更盛，都元帥權慄·巡察使金命元·巡邊使李薲，俱會於宜寧，而姑無宣略經理等事云。

19일。

임하(臨河)가 편안하다는 소식을 들은 데다 아우 심중(審仲: 趙竤)이 은진(恩津)에서 오고 아우 지중(止仲: 趙竣)도 종곡(鍾谷: 보은읍 종곡리)에서 오니 울적했던 마음이 조금이나마 위안되었으나, 각기 몹시 고생한 것을 말하며 미처 주린 기색을 면하지 못하니 진실로 마음이 아팠다.{협주: 이때 각자 생계를 마련하려고 두 아우 가운데 한 아우는 은진에 있고 다른 아우는 종곡에 있었다.}

○이 옥산(李玉山: 李瑀) 어른이 찾아와서 문상하였는데, 난리 후에는 처음 대면해서 각기 겪은 것들을 말하니 남은 두려움이 그치지 않았다.

○十九日。

得臨河安報[136]，審仲來自恩津，止仲來自鍾谷，稍慰鬱陶之懷，而各說艱苦，未免飢色，良可痛心。{時各爲生計，兩弟一在恩津，一在鍾谷.}○李玉山丈[137]來問, 亂後初面, 各言經歷, 餘怖未已。

20일。

듣건대 경성(京城)에서 온 장수와 병졸 및 관군과 의병이 모두 의령(宜寧)에 모였지만 의논이 갈라져 기꺼이 용맹스럽게 나아가려 하지 않았다고 하니, 과연 들었던 바와 같았다. 당초 조정에서 교지(敎旨)를 내렸을 때, 여러 장수가 추격하여 섬멸하려 했던 뜻은 어디에 있단 말인가. 참으로 분하고 못마땅하여 한탄스러웠다.

○二十日。

聞京來將士及官軍義兵, 俱會於宜寧, 議論分岐, 不肯勇進, 果如所聞。當初朝廷下旨, 諸將追躡勦擊之意安在? 誠可慨惋。

23일。

종곡(鍾谷: 보은읍 종곡리)에 가니, 가까운 곳에 있는 여러 벗 및 사담(沙潭: 김홍민) 어른의 형제, 이숙평(李叔平: 李埈)과 전정원(全淨遠: 全湜)이 모두 모여 다시 의병을 일으키려고 도모하였으나 식량과 군수물자를 마련하기가 어려웠기 때문에 한스러웠다.

○二十三日。

---

136 安報(안보): 安信. 편안하다는 소식.

137 李玉山丈(이옥산장): 李瑀(1542~1609). 본관은 德水, 이름은 李瑋 또는 李瑚, 자는 季獻, 호는 玉山·竹窩·寄窩. 李元秀의 넷째아들이며, 李珥의 동생으로, 어머니는 師任堂申氏이다. 1567년 진사시에 합격하였고, 비안현감과 괴산·고부군수를 거쳐 군자감정에 이르렀다. 詩·書·畫·琴을 다 잘하여 四絶이라 불렸다.

往鍾谷, 近地諸友及沙潭丈兄弟, 李叔平·全淨遠, 俱會更謀擧義, 而以糧資之難辦爲恨。

24일。

종곡(鍾谷: 보은읍 종곡리)에서 궁평(宮坪)으로 정성스레 찾아가 성묘하고 돌아왔다.

○가까운 곳에 있는 친지들이 나의 고생과 궁핍을 염려하여 각기 식량과 물건들을 가져다주니, 이러한 때에 쉽지 않은 일이라서 매우 감사하고 감사하였다.

○二十四日。

自鍾谷委進[138]宮坪, 省墓而歸。○近地親知, 慮我艱乏, 各致糧物, 此時不易事, 多感多感。

25일。

서쪽 변방의 소식을 들었다.

○二十五日。

聞西報。

27일。

장천(長川)의 노속(奴屬)들이 의지할 곳을 잃고 떠돌다가 나를 보고서 울부짖으며 살려주기를 청하지만, 보리농사는 이미 흉년이 들

138 委進(위진): 정성스레 나아가 찾아 뵘.

었고 가을걷이는 아직 멀었으니 백방으로 생각했으나 구원하여 살려줄 대책이 없었다.

이로써 미루어 보건대 나라 안에서 의지할 곳을 잃은 사람들이 가을이 되기도 전에 떠돌다가 굶어죽는 사람이 지난봄보다 몇 갑절이나 더 늘어날 것이라, 저도 모르게 마음이 아팠다.

○二十七日。

長川奴屬，流離失所，見我號泣請活，而麥旣致凶，秋成尙遠，百爾思之，救活無策。以此推之，則國中失所之人，未秋前將罹流殍者，倍蓰[139]前春，不覺痛心。

28일。

듣건대 곽장군(郭將軍: 郭再祐)이 군사들을 거느리고 학산(鶴山)에서 무력을 시위하여 왜적들로 하여금 바라보며 따라오게 하고, 또 사람들로 하여금 밤에 비파산(琵琶山: 琵瑟山의 오기)에 올라 사람마다 3개씩 횃불을 가지고 한꺼번에 불을 들며 북을 치고 뿔피리를 일제히 울려서 마치 적을 향할 듯이 하다가 갑자기 횃불을 끄고 마치 사람이 없는 것처럼 잠자코 있었으니, 또 이렇게 하기를 반복하자 적들이 크게 놀라 의구심을 품고 달아났다고 하는데, 이는 또한 적을 물리치는 귀신과 같은 계략이었다.

○二十八日。

139 倍蓰(배가): 배는 두 배, 사는 다섯 배로, 몇 갑절이나 더 늘어남을 일컫는 말.

聞郭將軍領軍耀兵[140]于鶴山[141], 使倭奴望而隨之, 又令人夜上琵琶山[142], 人人各持三頭炬, 一時擧火, 鼓角齊發, 若將向賊, 忽然滅火, 寂若無人, 又復如之, 賊大驚疑遁去云, 此亦卻賊之神謀也。

• 7월 계유삭

1일。

삭전(朔奠: 초하루 제사)을 지냈다.

七月 癸酉。一日。

行朔奠。

4일。

듣건대 진양(晋陽: 晉州)이 포위된 지 8일 만에 성이 함락되었는데, 해(害)를 입은 자는 병사(兵使: 경상 우병사 崔慶會) 및 달관(達官: 高官) 20여 명, 군졸 5,6천 명으로 모두가 도내(道內: 경상도) 및 호남(湖南)의 정예 군사였다고 하였다. 진양은 삼면(三面)이 막힌 곳이었는데도 끝내 함락되기에 이르렀으니, 다른 고을은 장차 공격하지 않아도 절로 함락될 것이었다. 우도(右道: 경상우도) 일대가 장차 모

140 耀兵(요병): 무력을 시위함. 허수아비 등을 이용한 거짓 용병으로 아군에 대한 판단을 흐리게 만드는 전략이다.

141 鶴山(학산): 대구광역시 달서구 월성동에 위치했던 산.

142 琵琶山(비파산): 琵瑟山의 오기. 대구광역시 달성군과 경상북도 청도군의 경계에 있는 산.

두 적의 소굴이 되고, 그 기세로 또 의당 깊숙이 호남(湖南)에 들어가서 호남이 만약 잃게 되면 다시는 국가의 근본이 되는 지역이 없으리니 이를 어쩌면 좋단 말인가.

○四日。

聞晉陽被圍八日而城陷[143], 被害者, 兵使[144]及達官二十餘員, 軍

143 晉陽被圍八日而城陷(진양피위팔일이성함): 1593년 6월 21일부터 29일까지 행해진 제2차 晉州城戰鬪를 가리킴. 제1차 진주성전투에서의 참패로 위신이 손상된 도요토미 히데요시[豊臣秀吉]는 1593년 6월 가토 기요마사[加藤清正]·고니시 유키나가[小西行長]·우키타 히데이에[宇喜多秀家] 등에게 복수전을 하도록 특별히 명령을 내렸다. 왜군은 6월 15일부터 작전을 개시하여, 18일까지 경상남도 咸安·班城·宜寧 일대를 점령하고, 19일에는 3만 7000명의 병력을 동원하여 진주성을 공격하도록 하였다. 6월 21일부터 본격적인 왜군의 공격이 시작되면서 조선 관군과 의병, 주민들이 합세하여 대항하는 가운데 6월 27일까지 전투는 치열하게 전개되었다. 성 내에서의 관·군·민은 서로의 역할을 나누어 전투에 임하였다. 관은 편대를 나누어 군사들을 독려하는 역할을 맡고, 주민들은 전투를 잘 치르도록 성안의 흙담을 높이는 작업과 돌을 무기로 나르는 작업을 하였으며, 의병장들은 성을 넘으려는 왜군들을 직접 상대하여 무찔렀다. 그러나 왜군은 성벽의 밑바닥을 파서 성을 무너트리기 위해 성 밑을 파기 시작하였고, 6월 28일 불행히도 큰 비가 내려 성이 무너지기 시작하였다. 이때 黃進은 왜군의 탄환에 맞아 전사하였고, 성안의 관·군·민들은 동분서주하며 성을 끝까지 지키려 하였다. 李宗仁을 비롯한 군사들은 왜군이 성안에 들어오자 백병전을 벌였고, 주민들도 시가전을 펼쳤으나 이튿날에는 결국은 성이 함락되고 말았다. 성이 함락되자 왜군은 성안에 남은 군·관·민 6만 명을 司倉의 창고에 몰아넣고 모두 불태워 학살하였을 뿐만 아니라 가축도 모두 도살하였다고 한다.

144 兵使(병사): 崔慶會(1532~1593)를 가리킴. 본관은 海州, 자는 善遇, 호는 三溪·日休堂. 전라남도 陵州 출신이다. 1561년 進士가 되고, 1567년 式年文科에 급제, 寧海郡守가 되었다. 1592년 임진왜란 때 의병장이 되어 錦山·茂州 등지에서 왜병과 싸워 크게 전공을 세워 이듬해 경상우도 兵馬節度使에 승진했다. 그해 6월 제2차 晉州城 싸움에서 9주야를 싸우다 전사했다.

卒五六千, 而皆是道內及湖南精銳之士云。以晉陽阻三面之地, 竟至被陷, 他邑將不攻而自陷矣。右道一帶, 其將盡爲賊窟, 而其勢又當深入湖南, 湖南若又失, 更無國家根本之地, 奈何奈何?

6일。

홍우안(洪友顔)이 와서 말하기를, "왜적이 이미 진양성(晉陽城: 진주성)을 격파하고 부산(釜山)으로 돌아와 점거하고는 큰소리치며 황조(皇朝: 中國)가 강화(講和)를 허락하는 것을 기다렸다가 바다를 건너가겠다고 한다."라고 하였다.

지금 바야흐로 양산(梁山) 이하의 여러 고을에 가득 퍼져 온갖 것을 다 요구하여도 어느 누구가 막지 못하는 데다 천병(天兵: 명나라 군)이 우리 군대를 일체 금지하여 죽이거나 붙잡지 못하도록 하니, 비로소 정황과 흔적에 자못 의심나는 것이 있었다. 아! 저 왜적은 나라의 원수로서 백대의 원한이 있으니, 모든 혈기(血氣)있는 사람이라면 누군들 적을 토벌하는 것이 대의(大義)가 되고 화친을 맺는 것이 해서는 안 되는 일인 줄 알지 못하겠는가. 그러나 이미 천조(天朝: 명나라 조정)에 아뢰었으니, 천조(天朝)가 만약 화친 맺는 것을 허락하면 우리가 감히 어찌 화친을 맺지 아니할 것이며, 천조가 만약 허락하지 않으면 우리가 어찌 감히 화친을 맺을 수 있겠는가. 안으로는 화친을 맺지 말자는 뜻을 굳건히 하여서 토벌과 방어에 대비하는 계책으로 삼고, 밖으로는 화친을 하고자 한다는 말을 퍼트려서 날뛰는 예봉을 늦추도록 하면, 저 정처 없이 떠돌며 간신히 숨 쉬고 있는 적은 한 번의 북소리에 달아날 수 있겠는가.{협주: 대개 지금의 왜적은 곧 송(宋)나라의 요금(遼金)이다. 송나라가 화친을 주장하는 의론에 그르치게 된 것인데도 내내 깨닫지 못하다가 마침내 요금(遼金)에게 망하였으니, 화친을 맺을 수 없는 것은 너무도 당연하다. 그런데 오늘날 화친을 맺자고 말하는 것은 우선 눈앞의 화(禍)를 늦추려는 뜻일 뿐이다.}

○六日。

洪友顔來言: "賊旣破晉, 還據釜山, 聲言待皇朝許和, 乃渡海." 今方彌漫於梁山[145]以下諸郡, 要索萬端, 而莫之誰何, 天兵切禁我師, 使不得勦捕, 終始情跡, 頗有疑端。噫! 彼賊國家之讎, 百世之怨, 凡有血氣者, 孰不知討賊之爲義, 通和之爲不可乎? 然旣奏聞於天朝, 天朝若許和, 則我何敢不和, 天朝若不許, 則我何敢和乎? 內堅不和之志, 以備戰守之計, 外施欲和之言, 以緩跳闌之鋒, 則彼游魂假息[146]之賊, 其可逃一鼓[147]之下乎?{蓋今之倭賊, 卽宋之遼金也。宋誤主和議, 而終始不悟, 卒亡於遼金, 其不可和也決矣。而今日通和之云, 姑欲緩禍之意也.}

---

145 梁山(양산): 경상남도 동남부에 위치한 고을.

146 游魂假息(유혼가식): 유혼은 정처없이 떠도는 鬼魂, 가식은 남은 목숨을 간신히 빌려 의지한다는 뜻. 왜적이 남쪽 해안가로 쫓겨 가 겨우 연명하고 있다는 말이다. 晉나라 孫楚의 〈爲石仲容與孫皓書〉에, "간신히 목숨만 이은 채 정처 없이 떠돈 지 어언 48년이 지났다.(假氣游魂, 迄于四紀.)"라는 말이 나온다.

147 一鼓(일고): 춘추시대 魯나라가 齊나라와 전쟁을 할 적에 노나라의 勇士 曹沫이 莊公에게 제나라가 북을 세 번 쳐서 용기가 다할 때를 기다려 응전하기를 권유하면서 말하기를, "전쟁이란 용기로 하는 것이라, 한 번 북을 치면 군사들의 용기가 나고 두 번 쳤을 때는 용기가 줄어들고, 세 번 쳤을 때는 용기가 다하는 것입니다."라고 한 데서 나온 말.

11일。

김덕휘(金德輝)가 안동(安東)에서 와 임하(臨河)의 소식을 전해주었는데, 백씨(伯氏: 趙靖)가 우선 평안하다고 하니 위안이 되고 기쁜 것을 말할 수 있겠는가.{협주: 임하(臨河)에서 또 천전(川前)으로 옮겼다고 하였다.}

○十一日。

金德輝自安東來, 傳臨河消息, 而伯氏姑支安, 慰喜可言。{自臨河, 又移川前[148]云.}

12일。

정경임(鄭景任: 鄭經世)이 이숙평(李叔平: 李埈)과 함께 와서 말하기를, "진양성(晉陽城: 진주성)의 함락은 굳건히 지키지 않은 것이 아니다. 적이 남몰래 사람을 보내어 성 밑을 파도록 했으나 아군이 알지 못한 사이에 이미 오랜 시간이 흘러 성이 절로 무너져 왜적이 개미떼처럼 달라붙어 들어오자 온갖 방법으로 막아내어 적들이 거의 물러났는데, 김천일(金千鎰)의 의병군이 앞서 스스로 놀라 무너져 마침내 함몰되기에 이르렀다. 김천일과 최경회(崔慶會)가 이때 촉석루(矗石樓) 위에 있었지만 일이 뜻한 바대로 이루어지지 않을 줄 알고서 손을 맞잡고 통곡하다가 강물에 몸을 던져 죽었으며, 복수의장(復讎義將) 고종후(高從厚) 또한 성안에 있다가 해(害)를 입었다."라고 하였다. 원수는 갚지도 못하고 몸이 먼저 죽었으니, 사람

---

148 川前(천전): 경상북도 안동시 예안면 천전리.

들로 하여금 더욱 분개하고 마음 아프게 하였다.

○十二日。

鄭景任, 與李叔平來言: “晉城之陷, 非守之不固。賊潛遣人掘城底, 而我軍不知, 旣久城自壞, 賊蟻附而入, 多方拒之, 賊幾退却, 金千鎰軍, 先自驚潰, 竟至陷沒。金千鎰·崔慶會, 時在矗石樓[149]上, 知事不濟, 握手痛哭, 投江而死, 復讎義將高從厚[150]。亦在城中被害.”云。讎未復而身先死, 尤令人憤痛。

15일。

망전(望奠: 보름날 제사)을 지냈다.

○十五日。

行望奠。

16일。

듣건대 창의장(昌義將: 창의군 대장 李逢)이 주부(主簿)에 임명되었고, 송언명(宋彦明: 宋光國)이 장계(狀啓: 보고서)를 가지고 행조(行朝:

---

149 矗石樓(촉석루): 경상남도 진주시 본성동에 있는 누각.

150 高從厚(고종후, 1554~1593): 본관은 長興, 자는 道冲, 호는 準峰. 1570년 진사가 되고, 1577년 별시문과에 급제하여 縣令에 이르렀다. 임진왜란 때 아버지 高敬命을 따라 의병을 일으키고, 錦山 싸움에서 아버지와 동생 因厚를 잃었다. 이듬해 다시 의병을 일으켜 스스로 復讐義兵將이라 칭하고 여러 곳에서 싸웠고, 위급해진 晉州城에 들어가 성을 지켰으며 성이 왜병에게 함락될 때 金千鎰·崔慶會 등과 함께 南江에 몸을 던져 죽었는데, 세상에서는 그의 三父子를 三壯士라 불렀다.

行在所)에 가서 또한 참봉(參奉)에 제수되었고, 그 나머지 군졸들도 임금의 은혜를 입은 사람 또한 많았다고 하였다.

○十六日。

聞昌義將拜主簿, 宋彦明持狀啓赴行朝, 亦除參奉, 其餘軍卒之沾恩者, 亦多云。

18일。

듣건대 진양성(晉陽城: 진주성)이 함몰된 뒤에는 왜적이 끝내 자기 나라로 들어가지 않으면서 장차 다시 도발할 뜻이 있는데도, 천병(天兵: 명나라 군)은 매번 강화(講和)를 핑계로 싸워 물리칠 계획은 생각지 않고 공연히 양식만 축내며 적들이 하는 대로 맡겨두니, 영남의 여러 고을은 도저히 지탱할 수 없는 형세였다.

○十八日。

聞陷晉之後, 賊終不入去, 將有更發之意, 而天兵每稱講和, 不思戰卻之計, 徒費糧餉, 任其匪茹[151], 嶺外列邑, 萬無支吾[152]之勢。

20일。

양식을 운반하는 길이 꽉 막히자 달리 식량을 구할 길이 없어서

---

151 匪茹(비여): 《詩經》〈六月〉의 "험윤이 스스로 헤아리지 못하고서 焦땅과 穫땅에 정연하게 거처하였다.(玁狁匪茹, 整居焦穫.)"에서 나오는 말로, 스스로의 역량을 헤아리지 못한다는 뜻. 전하여 도적을 뜻하는 말로 쓰이는데, 여기서는 오랑캐를 뜻하는 말로 쓰였다.

152 支吾(지오): 지탱함. 버팀. 견딤.

부득이 새벽을 틈타 출발하여 저물어서야 상주(尙州) 고을에 이르렀으나 옛집은 황폐한 풀밭이 되었고, 오직 노복(奴僕) 몇 사람만이 동문(東門) 밖에 움막을 치고 있어서 간신히 찾아 유숙하였다.

한중형(韓仲瑩: 韓璡)과 한숙형(韓叔瑩) 형제 및 신문숙(申文叔)이 가까운 곳에 들어와 살다가 모두 찾아와서 만나니, 마치 딴 세상 사람을 만난 것 같아서 기뻐함을 다 말할 수가 없었다.

○二十日。

糧道極窘, 他無告糴之道, 不獲已乘曉發行, 暮抵尙邑, 故居鞠爲荒草, 惟奴僕等數人, 結幕于東門外, 艱得推尋, 留宿。韓仲瑩[153]·叔瑩·申文叔, 入住近地, 皆來見, 如見隔世之人, 蘇喜不可言。

21일.

목사(牧使) 박종남(朴宗男) 영감이 진주(晋州)에 있으면서 제때에 미처 부임하지 못하여 반자(半刺: 判官)를 찾아가 급한 사정을 알리니 콩과 밀을 각각 조금씩 나누어 주었고, 가목사(假牧使: 임시 상주목사) 오운(吳澐) 또한 콩과 밀을 조금씩 나누어 주도록 공문서를 발급해 주었다.

○二十一日。

牧使朴令公宗男[154], 在晉州, 時未赴任, 往見半刺, 告急[155], 則

---

153 仲瑩(중형): 韓璡(1556~?)의 자. 본관은 淸州. 尙州 출신이다. 1590년 증광시에 급제하였다.

以太牟各小許見惠[156], 假牧使吳澐[157], 亦以太牟小許帖給[158]。

22일。

신문숙(申文叔)과 여러 사람이 같이 상주성(尙州城) 안으로 들어가서 적의 보루(保壘)를 두루 살펴보니 왕산(王山) 위에 흙집을 지었고 또 2층 높은 누각을 세웠는데, 혹은 기와로 덮고 혹은 판자로

---

154 朴令公宗男(박영공종남): 朴宗男(?~1601). 본관은 密陽. 무과에 급제하였다가 重試에 다시 급제하여 선전관이 되었다. 1583년 북쪽 오랑캐 尼湯介를 칠 때 공을 세워 折衝將軍에 승진하였고, 備邊司의 천거로 富寧府使가 되고 이어서 길주·온성 부사를 지냈다. 1592년 임진왜란 때는 春川府防禦使로서 적의 북진을 막아 여러 차례 공을 세웠다. 세자 광해군이 함경도에서 군사와 백성들을 위무할 때 호위대장으로 광해군을 호위하였으며, 그 뒤 分朝의 동부승지·병조참의로 임명되었다. 1593년에는 진주목사로서 부산에 주둔해 있던 왜군의 북상기도를 저지하는 책임을 훌륭히 수행하였다. 그러나 관찰사와의 의견충돌로 이듬해 파직되었고, 한때는 도원수의 휘하에서 鷹揚都別將을 지냈다.

155 告急(고급): 군사의 위급함을 알려 구원을 청함.

156 見惠(견혜): 은혜를 입음. 덕을 입음.

157 吳澐(오운, 1540~1617): 본관은 高敞, 자는 太源, 호는 竹牖·竹溪. 함안 출생이다. 1566년 별시 문과에 급제, 성균관의 學諭·학정·박사·典籍·直講 등을 역임하였다. 1583년 경원부 阿山堡의 추장 藩胡가 난을 일으키자 北道助戰將으로 나가 공을 세웠다. 그 뒤 충주목사 겸 編修官을 거쳐, 司成을 지낸 뒤 司宰監正이 되고, 1589년 光州牧使로 나갔다가 해직되었다. 1592년 임진왜란이 일어나자, 의령에서 의병을 일으켜 郭再祐의 휘하에서 召募官·收兵將 등으로 활약하였다. 그때 白嶺에서 모집한 의병이 전후 2만여 명에 이르렀다. 특히 의령부근의 전투와 현풍 전투에 군공이 뛰어났다. 1593년 상주목사가 되고, 이듬해 합천군수를 지냈다. 1597년 정유재란 때 다시 합천 부근의 왜적을 쳐서 공을 세워, 도원수 權慄의 추천으로 通政大夫에 오르고, 명나라 장수 陳璘 제독의 接伴使로 활약하였다.

158 帖給(체급): 관아에서 공문서를 작성해 발급함.

덮었으며, 혹은 흙으로 바르고 풀로 덮기도 한 것이 그 수를 알 수가 없었다. 또 북문(北門) 밖에서 남문(南門) 밖에 이르는 곳에 기와를 쌓아 터를 다듬고 이어 흙으로 성(城)을 만들었으며, 성 위에다 또 기둥을 세우고 나무로 얽어매어서 모두 흙을 발라 벽을 만들었으며, 벽에는 구멍을 내어 포(炮)를 쏘기에 편하도록 하였는데, 그 솜씨가 지극히 견고하고 교묘하여 밖에서 치려는 사람이 발을 붙일 길이 없었다.

○二十二日。

與文叔諸人, 同入城內, 周覽賊壘, 王山[159]上作土屋, 又起二層高閣, 或蓋以瓦, 或以板, 或塗以土, 或以草者, 不知其數。且自北門外至南門外, 積瓦爲址, 因土爲城, 城上又立柱結木, 皆塗土爲壁, 壁中穿孔, 以便放炮, 其制極其牢巧, 自外謀斫者, 無著足之道。

23일。

장천(長川)의 옛집이 겨우 한 식경(食頃: 밥 먹을 동안)의 짧은 거리에 떨어져 있어서 가만히 조상의 산소들을 살피러 가려고 했으나 그간 얻은 식량과 물건들을 부쳐 보낼 사람이 없던 차, 마침 삼산(三山)으로 돌아가는 사람을 만나 믿고 맡기고는 출발하려 했으나 짐짓 형편상 서로 떨어지기가 어려운데다 산소를 보살피고 돌아올 길이

159 王山(왕산): 옛 상주목 읍치 상주읍성 중심에 자리 잡고 있던 작은 동산.

없어서 심정이 더욱 난감해지니, 절로 진정되어 서글프고 그리워할 따름이었다.

○二十三日。

長川舊居, 僅距一息, 竊欲往省丘壟, 而所得糧物, 付送無人, 適逢三山歸人, 憑依欲發, 故勢難睽離, 末由往省, 情事益難, 自定悵慕而已。

24일。

듣건대 총병(摠兵) 유정(劉綎)과 유격장(遊擊將) 오유충(吳惟忠)은 호령이 엄하고 분명한데다 뜻과 행실도 청렴결백하여 만여 명의 군졸들이 털끝만치도 감히 범하지 못했는데, 천병(天兵: 명나라 군)이 침탈하고 폐단을 일으키며 못하는 짓이 없었으나 오직 두 장수가 거느린 군대만은 유독 그러한 폐해가 없어서, 중국에 있어서도 훌륭한 장수로 칭송되었다고 하였다.{협주: 유정의 사람됨은 용모가 단아하고 정중한데다 풍채가 시원스레 준수하였으니, 한 번 보고서도 그가 범상하지 않음을 알 수 있었다. 오유충의 깐깐하고 곧음은 유정보다도 나으며, 한번 말하고 한번 웃더라도 사람을 가벼이 보지 않으니 진실로 도리가 아니라면 털끝만치도 가까이하지 않았다. 또 유정은 칼을 잘 사용했는데, 그가 사용한 칼은 무게가 70여 근(斤)이나 되었는데도 손바닥 위에 놓고 움직이는 것이 마치 작은 탄알같이 하였다. 대개 그 칼은 곧 관장(關將: 關羽)이 사용했던 것으로, 관장 이후에 그것을 사용한 자가 유정이 처음이었다고 한다. 소용된 군졸들은 모두 쓰고 있는 모자에 표시를 하여 남병(南兵)과 북병(北兵)을 구별하였으니, 남병은 절강인(浙江人)이고, 북병은 요동인(遼東人)이다.}

○二十四日。

聞劉摠兵綎[160]·吳游擊惟忠，號令嚴明，志行廉潔，萬餘軍卒，秋毫不敢犯，天兵之侵奪作弊，無所不至，惟兩將所率，獨無其害，在中國亦以賢將見稱云。{劉之爲人，容貌端重，風神爽俊，一見可知其不凡。吳之簡抗，有愈於劉，一言一笑，不輕視人，苟非其道，毫末不近。且劉善於用劍，所用之劍，其重七十餘斤，而運於掌上，如小丸。蓋劍，卽關將[161]所用之劍，而關將以後用之者，始有劉君云。所用軍卒，皆於所著之帽，有表以別南北兵，南兵浙江人，北兵遼東人.}

26일。

두 왕자[兩王子: 임해군과 순화군]가 적진에서 풀려나 올라갔다고 하니, 마음이 아팠었지만 그나마 다행이었다.

○이숙재(李叔載: 李塽) 형제가 찾아 왔다.

○이날 또 거처를 속리(俗離)로 옮겼다.

○二十六日。

兩王子，自賊中，被釋上去云，痛心之餘，猶可幸也。○李叔載兄弟來訪。○是日，又移寓俗離。

---

160 劉摠兵綎(유총병정): 총병 劉綎(1558~1619). 1592년 임진왜란이 일어나자 이듬해 원병 5천을 이끌고 참전하였다. 1597년 정유재란 때 남원에서 졌다는 소식이 전해지자, 배편으로 강화도를 거쳐 입국하였다. 전세를 확인한 뒤 돌아갔다가, 이듬해 提督漢土官兵禦倭總兵官이 되어 대군을 이끌고 와서 도와주었다. 曳橋에서 왜군에게 패전, 왜군이 철병한 뒤 귀국하였다.

161 關將(관장): 중국 삼국시대 촉나라 장수 關羽. 關雲長이라고도 일컬어진다.

27일.

듣건대 서애(西厓: 柳成龍) 상공(相公: 宰相)이 도체찰사(都體察使)로서 합천(陜川)에 내려갔다가 오늘 부르는 왕명을 받들어 행조(行朝: 행재소)로 갔다고 하였다.

○찰방(察訪) 권경호(權景虎)가 양식과 물건을 구하는 일로 좌도(左道: 경상좌도)에 가게 되었는데, 그 인편으로 백씨(伯氏: 趙靖)에게 편지를 보냈다.

○二十七日。

聞西厓相公, 以都體察使下陜川, 今承召命還行朝云。○權察訪景虎, 以糧物求得事, 作左行, 因便付書於伯氏。

• 8월 임인삭

1일.

삭전(朔奠: 초하루 제사)을 지냈다.

八月 壬寅。一日。

行朔奠。

2일.

듣건대 경주(慶州)에 진(陣)을 치고 머물러 있던 천병(天兵: 명나라 군)이 복병을 설치하는 일로 나갔다가 갑자기 분탕질하고 있는 왜적을 만나 서로 맞붙어 싸웠는데, 천병의 손에 병기가 없어 6명이 적에게 해(害)를 입었으나 천병들은 용감하게 싸움터에 나아가, 한 사람이 긴 창을 들고 위험을 무릅쓰고서 적진 속으로 들어가 적 1명을 찔러 죽이니 많은 왜적들이 모두 물러간 데다 적 2명을 사로잡아서 돌아왔다고 하니, 듣기로 지극히 장하고 통쾌하였다.

○二日。

聞慶州留陣天兵, 以伏兵事出去, 猝遇焚蕩之倭, 相與接戰, 天兵手無兵器, 六人爲賊所害, 然天兵勇於赴戰, 一人以長槍, 冒入賊中, 橫穿一賊, 衆倭皆退, 生擒二賊而還云, 聞極快壯。

4일。

듣건대 천조(天朝: 명나라 조정)에 아뢰는 회보(回報: 平秀吉의 요구에 화친을 맺고 땅을 분할해 주자는 보고)가 왔는데, 황제가 진노하여 윤허하지 않고서 기일을 정하여 섬멸하고 우리나라를 편안하게 하라는 황명(皇命)을 내렸다고 하니 위대한 황제의 은혜이었다. 이 날은 실로 우리나라가 다시 만들어지는 날이었다. 진실로 우리 성군(聖君)이 삼가며 대국을 섬긴 성의가 위로 천조(天朝)를 감동시킨 것이 있지 않았다면, 어찌 여기에 미칠 수 있었겠는가.

○듣건대 상주 목사(尙州牧使: 假牧使 吳澐)가 환곡(還穀)을 나누어준다고 하여서 지중(止仲: 趙埈)과 함께 읍내에 갔는데, 1인당 주는 것이 모래와 흙이 뒤섞인 곡식으로 겨우 3되이니, 이것으로 살 수 있겠는가. 참으로 한심스러웠다.

○四日。

聞天朝奏聞回報[162]來到, 皇帝震怒不允, 以克期[163]殲滅, 以綏東土爲敎, 大哉皇恩。此實吾東再造之日也。苟非我聖后恪謹事大之誠, 有以上感天朝者, 何能及此? ○聞州牧分糶, 與止仲, 作邑行, 一口所受, 雜以沙土, 穀僅三升, 此可以救生乎? 良可寒心。

5일。

비가 와서 읍내에 머물렀다.

○五日。

以雨留邑中。

6일。

낮부터 몸에 약간 오한이 있고 또 열이 나는 것이 점질(痁疾: 학질)인 듯해 염려스러웠다.

○六日。

自午身氣微寒且熱, 似是痁疾, 可慮。

7일。

목사(牧使)를 찾아 만나고 속절(俗節: 추석 명절)이라서 거처로 돌아갈 뜻을 말하며 간소하게나마 선물을 드렸다.

○七日。

入見牧伯, 辭以俗節[164]還寓之意, 略有贈物。

---

162 回報(회보): 趙靖의 〈黔澗先生辰巳日錄〉에 의하면, 沈惟敬이 화친을 맺고 땅을 분할하는 일로 平秀吉의 書契를 가지고 아뢴 것을 일컬음.

163 克期(극기): 기한을 정함.

8일。

오전부터 통증이 일어나 정신을 차릴 수가 없었는데, 이와 같이 그치지 않아 죽으러 갈 곳이 멀지 않은 듯해 가슴이 답답하였다.

○八日。

自午前痛作, 不省人事, 若此不已, 其去死域不遠, 可悶。

9일。

지중(止仲: 趙竣)과 행장을 꾸리고 출발하여 율원(栗院)에서 묵었다.

○九日。

與止仲, 理裝發行, 宿栗院。

10일。

원암(元菴: 상원암)에 도착하였는데, 이곳에 도착한 뒤에야 통증이 일어난 것만도 다행이라 할 것이다.

○十日。

到元菴, 到此後痛作, 亦云幸矣。

11일。

제사지낼 고기를 구해서 처소로 돌아왔다.

---

164 俗節(속절): 제삿날 이외에 철이 바뀔 때마다 사당이나 조상의 묘에 차례를 지내던 날. 예전부터 우리 조상들은 봄·여름·가을·겨울에 한 차례씩 성묘를 다녀오는 습속이 있었다. 대개 겨울에는 冬至와 설날과 정월대보름, 봄에는 寒食, 여름에는 端午, 가을에는 秋夕과 重陽(음력 9월 9일) 등이 성묘하기에 좋은 때였다.

○十一日。

得祭肉，還寓。

14일。

술과 음식을 갖추고 아우 조준(趙竣)으로 하여금 궁평(宮坪)에 가서 제사를 지내도록 하였는데, 나는 병으로 가서 참례하지 못했으니 제사를 지내지 않은 것과 같았다.

○十四日。

備酒饌，使竣弟，往奠宮坪，吾病未進參，如不祭焉。

15일。

간소하게나마 시절에 맞는 제수를 갖추어 망전(望奠: 추석 제사)을 지내고, 또 조상의 여러 묘위(墓位)에도 올렸다.

○十五日。

略備時需，行望奠，又薦祖先諸位。

26일。

아우 심중(審仲: 趙竑)이 화산(花山)으로 가려는데, 도로가 트일지 막힐지 아직 적확히 알 수가 없어서 답답하였다.

○二十六日。

審仲作花山之行。而道路之通塞。猶未的知。可悶。

29일。

대사(大寺: 법주사)에 도착해 김창원(金昌遠: 金弘微, 金弘敏의 아우)의 편지를 보았는데, 바다에 머물러 있는 적들이 끝내 철수해 돌아가지 않았으니 아직 장래의 사태가 어찌될지 모르겠다고 하였다.

○二十九日。

到大寺, 得見金昌遠書, 海上之賊, 終未撤歸, 尙未知稅駕[165]之所云。

• 9월 임신삭

1일。

삭전(朔奠: 초하루 제사)을 지냈다.

九月 壬申。一日。

行朔奠。

9일。

간소하게나마 시수(時羞: 계절 음식)를 차려 절사(節祀: 중량절 제사)를 지냈다.

○九日。

---

165 稅駕(세가): 휴식하기 위해 수레를 끌던 말을 풂. 장래의 사태가 어찌될지 모름을 비유하는 말이다. 秦나라의 재상 李斯가 "부귀가 극도에 이르면 쇠토하는 법인데, 내가 탈가할 곳을 아직 모르겠구나.(物極則衰, 吾未知所稅駕也)'라고 한데서 나온 것이다.

略設時羞，行節祀。

11일。

거처를 종곡(鍾谷: 보은읍 종곡리)으로 옮겼다.

○十一日。

移寓鍾谷。

13일。

호우(湖右: 충청북도)로 출발하여 가는데 검찰사(檢察使) 이산보(李山甫) 영감이 사람을 시켜 나를 맞이하도록 하여 즉시 가서 인사하였는데, 처음 만났으나 예전부터 알고 지낸 사이 같았다.

○十三日。

發湖右之行，檢察使李山甫[166]令公，伻人邀余，卽往拜，一見如舊。

---

166 李山甫(이산보, 1539~1594): 본관은 韓山, 자는 仲擧, 호는 鳴谷. 1589년 鄭汝立의 모반사건인 己丑獄事가 일어나자 대사간의 자리에서 난국을 수습하고, 이듬해 聖節使로 명나라에 다녀온 후 다시 대사헌이 되었다. 1591년 황해도관찰사로 있다가 建儲問題(왕세자의 책봉 문제)로 정철 등 서인이 화를 당하자 이에 연루, 곧 파직되어 고향인 보령에 내려가 독서로 시간을 보냈다. 1592년 임진왜란이 일어나자 선조를 호종했고, 대사간·이조참판·이조판서 등을 역임하였다. 명나라 군대가 遼陽에 머물면서 진군하지 않자 명나라 장군 李如松을 설득해 명군을 조선으로 들어오게 하는데 큰 공을 세웠다. 이어 군량을 조달하기 위해 북도와 삼남 지방의 都檢察使로 나가, 지난날의 선정에 감복한 도민들의 적극 협조로 무사히 해결하였다. 1594년 대기근이 들자 동궁의 명을 받고 밤낮으로 구휼에 힘쓰다가 병을 얻어 죽었다.

15일。

두루 거쳐 궁평(宮坪)에 가서 성묘하고 즉시 길을 떠났다.

○十五日。

歷進宮坪省墓, 卽發行。

28일。

완산부(完山府)에 도착하니 부윤(府尹) 홍영숙(洪令叔: 洪世恭)이 접대하는 게 매우 정성스러웠다. 당장(唐將: 명나라 장수) 송유격(宋遊擊: 宋大斌)은 마침 진(陣)에 머무르며, 상강(霜降)날이라 산천(山川)에 제사를 지낸다고 하였단다.

○二十八日。

到完山[167]府, 府尹洪令叔[168], 出接甚款。唐將宋游擊, 方留陣, 以霜降[169]日, 祭山川云。

---

167 完山(완산): 조선시대 全州. 전라북도 중부에 위치한 고을이다.

168 洪令叔(홍영숙): 洪世恭(1541~1598)을 가리킴. 令叔은 숙부를 높여 일컫는 말이다. 본관은 南陽, 자는 仲安, 호는 鳳溪. 1588년 平安道 救荒敬差官이 되어 永柔縣監 任兌를 처벌하는 등 민심을 수습하는 데 공을 세워 왕의 신임을 받았다. 1592년 임진왜란이 일어나자 평안도 調度使가 되어 明軍의 군수조달의 책임을 지고 戰陣의 상황을 왕에게 수시로 보고하였다. 곧 참의로 승진되어 조도사를 겸하고, 이어 함경도 도순찰사가 되어 영흥의 적정을 보고하여 군의 계책을 진언하고, 각 지방에 남은 식량과 들판에 널려 있는 곡물을 거두어들이는 데 전력하였다. 1593년 6월 26일 전주부윤에 제수되고, 1594년 전라도관찰사로 제수되어 곡창지대인 호남지방의 양곡을 調度하였다.

169 霜降(상강): 寒露와 立冬 사이에 위치한 절기. 음력으로는 9월, 양력으로는 10월 23일 또는 24일이다.

• 10월 임인삭

2일。

관아의 동헌에 들어갔는데, 부윤(府尹: 洪世恭)이 궁핍한 사람을 구제할 물자들을 주었다.

○듣건대 대가(大駕)가 해주(海州)에서 지난달 19일을 길한 날로 잡고 막 출발하려는데 번개와 우레가 치는 변고가 있어 다시 길한 날을 잡으니, 스무 날이나 지난 뒤라야 행차할 수 있다고 하였단다.

○듣건대 당선(唐船: 명나라 배)이 군량을 싣고 부안(扶安)의 계화도(界火島)에 도착하여 정박했는데, 우리나라 사람들이 약탈하며 죽이기도 하고 몰아 내쫓기도 하여 온 배에 가득히 실렸던 쌀을 전부 도둑질해 가자, 중국인 10명이 도망쳐서 작은 섬에 들어갔다가 해채선(海採船: 해산물을 채취하는 배)을 만나 애걸해 빠져나와서 곧 관아에 고하니, 관아에서 비밀 공문을 띄워 도적질 한 사람들을 잡아들였고, 방백(方伯: 觀察使)이 다음날 완산(完山)으로 들어가 추문(推問)한다고 하였다. 우리나라 사람들이 한 행위는 지극히 통탄스럽고 놀라웠으며, 천장(天將: 명나라 장수)이 노발한 것은 진실로 마땅하였다.

十月 壬寅。二日。

入衙軒，令尹帖給濟窘之資。○聞大駕自海州[170]，去月十九日卜日[171]，將發有震雷之變，改卜日子，念後當行云。○聞唐船載

---

170 海州(해주): 황해도 남부에 위치한 고을.

軍糧, 到泊扶安界[172], 本國人等, 或劫殺, 或驅逐, 一船之米, 全數偸出, 唐人十名, 逃入小島, 遇海採船, 哀乞得出, 卽告官, 自官密關, 捉作賊人, 方伯以明日入完山, 推問[173]云。本國人所爲, 極爲痛駭, 天將之發怒, 固其宜也。

5일。

노현(蘆峴)을 넘어가는데, 노현의 남북에 모두 군보(軍堡: 소규모의 초소)가 있었다.

저녁이 되어서야 장성(長城)에 도착하자 현감(縣監: 李貴)이 나와서 접대하였다. 이 고을수령은 지난여름에 군병을 모집하였고, 대조(大朝: 행재소)에 들어가 험난한 상황을 피하지 아니하고 기필코 마음을 다하였다. 이 벗이 마음속으로 생각하는 일은 평소에도 본래 익숙한 것이었고, 이번의 일로 더욱 사랑하고 사모하였다.

○五日。

踰蘆峴[174], 峴之南北, 俱有軍堡。夕到長城[175], 主倅[176]出接。

---

171 卜日(복일): 葬禮나 祭祀, 出戰 등 중대사를 앞두고 吉한 날을 택하여 행하는 것.

172 扶安界(부안계): 扶安 界火島인 듯. 전라북도 부안군 앞바다에 있었던 섬이다. 지금은 간척지가 되었다.

173 推問(추문): 왕명에 의해 죄인을 심문함.

174 蘆峴(노현): 전라북도 진안군 정천면 갈용리 무거마을. 봉화대 터(629m)에서 남동쪽으로 뻗어 내린 가나무골 아래에 자리 잡은 곳으로, 운장산 휴양림 계곡의 갈거마을과 구봉산 계곡의 조포마을에서 흘러 내려온 두 줄기 사이에 형성되었다. 처음에는 노현이라 하다가 신평으로 불리기도 했으나, 현재는 茂巨로 고쳐 부르고 있다.

此倅去夏募兵, 入大朝, 不避險艱, 期以盡心。此友心事, 在平昔素熟, 而今番事, 尤可愛慕。

6일。

오늘 고을수령이 군사들을 모아 진법(陣法)을 연습한다고 하였기 때문에 나가 보았다. 대개 절강인(浙江人)이 칼을 쓰고 창을 휘두르는 법을 모방한 것으로, 한 달에 여섯 차례 연습한다고 하였다.

○六日。

今日主倅, 聚軍習陣, 故出見。蓋倣浙江人用劒揮槍之法, 一月六度鍊習云。

9일。

오늘은 어머니의 초도(初度: 첫 번째 忌日)이다. 몸이 객지에 있으

---

175 長城(장성): 전라남도 북단에 위치한 고을.

176 主倅(주쉬): 장성현감 李貴(1557~1633)를 가리킴. 본관은 延安, 자는 玉汝, 호는 默齋. 1592년 康陵參奉으로 있던 중 왜적의 침입으로 御駕가 西幸한다는 소식을 듣고, 제기를 땅에 묻고 능침에 곡읍한 후 물러 나와 의병을 모집해 黃廷彧의 진중으로 갔다. 다시 어가가 주재하는 평양으로 가서 죄를 청하고 방어 대책을 아뢰었다. 이어 李德馨·李恒福 등의 주청으로 三道召募官에 임명되어 군사를 모집, 이천으로 가서 세자를 도와 흩어진 민심을 수습하였다. 이듬해 숙천 행재소로 가서 왕에게 회복 대책을 올려 후한 상을 받고, 다시 三道宣諭官에 임명되어 군사 모집과 명나라 군중으로의 군량 수송을 담당하였다. 체찰사 柳成龍을 도와 각 읍으로 순회하며 군졸을 모집하고, 양곡을 거두어 개성으로 운반해서 서울 수복전을 크게 도왔다. 그 뒤 장성현감·軍器寺判官·김제군수를 역임하면서 난후 수습에 힘썼다.

면서 어느덧 이 날을 맞게 되니, 생각이 어머니의 키워준 사랑에 미쳐서 통한이 더욱 그지없었다.

○九日。

是日, 先妣初度也。身在客中, 奄當此日, 言念劬勞[177], 痛益罔極。

10일。

이번 걸음은 연일 큰 비가 내려서 시냇물이 매우 불어나 여름 장마와 다를 바가 없어 험난한 길을 걸어야 했고 시냇물을 건너야 했다. 30리를 걸어가니 입암산(笠巖山)이 있었고, 골짜기 입구에는 노산암(蘆山菴){협주: 별좌(別坐) 기효증(奇孝曾)의 정사(精舍)이다.}이 있었다. 골짜기로 들어가자 산길이 매우 험준하였고 계곡물이 쏟아내려 길을 따라 들어갈 수 없었으나 칡과 등나무 넝쿨을 부여잡고 기어올라서 입암산성(笠巖山城)을 넘어 들어가니, 둘레가 20리쯤 되고 사면이 모두 깎아지른 듯했다. 산은 높고 험준하지 않으나 발붙이기는 어려웠으니, 곧 하늘이 마련한 땅이었다. 옛 성{협주: 고려 현종(顯宗) 때 거란을 피하기 위해 쌓은 것이다.}은 자못 좋았으나 무너져 버린 것이 절반이나 넘어서 네 고을{협주: 태인, 정읍, 진원, 장성이다.}의 인부들로 하여금 분담하여 성을 개축하도록 하였다.{협주: 옥여(玉汝: 李貴)가 수어장(守禦將)이고 봉사(奉事) 윤진(尹軫)이 감검관(監檢

177 劬勞(구로): 劬勞之恩. 수고로운 은혜라는 뜻으로, 고생하며 자식을 키운 부모의 사랑.

官)이다.} 지금 만약 다 쌓아서 형세가 배로 더 좋아진다면, 다른 날에 혹 불행한 환란이 있어도 백성들이 들어와 보호받을 수 있을 것이다.{협주: 옥여가 다음날 산신에게 제사를 지냈기 때문에 일을 맡았던 유생 몇 사람 및 세 고을의 감관(監官)이 모두 와서 모였다. 옥여가 나에게 제문(祭文)을 청했으므로 졸렬함을 잊고 한밤중에 짓자니, 새로 지은 초가집의 창과 벽이 매우 거칠고 엉성하여 밤의 찬 기운이 뼈에 사무쳤다.}

○十日。

作行, 連日大雨, 溪水極漲, 無異夏潦, 間關[178]得渡。行及三十里, 有笠巖山[179], 洞口有蘆山菴{奇別坐孝曾[180]精舍}。由洞而入, 山路極險峻, 溪水大瀉, 不得循路而入, 攀緣藤葛, 踰城而入, 周圍幾二十里, 而四面皆嶄絶, 山不高峻而著足爲難, 乃天作之地。舊城{前朝顯宗時, 避丹寇以築.}頗好, 而頹廢過半, 領四邑人丁{泰仁[181], 井邑[182], 珍原[183]及本邑.}, 分城改築{玉汝[184]爲守禦將, 尹奉事

178 間關(간관): 길이 울퉁불퉁하여 걷기 곤란한 상태.

179 笠巖山(입암산): 전라북도 정읍시 입암면과 전라남도 장성군 북하면 사이에 있는 산.

180 奇別坐孝曾(기별좌효증): 別坐 奇孝曾(1550~1616). 본관은幸州, 자는 伯魯, 호는 涵齋. 1592년 임진왜란이 일어나자 金德齡이 담양에서 의병을 일으킬 때 都有司로 격문을 짓고 군사를 모집하였다. 그 결과 의병 1,000인과 군량미 3,000여 석을 확보하여 전라도 각지에서 왜군을 물리쳤다. 그 뒤 휘하 의병을 이끌고 바다를 건너 龍灣에 이르러 왕의 행재소에 나아가 시위하였는데, 왕의 총애를 크게 받아 형조정랑에 발탁되었고, 이어서 군기시첨정에 올랐다.

181 泰仁(태인): 조선시대 전라도 소속 현이었으나, 오늘날에는 정읍시 소속 面. 전라북도 정읍시 중북부에 위치한 고을이다.

182 井邑(정읍): 전라북도 남서부에 위치한 고을.

軫[185]爲監檢官.}。今若畢築, 形勢倍好, 他日或有不幸之患, 民可入保矣。{玉汝以明日祭山神, 故執事儒生數人及三邑監官幷來會。玉汝請余祭文, 故忘拙夜草, 新造草廬, 牕壁甚疎漏, 夜寒徹骨.}

11일。

북성(北城)에 올라가니 여러 고을의 군사들이 이미 역사(役事: 공사)에 나와 있었다. 서북(西北) 방향을 굽어보니 보이는 곳마다 시원스레 탁 트였는데, 정서(正西) 방향에는 흥덕(興德: 고창)이 있고, 약간 북쪽에는 고부(古阜)와 부안(扶安)이 있으며, 그 정남(正南) 방향에는 바다 어귀의 변산(邊山)이 있고, 구름 너머 아스라이 태인(泰仁)의 여러 곳도 분명하게 가리킬 수가 있었다. 곧바로 성에서 내려와 노산암(蘆山菴)에 이르렀다.{협주: 산수의 경치와 단풍 숲은 볼 만한 것이 많이 있었으나, 지금은 놀면서 구경할 때가 아니었기 때문에 즉시 돌아

---

183 珍原(진원): 전라남도 장성군의 남동쪽에 위치한 고을.

184 玉汝(옥여): 李貴의 字.

185 尹奉事軫(윤봉사진): 奉事 尹軫(1548~1597). 본관은 南原, 자는 季邦, 호는 栗亭. 효행이 뛰어나 蔭敍에 의하여 司饔院奉事에 임명되었다. 1592년 임진왜란이 일어나자, 金景壽를 맹주로 한 장성 남문창의에 참여하여 종사로 활약하였다. 이듬해에는 왜적이 장차 전라도로 침입하여올 것을 예견하고, 전라도관찰사 李廷馣에게 笠巖山城의 수축을 건의하였다. 이 산성은 왜란 전에 약간의 수리 공사가 이루어졌으나 중단된 상태였으므로, 이의 속행을 건의하였던 것이다. 이 건의가 허락되어 군량을 저축하기 위한 창고를 건축하고 포루를 새로 마련하여 왜적의 침입에 대비하고 있었다. 1597년 왜적이 남원을 유린하고 장성에 침입하자, 수백 명의 의병을 지휘하여 입암산성을 사수하려 하였으나 힘이 부쳐 산성의 함락과 함께 순국하였다.

왔다.}

○十一日。

往登北城，諸邑軍已赴役。俯視西北，所見快闊，正西則興德[186]，稍北則古阜[187]·扶安[188]，爲正南海口邊山[189]，穹窿雲外，泰仁諸處，分明可指。卽下城，抵蘆山菴。{泉石楓林，多有可觀，而此非遊賞之時。故卽還.}

21일

전해들은 소문에 의하면 거가(車駕: 임금의 행차)가 이달 초하루에 도성(都城)으로 돌아왔다고 하나 적확한 소식인지 알지 못했더니, 오늘 방백(方伯: 관찰사)이 배포해준 교서(敎書)를 보고서 비로소 전해들은 소문이 헛소문이 아니었다는 것을 알게 되었다. 한 해를 넘기도록 피난을 가서 온갖 고난을 맛보았지만 다행히도 황제의 도움을 입어 옛 도성으로 돌아왔으니, 이로부터 인심이 조금 안정되고 거의 힘입는 바가 있어서 국가의 경사, 신하와 백성들의 다행을 어찌 다 말할 수 있겠는가.

○二十一日。

傳聞，車駕本月初一日還都，而未知的報，今自方伯所布示教

---

186 興德(흥덕): 전라북도 고창지역의 옛 지명.

187 古阜(고부): 전라북도 정읍에 속한 고을.

188 扶安(부안): 전라북도 줄서부에 위치한 고을.

189 邊山(변산): 전라북도 부안군에 속한 고을.

書, 始知傳聞之不虛也。經年播越, 備嘗艱苦, 幸荷皇靈, 得返故都, 自此人心粗定, 庶有所賴, 國家之慶, 臣民之幸, 何可盡言?

• 11월 신미삭

2일。

고산(高山)에 도착했다. 완산(完山)에서 온 전언통신문에 의하면 경상 우병사(慶尙右兵使)와 전라 병사(全羅兵使)가 고성(固城)과 당포(唐浦)에서 적을 만나 전라병사가 탄환에 맞는 지경까지 이르렀으며, 적의 형세는 조금도 물러나려는 뜻이 없다고 하였다. 지금의 일을 어떻게 해야 할지 알지 못하니, 어찌하겠는가.

十一月 辛未。二日。

到高山。自完山傳通, 慶尙右兵使·全羅兵使, 遇賊於固城·唐浦[190], 全羅兵使至於中丸, 賊勢小無退挫之意云。時事, 罔知攸濟, 奈何?

16일。

종곡(鍾谷: 보은읍 종곡리)의 거처로 돌아온 다음 사담(沙潭: 金弘敏) 어른을 찾아가 절하니 듣건대, 경주(慶州)에 진(陣)을 치고 머물

---

190 鄭景雲의 〈孤臺日錄〉 1593년 10월 25일조에 의하면, 순변사 李薲이 固城에서 왜적을 공격해 승리했다는 기록이 있음. 현재로서 본문의 기사 내용을 확인할 문헌 자료는 고대일록 이외의 것은 없는 것으로 여겨진다.

던 당병(唐兵: 명나라 군)이 왜적에게 피살된 자가 거의 2백 명에 이른다고 하였다. 전해들은 소문이 적실하지 않다 하더라도, 놀랍고 애통함을 다 말할 수 있겠는가.

○十六日。

還鍾谷寓次, 往拜沙潭丈, 得聞慶州留陣唐兵, 被殺於倭賊。幾至二百云。傳聞雖未的, 驚悼可言?

※ 12월부터 일기를 잃어서 전하지 않아 갑오년, 을미년, 병신년, 정유년 4년의 일기 가운데 가려 뽑은 것으로 볼만한 말을 아울러서 아래에 덧붙인다.

{十二月日記, 逸而不傳, 抄出甲·乙·丙·丁四年日記中, 可見語并附下.}

갑오년(1594)

• 6월

16일。

듣건대 중조(中朝: 중국 조정)의 어사(御史) 등 관원들이 관백(關白)을 왕으로 봉해 주고 조공(朝貢)을 허락하는 것 등의 일이 불가하다면서 곧바로 변신(邊臣: 변방을 지키는 신하)을 배척하고 옹폐(擁蔽: 황제의 총명한 이목을 막고 가림)한다는 명목으로 탄핵하는 글이 지극히 준열하니, 장신(將臣: 邊臣) 또한 상소문을 올려 스스로를 변명하며 당파로 나뉘어 서로 공격하기에 이르자, 과도관(科道官: 비위 감찰 관원) 2명이 형편을 탐지하고자 가까운 장래에 나올 것이라고 했으므로 원접사(遠接使){협주: 윤선각(尹先覺)·류영길(柳永吉)}가 이미 차출되었다고 하였다.{협주: 대개 변장(邊將)은 오로지 화친 맺기를 주장하면서 기망(欺罔)하기만 힘썼으나, 중조(中朝: 중국 조정)의 간관(諫官)들은 직언하기를 그치지 아니하였으니 사람이 있다고 이를 만하였다.}

甲午六月。十六日。

聞中朝御史等官, 以封王許貢等事爲不可, 直斥邊臣, 以擁蔽之目, 彈文極峻, 將臣亦爲陳疏自明, 至於分黨相攻, 科道官[1]二

---

1 科道官(과도관): 중국 明淸 시대 때 吏·戶·禮·兵·刑·工 六科의 給事中과 都

人, 欲探形止, 近將出來, 故遠接使{尹先覺·柳永吉[2]}已爲差出云。{大槩, 邊將一意主和, 務爲欺罔, 而中朝諫官, 直論不已, 可謂有人矣.}

• 7월

3일。

듣건대 적의 형세가 장차 악독한 흉계를 가지고 있었고, 유 총병(劉摠兵: 劉綎) 또한 철수하여 돌아갈 뜻이 있었다고 하였다.{협주: 대개 심유경(沈惟敬)은 소서비(小西飛)에게 근래 중원(中原: 中國)에 가서 오로지 강화(講和)를 맺자고 했으나 조정에서 불허하였다.}

七月初三日。

聞賊勢將有肆毒之計。劉摠兵。亦有撤還之意云。{蓋沈惟敬, 與小西飛[3], 頃往中原, 專爲講和事, 而朝廷不許.}

察院의 十五道監察使를 통칭하여 일컬음. 모든 관원의 잘잘못을 규찰하는 사찰 기관이다.

2 柳永吉(류영길, 1538~1601): 본관은 全州, 자는 德純, 호는 月峰. 영의정 柳永慶의 형이다. 1592년 임진왜란 때 강원도관찰사로 춘천에 있었다. 이때 조방장 元豪가 여주 甓寺에서 왜군의 도하를 막고 있었는데, 檄書를 보내어 본도로 호출함으로써 적의 도하를 가능하게 하는 실책을 범하였다. 1593년 도총관·한성부우윤을 역임하고, 다음해 賑恤使가 되었으나 언관의 탄핵을 받아 파직되었다. 1597년 정유재란이 일어나자 호군·연안부사가 되고, 2년 뒤 병조참판·경기도 관찰사를 역임하였다.

3 小西飛(소서비): 코니시 유키나가(小西行長)의 가신(家臣) 나이토 죠안(內藤如安).

12일。

장성(長城)에 머물며 영남(嶺南)에서 전해온 통문(通文)을 통해 듣건대 왜적들이 많이 나와서 한 패는 곧장 경성(京城)으로 향하고 한 패는 바닷길로 장차 호남(湖南)을 침범하려 한다고 하였다. 또 듣건대 영남의 여러 진영(陣營)에서 왜적들이 연이어 투항해와 장차 진(陣)을 통틀어 복속(服屬)해올 것이라고 하였다. 그러나 왜적의 속마음은 헤아릴 수가 없는데, 하물며 그들의 성질이 간사하고 교활하기가 비할 데 없는 자들임에랴.

○十二日。

留長城, 因嶺南傳通, 聞賊倭多數出來, 一運將爲直向京城, 一運由水路, 將犯湖南云。且聞嶺南諸陣, 賊倭等連續來降, 將欲擧陣投屬[4]云。賊情叵測, 況其爲性奸狡無比者乎?

26일。

현(縣)의 인편을 통해 두 아우의 편지를 얻어 보건대 사담(沙潭: 金弘敏) 영감이 세상을 떠났다고 하니, 경악하고 애통해하기를 스스로 억제할 수가 없었다. 나와 이 어른은 동향(同鄕)의 의리가 절실했을 뿐만 아니라 3년 동안 전쟁터에서 죽고 살기를 같이하며 서로 돈독히 아껴주어 골육(骨肉)과 다를 바가 없었는데, 하루아침에 세상을 떠났으니 하늘 또한 무슨 마음이런가.

---

4 投屬(투속): 남의 세력에 기댐.

○듣건대 윤 좌태(尹左台: 尹斗壽)가 남원(南原)으로 내려와 유 총병(劉摠兵: 劉綎)에게 계속 머물러주기를 권하려 하지만, 이 계획이 만약 혹시라도 성공하지 못할까 하여 학금(鶴禁: 동궁 광해군)이 장차 내려올 것이라고 하였다.{협주: 심유경(沈惟敬)·소서비(小西飛)가 모두 중원(中原)에서 나왔지만, 관백(關白)을 왕으로 봉(封)하고 조공(朝貢)을 허락하는 일 등이 이때 아직 허락되지 않고 적들이 바다를 건너간 뒤를 기다리자고 하였다고 한다.}

○二十六日。

因縣便, 得見兩弟書, 沙潭丈捐館云, 驚愕痛怛, 不能自抑。吾於此老, 不但同鄉義切, 三載干戈, 託以死生, 相愛之篤, 無異骨肉, 一朝不淑[5], 天亦何心? ○聞尹左台[6]下南原, 勸留劉摠兵。而此計如或不成, 鶴禁將下來云[7]。{沈惟敬·小西飛, 幷自中原出來, 而

---

5 不淑(불숙): 착하지 않음. 곧 죽음이나 흉년 따위의 불행한 일을 일컫는다.

6 尹左台(윤좌태): 좌태는 조선시대 때 의정부 좌의정을 달리 이르는 말. 윤좌태는 尹斗壽(1533~1601)를 가리킨다. 본관은 해평(海平). 자는 자앙(子仰), 호는 오음(梧陰). 윤근수(尹根壽)의 형이다.

7 이 내용은《선조실록》1594년 7월 21일 1번째 기사에 실려 있음. 1591년 5월 夕講에서 도요토미[豊臣秀吉]의 답서를 명나라에 알려 진상을 보고할 것인가의 여부에 대해, 병조판서 黃廷彧과 함께 보고할 것을 주장하다가 양사의 合啓로 鄭澈에게 黨附했다 하여 파면되었다. 그리고 建儲問題(세자 책봉의 문제)로 정철이 화를 당할 때 같은 서인으로 연루되어 회령에 유배되었다. 그러나 그 뒤 윤두수의 견해가 타당성이 있음을 안 선조는 공을 인정하는 뜻에서 고향으로 돌려보냈다. 1592년 임진왜란이 발발하자 다시 기용되어, 어영대장·우의정을 거쳐 좌의정에 이르렀다. 이 해 평양 行在所에 임진강의 패배 소식이 전해지자, 명나라에 구원을 요청하자는 주장에 반대하고 우리의 힘으로 최선의 노력을 다하자고 주장하였다. 이 해 이조판서 李元翼, 도원수 金命元 등과 함께 평양성을

封王許貢等事, 時未許之, 以待渡海之後云.}

• 8월

3일。

고양 현감(高陽縣監: 高敞縣監의 오기) 강수곤(姜秀崐)이 담양(潭陽)에서 관아(官衙)로 돌아오다가 우암(牛巖) 땅에서 갑자기 적 30여 명을 만나, 수풀이 우거진 사이에서 나와 떠들어대며 활을 어지러이 쏘아서 강수곤 현감은 간신히 피해 탈출했으나, 병졸 두 명이 화살에 맞아 죽을 지경에 이르렀고, 치중(輜重: 군수품) 예닐곱 짐바리를 완전히 빼앗겼으며, 인신(印信: 관인) 또한 잃어버렸다고 하였다.

○듣건대 유 총병(劉摠兵: 劉綎) 또한 군대를 철수하여 올라갔다고 하는데, 호관(湖關: 호남)은 이제부터 점차 튼튼한 울타리가 없어지게 되었으니 더욱 염려스러웠다.

八月三日。

高陽[8]倅姜秀崐[9], 自潭陽還官, 牛巖[10]地, 忽遇賊三十餘人, 自

지켰다. 이듬해 三道體察使를 겸했으며, 1595년 판중추부사가 되었고 海原府院君에 봉해졌다. 1597년 정유재란 때에는 영의정 柳成龍과 함께 난국을 수습하였다.

8 高陽(고양): 高敞의 오기. 丁若鏞의《牧民心書》권2〈樂施(律己6條)〉에 나온다. 고창은 전라북도 남서부에 위치한 고을이다.

9 姜秀崐(강수곤, 1545~1610): 본관은 晉州, 자는 汝鎭. 1592년 임진왜란이 일어나자 의주까지 왕을 호종하였으며, 1593년 공조좌랑으로 승진하였다가 고창현감이 되었다. 1604년 괴산군수가 되었으며, 지방관으로 재직 중 흉년이 들어

林莽間出, 羣譟亂射, 姜倅艱辛避出, 下卒二人, 被箭將至死境, 輜重[11]六七馱, 全然被奪, 印信亦見失云。○聞劉摠兵, 亦撤兵上去, 湖關自此漸無藩籬之固, 尤可慮也。

• 9월

13일。

독운어사(督運御使) 윤존중(尹存中: 尹敬立)이 하도(下道)에서 올라와 말하기를, "천병(天兵: 명나라 군)이 철군해 간 것은 조정에서 올라오도록 허락했기 때문이다."라고 하였다. 또 말하기를, "경보(京報: 경성에서 온 朝報)를 보니 조정에서 천조(天朝: 명나라 조정)에 구원병(救援兵)을 청하려는 계획이 있어 해평(海平) 윤근수(尹根壽)를 상사(上使)로 삼았는데, 동지(同知) 최립(崔岦)이 스스로 청하여 가려 했고, 내한(內翰) 김상준(金尚雋) 또한 임금 앞에서 가기를 청했지만 도중에 폐단이 많을 것이라 하여 조정의 의론이 그것을 막았다."라고 하였다.

九月十三日。

督運御使尹存中[12], 自下道來言: "天兵之撤去, 朝廷許上來故

기근과 질병에 시달리는 수천 명의 백성을 구휼하여 명성이 높았다.

10 牛巖(우암): 전라남도 장성군 북하면 성암리. 소왓들에 소바위가 있다.

11 輜重(치중): 군대의 군수품.

12 存中(존중): 尹敬立(1561~1611)의 字. 본관은 坡平, 호는 牛川. 1588년 알성문

也." 且言: "見京報, 朝廷有請兵於天朝之計, 尹海平根壽[13] 爲上使, 崔同知岦自請而行, 金內翰尙寯[14], 亦於上前請行之, 而以一路多弊, 朝議沮之."云。

15일。

정이경(鄭以敬)과 함께 모암(慕巖: 慕庵의 오기인 듯)으로 향하니, 시냇물이 영롱한데다 단풍이 붉고 국화가 고왔으며 경치가 완상하기에 사랑스러웠으나, 사우(祠宇: 사당)와 강실(講室: 강당)은 태반이

과에 병과로 급제하고, 승문원권지정자가 되었다. 이듬해 鄭汝立의 옥사가 일어나자, 정여립과 친분이 있다 하여 파직되었다. 뒤에 다시 검열에 선임되고, 1592년 임진왜란 때에는 홍문관정자로 管糧御史·督運御史의 소임을 맡아 군량 공급에 공을 세우고, 왕의 상을 받았다. 1594년 부수찬에 선임되고, 뒤이어 이조좌랑으로 세자시강원사서와 지제교를 겸임하였으며, 이듬해부터는 다시 사예·응교·교리·집의·사간 등의 요직을 역임하였다. 1598년에는 동부승지로 兩湖察理使가 되어 군량·마초를 공급하고 뒤이어 충청도관찰사가 되었다.

13 尹海平根壽(윤해평근수): 海平 尹根壽(1537~1616). 본관은 海平, 자는 子固, 호는 月汀. 영의정 尹斗壽의 동생이다. 1589년 聖節使로 명나라에 파견되었으며, 귀국할 때 『大明會典全書』를 가져왔다. 이듬해 종계변무의 공으로 光國功臣 1등에 海平府院君으로 봉해졌다. 1591년 우찬성으로 鄭澈이 建儲(세자 책봉) 문제로 화를 입자, 윤근수가 정철에게 당부했다는 대간의 탄핵으로 형 윤두수와 함께 삭탈관직되었다. 1592년 임진왜란이 일어나자 예조판서로 다시 기용되었으며, 問安使·遠接使·주청사 등으로 여러 차례 명나라에 파견되었고, 국난 극복에 노력하였다.

14 金內翰尙寯(김내한상준): 內翰 金尙寯(1561~1635). 본관은 安東, 자는 汝秀, 호는 休菴. 1590년 증광 문과에 급제해 注書·待敎·병조좌랑을 거쳐 1595년 강원도어사로 파견되었다가 임무를 충실히 수행하지 않았다는 이유로 체직되었다. 1597년에 영광군수, 다음해 湖南調度使, 1599년 內贍寺正·공주목사, 1604년 海州牧使를 거쳐 이듬해 竹州牧使를 지냈다.

무너져 있었고 장차 위판(位板)마저 편안히 모실 곳도 없는 지경에 이르렀다. 이로써 국운의 성쇠를 점칠 수 있으니 거듭 절효공(節孝公: 金克一)에게서 감개한 느낌이 베어 나왔다.

○十五日。

與鄭以敬, 同向慕巖[15], 溪水玲瓏, 楓酣菊艶, 物賞可愛, 而祠宇講室, 過半頹廢, 將至於位板無安處。以此可占國運之盛衰, 重爲節孝公[16]慨然也。

30일。

저보(邸報: 朝報)를 얻어 보건대 인성(寅城: 인성부원군) 정철(鄭澈)의 일이 아직 진정되지 않아서 신경진(辛慶晉)·이경함(李慶涵)·조수익(趙守翼)·박동선(朴東善)이 각기 다른 의론을 주장했으나 모두 박동선과 더불어 말이 과격하다는 이유로 옥당(玉堂: 홍문관)에서 체직을 논하였고, 김우옹(金宇顒)·류영순(柳永詢)·박승종(朴承宗)·정경세(鄭經世) 등이 관직에 나아갔다. 그 후 사헌부(司憲府)에서 또 좌의

---

15 慕巖(모암): 慕庵의 오기인 듯. 경상북도 청도군 각북면 명대리 소재의 慕庵齋.

16 節孝公(절효공): 金克一(1382~1456)을 가리킴. 본관은 金海, 자는 用協, 호는 慕庵. 어릴 때부터 조부모와 부모를 지성으로 봉양하였고, 장성한 뒤에는 장인의 간곡한 사관 요청이 있었으나, 양친의 봉양을 이유로 거절하고 성심을 다하여 봉양하는 등 효행으로 명성을 떨쳤다. 또한, 아들 金孟은 물론 손자 金駿孫·金驥孫·金馹孫의 훈회에도 정성을 기울여 이들 모두가 문과에 급제할 수 있는 학식과 절행으로 명성을 떨치는 토대를 이루게 하였다. 세조 때 청도군수 李埼의 보고에 따라, 1464년 군수 趙嶔이 孝子旌閭의 칙서를 받들어 건립하였고, 1482년 金宗直이 찬한 효자문비가 다시 건립되었다. 청도의 紫溪書院에 제향되었다. 私諡는 節孝이다.

정(左議政) 윤두수(尹斗壽)는 음흉한데다 간사하고 교활하여 착한 선비[崔永慶을 가리킴]를 무함(誣陷)하였고, 재물을 탐내어 부정한 재물을 축적해 뇌물이 폭주하였고, 또 섬[巨濟島]에 있는 적을 처리하려 경솔하게 거사하여 국가의 위신을 손상시켰고, 사설이 지극히 번다해서 수백 자에 이를 정도로 많으니 탄핵의 준엄함이 더할 수 없을 정도며 불순한 실마리가 이토록 지극하였으니 어떻게 하겠는가.

○유 총병(劉摠兵: 劉綎)이 떠나간 지 13일 만에 압록강(鴨綠江)을 건너 돌아왔는데, 군졸(軍卒)이 혹은 2만이라고도 하고, 혹은 1만 5천이라고도 하나 군량을 조치해 내놓을 대책이 전혀 없었으니, 조정은 이 때문에 또한 갈팡질팡 어찌할 바를 몰랐다고 하였다.

○三十日。

得見邸報[17], 鄭寅城澈事, 迄未鎭定, 辛慶晉[18]·李慶涵[19]·趙守

---

17 邸報(저보): 승정원에서 처리한 상항을 매일 아침에 기록하여 반포하던 朝報. 본문과 관련된 기사가 《선조실록》에는 10월 6일 이후에 실려 있는바, 시기와 관련된 문제는 살펴볼 필요가 있다.

18 辛慶晉(신경진, 1554~1619): 본관은 寧越, 자는 用錫, 호는 丫湖. 1591년 병조좌랑으로서 陳奏使 韓應寅의 서장관으로 명나라에 갔다가 이듬해 귀국하였다. 임진왜란이 일어나자 지평이 되어 왕을 호종, 평양에 가서 체찰사 柳成龍의 종사관으로 활약하였다. 왜란 후 강릉부사·사간을 거쳐 이조참의·성주목사·충주목사를 역임하였다. 1609년 경상도관찰사로 승진하고, 다시 예조참판을 거쳐 대사헌에 올랐다.

19 李慶涵(이경함, 1553~1627): 본관은 韓山, 자는 養源, 호는 晩沙. 1585년 식년문과에 급제, 1593년 정언·지평·세자시강원필선을 역임하고, 이듬해 掌令이 되었다. 이때 鄭澈에 대한 삭직논의가 일어나자 모두 두려워하여 말하지 못하였으나 그는 자신을 돌보지 않고 부당성을 과감하게 상소하였다. 1603년 성주목사를 비롯하여 光州牧使·호조참판·경상도관찰사·병조참판에 이르렀으나 폐모

翼[20]·朴東善[21], 各立異, 而具與朴以言辭之過, 玉堂論遞, 金宇顒[22]·柳永詢[23]·朴承宗[24]·鄭經世等出仕。厥後憲府[25], 又論尹相

론에 반대하다가 탄핵을 받고 사직하였다.

20 趙守翼(조수익, 1565~1602): 본관은 豐壤, 자는 時保. 1590년 사마시에 합격하고, 이듬해 식년 문과에 급제한 뒤 성균관학유에 제수되었다. 1592년 임진왜란이 일어나자 어머니를 하직하고 죽음으로써 관직을 지키려하고 行在所에 이르러 검열에 제수되었다. 주서·봉교·사서, 성균관전적·사헌부지평·예조정랑·전라도사·병조정랑·홍문관부수찬·부교리, 임천군수 등 내외직을 두루 역임한 뒤 병을 얻어 고향에 돌아와 죽었다.

21 朴東善(박동선, 1562~1640): 본관은 潘南, 자는 子粹, 호는 西浦. 1589년 진사가 되었고, 이듬해 증광 별시에 급제해 승문원에 들어갔으며, 여러 벼슬을 거쳐 병조좌랑이 되었다. 그 뒤 남포현감으로 李夢鶴의 난을 평정하는데 공을 세웠는데, 논공행상에 박동선을 시기하는 사람이 있어 제외되었다. 1597년 정유재란이 일어났을 때는 縣民들을 안전한 곳으로 피난시켰다. 그 뒤 성균관전적·직강·예조좌랑·병조좌랑·사복시정 등을 차례로 지내고, 경기도사·수안군수에 이어 인천·부평·남양 등의 부사가 되어 가는 곳마다 치적이 있었다.

22 金宇顒(김우옹, 1540~1603): 본관은 義城, 자는 肅夫, 호는 東岡·直峰布衣. 1582년 홍문관직제학이 되고, 이어서 대사성·대사간을 거쳤으며, 1584년 부제학이 된 뒤 전라도관찰사·안동부사를 역임하였다. 1589년 기축옥사가 일어나자 鄭汝立과 함께 조식의 문하에서 수학했다는 이유로 회령에 유배되었다가, 1592년 임진왜란으로 사면되어 의주 行在所로 가서 승문원제조로 기용되고, 이어서 병조참판을 역임하였다. 이듬해 명나라 贊劃 袁黃의 接伴使가 되고, 이어서 동지중추부사로 명나라의 經略 宋應昌을 위한 問慰使가 되었으며, 왕의 편지를 명나라 장수 李如松에게 전하였다. 그 해 상호군을 거쳐 동지의금부사가 되어 왕을 호종하고 서울로 환도하였으며, 한성부좌윤·혜민서제조 등을 역임하였다. 1594년 대사성이 되고, 이어서 대사헌·이조참판을 거쳤다. 1597년 다시 대사성이 되었으며, 이어서 예조참판을 역임하였다.

23 柳永詢(류영순, 1552~1630): 본관은 全州, 자는 詢之, 호는 拙庵·北川. 1587년 冬至使 書狀官으로 명나라에 다녀와 사성·掌令·執義·동부승지·우승지를 역임하였다. 1595년에 황해도관찰사가 되었는데 家屬을 도내에 유치, 경거망동하고 또 수령을 통솔할 능력이 없다는 이유로 대간의 탄핵을 받아 파직당하였다.

斗壽, 陰凶奸猾, 誣陷善士, 貪饕黷貨, 賄賂輻輳, 且於海島, 輕爲擧事, 以致損威, 辭說極煩, 多至累百, 彈劾之峻, 無以加之, 不靖之端, 至於此極, 奈何? ○劉摠兵去十三, 還爲渡江, 軍卒或二萬, 或萬五千, 措出軍糧, 萬無其策, 朝廷以此, 亦爲云。

• 11월

3일。

새벽에 출발하여 가라령(加羅嶺)·금강령(金剛嶺)을 넘어 저녁이 되어서야 해남(海南)에 이르렀다.

十一月三日。

이듬해 병조참지로 기용되어 海西·關西 사이의 관문인 平山山城) 중요성을 들어 그 수축을 청하였다. 1597년 정유재란이 일어나자 왜란 중 부친과 형을 잃고, 金時獻·宋詢 등과 함께 사사로이 군량·무기 등을 준비하고 장정 700명을 모아 復讐軍을 조직, 서울의 수성계획을 세우기도 하였다. 1598년에 다시 황해도관찰사, 1601년 성주목사, 이듬해 좌승지를 역임하고, 1604년에는 定平府使가 되어 학교를 세우고 스스로 학동들을 가르쳤다. 1606년에 경상도관찰사, 이듬해 동지중추부사·한성부윤에 이어서 호조참판을 역임하였다.

24 朴承宗(박승종, 1562~1623): 본관은 密陽, 자는 孝伯, 호는 退憂堂. 1585년 진사가 되고, 다음해 별시문과에 급제하여 1589년 奉敎, 이어 知製敎·병조정랑을 역임하고, 1600년 冬至使로 명나라에 갔다. 1604년 副提學, 1607년 병조판서, 1610년 형조판서를 거쳐 判義禁府事가 되고, 1618년 우의정으로 都體察使를 겸하였다. 이어 좌의정이 되고, 이듬해 영의정에 올라 密陽府院君에 봉하여졌다.

25 윤두수 탄핵은《宣祖實錄》1594년 10월 20일 5번째 기사에 실려 있으며, 이후 탄핵하는 기사가 나옴.

曉發, 踰加羅嶺·金剛嶺, 夕抵海南[26]。

11일。

꿈에서 선군(先君: 선친 趙光憲)을 만났는데, 오늘이 장지(長至: 冬至)라서 더욱 더 슬프고 그리웠다.

○진사(進士) 백진남(白振南: 자는 善鳴){협주: 옛 시인 참봉 백광훈(白光勳)의 아들이다.}이 찾아왔는데, 이 사람 또한 시를 잘 짓고 글씨를 잘 썼으니 시에 대해 이야기하느라 밤이 깊어서야 헤어졌다.

정자(正字) 윤광계(尹光啓: 자는 景悅)는 뛰어난 재주가 있을 뿐만 아니라 경서와 역사서를 담론해도 종일토록 지칠 줄 모르니 진실로 좋은 사람이었다.

도사(都事) 황화보(黃和甫: 黃克中)가 자신을 찾아온 이연조(李延祚)를 데리고 왔는데 또한 시문 짓는 것을 이해하여 더불어 시를 이야기할 만했고, 또 각자 난리 초부터 겪어온 것을 이야기하였다. 오늘의 모임은 또한 슬프면서도 다행스러웠다.

○十一日。

夢拜先君, 今是長至[27], 倍增悲慕。○白進士善鳴振南[28]來見

26 海南(해남): 전라남도 남서부에 위치한 고을.

27 長至(장지): 冬至. 대설의 다음이며 소한의 앞이다. 음력으로는 11월 중기이며, 양력으로는 12월 22일 또는 23일이다. 亞歲 또는 작은설이라 하여, 24절기 중 가장 큰 명절로 즐겼다.

28 白進士善鳴振南(백진사선명진남): 진사 白振南(1564~1618). 본관은 海美, 자는 善鳴, 호는 松湖. 1590년 진사시에 합격하였다. 정유재란 때에는 통제사 李

{故詩人白參奉光勳[29]之子.}, 此人亦能詩善寫, 談詩夜深而罷。尹正字景悅光啓[30], 不但有雋才, 談論書史, 終日不倦, 眞好人也。都事黃和甫[31]率來人李延祚, 亦解文墨, 可與言詩, 且各說初從亂離來。今日之會, 亦悲且幸。

舜臣의 진중에 피란하였는데, 그 당시 명나라 장수 季金皮·承德 등은 그의 詩草를 보고 크게 칭찬하였다. 1606년 명나라 사신 朱之蕃이 왔을 때 館伴 柳根의 천거로 白衣從事하였다.

29 白參奉光勳(백참봉광훈): 참봉 白光勳(1537~1582). 본관은 海美, 자는 彰卿, 호는 玉峯. 朴淳의 문인으로 13세 되던 해인 1549년 상경하여 梁應鼎·盧守愼 등에게서 수학하였다. 1564년 진사가 되었으나 현실에 나설 뜻을 버리고 江湖에서 시와 書道로 自娛하였다. 1572년 명나라 사신이 오자, 노수신을 따라 白衣로 製述官이 되어 詩才와 書筆로써 사신을 감탄하게 하여 白光先生의 칭호를 얻었다. 1577년 처음으로 宣陵參奉으로 관직에 나서고, 이어 靖陵·禮賓寺·昭格署의 참봉을 지냈다. 그는 崔慶昌·李達과 함께 三唐詩人이라고 불리었다. 宋詩의 풍조를 버리고 唐詩를 따르며 시풍을 혁신하였다고 해서 그렇게 일컬었다.

30 尹正字景悅光啓(윤정자경열광계): 正字 尹光啓(1559~?). 본관은 海南, 자는 景悅, 호는 橘屋. 1589년 증광시에 급제하여 1601년 注書, 世子侍講院說書를 거쳐 1603년 戶曹正郎, 1604년 禮曹正郎, 1606 平安道都事, 1607년 工曹佐郎이 되었다.

31 和甫(화보): 黃克中(1552~1604)의 자. 본관은 昌原. 1585년 별시문과에 급제하였고, 임진왜란이 발생하자 민심 수습의 중요성을 강조하였다. 1594년 경기지방의 어사가 되어 전쟁 중에 기승을 부리고 있던 도적의 심각한 폐해 상황을 조정에 보고하였다. 1598년 상주목사로 재직 당시 병이 매우 심한데도 벼슬에서 물러나지 못하던 중 洪進의 간언으로 벼슬을 그만두었다. 1600년 문학의 재능을 인정받아 경연 학사로 선발되었고, 1601년 안동부사에 제수되었다.

• 12월

1일。

장성(長城)에서 완산(完山: 전주)에 이르렀는데, 경상 병사(慶尙兵使: 경상 우병사) 김응서(金應瑞)가 적의 장수{협주: 평행장(平行長: 小西行長)·현소(玄蘇)·평의지(平義智: 宗義智)·평조신(平調信: 柳川調信)}들과 문답한 글을 얻어 보니, 겉으로는 화친(和親)을 좋아하는 듯했으나 속은 실로 헤아리기 어려웠다. 동래 부사(東萊府使) 송상현(宋象賢)이 절개를 지키다 죽은 곡절이 그 속에 상세히 기록되어 있어 사람으로 하여금 울분이 절로 솟구치게 하였다.{협주: 바야흐로 성(城)이 함락될 때 스스로 면하지 못할 것을 알고 갑옷과 투구를 갖추어 홍의(紅衣)를 입고 의자에 앉은 채 성루 위에 있다가 왜적이 붙잡아 끌어내려도 마지막까지 한마디 말도 하지 않고 조용히 죽음에 이르렀다. 적들도 그를 의롭게 여겨 관복(冠服)을 갖추어 성 밖에 묻어주었는데, 만약 봉분(封墳) 같은 것을 만들었더라면 지금이라도 그곳을 가리킬 수 있을 것이라고 한다. 그의 첩(妾)과 계집종 또한 사로잡혀 일본에 있으면서 몸을 더럽혀지지 않은 것은 대개 송공(宋公: 송상현)의 절의에 감복했기 때문이라 한다. 전쟁이 일어난 지 3년 동안 온 나라 사람들이 휩쓸려갔지만 홀로 이 사람만이 우뚝하게 의렬(義烈)을 심었으니, 어이 그리도 기이한가.}

十二月一日。

自長城抵完山, 得見慶尙兵使金應瑞[32], 與賊將{平行長[33]·玄蘇·

32 金應瑞(김응서, 1564~1624): 본관은 金海, 자는 聖甫. 金景瑞로 개명하였다.

平義智·平調信[34].}等, 問答之辭, 則外似和好, 而內實難測。東萊府使宋象賢[35], 死節曲折, 詳在其中, 令人肝膽自激。{方其城陷之

1588년 監察이 되었으나 집안이 미천한 탓으로 파직되었다가, 1592년 임진왜란이 일어나자 다시 기용되었다. 그 해 8월 助防將으로 평양 공략에 나섰으며, 싸움에서 여러 차례 공을 세워 평안도방어사에 승진되었다. 1593년 1월 명나라 李如松의 원군과 함께 평양성 탈환에 공을 세운 뒤, 전라도병마절도사가 되어 도원수 權慄의 지시로 남원 등지에서 날뛰는 토적을 소탕하였다. 1595년 경상우도병마절도사가 되었을 때, 선조가 임진왜란이 일어난 지 이틀 만에 동래부에서 장렬하게 전사한 宋象賢의 관을 적진에서 찾아오라고 하자 그 집 사람을 시켜 일을 성사시켰다. 또한, 李弘發을 부산에 잠입시켜 적의 정황을 살피게 하고, 일본 간첩 요시라[要時羅]를 매수해 정보를 수집하기도 하였다. 1597년 도원수 권율로부터 의령의 南山城을 수비하라는 명을 받았지만 불복해 강등되었다. 그 뒤 1603년 충청도병마절도사로 군졸을 학대하고 祿勳에 부정이 있어 파직되었다가, 1604년 전공을 인정받아 捕盜大將兼都正이 되었다. 1609년 정주목사를 지내고, 이어 滿浦鎭僉節制使와 北路防禦使를 역임하고, 1615년 길주목사, 1616년 함경북도병마절도사, 2년 뒤에 평안도병마절도사가 되었다.

33 平行長(평행장): 코니시 유키나가(小西行長). 도요토미 히데요시의 가신으로 임진왜란 때 선봉을 섰다. 히데요시가 죽은 후 이시다 미쓰나리[石田三成]와 한 패가 되어 도쿠가와 이에야스[德川家康]와 싸웠으나 패하여 피살되었다.

34 平調信(평조신): 야나가와 시게노부(柳川調信). 조선시대에 양난 이후 대조선 외교 교섭 과정에서 활약한 인물이다. 당시 대마번주 宗義智의 가신 중 우두머리로서 그와 함께 활약하며 가문을 일으켰다.

35 宋象賢(송상현, 1551~1592): 본관은 礪山, 자는 德求, 호는 泉谷. 1583년 司憲府持平으로 들어와 예조·호조·공조의 정랑이 되었다. 이듬해부터 두 차례에 걸쳐 宗系辨誣使의 質正官으로 명나라에 다녀왔으며, 다시 지평이 되었다가 銀溪道察訪으로 좌천되었다. 그 뒤 다시 지평을 지내고 배천군수로 나갔다가 3년 만에 전직되어 經歷·집의·사간과 司宰監·軍資監의 정(正)이 되었다. 1591년 通政大夫에 오르고 동래부사가 되었다. 왜침의 소문이 들려오는 가운데 방비를 굳게 하고 선정을 베풀었다. 이듬해 4월 13일 임진왜란이 일어나고, 14일 부산진성을 침범한 왜군이 동래성으로 밀어닥쳤을 때 적군이 남문 밖에 木牌를 세우고는 "싸우고 싶으면 싸우고, 싸우고 싶지 않으면 길을 빌려라.(戰則戰矣,

時, 自知不免, 具甲冑, 著紅衣, 據交椅在樓上, 賊執下而終始無一言, 從容就死。賊亦義之, 具冠服, 葬於城外, 若有封之者然, 今可指的云。其妾其婢, 亦被擄在日本, 無穢之者, 蓋服宋公之節義云。干戈三載, 擧國靡然, 獨此人, 卓樹義烈, 何其奇哉?}

16일。

영남의 술인(戍人: 守卒) 이사민(李士敏)으로 인해, 거제도(巨濟島)의 거사(擧事) 때를 들으니 홍량선(虹梁船) 1척과 사후선(伺候船) 2척 모두를 적군에게 잃은 것이 의심할 나위가 없었으나, 변신(邊臣: 邊將)이 옹폐(擁蔽: 황제의 총명한 이목을 막고 가림)하여 사실대로 계문(啓聞: 글로 아룀)하지 않아 대간(臺諫)의 논의를 일으키기에 이르렀는데, 이때 거사의 기강이 한결같이 이 지경까지 이르렀으니 통탄스러웠다.

○듣건대 당인(唐人: 중국사람)이 낙타들을 끌고서 내려간다고 하여 자운루(紫雲樓) 앞에 가서 보았더니 곧 대수롭지 않은 평범한 한 동물로 들은 명성보다 더 나은 것이 없었다.

○十六日。

不戰則假道.)" 하자 이때 부사인 송상현이 "싸워 죽기는 쉬우나 길을 빌리기는 어렵다.(戰死易, 假道難.)"고 목패에 글을 써서 항전할 뜻을 천명하였다. 그 뒤 적군이 성을 포위하기 시작하고 15일에 전투가 시작되었다. 군사를 이끌고 항전했으나 중과부적으로 성이 함락당하자 朝服을 덮어 입고 端坐한 채 순사하였다. 왜장 소 요시토시[宗義智] 등이 송상현의 충렬을 기려 동문 밖에 장사지내주었다 한다.

因嶺南戍人[36]李士敏, 聞巨濟[37]擧事時, 虹梁船一隻及伺候船[38]二隻, 竝失於賊中, 無疑, 而邊臣擁蔽, 不以實聞, 至發臺論, 時事之紀律, 一至於此。可痛。○聞唐人牽驝駝下去, 往見於紫雲樓前, 則乃尋常一物, 不如聞名之爲愈也。

25일。

유격장(游擊將) 진운홍(陳雲鴻)이 고을에 들어왔는데, 대개 천조(天朝: 명나라 조정)가 장차 왜적에게 조공을 허락하고 관백(關白)을 왕(王)으로 봉(封)하는 것으로 처리하려 했기 때문에, 저들의 우두머리에게 가서 달래어 바다를 건너가게 하고 그 처치가 어떻게 되는지 지켜보려고 조사(詔使: 천자의 조칙을 가지고 온 사신)가 나온다고 하였다.{협주: 운홍(雲鴻)은 사람됨이 넉넉하고 여유로웠으며, 예물(禮物) 보낸 것을 하나도 받지 않았다.}

○二十五日。

游擊將陳雲鴻[39]入州, 蓋天朝將於倭賊, 處許貢封王, 故往誘渠帥, 使之渡海, 觀其處置如何, 詔使出來云。{雲鴻爲人豐厚, 所送禮

---

36 戍人(술인): 要塞나 城塞 따위를 지키는 사람.

37 巨濟(거제): 巨濟島. 우리나라에서 제주도 다음으로 큰 섬으로, 진해만 입구에 가로놓여 있는 섬.

38 伺候船(사후선): 水營에 딸리어 斥候에 쓰이던 戰船의 한 가지.

39 陳雲鴻(진홍명): 중국 명나라의 무신. 임진왜란과 정유재란 때 조선의 원군으로서 참전하고, 일본의 장수 小西行長과 직접 만나 회담을 가졌다. 충청도와 전라도로 내려갔다.

物, 一無所受.}

27일。

임시거처로 돌아왔다.

다음날 사담(沙潭: 金弘敏) 어른의 연궤(筵几: 靈座)에 가서 곡(哭)하였다.{협주: 객지에서 부고(訃告)를 듣고 이제야 비로소 곡(哭)하러 왔으니 심정이 더욱 슬프고 한스러웠다.}

○二十七日。

還寓。翌日往哭沙潭丈筵几。{客地問訃[40], 今始來哭, 情事益愴恨.}

40 問訃(문부): 聞訃의 오기. 訃告를 들음.

을미년(1595)

• 1월

1일。

삭전(朔奠: 설 차례제사)을 지냈다. 다음으로 고조(高祖)이하 여러 신위(神位)에게 간소하게나마 제수(祭需)를 갖추어 바치고 술잔을 올렸다. 외할아버지[洪胤崔]와 외할머니[缶溪 洪彦忠의 딸]의 신위(神位)에게도 뒤따라 제수를 차리고 술잔을 올렸다.

乙未正月一日。

行朔奠。次設高祖以下諸位，略備薦獻。外祖考妣位，隨後設獻。

• 5월

14일。

조지(朝紙: 朝報)를 얻어 보건대, 지난해 화친(和親)을 주장하는 글로 아뢴 일 때문에 대탄(臺彈: 사헌부와 사간원의 탄핵)이 일제히 일어났는데, 그때 방백(方伯: 전라도 순찰사 李廷馣)은 우계(牛溪) 성혼(成渾)이 방백의 죄가 없음을 밝혀 구원하려 했던 것까지 아울러 지

목하여 함께 배척되자 성상(聖上: 宣祖)이 비답하면서 간교한 말을 선동한다고 하였으니, 어찌 변방의 근심이 가시지 않았는데 조정의 형편 또한 이와 같이 편치 않게 한단 말인가. 참으로 민망하였다.

○진 유격장(陳游擊將: 陳雲鴻)이 적군 속에서 나와 중로(中路)에 머물러 지체되고 있는데, 행장(行長: 小西行長) 이하 모두가 기뻐하며 말하기를, "오래지 않아서 바다를 건너가 창칼을 푸는데 이를 것이니 고향에 살아 돌아가는 게, 그것은 일본에게 다행이고 조선에게도 큰 다행일 것이다."라고 운운하였다. 만약 지금이라도 철군해 돌아간다면 조금이나마 어깨를 펼 수 있는 소망이 있게 될 것이니, 다행스러웠다.

五月十四日。

得見朝紙, 以去年和議啓聞事, 臺彈齊發, 於其時方伯, 并指牛溪成渾[1]之伸救[2], 共爲論斥, 聖批以鼓動邪說爲敎, 是何邊憂未

1 成渾(성혼, 1535~1598): 본관은 昌寧, 자는 浩原, 호는 默庵·牛溪. 1592년 임진왜란이 일어나자 아들 成文濬에게 국난에 즈음하여 罪斥之臣으로서 赴難할 수 없는 자신의 처신을 밝히고, 安峽·伊川·連川·朔寧 등지를 전전하면서 피난하였다. 이후 세자가 이천에서 駐蹕하면서 불러들여 전 삭녕부사 金潰의 義兵軍中에서 군무를 도왔다. 8월에는 개성유수 李廷馨의 군중에서 군무를 도왔고, 成川의 분조에서 세자를 배알하고 大朝(선조가 있는 곳)로 나갈 것을 청하였다. 성혼이 성천을 떠나 의주로 향했다는 말을 듣고 대조에서 의정부우참찬에 특배하였다. 성혼은 의주의 行朝에서 우참찬직을 사양했으나 허락되지 않았다. 「便宜時務九條」를 올렸으며, 이어 대사헌·우참찬을 지냈다. 1593년에 잦은 병으로 대가가 정주·永柔·해주를 거쳐 서울로 환도할 때 따르지 못했고, 특히 해주에서는 중전을 곁에서 호위하였다. 1594년 石潭精舍에서 서울로 들어와 備局堂上·좌참찬에 있으면서 「편의시무14조」를 올렸다. 그러나 이 건의는 시행되지 못하였다. 이 무렵 명나라는 명군을 전면 철군시키면서 대왜 강화를 강력히 요구

霽, 朝象[3]又如是不安也? 良可憫然。○陳游擊, 自賊中出來, 中路留滯, 行長以下, 竝皆欣悅曰: "不久當渡海, 至有得解兵鋒, 生還故土, 豈日本之幸, 抑亦朝鮮之大幸."云云。若及今撤歸, 則庶有一分息肩之望也, 可幸。

해와 성혼은 영의정 柳成龍과 함께 명나라의 요청에 따르자고 건의하였다. 그리고 또 許和緩兵(군사적인 대치 상태를 풀어 강화함)을 건의한李廷馣을 옹호하다가 선조의 미움을 받았다. 특히 왜적과 내통하며 강화를 주장한 邊蒙龍에게 왕은 비망기를 내렸는데, 여기에 有識人의 동조자가 있다고 지적하여 선조는 은근히 성혼을 암시하였다. 이에 성혼은 용산으로 나와 乞骸疏(나이가 많은 관원이 사직을 원하는 소)를 올린 후, 그 길로 사직하고 연안의 角山에 우거하다가 1595년 2월 파산의 고향으로 돌아왔다. 1597년에 정유재란이 일어나자, 尹昉·鄭士朝 등이 부난의 취지로 상경하여 예궐할 것을 권했지만, 죄가 큰 죄인으로 엄한 문책을 기다리는 처지임을 들어 대죄하고 있었다.

2 牛溪成渾之伸救(우계성혼지신구): 《宣祖修正實錄》 1594년 6월 1일 2번째 기사에 실려 있음. 李廷馣이 왜적과 화친하자는 密疏를 올렸고, 備局提調였던 成渾이 입시하여 절의에 伏死하는 일이 되게 하려는 생각에서 한 것이라고 변호하였다.

3 朝象(조상): 조정이 처하여 있는 형편이나 모양.

병신년(1596)

• 1월

16일。

듣건대 조정에서 괴산 군수(槐山郡守) 이봉(李逢)과 옥천 군수(沃川郡守) 박춘무(朴春茂)를 차출하여 아울러 조방장(助防將)을 겸하게 하고 여러 곳의 요충지(要衝地)를 파수하며 경비하는 일 등을 맡기니, 이봉은 조령(鳥嶺)·적암(赤巖)을 담당하여 지켰고 박춘무는 추풍령(秋風嶺)·괘방령(掛防嶺: 掛榜嶺의 오기) 등지를 맡았는데, 대개 특명에서 나온 것이었다. 박춘무의 사람됨은 내가 다 알지는 못하고, 이봉은 나이가 이미 많고 쇠했어도 만일 위급한 상황이 발생하면 그 책무를 맡을 수 있을 것이다.

丙申正月十六日。

聞朝廷差李逢槐山·朴春茂沃川, 竝兼助防將, 委以諸處把截[1]等事, 李則當守鳥嶺·赤巖, 朴則付以秋風·掛防[2]等處, 蓋出特命

1 把截(파절): 지세가 험하여 적을 방어하는데 편리한 요해처를 파수하며 경비함.

2 掛防(괘방): 掛榜의 오기. 掛榜嶺. 경상북도 김천시의 대항면 북전리와 충청북도 영동군 매곡면 공수리를 잇는 고개. 괘방령은 백두대간에 위치한 고개로, 황악산과 가성산 사이에 있다. 괘방령 정상은 낙동강과 금강의 분수계 역할을 한다.

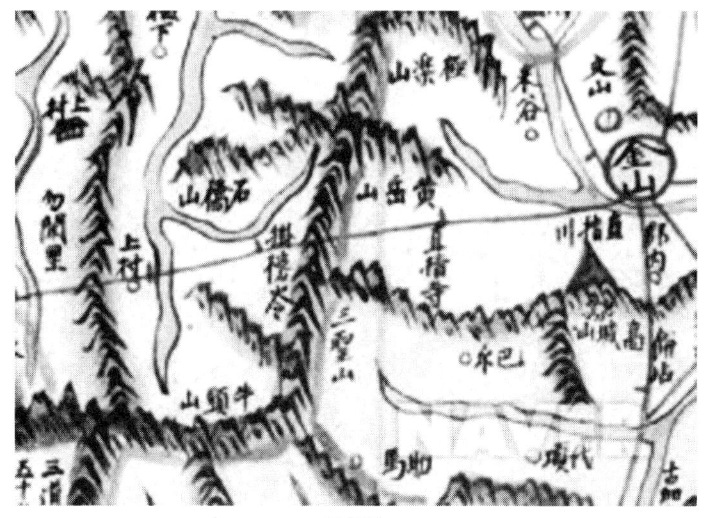

괘방령

也。朴之爲人, 吾所未悉, 李則年旣老衰, 脫有警急, 能任其責乎。

23일。

듣건대 적의 추장(酋長: 우두머리 장수) 청정(淸正: 加籐淸正)이 일본으로 돌아가는 것을 기꺼워하지 않고 통신(通信: 통신사 파견)·할지(割地: 영토 할양)·차량(借糧: 양식 대여) 등의 일로서 공갈치며 조정을 협박하였는데, 조정에서 비록 통신할 수 없다는 일로 상국(上國: 명나라)에 아뢸지라도 결국에는 일이 과연 어떻게 될지 모르겠다. 또 하도(下道)에서 전해온 통문을 보건대 왜적의 배가 잇따라 나와서 요즈음 불태우고 노략질하는데, 비록 수효가 얼마 안 되는 보잘것없는 적이라 할지라도 그렇게 하는 뜻을 헤아리기가 어려우니, 전쟁에서 승리할 책략 등의 일을 미리 조치하게 해야 한다고 하였다.

○二十三日。

聞賊酋清正[3], 不肯入歸, 以通信割地借糧等事, 恐嚇朝廷, 朝廷雖以不可通信之事, 奏稟上國, 未委畢竟事果何如? 且見下道傳通, 賊船相續出來, 頃者焚掠, 雖曰零賊, 其意難測, 使之預措兵機[4]等事云。

• 2월

1일

우리고을에서 석전제(釋奠祭)를 지내고 오늘 아침에 번육(膰肉: 음복 제수 고기)을 보내왔는데, 난리를 겪은 끝에 이와 같은 예를 올리니 위로가 되었다.

二月十一日。

本邑行釋奠祭[5], 今朝送膰肉[6], 經亂之餘, 有此等禮, 可慰。

---

3 清正(청정): 가토 기요마사(加籐清正). 일본의 무장(武將). 많은 전투에서 전공을 세웠고 시즈가타케 전투에서 뛰어난 활약을 했다. 임진왜란이 일어나자 함경도 방면으로 출병하여 조선의 왕자 臨海君과 順和君을 포로로 잡았으며, 울산 싸움에서 죽음의 위기를 겪기도 하였다. 그 과정에서 함께 참전한 고니시 유키나가[小西行長], 이시다 미쓰나리[石田三成] 등과 갈등을 빚었다. 1598년 히데요시가 죽고, 섭정을 맡았던 도쿠가와 이에야스[德川家康]와 이시다 미쓰나리[石田三成] 간에 벌어진 세키가하라 전투[關ケ原戰鬪]에서 東軍인 이에야스 측에 참전하여 고니시 유키나가의 宇土城을 함락시켰다.

4 兵機(병기): 전쟁에서 승리할 책략.

28일。

대지(大旨: 三槐里)에 가서 김선부(金善夫)의 연궤(筵几: 靈座)에 곡(哭)하였다. {협주: 난리 초에 속리산(俗離山)에서 서로 만났는데, 그 후로 의병진(義兵陣)에서 같이 일을 하며 생사를 같이하려는 깊은 뜻을 가지고 있었음에도 몇 년을 미루다가 이제야 비로소 와서 곡(哭)하니, 두터운 정의를 저버린 것 같아 부끄러웠다.}

○二十八日。

往大旨[7], 哭金善夫筵几。{亂初, 相遇於離山, 厥後同事於義陣, 深有死生之意, 遷延數年, 今始來哭, 慚負厚意.}

• 3월

7일。

물품을 사러 가니, 내일이 숙일(熟日: 寒食日)이라서 장차 선영(先塋)에 성묘하러 가고자 간소하게나마 제수를 준비하려는 것이었다.

三月七日。

作商行, 明日是熟日[8], 將掃先塋, 略備祭需。

---

5 釋奠祭(석전제): 음력 2월과 8월의 上丁日에 孔子를 모신 文廟에서 先聖·先師에게 지내는 큰 제사.

6 膰肉(번육): 제사를 지낼 때 쓰고 난 고기. 날고기는 脤이라 하고, 익은 고기는 번육이라고 한다.

7 大旨(대지): 경상북도 尙州郡 靑東面 大旨. 지금은 경상북도 상주시 靑里面 三槐里이다.

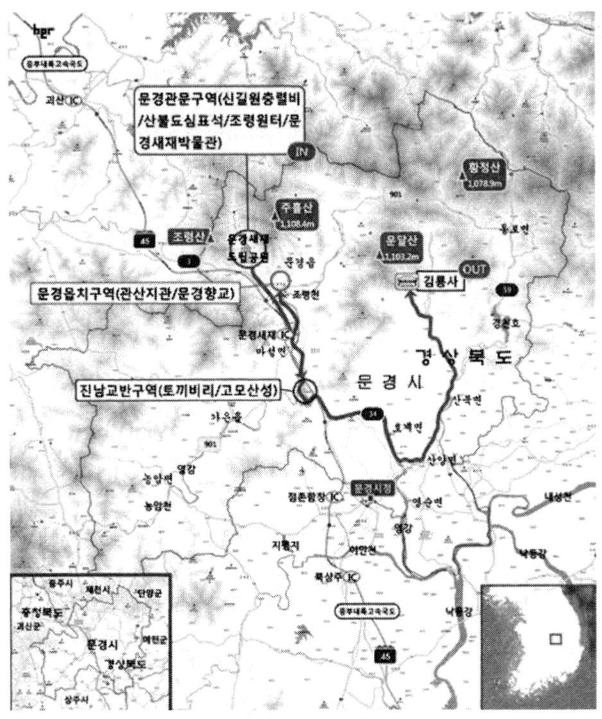

토잔과 고모산성

8일。

아우 심중(審仲: 趙竑) 및 두 조카 조기원(趙基遠)·조영원(趙榮遠)과 함께 흑석(黑石)에 가서 제사를 지냈는데, 무덤이 황폐했지만 쉬 보수할 형편이 용이하지 않아서 지극히 가슴에 사무치고 슬퍼서 나

8 熟日(숙일): 寒食日. 불을 사용하지 않는 한식날에는 미리 익혀둔 음식을 먹는다는 의미에서 비롯된 것이다.

도 모르게 눈물이 흘러내렸다.

요포(繞浦)의 옛터로 가서 보니, 마을 사람의 두 움막만 있을 뿐이었다. 무너진 담장에 풀만 무성하니 광경이 근심스럽고 애통하여 한참 동안 서성거렸지만 더욱 더 슬프고 서러웠다.

○八日。

與審仲及兩姪基遠·榮遠, 往奠黑石[9], 丘壟荒廢, 無容易修補之勢, 感愴之極, 不覺淚下。往見繞浦舊基[10], 有村人兩幕而已。頹垣茂草, 景色愁痛, 彷徨久之, 益增悲愴。

9일。

심중(審仲: 趙竑)과 두 조카[趙基遠·趙榮遠]를 시켜 이사벌(二沙伐: 김홍민의 묘소가 있는 곳으로 상주시 사벌면 梅湖里인 듯)에 제사를 지내게 하였다.

○어사(御使) 정경임(鄭景任: 鄭經世)이 상주(尙州)에 들러 만나보려 했기 때문에 가서 고을의 관사(官司: 官衙)에 대해 이야기를 나누었다.{협주: 정경임이 온 것은 본래 여러 곳의 요새지를 순찰하는 일 때문이었는데, 오늘은 토잔(兎棧)과 고모성(姑母城)을 고치거나 보수하기 위해 유

---

9 黑石(흑석): 이곳에는 趙翊의 고조부 趙㤥(1461~1546), 조부 趙禧(1507~1587), 부친 趙光憲(1535~1588)의 묘소가 있다고 함.

10 舊基(구기): 현재 養眞堂이 있는 곳으로, 경상북도 상주시 낙동면 승곡리 214-3번지. 경상북도 지방유형문화재 제85호로 지정되었다. 이곳에 지었던 悟昨堂은 1661년 趙大胤에 의해 경상북도 상주시 낙동면 승곡리 131-2번로 이건했는데, 양진당의 원초형이다. 경상북도 지방문화재 민속자료 제32호 지정되었다.

곡(幽谷: 문경 소재의 유곡역) 등지로 갔다.}

○九日。

使審仲及兩姪, 往奠二沙伐[11]。○鄭御使景任, 入州邀見, 故往話州司。{景任之來, 本爲巡審諸處關防[12]等事也, 今以兎棧[13]·姑母城[14]修築事, 向幽谷等處.}

11일。

경상우도 도사(慶尙右道 都事) 이여실(李汝實: 李惟諴)이 우리 고을에 들어와 백성들에게 깨우쳐 일러주며 미리 산성(山城)을 피란할 수 있는 곳으로 만들어 창졸간에는 모여 성안으로 들어갈 수 있도록 하니, 사방으로 흩어지는 폐단이 없었다고 하였다.

---

11 二沙伐(이사벌): 경상북도 상주시 沙伐面 梅湖里에 金弘敏의 묘소가 있는바, 이곳을 지칭하는 듯.

12 關防(관방): 변방의 방비를 위하여 설치하는 요새.

13 兎棧(토잔): 토끼가 지나간 길. 경상북도 聞慶 남쪽의 龍沼 부근 설치된 험한 길이다. 토끼벼리로도 불렸지만 달리는 串岬遷, 串岬遷棧道 등으로도 불렸는데, 棧道란 험한 벼랑에 나무를 선반처럼 내매어 만든 나무사다리 길을 말한다. 그런데 이곳은 遷道의 기능이 강한데, 하천변의 절벽을 파내고 만든 벼랑길을 뜻하는지라, 이 길은 강가의 벼랑을 이루는 절벽을 깎아낸 길과, 나무 등을 이용해서 만든 길이 복합적으로 연결되어 있다. 영강 수면으로부터 10~20m 위의 석회암 절벽을 깎아서 만든 총연장 2km를 조금 넘는 잔도이다.

14 姑母城(고모성): 경상북도 문경시 마성면 신현리 있던 옛어. 5세기경 신라가 북진정책을 펼칠 때 한강 유역의 전진기지로서 고구려, 백제로부터 방어하기 위해 쌓은 최초이자 최대 규모의 산성이며, 고려시대에는 견훤과 왕건이 다투던 곳이었고 조선시대에는 임진왜란을 거쳐 조선말에는 의병들의 주둔지로서 시대를 달리하며 역사를 지켜온 산성이다.

○해구(海寇: 왜적)의 소문은 아직 달리 들은 것이 없었지만 혹자가 말하기를, "심유경(沈惟敬)이 돌아갔으니 천사(天使: 명나라 사신)가 들어왔다 갔는지의 여부를 알 수 있다."라고 하였다.

○十一日。

右都事李汝實[15]入州, 曉諭於民, 預爲山城避亂之所, 俾於倉卒團聚入城。無四散之弊云。○海寇聲息, 姑無異聞, 或云: "沈惟敬之還, 天使入去與否, 可知."云。

28일。

보은(報恩)의 임시거처로 돌아갔다.

○二十八日。

歸報恩寓所。

• 4월

2일。

오늘은 세상을 떠난 어머니의 삼년상을 마친 뒤에 처음으로 맞는 제삿날이다. 새벽에 일어나 제사를 지냈는데, 어린 아이가 어머니를 그리워하는 비통함이 새로우니 망극함을 어찌하겠는가.

---

15 汝實(여실): 李惟諴(1557~1609)의 字. 본관은 星州, 호는 梧月堂. 河受一의 妹壻로, 1591년 別試 文科에 장원하여 榮川郡守 등을 지냈다. 鄭慶雲의《孤臺日錄》에 의하면, 1595년 6월 22일에도 都事로서 介坪을 다녀갔다.

四月二日。

是日, 先妣終喪[16], 後初忌也。曉起行事, 孺慕之慟如新, 罔極奈何?

3일。

궁평(宮坪)에 가서 어머니 묘소를 살피고 돌아왔다.

○三日。

往省宮坪先墓[17]而還。

9일。

하도(下道)에서 전해 온 통문이 또 이르렀는데, 이달 3일에 적의 진영(陣營)에서 잔치를 베풀어 두 천사(兩天使: 正使李宗城과 유격장 沈惟敬) 및 여러 수행인을 위로하고는 얼마쯤 지난 뒤에 전군이 나와 성을 둘러싸고 지키자, 장관(將官)·송호(宋好) 등 몇 사람이 간신히 어렵게 도망쳐 나와 밀양(密陽)에 이르렀다가 복물(卜物: 짐바리)을 꾸려 매우 급하게 올라갔다고 하였다.

○九日。

---

16 終喪(종상): 어버이의 삼년상을 마침. 곧 어머니 南陽洪氏가 1593년 4월 2일에 세상을 떠나 1595년 삼년상을 마쳤고, 1596년이 되어서는 처음으로 제삿날을 맞은 셈이다.

17 宮坪先墓(궁평선묘): 趙翊의 모친 南陽洪氏의 묘소로, 蒼石 李埈의 〈處士趙公墓碣銘〉에 의하면 훗날 黑石의 先夫 묘소 곁으로 이장되었으나 그 시기는 알 수 없었지만, 집안의 세록에 의하면 1630년 11월로 전해온다고 함.

下道傳通又至, 初三日, 賊營中設宴, 慰兩天使及諸從人, 因全軍出, 城圍立, 將官·宋好等數人, 艱難逃出, 到密陽, 結束卜物, 急急上去云[18]。

10일。

숙평(叔平: 李埈)의 편지를 얻어 보건대, 복건성(福建省) 출신으로서 사로잡혀갔던 자가 일본에서 유승종(兪承宗: 명나라 사신 수행인)에게 보고하기를, "풍신수길(豐臣秀吉)이 병으로 죽었다."고 하자, 유승종이 이 기별을 김 접반사(金接伴使: 金睟)에게 알리면서 "아마도 풍신수길이 만약 죽었다면 청정(淸正: 加籐淸正)은 이미 틈이 있었는지라 혹시라도 화를 행장(行長: 小西行長)과 의지(義智: 平義智)의 왜적 진영 안으로 옮기게 될까 염려되어 바야흐로 두려워 허둥거리며 소란스러울 즈음에 천장(天將: 명나라 장수)이 반드시 도망쳐 나왔으리라고 생각하나 곡절은 알지 못하겠다."라고 하였다.

○十日。

得見叔平書, 福建被擄者, 自日本報兪公承宗[19]曰: "秀吉病死," 云, 兪以此奇, 通于金接伴[20], "蓋秀吉若死, 則淸正旣已有隙, 慮或移禍於行長·義智賊陣中, 方恇攘騷擾之際, 天將想必逃出。而曲

---

18 이와 관련된 사실은 《선조실록》 1596년 4월 12일 2번째 기사에 실려 있음.

19 兪公承宗(유공승종): 兪承宗. 明나라 神宗 때의 문신. 임진왜란 때 일본으로 가는 명나라 冊使 李宗城을 수행하여 조선에 왔으며, 接伴使 李恒福과 가깝게 지냈다. 詩文에 능하고 書法에도 뛰어났다.

20 金接伴(김접반): 金睟(1547~1615)를 가리킴.

折未知."云。

11일。

듣건대 국서(國書)가 거절당하여 강화하려는 일이 이루어지지 않자, 임금은 다시 피난할 뜻을 내비쳐서 대신(大臣)들은 받들 계획이 있었으나, 도성(都城)의 백성들은 자원하여 군수(軍需: 군수물자)를 갖추고 도성(都城)을 지키는 것으로 뜻을 삼았으나 국시(國是: 나라의 방침)가 정해지지 않았다고 하였다.

十一月。

聞國書見拒[21], 和事不成, 自上復有出避之意, 大臣有逢迎[22]之計, 都民願備軍需, 以守城爲意, 而國是未定云。

---

21 《宣祖實錄》 1596년 11월 6일 2번째 기사에 의하면, 1596년 11월 통신사 黃愼이 일본에서 보내온 서신은 "두 중국 사신은 다 一岐島에 있는데, 關白이 명사만을 만나고 陪臣은 접대를 허락하지 않으며 말하기를 '길을 빌어 상국에 通貢하려 하는데 조선이 허락하지 않으니, 그 무례가 심하다. 또 천사가 올 때에 跟隨하지 않았고 오는 것도 느려서 약속한 때에 미치지 않았으니, 한번 전쟁하여 승부를 결정해야 하겠다.…….' 하였습니다."이다.

22 逢迎(봉영): 남의 뜻을 맞추어 줌.

정유년(1597)

• 1월

4일。

왜적 청정(清正: 加藤清正)이 이미 부산(釜山)에 도착했다고 하였다. ○백씨(伯氏: 趙靖)가 창의동지(倡義同志)들과 임금이 친히 정벌하기를 청하는 상소문을 올렸는데, 그 상소문의 내용이 글자마다 엄정하고 말마다 간절하여 임금의 마음을 감동시킬 만하였으나 첫 번째와 두 번째 상소가 천청(天聽: 임금의 귀에 들어간 말)을 회복시켜 대계(大計: 국가대계)를 도울 수가 없었으니 진실로 개탄스러웠다.{협주: 첫 번째 상소 때는 진사 권욱(權旭)이 상소의 우두머리였고, 두 번째 상소 때는 백씨(伯氏: 趙靖)가 상소의 우두머리로서 상소문을 짓는 것까지 겸하였다.}

丁酉正月十四日。

淸賊已到釜山云。○伯氏, 倡議同志, 陳疏請親征, 疏辭嚴正剴切, 有可以感動天衷[1]者, 而一疏·再疏, 未得挽回天聽[2], 以贊大計, 誠可慨然。{初疏權進士旭[3]爲疏首, 再疏伯氏爲疏首, 而兼製疏.}

---

1 天衷(천충): 임금 또는 임금의 속마음.

2 天聽(천청): 임금의 귀에 어떤 말이 들어감.

3 權進士旭(권진사욱): 진사 權旭(1556~1612). 본관은 安東, 자는 景初, 호는 梅

25일。

조정에서 신립(申砬)이 조령(鳥嶺)을 지키지 않은 것을 한스럽게 여겨 지금 조령 위에 성책(城柵)을 쌓아 함부로 쳐들어오는 환란을 막고, 찬획사(贊畫使) 이시발(李時發: 字는 養久)로 하여금 관리하게 하였다고 한다.{협주: 조령은 하늘이 만든 험준한 요새지로 비록 방책(防柵)을 설치하지 않더라도 지키는 것만 잃지 않게 한다면 적이 쳐들어오지 못할 것인데 의당 쓰지 않아도 될 땅에다 재력을 그저 허비하고 있으니, 어떻게 조정이 계책을 잘 세웠다고 하겠는가. 헛된 수고를 면치 못할까 두렵다.}

○二十五日。

朝廷以申砬之不守鳥嶺爲恨，今方設城嶺上，以防攔入之患。而贊畫使李養久時發[4]經理云。{鳥嶺，天險重關，雖不設防，使不失守，

堂이다. 거창현감을 지낸 權審言의 아들이다. 1592년 임진왜란이 발발하여 임금이 도성을 떠나 피난을 가게 되자 鼎山書堂에서 櫟峰 李介立(1546~1625), 讓西 李光胤(1564~1637)과 함께 북쪽을 바라보며 통곡하였다. 그리고 스승 鶴峯 金誠一과 함께 나라를 구하기 위해 격문을 돌려 수백 명의 의병을 모집하고 왜적에 맞서 싸우며 공을 세웠다. 1597년 정유재란이 일어나자 上疏의 우두머리가 되어 임금이 몸소 나아가 왜적을 정벌하기를 청하였다.

4 李養久時發(이양구시발): 李時發(1569~1626). 본관은 慶州, 자는 養久, 호는 碧梧·後潁漁隱. 1589년 증광 문과에 급제해 승문원에 등용되었다. 임진왜란이 일어나자 駱尙志가 인솔하는 명나라 군대가 경주에 주둔했을 때 接伴官으로 임명되었고, 都體察使 柳成龍의 종사관으로 활약하였다. 그 뒤 전적·정언·사서를 역임하였다. 1594년 병조좌랑에 재직 중 명나라 遊擊將 陳雲鴻을 따라 적장 고니시[小西行長]의 군영을 방문해 정탐의 임무를 수행하였다. 이듬해 병조정랑으로 승진해 巡撫御史를 겸임하였다. 1596년 李夢鶴이 鴻山(지금의 부여)에서 일으킨 반란을 토벌하는 데 공을 세워 난이 평정된 뒤 掌樂院正으로 승진하였다. 그 해 겨울 贊劃使로 임명되어 충주의 德周山城을 쌓고, 또 조령에 防柵을 설치하였다. 1597년 정유재란 때에는 分朝의 호조참의가 되어 명나라 원병의

則賊不入, 而但費財力於不當費之地, 朝廷豈云得計乎? 恐不免虛勞也.}

• 3월

10일。

듣건대 고급사(告急使) 정기원(鄭期遠)이 중조(中朝: 중국)에 들어가 구원을 바라는 뜻을 말했지만, 천조(天朝: 중국 조정)에서 강화(講和)가 이미 정해졌다고 일컬으면서 들어주지 않자 정공(鄭公)이 스스로 맹서컨대 목을 매어 그 뜻을 밝히니, 천자의 마음이 그제야 깨닫고 요동(遼東)과 절강(浙江)의 정예병 7천 명을 먼저 보냈다고 하였다.

三月十日。

聞告急使鄭令公期遠[5], 入中朝爲陳救援之意, 天朝謂講和已定

군량미 보급을 관장하였다.

5 鄭令公期遠(정영공기원): 鄭期遠(1559~1597). 본관은 東萊, 자는 士重, 호는 현산(見山). 1585년 식년 문과에 급제해 승문원주서가 되었다. 이후 사헌부감찰에 제수되었다가 호조·형조·공조의 좌랑 등을 역임했고, 1589년 사간원정언에 임명되었다. 1592년 임진왜란 때 謝恩使의 서장관으로 명나라에 갔다가 1594년 의주 行在所에 복명한 뒤 병조좌랑에 제수되어 춘추관기사관을 겸했다가 곧 정랑에 임명되었다. 이 해 가을에 안악현감에 제수되고, 이듬해 병조정랑을 거쳐 사헌부장령 겸 지제교가 되었다. 이후 사간원헌납·홍문관수찬·시강원문학·사간원사간·종부시정·승정원동부승지·우부승지 등을 역임하였다. 1596년 告急奏聞使로 다시 명나라에 가서 沈惟敬이 강화회담을 그르치고 왜군이 다시 침입해올 움직임이 있음을 알렸다. 이듬해 정유재란 때 예조참판으로 명나라 부총병 楊元의 접반사가 되어 남원에 갔다. 양원은 왜적이 성 가까이 근접하자 승전이 어렵다고 판단해 피신을 권유했으나 이를 거절하고 전사하였다.

而不聽, 鄭公自誓縊死以明其志, 天意乃悟, 發遼浙精兵七千, 爲先出送云。

무술년(1598)

• 3월

좌도(左道)로 길을 떠났다. 눈을 들어 산천을 바라보건대 풍경은 다르지 않으니, 오늘 옛날에 대한 감회로 서글픈 마음이 없을 수 없었다. 어느 날에나 요사스런 기운을 모조리 씻어내고 태평한 나라의 왕권을 다시 볼 수 있을지 알 수가 없다.

○천전(川前: 예안면 천전리)에 도착하니, 집안의 여러 가솔들이 우선 안전하였으나 슬픔과 기쁨이 한량없이 교차하여 마음을 진정할 수가 없었다.

戊戌三月。

作左行。擧目山河，風景不殊，而不能無愴今感舊之懷。不知何日滌盡妖氛，復見昇平基業也。○到川前，諸節姑安，而悲喜交極。不能定情。

10일.

돌아오는 길에 왜놈들이 쌓아놓은 보루(堡壘)가 있는 곳을 두루 살펴보건대, 혹은 10리 혹은 20리가 되도록 서로 이어져 끊어지지 않았고 모두 높은 산봉우리의 우뚝하고 장애물이 없는 곳에 있으니, 이른바 종배(鍾杯)의 진법(陣法)이라 하는 것이었다.

○十日。

歸路, 周覽倭奴起壘處, 或十里或二十里, 相望不絶, 而俱是高峯突兀無遮障處, 是所謂鍾杯[1]陣也。

• 7월

10일。

듣건대 천병(天兵: 명나라 군)이 괴산(槐山)·충주(忠州)·전주(全州) 세 고을로 나뉘어 머물며 군사로써 농사를 지으며 군량을 마련하는 계획을 세우고, 백성의 힘이 조금 쉬는 때에 수확하기를 기다려 영남과 호남에서 합세하면 만분의 일이나마 효험을 거둘 수 있으니 군량이 있고 없음을 생각지 않아도 되고 겨우 살아남은 군사들이 나랏일에 힘을 다하는지 살피지 않아도 되니 가벼이 절로 남쪽으로 내려올 것이라고 하였다. 이와 같이 하여 큰일을 해낼 수 있음을 아직 들은 적이 없다.

七月十日。

聞天兵分住槐山·忠州·全州三邑, 以爲屯田[2]之計, 待秋成民力稍歇之時, 合勢於兩南, 則可以收萬一之效, 而不思糧餉之有無, 不顧孑遺之盡力, 輕自南下。如此而能濟大事, 未之聞也。

---

1 鍾杯(종배): 왜군의 적장인 듯. 《선조실록》 1593년 4월 20일 4번째 기사에 왜적장의 이름으로 거명되고 있음.

2 屯田(둔전): 군량을 충당하기 위하여 변경이나 군사 요지에 설치한 토지.

• 8월

2일。

듣건대 유 제독(劉提督: 劉綎)이 1만여 명의 군대를 거느리고 남쪽으로 내려왔다가 다시 올라간 것은 장차 형 군문(邢軍門: 邢玠)을 마중 나가려는 것이라고 하였다.

○나는 천장(天將: 명나라 장수)의 접반관(接伴官)으로서 성주(星州)에 가야 했는데, (저들의 뜻에 거슬려) 문제가 생길 염려를 면할 수 있어서 다행스러웠다.

듣건대 중조(中朝: 중국)의 상서(尙書: 병부상서) 석성(石星)이 오로지 화친을 주장하여 다시 군대를 동원할 수 없다며 고집하자, 과관(科官: 科道官) 서성초(徐成楚)가 그를 탄핵하여 아뢰기를, "중국의 조정이 조선을 버리는 것은 바로 자신의 울타리를 거두어들이는 것이니 구원병을 허락하지 않을 수 없사옵고, 석성의 죄를 징치하지 않을 수 없사옵니다."라고 하였다니, 이는 진실로 중국 조정의 직신(直臣: 강직한 신하)이요, 우리나라의 은인이다.

八月二日。

聞劉提督, 率軍萬餘南下, 今復上去, 將以迎候邢軍門[3]。○余以天將接伴官, 作星州之行, 得免生事之患, 可幸。聞中朝石尙

---

3 邢軍門(형군문): 邢玠, 1597년 정유재란이 터지자 兵部尙書兼薊遼總督으로 임명받아 수만의 군사를 이끌고 조선에 파견되어 일본군과 싸웠다. 1597년 10월에 조선에 왔다가 1598년 3월에 돌아갔으며 7월에 다시 와서 한성에 머물렀다가 1599년 5월에 돌아갔다.

書星[4], 專主和議, 以爲不可更動師旅, 科官[5]徐成楚[6]彈奏言: "中朝之棄朝鮮, 是自撤藩蔽[7], 援兵不可不許, 星罪不可不懲."云。是誠中朝之直臣。我國之恩人也。

• 10월

15일。

듣건대 제독(提督) 마귀(麻貴)는 경주(慶州)로부터 진격하여 서생(西生: 서생포)의 적을 포위하였고, 제독 동일원(董一元)은 성주(星州)로부터 진격하여 사천(泗川)의 적을 포위하였으며, 유 제독(劉提督: 劉綎)은 순천(順天)에서 진격하여 예교(曳橋)의 적을 포위하니, 세 장군이 동시에 거사하여 9월 20일부터 적을 포위하였으나 동일원이 먼저 철군하여 보졸(步卒: 步兵)이 거의 다 죽었고 무기와 군량을 모

---

4 石尙書星(석상서성): 石星(1538~1599). 명나라 神宗 때 文臣. 隆慶 초에 글을 올려 內臣들이 방자하고 원칙이 없는 것을 지적했다가 廷杖을 맞고 쫓겨나 평민이 되었다. 萬曆 초에 재기하여 兵部尙書까지 올랐다. 임진왜란 때 조선을 구원했다. 妄人 沈惟敬의 말을 믿어 貢議에 봉하자고 강력하게 주장하고, 豊臣秀吉을 일본국왕에 봉하는 것이 좋겠다고 말했다. 그러나 일이 실패한 뒤 관직을 삭탈당하고 하옥되었다가 죽었다.

5 科官(과관): 科道官. 吏·戶·禮·兵·刑·工 六科의 給事中과 都察院의 十五道 監察使를 통칭한 관명. 모든 관원의 잘잘못을 규찰하는 사찰 기관이다.

6 徐成楚(서성초, 1553~1602): 명나라 神宗 때의 文臣. 1586년 급제한 후, 禮科給事中과 兵科都給事를 지냈다.

7 藩蔽(번폐): 藩籬. 울타리. 풀이나 나무 따위를 얽거나 엮어서 담 대신에 경계를 지어 막는 물건.

두 왜적에게 빼앗겼으며, 유정 또한 똑같이 그러했다고 하였으며, 마귀는 비록 철군하였지만 적의 머리를 벤 것이 가장 많았으면서도 군졸들이 죽지 않았다고 하였다.

十月十五日。

聞麻提督貴[8], 自慶州進圍西生[9]賊, 董提督一元[10], 自星州進圍泗川[11]賊, 劉提督, 自順天進圍曳橋[12]賊, 三將一時擧事, 自九月二十日圍城, 而董先退兵, 步卒幾盡死, 軍器軍糧, 盡爲賊所有, 劉亦然云, 麻則退兵而所斬級最多, 軍卒無死云。

• 11월

통제사(統制使) 이순신(李舜臣)이 사천(泗川)과 예교(曳橋)의 적과

---

8 麻提督貴(마제독귀): 提督 麻貴. 1597년 정유재란 때, 명나라가 파견한 조선 원병의 제독으로 군사를 거느리고 들어왔다. 그해 12월 도원수 權慄과 합세하여 울산에 내려가서 島山城을 포위공격을 하였으나 적장 구로다 나가마사[黑田長政]가 이끄는 일본군에게 패하여 경주로 후퇴하였다. 1598년 萬世德이 거느린 14만 원군을 따라 들어와 또 동래로 내려가 도산성을 공격하였으나 성과를 올리지 못하고, 일본군의 철수로 귀국하였다.

9 西生(서생): 울산시 울주군 서생면 서생리에 있는 포구. 回夜江 어귀의 포구인데, 1593년에 왜군이 이곳까지 쫓겨 와서 지구전을 펴기 위하여 돌로 쌓은 城이 있다.

10 董提督一元(동제독일원): 提督 董一元. 명나라 장군. 임진왜란 때 대군을 이끌고 조선에 파병되었으나 泗川싸움에서 패배하였다.

11 泗川(사천): 경상남도 남부에 위치한 고을.

12 曳橋(예교): 전라남도 順天 望海臺의 옛 이름. 1597년 왜장 小西行長이 머물던 곳으로, 본시 倭橋라 불렀는데, 轉音되어 曳橋로 불리었다.

대전을 치르다가 왜적의 탄환에 맞아 누웠는데, 이 대전(大戰) 때문에 사천(泗川)의 적들은 다수가 패몰하였지만 예교(曳橋)의 적들은 무사히 도망쳐 갔다고 하였다. 아! 하늘이 순조롭게 돕지 않고 이순신으로 하여금 한창 싸워야 할 때에 죽도록 한단 말인가. 심안돈오(沈安頓吾: 왜적 장수 島津義弘)도 비록 또한 죽었다고 하나 어떻게 믿을 수 있겠는가.

十一月。

統制使李舜臣[13], 與泗川·曳橋賊大戰, 中丸而臥, 以此泗川賊多數敗沒, 而曳橋之賊, 無事逃去。噫! 天不助順, 使李舜臣死於方戰之時也。沈安頓吾[14], 雖云亦斃, 何可信乎?

---

13 李舜臣(이순신, 1545~1598): 본관은 德水, 자는 汝諧. 임진왜란 때 일본군을 물리치는데 큰 공을 세운 명장으로, 옥포대첩, 사천포해전, 당포해전, 1차 당항포해전, 안골포해전, 부산포해전, 명량대첩, 노량해전 등에서 승리했다. 노량해전에서 전사한 날이 1598년 11월 19일이니, 아마도 시차를 두고 전사 소식이 전해진 것으로 보인다.

14 沈安頓吾(심안돈오, 1535~1619): 일본의 장수. 이름은 島津義弘, 즉 시마즈 요시히로이다. 조선의 기록에 그를 '심안돈오'라고 한 것은 일본의 풍습에 사무라이나 귀족의 성씨 옆에 존칭에 해당하는 '토노(展)'를 붙이는데 '시마즈토노'라고 부르는 것을 이름으로 착각한 것으로 본다. 일본의 유명한 무사 가문인 島津氏의 후예이다. 임진왜란이 일어나자 1만 5000여 명의 군사를 이끌고 참전하였고, 귀환하면서 80여 명의 조선 도공들을 납치하여 끌고 갔다. 1597년 정유재란 때 재차 내침하여 5만 명의 군사로 泗川으로부터 하동을 거쳐 구례·남원·전주 등지를 함락한 후 사천에 주둔하였고, 그 해 11월 500여 척의 해군을 이끌고 露梁을 습격하였다가 李舜臣에게 대패하고 겨우 50여 척을 건져서 일본으로 도망갔다.

• 12월

왜구가 겨우 물러가기는 하였으나, 조정의 전쟁은 바야흐로 격렬해져 배척하고 축출하는 게 이르지 않는 곳이 없었으니, 옛말에 이르기를, "하북(河北)의 적을 제거하기는 쉽지만 조정의 붕당을 제거하기는 어렵다."라고 한 것이야말로 불행히도 이에 가까웠다.

十二月。

倭寇纔退, 朝廷之戰方酣, 排擯逐斥, 無所不至, 古語云: "去河北賊易, 去朝廷朋黨難."[15], 不幸近是。

---

15 去河北賊易, 去朝廷朋黨難(거하북적이, 거조정붕당난): 唐나라 文宗 때 牛僧孺 당파와 李德裕 당파가 서로 헐뜯고 공격하며 국정 운영에 큰 지장을 초래하였는데, 唐文宗은 이 두 당파의 알력을 개탄하여 "河北의 적을 제거하기는 쉽지만, 조정의 붕당을 제거하기는 어렵다.(去河北賊易, 去朝廷朋黨難.)"고 개탄했던 데서 나온 말. 하북의 도적은 安祿山을 말한다.

찾아보기

ㄴ

ㄷ

ㄹ

ㅁ

ㅅ

ㅇ

ㅈ

ㅊ

ㅌ

ㅍ

ㅎ

진사일기(辰巳日記)

(《可畦先生文集》 권7~8, 한국국학진흥원 소장)

여기서부터는 影印本을 인쇄한 부분으로 맨 뒷 페이지부터 보십시오.

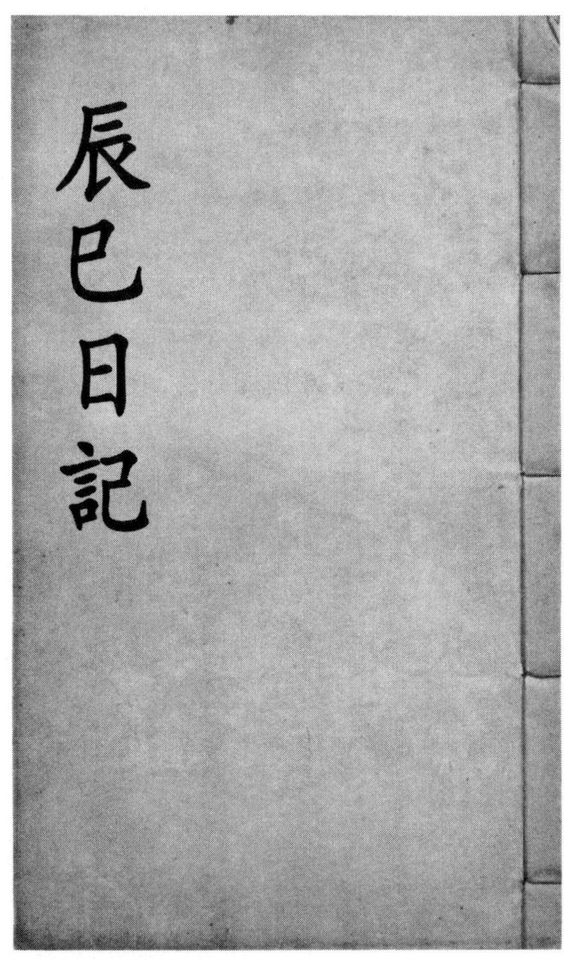

1

2

可畦先生文集卷之七

辰巳日記

萬曆壬辰四月庚寅十四日得見官帖十二日倭船數百艘現形於釜山東萊等界云公家以軍馬調發事號令星馳閭里爲之驛騷○十六日聞兵使曺大坤遞罷鶴峯令公以承旨特拜右廂云○十七日在州內右廂之行平明入州顚倒往見則昨在忠州聞釜山多大西平浦等地及東萊蔚山等城皆見陷主將亦被殺將星夜馳往本營云經幄儒臣不閑弓馬之事而猝與彊敵相接何以制變前頭勝敗極可慮也○十八日聞邊報日

急沿邊巨鎭次第見陷云○十九日在州內聞賊兵連陷東萊等巨鎭又迫密陽先圍無訖驛云（以書通于伯氏）○二十日早聞州伯金澥自下道敗還出問其由則與咸倅李國弼領軍到星州乃以巡察指揮還赴大丘纔到洛津與倭接戰于石田地我軍盡被屠戮身僅得免單騎奔還咸倅亦繼至云自聞此報莫知所爲家藏物件未遑料理與伯氏奉神主納於櫃中埋安潔處奉慈氏先向內山（即北長山）伯氏待姪兒還來未得偕行（姪兒甚遠十六日作醮行而未返故也）暮投北長寺伯氏與姪兒追到闔族上下老弱合五十餘人州內士族家一時奔竄顚沛道路哭聲徹

天景色愁痛我生不辰胡至此極○二十一日聞賊勢
不數日將迫州境云○二十二日自此距州城不遠有
不虞之慮一行俱潑入寺西九滿村住金潤之家夕聞
助防將梁士俊入州○二十三日石田之敗今始詳聞
此非眞倭也避亂之人屯聚山谷見我軍至相與奔走
來往之際我軍以謂倭寇潛伏以過徂旅訛言洶起兩
倅不卞眞僞恇怯罔措棄軍先遁衆軍隨而潰散彼軍
卒之無知固不足責而食祿委質者亦至於棄師先退
可勝誅哉聞防禦使趙儆入州○二十四日巡邊使李
鎰自咸寧入州聞半刺城主權吉率二運軍到高靈前

有三四十人或騎或步自玄風路驅馳而來我軍疑其爲倭奴一時潰散無異琴湖之潰云大抵石田琴湖之敗別無死者閭里及奴僕之赴軍者亦皆生還以此推之則前者咸倅所謂一軍盡殲僅以身免云者俱非實狀此必以不戰先遁恐不免軍律爲此無實之言欲掩已罪也（聞大丘星州等守宰亦皆棄城逃歸云可歎）○二十五日倭奴聲息姑不急迫故將欲還家點視所藏更候邊報緩急以爲再避之計闔眷凌晨發行朝炊北長岐路傍有一人急走而言曰賊已迫五垈里日晡時將入州城云而旣聞裨將之言更得的報以爲進退計暫憩寺門俄而聞賊

己入城接戰城內之人曾於廿日無餘避出中爲裨將
之所諭廿四日沒數還入盡在圍中死亡無葬積屍成
丘敗亡之卒走上露陰軍官等人亦多追至或脫衣而
來或被刃而來流血遍體皆曰我軍敗死戰場者甚衆
諸將俱入此山故倭奴追逐今方上山云事在倉卒莫
知所爲與伯氏奉慈氏及諸屬取路長西坊後峴峻急
如削十步九僵寸進尺退前挽後擁艱得踰嶺則路不
甚險內行皆乘馬餘皆步隨纔到狐洞日已昏矣假宿
村家州奴在陣者或免鋒刃數三人追行以到路中遇
裨將之敗來十餘騎皆出身之人搶劍弓矢或持或棄

奴僕亦未及相攜問其取敗之由答曰吾等忠淸防禦使邊璣之裨將也昨自淸州陪主將晝夜倍道今曉到州將與巡邊合謀禦敵籌畫未定賊陣猝至相與接戰於北川賊勢滔天勇敢倍人放丸四面我軍奪氣雖帶弓箭百不一發相接未久便同瓦解兩帥皆抽身遁去不知其死生云○二十六日李希聖洪友顔各陪親入來朴文星亦至軍官二人及尹暹奴一人亦自陣中逃出來聞凶徒四散尋覓諸山抄掠滋甚云一行皆入孤洞前潑谷潛伏巖穴因宿于巖間州人之避亂者亦無數自北川乘勝之後賊勢長驅四面追逐閭里士女僵

仆道路死傷彌漫而至於露陰一山以將士匹入之故搜覓特甚見輒屠戮巡邊防禦使自京責來軍裝至於四五十駄而並皆投棄反作藉寇之資可勝痛哉○河師傅洛與其子鏡輝被害鏡輝則可以疾走免禍而以其父母之故不得獨避倭奴見其執弓斷其兩臂云此尤可哀也○二十七日聞倭奴竄搜溲谷之報昨日夜未半發行平明到一壑去狐洞幾三十餘里平時非不學步連日徒行兩足俱繭困苦何言洞西有高山山頂有土城古人避亂處也牧伯衙屬來住其處而牧伯則以巡邊使支供官出站聞慶云聞倭寇入州城焚官舍城外巨室亦多遭火餘倭散處州城內外日以

攻劫爲事馬匹則收去輸其卜物雞犬牛隻供頓朝夕
兵火之慘歷考前史未有如今日之甚○二十八日與
審仲先生之弟同上後峴則避亂之人遍滿絕頂或云賊徒
流入黃嶺云夕陪慈氏踰後嶺宿于蘆洞金莫金家聞
慶地也上下六十餘人所寓不靜脫有事變則萬無俱
全之理莫如分處而伯氏不如吾意且糧物全乏莫知
攸爲與其中道狼狽僵死於深山窮谷之中不如堅坐
故里效死於先廬側之爲愈也人事至此言可痛心豈
料昇平之世遭此喪亂甚至於骨肉之不相保也○二
十九日聞倭奴去七日發向咸寧聞慶地因爲犯 闕

之計但十餘倭守城云○三十日奴子自長川來始聞
消息兩家所藏物件沒數掘去縱火閭里雖或不死於
鋒鏑何食何衣又何居芻埋主處無事與否姑未的知
卽欲往省而倭奴遍滿道路梗塞悵望家山只自飮泣
而已傳聞玄風郭再祐當列邑瓦解之時首起義旅於
宜寧自稱天降紅衣將軍以討賊報國爲己任云可嘉
五月(庚申)一日留蘆洞聞左道之賊又自守山渡梅湖與
商山之賊合勢由唐橋(在聞慶界古唐將討新羅時所陣處也)直趨聞慶
云金直長汝諧年踰八十不能遠避潛伏於窮谷齋舍
中亦罹凶鋒慘矣慘矣○二日奴輩自州內來言賊徒

之中本國之人太半相雜或晝其顏面則多是前日往
來之鹽商削髮混跡如見識面之人輒藏頭回避此輩
之窮搜深僻反有甚於本倭之生疎者將來之患豈但
外寇而止哉○三日聞申摠兵砬設柵於鳥嶺爲防禦
之計云○四日聞申砬落膽於李鎰之敗謂鳥嶺險不
可用武撤其寨退陣於中原雖未知來頭勝敗而天險
之地棄而不守豈云得計○五日聞賊徒盡發官倉擇
其白淨者以爲輸海之計且本土飢餓之民一時雲集
任意取去云一州生靈所恃者官穀而官穀盡散何以
生活不塡溝壑必聚潢池也據此一邑他郡可知民憂

國計萬無良策天步之艱胡至此極○今日乃天中節
也奔竄一隅松楸一酌奠酹無由感時傷懷方寸若煎
主媼進粟米酒半壺橡實酒數鉢金澄亦送櫻桃一笥少解窮途之渴而
益切覩物之感時當農月而四野無耕作之民來秋不
稔執此可卜設令外寇退去何以料生言念及此寧欲
無訛○六日上番騎士金彥希自京逃來言申砬下來
之後都人日望捷報而去廿八申砬敗死於忠州彈琴臺下
背水而陣沒軍見敗京畿防禦使率精兵來陣于竹山亦不利而
退賊乘勝直抵漢津李鎰狀 啓又至滿城俱震吹角
徵兵無一人赴義者 上知有瓦解之勢前月晦日

大駕西巡人心益撓百僚奔潰有同鳥竄門外之人入城中城中之人駢闐出門惟恐不及宮闕諸寺一時火起人皆以偷生爲計了無堅守之意都城陷沒迫在朝夕上無所屬且無外援吾等雖留番別無可爲之道故冒死逃來云噫嶺外列邑無一人倡義使賊奴衝斥內地都下食祿之人亦幾何而擧皆奔竄之不暇使二百年禮樂文物蕩然於一朝兵火凡有血氣者孰不痛哭而流涕哉○七日聞湖西上來之倭其麗亦多靑山懷仁報恩淸州等諸邑亦皆陷城云○八日傳聞上京之倭以書契邀見李德馨言講和事且欲以我國爲先導

將犯 上國云姑未的知信報而 國家之不幸有不
忍言也哉 國寧亾其可以聽從乎大抵鶴峯令公前
使日本時倭奴已有侵犯 大明之意欲使朝鮮爲先
驅而所答國書亦及此語鶴峯不勝憤惋極言其不可
犯分之意則彼倭回互其說欲掩其狡詐之跡鶴峯又
欲窮辭強辨發其情狀以爲防微杜漸之計而上使黃
允吉以觸忤倭奴將見僇辱爲大懼異論掣肘使鶴峯
不得伸其志節到今彼虜果以此事恐喝者當時恨不
能力折之責也黃使何敢逃其罪哉且令朝鮮先導者
將欲求釁端滅虢之意也爲今日臣民者莫如上下協

力同心務講修攘之策益堅攻守之計而已彼倭雖衆
且強懸軍越海之寇曠日持久安得不不戰而自斃乎
苟有忠義者發憤慨之志奮忠節之氣一舉倡之身先
士卒有死之心則遠近嘔吟之民莫不響赴轅門矣以
此敢死之卒攻彼久勞之賊義氣自倍人自力戰除凶
雪耻豈不在玆而闔守邑宰望風奔潰在在皆然大邑
巨鎭一無守城血戰者當此主辱臣死之日吾州牧伯
竄伏山寺以偸生苟活爲得計可勝痛哉惟龍倅禹伏
龍牢守力拒堅壁不撓云十室殘邑不足以敵倭十分
之一且無城郭尤難禦賊而終免陷沒信乎在人不在

多也聞其政聲久矣今當賊熾之日益信前言之不虛
也○九日化寧縣監官尹孝仁承牧伯指揮分給賑穀
故送大山奴小米一石受來○十日恭聞 車駕自發
都城之日終日冒雨艱到東坡驛今月初一日發行夕
次開城府留一日翌日又發行次黃海道金郊驛四日
次寶山驛五日次鳳山郡六日次黃州七日到平壤云
行宮露泥之辱莫此爲甚孤臣無力不能掃平寇賊坐
見 鑾輿至於播越俯仰天地跼蹐無歸○十一日奴
輩覓糧次入州內中路聞賊結陣白葛村焚掠滋甚逢
人輒害不得進去○聞清州曾已見陷故上下人民繹

虜還入倭寇猝至殺傷甚多士族無遺被擄主倅不知去處半刺亦失妻孥身僅抽出今寓空林寺云○又聞監司金睟以道主抄出道內精兵五六百以爲帶率而一不禦賊賊過尙州而竄伏居昌終不起軍後雖出境踰嶺而行到龍仁復卽奔還使義兵潰裂衆情解體郭再祐列罪傳檄疏聞　行在云○十二日菼弟往尋妻孥所在幷挈來此聞趙座首宗人年老不能遠避在南長齋舍猝遇賊徒以老衰乞則賊以糧饌襦衣見投云蓋憐老人不能行步也如此輩亦可謂盜而有良心者○流聞副元帥申恪與咸鏡南道兵使李渾合兵遇賊

于楊州大破之自變出以後始有此捷人人無不踴躍
而恪初爲金命元之副漢津之潰恪不從命元故命元
啓殺之云慘矣慘矣同是國事向分彼此而至於 啓
殺是何心也聞之者莫不嗟惜○閭閻里牛馬倭奴全
數取去或騎行或輸糧或屠食而不可勝用棄之道傍
窮谷飢餓之民亦爭相殺食閭閻所畜殆將無遺類矣
賊雖退去民將倚何物而歸本業哉兵亂何代無之而
人畜並盡豈有如今日者乎○十三日有一紙飛檄來
自宋彥明所其略曰祖玆秀吉特其慓悍侵我大邦長驅八路而連帥列郡望風奔潰無或有堅
守力戰之人倭奴如入無人之境分抄閭里阻搪道途
國家垂亡朝不保夕凡爲臣子者義難恝視守令都將

酉鄉所及士子中有志諸人等各自致身名號勤王克勦醜奴以復邦家云云今見此檄不覺心膽輪囷而自顧才略半不及人徒自撫心慷慨而已竊聞一老吏見此檄書意謂州伯或有施爲掎而稟告則答曰此非朝廷指揮別無處置事爾其退去云極可寒心○十四日糧物頓絶以乞租事送大山奴于加恩遭亂日久兩麥已熟思欲入去收麥而道路阻梗其勢末由幾至於塡壑之境根耕除草亦皆失時來頭生活尤極可慮民是天民天胡忍斯○十五日聞州內留賊不過數十晝則分散抄掠夜則閉門自守此時若倡率強弩十餘手則一擧可盡殲而人皆亾匿山谷畏縮

之不已徒自張拳永慨而已奈何○傳聞金命元韓應
寅守臨津江灘斂船盡繫北岸賊陣于津南無船可渡
相持十餘日終不得渡賊一日陰誘我師而我師不知
其謀輕進不戰而潰敗賊遂乘勝西下云○十六日聞
化寧倉賑租之奇送奴馬中路空還可歎傳聞賊兵入
咸鏡道北兵使韓克諴遇賊陣戰于海汀倉幾至勝捷
而旋敗被擒兩　王子(臨海君 順和君)俱陷賊中云國事至此
痛哭何言○十七日夏聞化倉給賑之報率大山奴親
進監官尹孝仁趁不開倉至日暮不給昨送奴馬而空
還今又親進而不給其他士族之親往求得者亦四十

餘人而俱未免空還監官事極可痛也處處彌漫之賊朝夕且至則將不免爲賊所有而不肯分賑使嗷嗷之民枵然散歸孝仁亦可謂有人心乎○自州內通文兩道火迫疊到略曰留州賊倭僅滿數三十徒而人皆凶匿無計捕殺者久矣自數日來山谷間山尺等七八十人持弓矢追捕所殺已至十餘人其餘則皆避入城內今欲圍城捕捉而軍人不多勢不得施手令各處散亡之人當日急急齊會赴急云云以明日諸士族等各領人約會于洛西村前○十八日早朝與伯氏率此洞軍人等三十餘名赴洛西無一人來會者不但孤軍無可爲之勢又聞賊船來泊於竹巖昇城津軍人皆有渙散之心故空往空還可歎路上遇自京逃來人乃孤山文擇善奴

子也自言四月廿六日被擄爲僕率其卜馱隨至忠州則自左道上來之賊亦多分作兩陣先圍忠州我軍從後圍賊賊一陣後至又圍我軍我軍腹背受敵塵埃接天炮響震地元帥申砬不知所爲欲親自突陣而不得投水而死諸軍十不一活賊亦多死李鎰僅得脫走本州倉庫及收稅倉幷焚之賊無糧取路陰竹直抵驪州渡楊根津今月初三日驅入都城元帥金命元留都將李陽元皆走城門四開寂無人聲　宗廟三闕各寺諸倉一時焚蕩賊徒留陣鍾樓下抄糧以食一陣則直路由沙平院渡漢江而入前後入城之倭其麗不億云且

言 大駕晦日四更初避出都城城中之人一時並出
故人馬躙躒而死者不知其數而城外尤甚積屍成丘
慘不忍見云與向日金彥希之言無異又聞其言自商
上去時所向無防如姑姆鳥嶺等處宜有設伏而觸處
坦然如入空境使賊徒歌舞而過云申砬失險之罪可
勝誅哉○十九日聞長川洞人金鎰戰亾云慘矣韓佑
良女亦被執死節云噫韓民家女也素無見聞又無家
訓而倉卒之際能以義自守至於結縛敺迫而終不變
其志以死爲榮何其烈也極可欽尚○流聞上京之賊
久據空城糧道亦窘將欲竄追 行在仍犯燕京且欲

以其俗易吾俗云豈有此理聞其言亦欲溢然而無知
也○二十日登後嶺眺望遠近銀尺咸昌等處賊火遍
滿煙焰漲霄與此相距不遠侵及非朝卽夕憂慮何言
聞鶴峯令公有 拿命去月取路湖西上去事將不測
未知末稍之如何也極可憂悶○二十一日聞飢民數
百餘輩發憤化倉監官之吝賑不待監官之來突入開
倉各自分執有若強盜者然窮則斯濫豈不信乎然古
人有爲飢民矯制發倉者彼輩雖曰無知而監官苟有
恤民之心豈至於斯○二十三日聞鶴峯行到稷山
上怒霽 命赦其罪更拜右道招諭使而下送蓋使諭

道內人民起兵討賊之意也令公前在右廂軍令極嚴畧不饒貸羣下震慄莫不畏服一與接戰賊徒退縮其所斬伐亦多軍情方有再振之望遽被　拿命一軍皆驚今又放還大意其將再造我嶠南乎○二十四日聞自京下來之賊陸續不絶多不過五六十少者三四十沿路人家遇輒焚燒如此幺麼之賊掃滅何難而有城有兵者罔或有爲　君父撥亂者可謂國有人乎撫心慷慨誰與告語○二十六日申文叔樞伯兄弟昨自台峯訪伯氏寓留宿歸路又訪鄙寓言去月廿日出避閭族至今經過無事極幸久別邂逅喜不可言○二十七

日聞全羅道防禦使與賊接戰于金山地所殺倭奴多至數百餘人云蓋湖俗悍猛臨陣無怯勇進如風霆其能取勝者此也嶺南則人心柔懦見賊先怯加以主將無死義之心到處回避冀得苟活之路其所以取敗者亦無怪矣○二十八日聞防禦助防將等狀 啓內以爲嶺外守令擧皆棄城逃走而惟尚州牧金澥率其子弟及殘兵獨守空城效死不去咸昌倅李國弼敗軍而逃不現云云自 上潑褒尚牧而命誅咸倅噫咸倅尚牧厥罪惟均而防禦助防兩使之敢逞私意欺罔入啓使同罪之尚牧免誅而蒙褒者可勝痛哉若使兩倅

陣石田之日耀兵相持無生之氣有死之心知有 君
父而不知有其身幸一力戰使賊挫鋭則庶可有防禦
之道而不一交兵潰於虛驚至使凶徒晝夜北上不數
十日而直犯京城 鑾輿播越宗社生塵則兩倅之罪
萬殞猶輕咸倅固不冤而尚牧得無愧於心乎○聞自
京傳通內士族及平民無故者斬倭三級以上賜武科
及第公私賤則從良云
六月己丑一日嶺外之地擧皆焚蕩而獨此一面至今保
存牧麥根耕無異平日蓋以村巷深僻之故也不但居
民之幸而諸寓之得地尤可幸也食後往宮基則姨母

閭門昨日已移寓華山上菴矣因向加恩拜廣州叔母與內外親戚咸集蘇敍各說亂離中艱苦之狀十生九死以至今日重見面目如逢再生之人悲喜交至不能定情○聞加恩里人及訓鍊奉事宋建等百餘人謀擊尙咸間留賊射殺無數我兵亦中丸死者六人而建亦死云建即中武科者乃興陽人也以防禦使軍官敗軍之後來在于宮基思欲殉身討賊常有激昂之志竟未得大遂其願豈不惜哉○二日路遇自京來人則言倭寇之初至京城之時起復金命元爲都元帥出師漢津以爲禦賊之計我軍創見賊容皆有懼色稍稍亾去命

元度其不能敵亦退去賊徒增氣如入空城且分遣數
千餘倭窮追 大駕所在其將則因留城中以爲久住
之計都內之人自相爲盜攘奪殺傷不可勝數士族之
出城後餓死空谷者亦無筭云噫 大駕出巡已過一
月西望長安消息茫然人臣此日之慟極天無涯而西
來所聞每令人心膽輪囷寧欲無知而不可得也○三
日聞龍宮倅禹伏龍擇精兵千餘人據華莊山阻遏賊
路所殺甚多賊畏不敢侵犯以此醴泉東北諸郡晏然
民皆農作如故云嶺外列邑惟此倅能辦此事眞可謂
臨亂不負國者也可欽可嘉○四日聞賊踰入化寧縣

搶掠觀音寺洞諸菴僧徒多被殺云榮姪方寓水落菴必難免逢賊之患而莫知其死生伯氏晝夜煎慮悶不可言○五日猝聞賊逼至與伯氏及竑弟急奉慈氏艱踰後嶺而山路險峻慈氏實難徒行奉負而進而恐有追及之患亦不能暫憩所率四散不知去處行到四五里始得相遇使竑弟奉慈氏送于蘇夜洞李弘道寓所蓋蘇夜洞洞府邃僻草木茂密利於藏身故也諸眷送于達田宋彦明申文叔寓所吾與伯氏爲看檢卜物還到蘆洞則奴僕及卜物牛馬皆在於巖藪間不至於漏失是亦倉卒中一幸乘夕入主家主人亦自山谷暮後

入來言在巖穴見之則賊自南嶺放丸因卽下山搜括滋甚多害人物惟此村姑免禍云此村是果吉地耶主客俱無事復尙此村之幸則固大矣而村外所聞極可驚慘○六日到蘇夜洞觀慈氏處有意外之患陪慈氏登山潛伏乘暮下來賊之抄掠每趁午前而午後則各歸其陣故避亂之人曉必登山夜宿村里而無村處則伐薪爲障以度晝夜適値夏節故人皆露處而若是嚴冬則又兼凍死之患此時逢亂還可幸也久後賊詗知其晨出暮入之狀深山窮谷幷皆搜括逢著輒殺若此不已則人將無類矣兵火之慘何代無之而村落之空

虛人煙之蕭索雖燕巢林木之世未有如今日也奉慈氏復還蘆洞○七日奉慈氏晝避溪谷暮後下來日每如是忽有一人自山上急走呼曰賊至矣一村驚動奔避仔細審知則乃虛警也此必是竄竊之徒謀逐村人以爲偸竊之計也村人招致問之則言實不見賊而適有嶺上多人故急呼傳通云見其蹤跡則極涉殊常諸弓手一時齊會皆曰此時如此之類其害尤甚於賊徒卽地射殺又有二人自山谷下來仰救厥漢而言甚傲慢跡涉荒唐諸人輒並殺之噫此是亂離中事也若在平安無事之時其罪可笞而至於殞命兩漢尤無強殺

之罪而衆怒齊發亦不能使之止之可歎而亦可惻也
○得見金達可書本道左右道名設方伯左道則李成
任爲之右道則起復申大進爲都事且見平丘驛子所
持傳通內倭徒一二運皆已殲盡以此賊勢稍挫方皆
下歸云○九日榮姪自水落菴還來日夜憂慮之餘欣
喜難量聞其言其菴再逢賊變搜括太甚一毫不遺而
菴宇則不焚人皆善避故一無見害云尤可幸也○聞
龍宮倅與新方伯成任領兵拒倭兩度進攻俱不利退
屯咸昌云○十日擧屬登山恐有急遽之患以爲豫避
之計也回顧四方尙州聞慶龍宮咸昌報恩槐山等處

了無煙氣而獨化寧縣南煙焰極熾自槐山報恩下來
之倭皆由化寧路入尙州故歷抄離山城山道莊等處
云且聞德通驛及洛驛道谷沿路橫作假屋連亘十餘
里多至數十餘間云○傳聞忠淸京畿全羅三道方伯
率十五萬兵赴戰都城見敗潰散云可歎○十一日聞
賊徒多入加恩縣焚蕩抄掠將爲留陣之計自此去彼
不甚相遠故闔眷冒夜離發移寓他處○傳聞朝臣以
賊兵之近逼又有去豳之議云 大駕旣至平壤則事
勢與京有異人心以水爲固又旣請兵於 皇朝當藉
以爲恃以爲卻賊之計而不講堅守之策專主出避之

議自此 鑾輿次舍何處西望痛哭有淚盈襟○十三
日日晩登後嶺周覽洞壑爲擇倉卒藏身之所三朔奔
走足胼力倦已極苦憫而糧餉垂乏之勢難支過且奴僕
困於飢渴皆有散亡之意尤可慮也又有難便之勢伯
氏因留達田吾則奉慈氏更寓蘆洞舊主人家聞長川
消息自州城至于竹峴倭奴輩所作假屋至於百餘所
逐日往來彌漫道路以此兩麥已至腐枯而人不得收
穫云避在山谷者其將何食不待鋒鏑而人將盡斃矣
繞浦上下諸里人被害幾至卄餘避回村之人以發軍
捍賊之故尤被慘禍死者至七十餘人云尤極慘痛○

十五日伯氏來省慈氏夕還達田聞功城外南靑里居人金嗣宗權署盧瑊等聚軍拒賊殺傷甚多故賊徒終不得入抄其里後知其軍情之懈散乘釁猝至嗣宗躍馬而射殺數十餘倭因以矢盡中丸馳出倭奴銜憾恣凶殺傷滋甚士族之被害者不可盡數而李叔載鄭景任家消息尤極驚慘◯十六日與伯氏備薦需行外王母初祥 本孫亂中漂泊故也 ◯十七日聞賊已渡臨津連陷松都大駕自西京移蹕龍川 鶴禁率諸宰入江界十三日賊陷西京 大駕又移蹕義州云◯十八日伯氏以累眷糧餉已盡欲率眷入臨河計而道路尙阻姑未没行

慼早晩若遂計誰與奉護慈氏以避倉卒急遽之患也頊切愁悶○我邦積敗之餘不能自振冀仗 皇威庶有收復之望聞史游擊儒孤軍輕進挫於平壤厥後凶鋒益肆豈不痛哉又聞 天朝更發大兵李提督如松乘新捷之威轉戰東來蕞爾小醜將成壓卵之勢云可賀可賀○十九日金丈邦善氏及妹壻金子亨自長川率家屬入來言初不遠避常在近地累逢賊徒艱辛走避於草莽之間知其終不得免危今始潛入云亂離之中死生相阻意外得逢欣握可勝○流聞永柔順安去西京不遠而賊徒姑不來犯以此人心稍定收拾餘軍

導迎 天兵庶有恢復之望此實天贊中興之運非人力之所能也○二十日傳聞京城將士忠淸諸邑驅逐賊徒近將到境云嶺外之民得聞此報咸有其蘇之望迄無所聞賊徒之橫行尚不絶豈前聞之非眞耶不勝訝鬱且聞全羅水軍節度使李舜臣與右水使李億祺慶尚右水使元均等合兵與賊船遇於巨濟見乃梁大破云非但快壯賊初欲水陸合勢將並力西下之計賴此一戰而緯纏云此豈非天耶聞之者莫不踴躍○二十一日收得麥糧及鹽醬事送大山于州內及長川聞道路賊奴不絶兩麥不得收打云可痛○二十二日聞

自京中有傳通略曰都中之賊幾盡勦滅西北道將士近又驅逐散卒踰嶺到界列邑其各聚軍待候云○二十三日聞中路來往之倭或上或下連續不絶刻抄醴泉安東等邑我軍漸至退挫云驅賊踰嶺豫有先聲而迄無影響人民寧戢邈無其期時月易邁已迫秋序四野荒廢一苗不立不出秋冬人將盡塡溝壑矣奈何奈何○二十四日聞牧伯自離山移住昇川寺以吏房之拒逆不現行刑以倉穀之偸出斬縣吏又知委諸吏收聚軍卒云蓋聞向日京報始有生氣欲爲支待之計且欲圖免前日棄師棄城負國偸生之罪究其情跡甚可笑也若使賊勢更熾安知不又作巖穴間牧

使乎○二十五日伯氏來覲夕還登高北望加恩縣里
賊火遍滿所見極慘冒昏還寓長川人申兌陪其慈氏
及諸父兄避入山中聞其父別監公遇害艱得奔喪因
留數日遽遇賊徒幾被刺殺僥倖得脫而臂有劒痕極
可驚慘○二十六日金內禁嗣宗武士而有勇者也頃
於外南之戰鐵丸入外踝方病臥云故與伯氏往見受
傷處成浮其大如腰萬無復起之望此時失此人可不
惜哉○二十八日聞州內留賊盡向龍宮地蓋龍倅善
禦故四五次接戰或勝或退猶不自挫以此賊含憾期
於必勝每每進戰云○聞賊徒入寇加恩縣掠去申應

漑家穀物四十餘石云可痛可惜○糧橐俱乏欲得殖
租率大山奴親往加恩申諄家其家亦累遭賊變家藏
等物沒數見失惟雜穀數百餘石見存只許四五石而
日暮留宿其家翌曉還寓追聞食後賊又到其家掠攫如虎云可怕
七月戊午二日伯氏率諸眷復還蘆洞舊主人家倭奴復
入加恩焚蕩三十餘家故恐有漸逼之慮光州姨母自
華山移寓此中親屬俱會一處可慰可慰○三日聞招
諭使久駐居昌賊覘知晉城無守居昌賊與鎭海賊相
應大擧侵晉招諭使聞急馳至丹城悉起咸陰丹三邑
兵以赴金時敏使不敢動賊至石樓下而不敢逼諸軍

合勢追擊賊狼狽而退所殺傷無慮云○四日今日是
外王考忌辰也與伯氏及姨母略設奠儀聞州伯以私
罪殺州吏尹文卿且發差搜括山谷間流民所賷糧物
積聚其窩以爲自用之計云累月竄伏有同無骨之人
一朝起頭暴生威焰誅罰狼藉加以徵索無厭人心益
騷怨讟四起極可寒心聞有人有以慫悤嗾而爲之云尢可痛也○五日得
見招諭使檄書蓋言今日之事不徒軍民潰散無死上
之心列邑守宰擧皆竄身逃避方伯連帥亦皆散在各
處上無統率有同亂繩雖或有有志之士無所歸屬之
意而將招諭逃散之民使之各執兵器爲國敵愾也其

詞旨剴切足令人感動也○恭聞 大駕出城後冊封
光海君爲世子以係民望云國本有定臣民之幸何喩
尹湜以武出身而有才勇者也頃赴龍宮陣斬倭數級
而來州牧以不捕吾州之賊而遠赴他邑之故重杖五
十度云湜之赴彼是誰之過只以此州主將竄身曾無
聚軍討賊之事而彼倅則爲國效死摠兵勤禦可以依
而成功故也且此賊彼賊同是國賊則其功可賞而反
以爲罪是何誠心志不在 國家而掩能忌功動必自
營之實據此可知也○七日聞高靈人前佐郞金沔陜
川人前掌令鄭仁弘前縣監朴惺前咸陽郡守趙宗道

李魯文德粹等六七人謀舉義兵勦遏賊路期於敵愾
已聚軍五六千人而以軍糧之不給爲慮云且聞高敬
命舉義於潭陽金千鎰起兵於錦城趙憲倡義於公山
鑾輿播越四朔于玆而迄不聞奮義勤　王之有人今
得此報喜不可言○八日聞自下上來之賊多入州城
而厥數甚衆云○十日聞長川留賊盡歸惟有四五餘
倭單行閭里閒書堂僧及里人等打殺之盡斬其首云
且聞州城入據之賊四散二沙伐中東飛鸞開巖等處
自左道來者亦多取路多仁縣皆入尚州殺掠又尤甚
人無避身之地金澂亦被執百般求哀脫身逃來云○

與伯氏往弔鄭景任於蘇夜洞此友遭變之日亦被傷幾危今就蘇境還爲不幸中幸○十三日聞倭寇入達田相去不遠故急奉慈氏爲移寓龍化之計而嫂氏及姪兒足繭不能行不得已伯氏中路落後上馬奪山余與審仲陪慈氏率李妹直向龍化光州姨母亦隨慈氏同寓○十四日伯氏自馬山來省慈氏卽還以馬山近大路復歸蘆洞鄭景任李士廓金景福諸友自蘇夜洞逢賊牛馬糧物盡數見奪身僅免害亦來寓蘆洞○十六日奴輩持牟麥自長川入來今年所收不過數三石

十七日賊徒入寇屛川莊巖華山栗峴諸處龍化之去

粟峴不遠慮有侵及之患卽陪慈氏移寓向俗離○二
十日俗離大寺猶不潑復移寓小菴裁書送奴于伯氏
所得見京報賊已陷平壤　大駕移蹕再駐龍川地
中朝以我國請援之故命將領向化㺚子五千兵已渡
鴨綠又出五萬兵駐江邊以爲繼援是則可慰領右兩
相崔興源 兪泓及諸大臣陪　王世子駐江界將聚兵爲監
國之計○高敬命倡義之初與子因厚赴戰父子同死
可欽亦可惻也○金千鎰領舟師直赴　行在以爲勤
王之計其志可尚○二十二日僮奴持伯氏答書還來
伏審寓所平安慰幸且示朴佐郎德凝書來到而方在

居昌義陣檢事云○二十六日咸倅李國弼爲聚軍討
賊之計蓋此倅以石田潰軍之罪囚繫聞慶未及論罪
聞慶見陷脫身竄谷近欲立功自效欲贖前罪報請行
公方伯不之罪而許其因任○淸州人李逢年近七十
少時業武不就不無氣節召募山尺數十餘徒欲爲討
賊報　國之計其甥蔡有喜力贊擧事今會黃嶺措得
軍糧方謀設伏草野之士莫不有奮忠敵愾之志恢復
舊物豈無其期也○聞湖南僧將倡率僧軍七百餘名
方到淸州與其道防禦使牧判官等謀擊畱州賊僧將
自爲先鋒剋日促事而諸將逗遛不許云此僧才力過人智計不淺

軍法亦極嚴明而以時未捕賊不食官糧云○二十七日得見使關唐兵五
萬已渡鴨江四千則今到宣川地且右水使與全羅舟
師李舜臣及固城倅等合勢撞破倭船七十餘隻斬首
三百餘級溺水死者亦不知其數云○聞晉州咸安泗
川丹城居昌咸陽安陰山陰陜川等九郡賴舟師之善
禦尚爾全城且方伯招諭使皆在其地金沔朴惺趙宗
道等義兵亦住居昌以爲撑柱云若有良將又自上道
驅逐則勦滅廓清之慶可指日以待而恨無其人也○
三十日自 上下哀痛惻怛之教感發人心鼓動義氣
擧義討賊之師處處蜂起而獨聞咸尙三邑無一人挺

身而起者心竊憤惋伯氏與權察訪從卿鄭內翰景任往會于黃嶺爲倡義討賊之事而推李逢爲上將以咸昌李天斗爲中衛將全湜宋光國趙光綬及伯氏爲佐幕蔡天瑞洪慶業爲掌書而伯氏又兼之仍立三章之約使鄭景任記同盟之意書諸編名之首私心喜幸曷可容喩蔡有喜往淸州募得弓手七八人聞咸商士族輩同聲相應者四十餘人操弓之手亦近五十

八月戊子一日得見使關 邸駕自江界親率咸鏡道兵自將下來云大槩近日義旅處處爭起賊勢日漸衰挫稍稍下去○二日伯氏具陳倡義起兵之由移文咸倅使之轉報招諭巡察兩使審仲自伯氏所來傳文報之

事且言候望人所報醴泉金山洛東長川諸處煙氣極
熾云○三日得見龍倅之通安東之賊爲左兵使所逐
數百餘徒一時來入于尚州且錦山之賊猝逼於中牟
化寧兩縣連日焚蕩噫吾州嶺外要衝江右巨鎭苟有
良將善爲指揮則不患無精兵健卒而主倅爲政動輒
咈民怨聲載路莫肯用力於官事村巷間又或有討賊
者憤其功不歸己不肯獻馘至於所奪倭物銀甲環刀
之類並皆自占託備軍糧山谷間所收之穀發差奪取
輸送公山以供妻子之奉以此人心益離賊勢更熾誰
料當此喪亂之日又添得一秦耶然所攫倭頭多至數

十餘級後日論賞必得升敍之褒白日欺明莫此爲甚可痛○聞加恩縣野十三倭刈早稻伏兵等射殺奪其牛馬環刀火筒等物○四日聞安東龍宮等地賊火更熾蓋賊徒爲報昨日射殺之憤○五日因使關知 郞駕領軍近駐伊川且聞西原之賊以我軍進攻乘夜逃走未及勦滅云一快一恨○聞苞山郭再祐率義旅到星州用兵頗神咸安倅柳崇仁亦起兵討賊賊徒遇之輒自膽慄相謂曰謹避柳將軍○聞宣城琴應夾應壎金垓等亦倡義募兵敵愾之師在在蠭起 君父之讎可不日而復何幸如之○六日聞關東之賊自江陵三

陟踰入安東梓山小川等地到處攻劫人物俱被害然
我軍斬獲亦多○追聞七月朝廷以招諭使爲左監司
宣傳官來傳前後有　旨始知箕城失守　大駕移蹕
龍灣招諭使遂撫膺大痛曰白髮孤臣奉　命南來不
能掃滅倭寇坐使　鑾輿播遷俯仰天地跼蹐無歸哽
咽不能成聲左右皆泣云（此是今日所聞故幷錄）○七日龍倅禹
伏龍以戮力討賊褒陞通政此乃盧通津大河之奴所
傳也此奴因事上去伊川　王世子卽引見備問嶺外
賊勢之盛衰仍以朝報及備邊司公事付送此奴蓋道
途阻梗不得以驛路直傳故也○八日伯氏自義兵所

送奴奉候安否于慈氏兼致糧物且書示昨赴黃嶺寺
與大將設伏松院峴洞口遇倭射夫一時齊發盡獲斬
首得其所佩環刀火筒鐵丸火藥等物及書簡封卄餘
裹○九日聞咸倅初欲願從於義陣自義兵捕倭之後
欲以爲己功頗有還奪之意倡義諸公極力排之則不
敢空然奪取而錄勳報使之際以協力共捕爲辭因以
豪俠之名加之於倡義諸人而收取士族家弓矢使義
兵不得用且禁弓匠鐵匠使不得修補義陣軍器云用
心之回譎設計之不正胡至於此○十一日往訪金丈
弘敏沙潭及其弟弘微省克堂於白雲菴而還聞懷德士人

宋慶昌前郡守應守之子避亂于文義地賊鋒猝至應守以病不能運動賊揮劍將斬慶昌以身翼蔽父子同日俱死可慘亦可嘉也○十三日驚動於虛警自靈臺菴陪慈氏上絶頂暮還本菴大山奴自長川持果物糧資而來爲其用望日秋夕奠也聞奴言鄭越黃庭俊柳應春之弟以覓糧事各入其家夜半爲賊所殺云極爲驚慘近來賊徒每乘夜抄掠此尤可怕○十四日伯氏與寗仲自蘆洞來覲慈氏兼爲緫明日節祀○十五日設紙牓奉奠祖先諸位遭亂以來東奔西竄日月流邁秋夕已屆而松楸一酌奠掃無路悵望黑石只自感時

傷懷而已○十六日與金丈弘敏兄弟及盧通津諸公會
于俗離洞口議倡義討賊事噫 國事至此慟哭何言
顧我才略半不及人且不閑武事所謂討賊不過設伏
要路射殺一二零倭則雖知其無益於 國家成敗之
數姑爲其所及爲者爲之亦足爲萬一報效之道耶盧
通津所募弓手十餘人淸州報恩尙州等地儒紳同聲
相應者七十餘人士族之願從者亦六十餘員於是僉
議推沙潭金公爲大將以李悌慶爲中衛將張天賚盧
大河及余爲佐幕金弘微爲掌書而以余兼之號忠報
軍議訖大將北向拜座中亦北向拜拜訖且拜大將大

將曰 國辱至此今日之事有死勿渝咸曰諾乃立三章之約約曰約後謀退者斬臨戰先逃者斬訛言惑衆者斬違令失期者幷以軍法論使余記其同盟之意書諸編名之首且諭軍中曰 聖駕蒙塵已浹五朔食祿之臣提兵之將率皆逃竄幸賴我 聖上責己求助之教粗知君臣大義者無不感激奮忠咸有敵愾之心討賊之師在在羣起而湖西一帶迄無抗義奮忠之舉河北無義士之歎不幸近之今諸君聞風爭赴結以忠義得成今日之約豈非吾軍之幸耶聞者皆感歎不已主將吾所曾知素有氣節言論慷慨有忘身殉國之志必能辦大事非尋常人所能及也

○十七日與李悌慶張天賚盧大河諸人共赴義兵

所議定未盡約條○十八日大將分遣伏兵于白葛村
守要害處以爲設機捕賊之計○十九日來覲慈氏聞
伯氏陣中事機則咸倅誣報巡使曰李逢等率年少書
生冒稱擧義以官軍所捕倭奴爲己功使縣監不得措
手云其反覆邪險之狀令人憤痛○二十一日白葛伏
兵等遇焚掠之倭射殺五級奪其牛馬環刀等物軍器
及軍糧檢送于設伏所○見伯氏書則頃日咸倅所報
回題內守令之禁過募兵者一切不許曰均是討賊不
可以官威奪去云巡使之明可謂能燭咸倅之肺肝○
二十二日與金昌遠金可宗同赴義陣料理軍中事○

二十四日與盧通津金大好金峯壽朴慶龍赴義陣大將設伏于栗院棧道遇倭二十餘徒蓄憤之餘射夫一時俱發頃刻之間沒數斬獲奪其環刀火筒鐵丸火藥等物所斬雖小皆是勁賊吾等到陣総謁大將坐壇受賀義聲大振將士欣喜蹈舞莫不殊有死敵心○馳往蘆洞義幕伯氏及寓所俱安而擧事之後事多掣肘賊未多捕軍情日撓大將憂之不可不陳聞於營門然後有處置之道故以伯氏及李士廓爲使將以明日發程○二十五日伯氏以居昌行來到爲覲慈氏而去也金山知禮之賊梗其間故取路中牟間道而行遙慮不淺

聞柳學諭彭老同事於高僉知敬命之幕錦山之戰賊騎猝至圍主將數重勢不得脫學諭曰當初擧事之日吾與高公約以同死今日之危義難獨免奮袂直進其奴執鞚強止卽揮劒以卻突入圍中與敬命同死不但辭氣凜烈就義亦從容聞其風者肝膽自激○二十六日與約中人同赴義兵所約中多有未備之條相與議定大將爲設伏計而以未得軍糧爲憂○二十七日陪大將論陣中事夕還寓所光州姨母移寓蘆洞○二十八日聞知禮之賊爲義兵之所擊過半死亡餘皆逃散云

九月丁巳一日往拜大將因留陣論事流聞義兵將金沔率數千兵馬謀討星州留賊出陣加祚郭再祐鄭仁弘亦各率義旅分伏措捕而郭公用兵頗神賊徒膽慄云蓋下道以招諭使措置之故義兵之集多至數萬糇糧器械皆自官辦出故軍聲方振庶有勦滅之期○二日賊路猶梗 日邊消息不得以時承聞與大將語及 行在自不覺痛哭而洒涕也○三日得見唐人許儀後所送於 大明文字許本大明儒士也往在辛未被擄入倭因留不得還預知倭奴將有稱兵犯上之計備錄其擧事曲折及臨時應變之策其說累百言轉付往來人以達 上國其文甚詳俱述賊情若合符契○四日聞

星州玄風之賊次次上來者幾至數千近來上道之賊
連續下去而今遽復上必有復起之慮可悶○五日逢
自醴泉來者聞醴泉位良谷路邊髑髏成丘此是龍倅
禹伏龍與賊相戰時我軍所死云曾謂龍倅善禦善戰
今始詳聞實無大捷之功而惟不離封疆得免棄城棄
軍之罪而已頃陞通政今拜安東得無愧於心乎肰逃
竄偸活無意討賊如尚咸兩倅者相去遠矣○六日聞
中文吉眞寶人娶于清州因居焉夏間爲倭所擄劫著卉
服欲令降附文吉抵死不從賊捽髮扶曳揮刃欲斬猶
不屈賊舍令自便而每使人圍擁文吉度不得逃拔佩

刀自刎而死賊將驚悼曰此眞義人也嗟惜不已卽令埋之其妻亦被執賊欲汙之力拒而死節義雙成今亦有之孰謂古今不相及也可欽可嘉○七日伯氏無撓還旆但感寒疾未卽來覲慈氏伻候安否聞昌義(伯氏陣名)軍昨於加恩新田之地捕賊二級得牛四頭云擧義纔一月勇於討賊前後所斬不少可賀○八日往蘆洞問候伯氏兼爲叅明日節祀也伯氏今行所營事巡察使一一施行多給糧械可幸聞伯氏所傳趙憲率其子及軍卒七百與僧軍同赴錦山輕犯賊陣爲賊所圍一軍幾盡被殺而士人尤多其父子同死陣中云極可驚慘

此人不量才力輕進取敗其與臨事而懼者異矣而其節義足令人欽歎 且聞巡察令公陞
左節將移鎭右人不勝缺望諸邑儒生拜疏以籲 行
在云○九日與伯氏略備時物設紙牓奠祖先諸位○
十日往拜大將諸友皆會聞南下之倭自幽谷以下連
亘四十餘里○十一日昌義陣掌書金而慶自陣所歸
寓加恩村爲賊所害不勝驚怛陣中文書等物盡數見奪伏見 下
慶尚道士民 教書反躬自責其求助臣民之意節節
懇惻與前哀痛之 教一意而語益加切凡爲臣子者
孰不欲張拳冒刃以效其力哉 邸宮亦下 教書曉
諭軍民而意與 行在教書一般○十三日大將以陣

中相議事要見卽赴陣所乃兵糧兵器覓得事也㪅以
十六日約束而還○聞李叔平來宿伯氏所爲軍糧求
得往龍化牧伯寓所云叔平兩親曾於外南之戰同日被害方謀復讎與金進士覺氏
募兵擧事○十四日聞昌義軍設伏白也院遇賊斬得九級
且奪鐵丸環刀等物財殺亦六七倭而但我軍亦中丸
三人殞命驚慘○十五日在陣中○十六日齊會于鍾
谷松亭相議募糧將往湖營約以明日發行一行大將
金弘敏李希聖李悌慶金峯壽金恭謹金德民金好德
朴震李陽春申義福金聲聞及余並十二人近日賊勢㪅熾奉老
之人不忍遠離遲回者久之因念當此危急 王事靡
盬義不辭死且慈氏勸其速行故以謹避之意勤託審

仲遂拜辭慈氏因馳赴義幕○十七日發行秣馬于懷仁松峴夕宿
周岸縣前察訪金益鍊饋夕食其弟大鍊其子聲振偕來敘話尙州入洪友顔
友閔亦來懷仁忠義梁祥梁許來見同約人金聲發亦追到本縣監官以太二斗租
三斗助行資○十八日發行秣馬于宋价川應瑞家投
宿于懷德假官柳億壽○十九日發行到碧落亭川邊
秣馬投宿儒城縣二更初本縣伏兵等捉女人六口而
來蓋被擄人自錦山逃來也其言內錦山之賊去夜沒
數遁去官家倉穀盡被焚蕩男女姸少者並載去老醜
者或放出故乘其不意潛得逃還云○朴進士軺景行
夜潑來話乃吾年友也○二十日一行俱凌晨發行朝

炊于孔巖書院踰馬峴仁伯佩卿景始及余入孝家里
吳大麟家求覓軍糧主人待之頗厚諸行直到公州鄉
射堂○二十一日大將先入客舍訪主人令公飯後一
行俱發○二十二日訪禹判事性傳氏待之甚厚因盡
說倡義曲折及軍糧措備之策聞金浦守李冑終始守
城盡心禦賊一境得以力農其功爲大陞通政當平守
南愉賊鋒未至先自遁縮只以歌酒自慰全無討賊之
念雖或有舉義之人而邈然不應人之無良胡至此極
且 仁宗惠嬪避亂入境以傷人之勸僅送二斗米云
臣子之義果安在哉向晚渡錦流路遇林正字直卿乃

吾年友要見我而來也同往堂谷李鑾鳴彥家趙恩津李忠義韓克孝並至亦以乞得軍資也○二十三日發行訪堂村鄭愻奉國佐天卿蓋此人亦舉義故要見其節目也因論舉義事聞江原方伯韓德純倭奴入界之後逃遁山谷秘其蹤跡　鶴禁在境一不奔問至使列邑馳報之人無以得尋云使此輩備官而何以禦外亂乎○二十四日到錦州聞尹巡相入州謁於公廨陪話夜深乃罷金邦良還自金井多有所得可以資數月之用可幸○二十五日一行齊謁巡相稟達舉事之由軍器等物分題各官且給韓山米四十石噫當此喪亂之

日義旅所需之資人孰敢靳惜而今一發口優助至此可見忠義之在人心者無異同也○二十六日留本州淸州義兵將鄭若率義旅數百人來陣邑內聞吾行來見議事○宣傳官自 行在所奉 皇勅及 教書午時入州新使及都事諸人具儀往迎亂離中得見全盛時威儀可幸聞其言 大駕時駐龍灣 天使辯潘奉勅來今月初二日越江留一日卽還 天眷極隆辭語懇切大發兵馬赴援萬里別諭本 國臣僚勸以討賊之義 恩出尋常前古未有苟非吾 王事大之誠何以致此況游擊先到平壤邀見倭將玄蘇出拜野次言

極譎詐云○二十七日大將以軍糧出助之人別錄一紙十斗以上並報使將爲 上達之計○二十八日歷辭巡相典翰都事諸人已初發行仁伯敬叔景始與我同行大將及諸人取路燕歧蓋爲先還計也得見京畿傳通京城之賊沒數出來結陣于果川衿川等地云投宿城洞蘇汝望閭久家○二十九日到扶餘此地卽百濟舊都也白江形勝及古跡多有可觀處而此非遊翫之時未得往賞可恨李正言旌門在路左淸風千載令人起敬 假官趙界出接 前晉州牧使 ○三十日假官託病不出頗有厭懼之意可痛發向林川途中遇雪日候漸嚴行事可

閑主倅乃舊地主尹暨哲出接甚款
十月丁亥一日主倅又出見贈軍器軍糧午後發行渡固
城津潮水方盛夕投石城縣主倅李忠可出接甚慇懃
○二日主倅出接贈諸色十餘種且爲諸義兵別造軍
器可謂有幹能也發行到尼山主倅李晉庭坐上房招
我當廳獨坐接待甚有踞慢之色武夫之無知無足怪
也午後卽發到恩津假官李曇接待款款矣○三日以
貿鹽事留仁伯與敬叔吾則晩發向湖南境卽礪山郡
也主倅鄭渫出接于東廂○全州儒生柳之綱以奉請
鶴駕移御南道事持疏上去到郡同宿○四日自是郡

卷之二 三十五

得醬一甕使鄭大春領去恩津發行敬叔向益山余歸高山主倅年友申子受也此人亦領義僧千餘將作勤王之行僧將卽順天居熙默也熙默請詩走草以塞其願(詩在元集)○五日縣人鞠涵盧文周來見各饋軍需與主倅往僧陣入坐溪亭溪山之勝殊特眺望而亂離之餘有何情緒因宿東廂○六日入衙軒主倅以軍米七石弓子三張長片箭各十部贈之且以救窮禦寒之資別致行橐其數亦多綈袍之戀雖曰當然而爲病親瀣爲感感取路縣北徑向恩津仁伯及奴輩已貿鹽敬叔亦還自益山苦待吾行李佐郞惟誠避亂關東間關半年

潛出賊路率內行將向家山亦到此縣其艱楚之狀不
可形言與之同枕傾囊以給○七日歷入連山洪忠義
僖氏家卽我祖母之從弟也與諸有司行借軍資楊大
振給米一石○八日馳到連山官前假官權希仁陞爲
助防將領僧將方作勤 王之行而所請軍資已付於
金聲發之行云縣人郭司畜賢來見同話去夏自營中
追覲 大駕於龍灣來時歷謁 鶴禁於成川入見祖
承訓於定州軍門云其氣槩頗恢廓可愛夕到鎭岑主
倅邊好謙出接潑有惓惓討賊之念其志可尚○九日
到儒城朴年友景行家途中遇雨濕盡衣巾景行大人

出接甚款厚且饋以救窮之資可感投宿懷德假官出待亦款款夜中往訪義兵都廳于縣校因論義兵事宿宋福汝家○十日主家饋卒歲之資感感無已訪宋欽祚避亂所歷見宋黃生夕到塔山金察訪家金士剛金聲振聲發洪友顏友閔俱會于此因聞大將去初六結陣屛風松立芻人百步許令士卒試才以分上中下殺牛而餉以今日設祭于水晶峯云○十一日金察訪昆季俱餽濟窘之資秣馬懷仁縣前到鍾谷敬叔家日已曛矣聞義將今日行師向土峴沙器店故先使金聲發飛狀義幕使之知之○十二日蓐食踰菁項嶺赴義陣

大將留待郞入拜面稟行師之由則以爲西原人有應
募故將向淸州趁時召募且都體察使已下陸將迎於
內浦求得軍資云發行後與佩卿諸人出同文期以十
七會長者坪爲馬芻收合事也冒昏上靈臺菴山逕雪
滚幾不得行慈氏去念後移寓蘆洞光州姨母將歸禮安故欲爲面別也
伯氏亦率家累去晦已向臨河○十三日早下福泉搬
移卜物蓋以冬滚將爲久住之計○十四日蹴古培所
後嶺到蘆洞慈氏平安審仲亦免恙可幸但生逢亂離
兄弟至親不能相保各散東西落落相戀不勝悵鬱○
十五日今日是望朝以所得饌物略設奠儀食後登南

峴望見則黃嶺等地煙焰漲天山谷之民皆登山以待不意賊勢之熾張今復未減也奉慈氏卽上觀音寺金義將盧容吾領軍官十餘人亦到寺將以今日陣于化寧窺峴上下之賊○十六日義將發向化寧似聞下道賊勢大熾進圍晉州諸將多死湖南崔義兵七千餘人亦馳赴云奉慈氏寓福泉地莊殿聞善山之賊無數入來放火於長川等處尚義陣掌書致書於吾陣乃寶丘亭合陣事○十七日下大寺赴長者坪李進士士美諸君二十餘人來會約馬芻收合事且檢董役勤慢將爲定罰計投宿大寺牧伯給軍糧十五石大將乘昏到牛

谷盧通津還其家○十八日留都廳送軍設伏于大峴以金可宗領兵儒城米豆黃油以其邑刷馬運來巡察所關子及魚膠紙地方物縣人來納○十九日上福泉觀慈氏聞下歸之賊屯於唐橋結幕二百餘所侵掠人物恣行屠戮山陽人尤被其害其意將並吞江右欲爲過冬之計也極可寒心○聞郭再祐以布置得宜殺賊尤多陞折衝爲助防將云○二十日聞金海之賊與釜山東萊諸賊合勢進攻昌原咸安等邑兵使柳崇仁再戰皆敗退走賊追至晉城圍之七日牧使金時敏判官成天慶昆陽倅李光岳堅壁自守待其賊氣之少懈而

出戰能得大捷其功大矣但牧使額角中丸重傷云可歎○二十一日
我軍自中牟設伏功城地分精銳直擣城底賊勢李悌
慶領去○二十三日與景始邦良同向中牟陣所本陣
自中牟罷歸詰其由則功城設伏之所不見賊形孝吉
領軍直抵州城近地倭數十人騎馬而出逐我軍悌慶
發矢數次不中旋被驅逐以身僅免云因往拜大將于
牛谷○二十五日令李億慶領軍人六十名設伏次送
金山開寧等地投宿于求緣店村同行大將以下并十
七人○二十六日投宿于報恩東鍾沉亭是日閱武試
才卒有汗文者發二矢皆中芻人以良弓一張賞之○

二十七日一軍俱會長者坪陪大將往總陣中來會者
數百餘人令金天祥領兵往咸昌聞慶等處乘夕罷陣
吾則先歸福泉蓋以明日爲青川行（青川陣以結陣事來邀大將而大將
有大夫人患候使余替往）○二十八日發行到大寺都廳與汝沃同
往李勉夫金邦良金國馨金純謹諸人來待杻峴到青
川則日已夕矣洪明川謹形已來待縣舍錄出同事人
僉七十軍丁只八十許矣○金山設伏軍僧楚彦先來
報捷音可喜○二十九日聞忠州之賊焚蕩槐陰之界
義兵將趙郡守竆追十餘里賊中路設伏以待我師遽
入其中義將被害軍卒五六人亦死此雖出於輕賊之

故極可驚愕槐山禹正字瑛亦有所募之兵將有合勢之意還到大寺大將亦來待向稟後卽還福泉○三十日李億慶自金陵來言過賊于禦侮地射殺十餘倭斬得四級倭物及牛馬四隻並奪取云向日楚彥僧之言不誣也師行數日殺賊至此軍聲倍振極可欣賛大將出坐三門受獻馘是日設泡饗僧軍同約人來賀者幷三十餘人同議報狀草夜深乃罷

十一月丁巳一日與諸有司識會文書令下吏各書報狀使軍官郭瀞往呈于體察使都體察使鄭澈副使金瓚時在公州云權知奉事金得礪自沃川來到是日朝殺牛饗士以答

其勞○二日大將臨福泉夜與同話余有湖南之行故
爲同議報草事○三日大將夕下都廳所具別監僉成
冊同事之人將報使嶠仲自蘆洞入來聞昌義陣累擊
唐橋賊斬首累級射殺百餘吾陣旣捷於金陵半刺鄭
起龍赴任未旬斬殺亦多益令人增氣○四日發行到
都廳所與寶晶師及仁伯勉夫同行踰馬峴到鍾谷金
士因供夕炊金純謹持酒來餞○五日中路忽逢跋弟
各在千里逢此亂離不知其死生存沒意外相逢如見
再生之人握手無語只增哽咽而已 此弟亂初奉從祖父母自抱川入在
金化六月中俱遇害渠則艱辛圖命轉輾到此吾則初
不知而下輩先知衣襟百結冠屨破落其艱楚之狀有

難形言急於行事使奴子引送福泉卽發程聞弟言江原
京畿人心極惡全無討賊之意或聚軍則人皆厭憚至
於請賊而至世道言可寒心惟楊牧高彥伯一人終始
討賊斬殺極多云○六日到走山宋黃生家黃生出見
野次給息租五石呂義陣鄭景任亦以糧餉求得事已先到暫話而別與諸有司
病懷德縣○七日到儒城遇體使軍官得聞 行在消
息唐兵五千已到義州順安館福建炮手三千亦來義
州城內將向公州云副體察已發向洪州故卽指鎭岑路夕到鎭岑朴義
將以龍亦來與主倅同敘夜深而罷○八日以雨留早
朝設位成服五日聞從祖父母之喪雖在客中禮不可廢○九日馳到連山

主倅頗有厭倦之色心甚未安午後到恩津黃從事鵬以軍粮戡會事已先到夜與同話○十日到礪山主倅不在士人宋餘慶宋翕等四人來見許惠軍資蓋一鄕出力聚糧鑄兵爲扶義之計其意可尙○十一日到全州邑居之盛頗有舊都之風而慮倭人之入據自我焚蕩一無見存所謂金湯不能固守反有此計言之可憤城門出入必有傳令後可通主將故良久得入先見都事卽崔哲堅也與從事宋仁叟申敬叔俱故人也使之通名體察卽命入來面達曲折且呈報狀旋乃出來軍資題給等事令從事圖之得成關子可幸○十二日入見體察因論時務力勸召募拜辭而出

聞忠州之賊焚蕩陰城界青安倅鄭名遠及義兵合力進攻反爲賊所逐鄭及義兵多被害云憤痛○十二日湖邑題給處分遣有司仁伯閔馨爲一行佩卿具忠源爲一行余與勉夫品師同發日寒甚酷幾不得行投宿場巖宋生家仁安前有贈物故也○十四日聞高山倅領僧兵向益山郎馳進前有軍粮之贈故也已先發矣可恨○十五日主倅區處軍糧而去故使勉夫領送恩津縣居尹進士任聖贈義穀一石聞李鎰再敗於忠州轉至平壤平壤陷後募兵數百與高忠卿等合勢頗有斬獲云○十六日秣馬漫項店高恩兩邑之界店人金仁厚持酒果來饋夕到彩雲李典籍叔平亦

以義兵事向全州問離山消息寓中俱無事稍慰望雲
之戀○十七日到恩津倡義從事南平徐廷厚入縣聞
西路賊勢及禦賊形止　東宮自成川移肅川又移他
處云○十八日是日乃冬至也主倅行望　闕禮自報
恩有歸人付送關子等物○聞軍威張士珍戰死不勝
慘惜○十九日待諸有司之行而不至故發向連山宿
洪叔世贇家○二十日仁伯自彩雲來到昨日領米入
來今朝已輸送連山云勉夫到扶風村邀見故與仁伯
偕往其家主人卽金正輝也謝以前日未見之由優許
軍資可感仁伯以運米事往連山吾獨向尼山○二十

一日聞稷山以上清淮近處賊又結陣與京城金嶺之賊合勢云曑師自石城來到○二十二日見主倅付託輸糧事々到儒城○二十三日聞秋風之賊焚蕩中牟直到三岐黃嶺昌義陣軍糧軍器沒數被奪云可痛本軍人鄭大春自報恩入來言我軍頃於化寧之戰兩軍相合射殺甚多而但部將金天祥及軍人四名遇害云極爲驚慘○二十四日儒城所得之穀仁伯已舂置故以明日輸送懷德刷馬主倅所出具忠源領湖南所得糧械入來所得頗優刷馬似不足可悶馳到周岸宿塔山菴○二十五日到沃川邑居只餘灰燼所見極慘郡治移在

鄉校故往宿焉具忠源領卜物乘夕入來○二十六日大雪平地積
尺許人跡難通不能作行○二十七日到安邑趙義將
汝式之墓在路傍故入弔有祭文到鍾沉夜暗已久○二
十八日自淮南到大寺大將以下俱來會一陣俱無事
止仲亦來待慈氏候平安慰幸面陳凡節後上福泉省
慈氏頃者黃嶺焚蕩之際蘆洞入沒數移避審仲亦挈家來此○二十九日中部將
申景澄自咸昌設伏斬倭兩級亦多射殺日昏時入來
受於外次○三十日以陣中事往拜大將而還大將亂
子累日痛臥可憫症似瘧氣故使裕兒移避他處
十二月丁亥一日大將會大寺吾亦下去同議報草蓋爲

獻馘事伯氏自臨河返駕數月鬱陶憂慮之餘欣豁何
喻且諸眷俱安穩可幸○二日左部軍夜擊留城賊斬
一級得馬四頭○三日明日乃先君忌辰與伯氏齋居
終日○四日晨起設紙牓略行奠儀昊天靡及之慟尤
有甚於在家而行事也○五日前部將李悌慶設伏于
尚州地夜擊留城賊斬殺極多可幸而僧軍楚彥手擊
二倭卽仆地因傷賊劒軍人守千亦斬級而爲賊所害
極爲驚慘○六日鄭起龍莅官之後出入賊陣多有斬
殺之功在下道時亦以軍功得名行伍間云○八日伯
氏與權從卿往見咸昌假守於黃嶺寺蓋議陣中事也

○九日聞被擄人自唐橋陣中持文書許放而來○十日金聲發洪友閔持軍器入來○十一日設陣兩處一以拒尚州功城中牟化寧出沒之賊一以捍報恩黃澗往來之賊以金純謹爲都摠而金峯壽調軍糧金恭謹主軍饋李億慶爲收兵將金得礪爲先鋒將李悌慶爲突擊將金德民爲督後將金聲聞治兵械鄕之富室饒戶爭先擊牛日以餉軍○十三日曉大將胤子不起疾慘愕不忍言將權厝于山内故與兩弟治諸具以往料理掩土之道大將以理寬抑強進食飲爲陣事可幸○十五日尚義佐幕金弘慶持關文來到蓋爲合官義兵討甘文賊事○十

六日聚三部軍將爲設伏之計令曰人臣之爲 國討賊例也獻首要功於義不可或曰公之言善矣而諸將之從公力戰者其無功名之心乎其終必怠矣曰然則君言善矣須力戰以多獲爲心○十七日三部軍習射試才出送黃嶺等地其數近三百人○十八日李應吉持尙義陣通文而來以明日約會於報恩馬來里蓋同力合勢之意大將慘慽之餘氣且不平以余代送○十九日早赴馬來里諸陣帥俱會定約尙州牧金澥忠報將金弘敏(代以名募官趙翊)善山倅丁景達助防將宣義問尙判官鄭起龍尙義將金覺報恩倅具惟謹昌義將李逢

代以佐幕趙靖忠義將李命百崇義將盧景任以右九陣為左衛以鄭
起龍宣義將具惟謹將而屬之永同倅韓明胤黃義將
朴以龍懷義將姜節青義將南忠元鎭岑倅邊好謙懷
德倅南景誠黃澗倅朴命說以右七陣為右衛以南景誠朴命
說將而屬之以今月二十五日與下道義兵將金沔合
勢謀擊甘文善山兩邑之賊主此議者尚義將及永同
倅○二十日與伯氏直還福泉省慈氏夕下大寺以合
兵事告于大將○二十一日建義所軍官持密關以徵
兵事來即於所屬處移文以通關辭曰糾合諸兵痛掃賊陣次各其所屬義兵
今月二十四日稅山馳及事○二十三日諸部將等接戰于尚州白

葛射殺無數斬四級奪旗纛環刀等物日夕入來設旗
出受于彌勒殿前○二十四日大將上福泉黃廸自周
岸八來議本陣陳疏欲赴 行朝事○二十五日大將
使余製疏○二十六日下大寺議疏辭加刪削令陳元
龍寫疏○昌義陣有進議事伯氏又作營行寒程遠役
實爲悶慮○二十七日令諸有司分書軍功成冊各秩
夜深乃罷○二十九日今日乃除夕歲律將更賊氛尚
熾悵望家山感懷難定

可畦先生文集卷之八

辰巳日記

癸巳正月丙辰一日設紙牓略行奠儀於祖先諸位○二日與諸有司具橐鞬拜疏而出陪至橋門而還蓋募兵之後斬獲居多而 行朝阻隔一未直達今始具疏令士人黃廸書吏鄭鷗陪進孤忠負 國未效一死送君千里苦意可想○四日與大將會議就元疏中略加刪改葢欲並達 東宮也令清州吏周瑞男寫疏○六日大將率諸幕僚及部將等列立左右拜書而罷右部將閔天吉後部將朴匡國持書歸黃廸之家○七日大將發向湖右要拜建義大

將及諸道主同行李勗李民甲金德民及吾也千炊於
山北尹潭家冒雪到青川陣○八日大將發行吾則落
後馳到空林寺聞朴義將春楙自竹山陣所來在酒城
養近地故歷見問竹山歲前交戰之由義將領兵先赴
數邑守令同時進兵賊亦勢窮顯有遁去之狀兵使觀
望不入賊之隣陣馳赴來援我軍將退之際被傷甚多
云噫兵使徒擁重兵致誤軍機若論其罪萬死何惜○
九日還寓尚義將及善山倅密關內兩　王子來初二
發自京城計其日期官義兵合勢欲爲掩擊竹峴之路
云云盧通津下帖于本陣使在咸之軍移陣大峴與諸

將議處送安三龍鐵知本軍在處○十二日慮陣糧絶送軍米五十
餘斗○大將自全義移書知一行無事可幸而竹山之
戰聞又不利可痛○十三日五部將等自尚州入來初
十日到外南乘夜進靑里尚判官尚義軍永義軍皆會
將設伏竹峴討功城焚蕩賊二百餘倭過靑里卽回軍
到半浦大戰殺傷無數追至烏澙池前恐城內之賊合
勢且糧乏還軍善山則無形影爲 君父討賊之意果
若是乎澀可痛惋○十四日本道試期在二十四日陣
中同事人武夫皆已散歸聚軍之期未得布示可恨○
十五日得見朝報唐將辯藩陳疏于 皇帝言 天兵

不卽救本國之急而辭意甚激切令人起敬可謂　中
國有人○十七日大將在中路移關乃建義急急傳通
也　天兵已到肅川誘引倭將一名生擒九名斬頭初
六日　天兵圍平壤八日巳時陷城倭奴盡爲　天兵
所殺十九衞十八衞盡死一衞逃走鳳山自黃州射殺
不知其數斬首百餘級九日未時先鋒到黃州大軍十
日到黃州云　天兵大將二員遊擊將四十員衞部將
二千餘員云（二大將侍郞宋應昌摠兵李如松成樑之子遊擊錢世禎吳惟忠沈惟敬祖承訓都司張三畏摠兵王必迪其餘不能盡記）　皇威所及疾若風草殲此小醜
如山壓卵　天恩至此罔知攸謝○伯氏下道之行乎

安返駕可幸○二十二日大將昨到靑川今日犒軍明
向周岸○流聞 天兵已入京城云實東方再造之會
也凡有血氣者欣抃當何如以四絶志喜贈張天賚詩在
元集○二十四日奴大山以染疾化去慘憐何言入役十年長在
眼前又於亂離之際服勞頗勤奮忽至此悼歎無已○二十五日大將在周岸以
聚軍事送人移關聞數三日來下來之賊陸續不絶此
必以 天兵壓至故各自遁歸有同破竹廓淸妖氛不
出春內 國家之慶如何可喩○二十七日大將自梨
坪日晩入來○二十九日以聚軍事會大寺三部軍先
到習射法堂前閱天吉朴匡國各領所部入來南監察

來自青州盧通津來自壯巖盧奴青卿來自寧邊目見箕都接戰之狀天兵之進鬪也其旗旆之多服色之盛足令賊徒驚散賊之據牧丹峯也炮聲震天破其巢穴賊過半自殺餘并殲斬云○三十日朝坐糧餉廳分給軍糧五部卽行軍並三百七十餘人申宣傳以右別將領三部報恩倅以左別將領二部出尚咸間○金仁伯領韓山等軍糧朴繼洪領洪州等軍糧夕到陣所并五十餘石也

二月丙戌一日建義將關子三度連至俱 天兵消息也倭人等聞 天兵多至勢不能抵敵皆爲逃去只留強壯以爲捍後之計此時次第進討之謀不可不急本國在京諸將及漢江以南所在各將處爲先馳諭使之馳

蹕云_{此 天將闕辭也}○二日左兵使朴晉裨將持狀 啓赴
行在下去路賫入詳問 天兵之奇前月初八陷箕都
松京則不接鋒刃而捷二十七日當到漢城云噫 天
兵所至齏處糜碎恢復有期魚肉餘生得聞此報驚喜
欲狂繼之以嗚咽○三日陪大將出陣孤峯助戰將宣
義問亦來會連山倅李棋壽以恩義軍義兵來陣赤巖
故往見論事○陣中人赴擧者以試期退定還 朝廷爲得精
兵特開廣取之路湖南取五千湖西二千嶺南四千而左右各取二千良賤妾子并許赴右道三處開場而吾
州居一以月初二設場因 天兵近臨討賊事急姑停退 ○四日報恩倅申宣傳
及五部將各率軍人冒雨而還言連以雨雪不得藏兵

到白葛望見賊勢不敢交鋒且以糧絶還來云且言近日賊連積南下昨昨昨日之間連亙六十餘里乘夜下去者亦多云賊之遁歸似無疑矣○六日得見體察使下吏傳通上使謝恩使　除授急急上來副使在道　天兵接待糧餉措置等事專掌檢察事有　旨來到故上使近日發向江華因爲上去副使當日發向南陽水原平山溫陽指路云云本道巡察使領軍亦到此處陽川方待變云天兵則先鋒已到碧蹄大軍則或到臨津或未到云○八日以　天兵支供事本倅承差將行燕岐而多定雜物駐軍之所亦設假屋報恩則當於忠州用安出站云自建義所通文列邑其略曰天兵汎掃席捲南下簞壺之迎義不可廢各邑有司隨其所有或以

酒肴迎于境上使前古美事復觀於今日幸甚○九日具上舍委通曰兪主簿大建（相國泓之子具之女壻也）奴子卽刻來到言京城之賊沒數避出結陣于烏山及淸淮等處 天兵陣于慕華館兪右相泓以三道都體察入在京中云此報果若不誣收復之期想在朝夕喜幸何言○聞 東宮順經疹疫臣民之慶尤倍於平安無事之日也○十一日主將自俗離出來同事人相續來見鄕友鄭發自昌義陣來議合陣事夕還福泉省慈氏○十二日明將設伏只聚一軍習射溪邊姜進士霆貞進士斌李義將麟壽俱來會議兵事○十四日聞 天兵先鋒到碧蹄被圍於設伏之賊

可庄先生文集卷之八　五

天兵善於大炮一能當百四面急攻賊還入城中盡
殺都民蓋 天兵赫臨自知不敵慮其城中之爲內應
而屠戮之也噫都內之人經年附賊苟偸朝夕之命竟
死於賊手又何惜焉○十五日寓次有癘氣奉慈氏移
寓東菴與燧弟午後進孤峯陣所○十六日以 天兵
支待事一路騷擾○十七日左道驛子來自 行在所
伏聞 大駕去十八日自龍灣移駐定州○聞唐將大
軍在東坡遇雨三日兵馬多死亾不得已還陣松京十
一二間當竣到京城平義智戰敗之後卽逃出到京云
○十八日盧判官(通津之兄)自義州領 中朝芻糧等物隨

後而來粟八萬斛芻四十萬束云○與大將修軍功上使草建義陣關文來到乃各義陣亦備柴草以待 天兵事○得見豐原柳相國關辭以官義兵之不相合力爲慨然時豐原爲 天將接待使關辭略曰倭賊逆天渡入內地屠殺擄掠盡奪財産至使 鑾輿播越此乃不共戴天之讎也當初守令擧皆奔竄無意討賊於是忠義慷慨之士各自起兵其忘身殉國之誠可謂至矣而已經七八月尚無成效者只以官義兵之各自爲心也官軍則視義兵以私聚避亂之類義兵則以官軍謂不相管屬之人各自行止以此兩軍之勢日益孤弱是豈當初擧義之心亦豈朝廷事體之如是乎況今 天兵赫臨此乃恢復之秋幸須官義兵同爲約束迭相犄角無或踰越叅差以失軍機焉勿論官軍義兵立功之人十分存撫而一體施行事云云又見平安道體察使關辭令人益增感慨略曰各處請將擧皆無力戰之心避坐閒地只令 天兵獨當矢石之場本國將士一

不交鋒其爲憤痛莫此爲甚若使天兵不來則長以山川廟社安心與賊乎○十九日部將
李悌慶報狀入來言昨到尚州白葛伊川等地埋伏以
待賊三十餘人過半騎馬自尚州上去咸昌卽自行軍
追及至於劒湖下合戰良久賊勢窮蹙由邪路遁去死
者亦多但我軍中郭壽聃兵寶洽並中丸馬二匹亦被
丸致斃云憤痛主將夕還俗離○二十日助防將以合
陣事發向沃川○二十一日主將還陣中因建義陣移
關得聞　天兵時在松都雖因道路泥濘亦有浚筭前
日平壤蕩滅時不爲中路遮截致令賊兵多數逃死因
此懷恨今番則必欲把截前路然後大軍從後徐進云

○二十二日本陣軍功自　行朝差下今日來到李悌燮及
軍人崔順福中義福皆兼司僕○前聞青川陣金天允以軍官持軍功
上使時割去他人名冒錄其名而猶未之信今差下軍
資縂奉而官教下來云果是前言之不爽人心之叵測
乃至於斯耶事關　國法不可容貸移關本州使之捉
囚○二十四日申景澄復職宣傳官將赴　行朝以
天兵支待事更議封疏付送順便而跨山越谷夜行草
宿庶或近於　警蹕之下而微臣寸忱其終得達姑未
可必瞻望西極五內如燬疏自製○二十六日伯氏聞姪
兒患癘之報發臨河之行而道路尚多阻隔何以作行

不勝悶慮 得見湖西方伯書 天將在松都無意前進一軍還向箕都勢無可爲自陽川陣還歸稷山云 天將之意未知何故而恢復之期漸遲可憫○二十七日沃川倅權子元以點檢軍兵事來同宿論事○洪仁伯持自備軍糧自周岸來納○二十八日以軍糧收來事發向湖西曾於湖西郡縣及士民等處請得軍粮而未及運來今聞以天兵粮餉之不足列邑義兵所募穀不許受去云然則陣中事極爲可憫故今又再進○二十九日省慈氏投宿土井金士剛家傳聞宋侍郎領繼援兵已發松京云雖未知的報而稍可幸○三十日到宋村以 天兵迎接時雜物所用列邑時方徵督歷路甚騷然哀此生民旣死於鋒鏑又死於

飢餓餘存者又逢此督號訴盈路是雖出於不得已之
舉而民力罄竭亦極於惻
三月丙辰一日以雨滯行鄭天老乾壽李汝獻之璣蔡善
餘宗吉金士剛洪友顔黃進趙瑞男諸人俱會共論軍
事○二日發行到儒城倉聞 天兵尚遠故列邑支待
事姑徐徐爲之云○三日抵懷德主倅自義兵所未還
○四日留待主倅付託運糧凡節○五日到公州聞主
牧言宣傳官自 行朝出來而 天兵炮手時在松都
李提督尚留箕城蓋以北賊尚熾故欲爲遮截孟山等
處云○訪鄭景任寓所（此友以軍糧求得事正月到此州患瘧疾今始擧頭云初聞甚）

鬱慮今見脫危可幸○六日使善餘往孝家里取吳大鵬家軍租
十石而來○七日使申義福等領馬夫往浮田金得亨
家則只給二石可痛當初所許元數十八石而利其自用託以無貯如是埋沒人之無信
乃至於斯耶○八日韓暱自儒城來言倭徒猝入於化寧中
牟等處金主簿義穀全數見奪柳時伯鄭必和金有鳴
等皆被害云賊勢充斥至於朋輩遇禍慘痛何極○九
日李正郎久濠在孝家故往見取軍糧十石而來○得
見本陣大將在孤峯陣所行關則倭徒萬餘騎闌入沙
谷甫未等處窮問尚牧去處追至報恩訥巖牧使及其
子慶遠同時被禍賴諸義將一時繼援賊勢乃退而印

信則助防將持來兵符爲賊所奪云此是近日所未有之變驚怛不可言此牧自初善於避賊竟死賊手豈非命乎○十日使峻弟往蘇汝望家領所給軍糧而來○蘇典籍景悅自 大朝出來 天兵數萬時在松都東坡等處李提督時在平壤留待宋侍郞軍而先鋒已渡江 大駕已到永柔云旣聞西方之信慰幸良深○十一日軍糧輸運甚難換布次令韓晊申義福監貿布四十餘匹○十二日貿餘穀十餘石納本倉換以儒城之租○聞 天兵在臨津者三四千留開城者二三萬云○十三日州人朴尙賓欲納軍米十石稟于副使以圖

頒給之路納軍粮者使上官知之從多少上聞之故○聞唐兵二人與通使一人近到城中招致倭將玄蘇等率百餘騎出來我國將三人亦請來同會約束云而其意必是講和之說也兩 王子尚留賊中前此一日使人持三封書出送行朝翌日又使黃廷彧持五封書出送 行朝而未得其詳甚鬱○十四日到儒城○十五日到杞城○十六日主倅厚惠奉老之資感感還到儒城○十七日因善餘書知尚賊侵到赤巖踰入之患迫在朝夕念切公私情悰益苦○十八日吳大麟家所得租石輸送于懷德朴景任家所納穀物使申義福領刷馬運去○十九日

忠義陣軍官來到言李提督牌文內王摠兵以水軍六萬與暹羅等國兵合三十萬襲對馬島本府續調兵馬不日進取王京雖未知其的報不勝驚怪○二十日到宋村○二十一日以刷馬之不得調發留本縣○二十二日僅得四五駄暮到孤峯陣所只有申景澄金得礪數人大將在大寺而陣中留在之糧全數見奪可痛○二十三日拜大將于大寺面稟運糧諸節上福泉覲慈氏以頃日賊鋒之近逼自東菴移寓也聞臨河消息伯氏重經染患云計其日數似得出場而驚慮何喩旣不得躬診又未能伻探遭世不辰甚至於骨肉不相依此何人哉只自煎迫

而已○自建義陣委送軍功賞格宣傳官陞拜訓鍊主簿金奉事 除守門將兼司僕免役賤等帖文三十餘通下來討賊甚緩而蒙賞太過於心安乎爲臣民者益當戮力而圖報也○二十四日賊勢漸迫糧道益窘勢難安處方欲移寓懷德大將之意亦然故大將先往擇得可寓之地○得聞西報 天兵自松都前鋒先到漢陽倭奴送幣請和而意在湖嶺之分割都體察使西厓柳相國堅執不可云且聞 天朝兩將之間不相和協有逗遛不進之弊此實我國之不幸未知末稍果何如○二十五日賊勢已及於觀音寺加乙徃等處大將圖

家及吾家諸眷冒夜發行○二十六日得抵宮坪報恩懷仁界慈氏有不安節煎悶不可喩○閱奉事自陣中追至言將士等與報恩倅及尙州判官栗院棧道設險埋伏俟賊還歸亂射無算殺傷最多且助防助戰兩陣躡後追擊使賊徒狼狽而歸近日之戰惟此爲快云○二十七日慈氏患節比昨似劇煎迫罔措不可形言○二十八日患候漸至沉重似是染症煎泣禱天而已亂離之中各拘生計伯氏遠在一隅誰與侍疾以此情緖九惡○二十九日患候一樣無減伯氏自福泉尋到此處一喜一悲握手無言賊氛尙熾以患報之不能卽通爲罪忽此來到無乃心動而然

耶滿國凶鋒何以避來重患之餘又當煎灼恐復生病是憫

四月(乙酉)一日患候漸篤罔知攸措金純謹來饋糧餉其餘親知之續續來問不能盡記○二日竟遭罔極之變以十日權厝于三山宮坪因留守墓側(自此至十九日無日記)○二十日弟妹及下屬次第染痛不得已奉几筵分寓於懷德縣塔山村○二十三日鄭佐郎經世來弔○二十五日大將及李察訪賓來弔○二十八日與伯氏往省宮坪墓所

五月(甲寅)一日略備醴饌行朔奠○二日留宮坪○三日

還塔山寓所○七日聞 天兵到唐橋唐橋之賊盡下
尚州州城內外及郊野間賊壘羅布四出焚蕩逐日不
止或有下去者而在道緩緩欲行則行欲留則留任意
爲之而終未聞追擊之報誠可憤痛○八日流聞 朝
廷聞賊南下連下 旨督諸將追擊都元帥金命元巡
邊使李蕡以今日來到報恩灸巖陣云○十日聞唐橋
留陣唐將非大將乃撥兒千摠宋好漢田倉也即護送
倭奴使也 天兵則姑未踰嶺護送使僅數十先來云
以此推之 天將與賊講和無乃不戰而下送乎可怪
○十一日聞右方伯鶴峯令公以染患捐館去月二十九日寢出

不勝驚痛右鎭之尙今保全者都是此老之力今忽至此變將誰賴右兵使金志海令公之沒旣出意外人皆惜之又遭此老之喪右路一帶方嗷嗷云○十四日聞 天兵時方踰嶺先鋒已到尙州城中留屯之賊全數下去故土今無賊氛云喜不可言而但以我國人極天之讎生還海道人心之冤憤當何如○十五日行望賓流聞北虜乘虛作梗漸入內地南警尙未殄而又有此奇爲 國事涕切憫歎○十六日聞 天朝憤倭不肯渡海令泗川摠兵劉綎率南蠻西蜀福建五千兵馬繼屯星州八莒縣王必迪駱尙志等屯慶州李寧葛逢夏祖承訓屯居昌吳惟忠屯善山鳳溪環四

面相持犄角 皇恩之罔極胡至於此又聞提督使沈惟敬往誘倭渡海云○十七日往宮坪省墓而歸○知舊之逐日來弔者別記哀感錄○聞被擄人三名爲斥候軍所捉(其一松都人其二白川人其三黔川地私奴戍孫稱名人也)正月中爲賊所擄入京服役去念城中倭奴全數下來時偕隨到唐橋乘夜逃出兩 王子亦隨來賊中云噫若使我 朝有一良將忍使 王子付送於賊行而不思其陪還之道乎(陪 王子諸宰臣尚保首領何以忍憤金貴榮曾已逃還 行在所諫官以棄 王子自便逃禍論啓放流云)○十八日沙潭丈在周岸亦遭內艱不勝驚愕經歲同寓既同患難又同遭罔極之痛情事一般尤切

悼怛○十九日李勉夫具忠源以義陣相議事來見卽
還○二十日往弔沙潭丈○二十一日聞倭奴外託講
和內實包藏不卽還國留陣沿海者尚多迭相往來以
爲堅守之計故 天兵亦不得還歸八莒縣及大丘等
地築壘連營以爲捍禦之計○二十三日進孤峯陣所
與同事人成冊斬賊多少及軍功次第賫送 行宮前後
所獲賊馘幾至百餘級射殺亦無數 國家勝敗之數
固無所關而亦足以小伸忠憤之忱使金德民齎進
○二十六日聞高陽居李上舍櫓與同伴二人入昌
敬陵賊猝至計無所出隱伏於叢薄茂密中而所持者
弓矢也不現其身而自林間發矢這這射殺自此賊見

林木蒙密處邑而遠避故二 陵俱全以此見之雖非
衆卒得其地形埋伏射手猝地潛發則戰無不勝之理
地形得失成敗隨之者正謂此也申摠兵之棄鳥棧就
平地尤豈非李上舍之罪人乎○二十八日流聞黃會
元以黃腸敬差官昨赴三陟蓋 山陵多有遭變處今
將改葬爲取板材故也爲臣子者益不覺痛心而刻骨
也○聞光州姨母自禮安移寓靑松地症患涉月不勝
驚慮同寓半歲奉之如母一自渡江之後消息久隔且
失所恃依仰者只有一姨母卽欲馳候而賊路尚隔調
度可想而行廚垂乏視若路人亂離之阻人情果如是

孚只自傷歎而已○二十九日聞日前賊入蘆洞焚蕩
極慘全淨遠家屬僅得免禍前者伯氏所寓家主人兩
女子爲賊所害云不勝驚慘自古外夷之屠戮人民焚
蕩閭里者豈有如今日之慘酷乎○三十日聞 天將
以接待不善擧行捉去咸倅云
六月甲辰朔一日行朔奠聞 天兵近或上去云賊徒果盡
渡海耶未得其詳可鬱○沙潭來見各陳所懷以公言
之則 聖駕播越國辱莫甚以私言之則奔竄他道家
禍孔酷念此讎怨直欲寢皮而不可得也相對於悒而
罷○二日道路餓殍在在相望溝壑之慘無異屠戮聞

天將哀其無辜分軍糧賑給可謂有仁心者也○四
日得聞臨河消息姑無事可幸○五日鄭景任來見傳
言李提督自聞慶回程已久 天兵亦過半上去而近
又稍稍旋下倭奴亦不渡海逗遛於邊邑云其意俱不
可測○十二日京友申景述覓糧次來湖西聞余寓此
致書相問因要中路會面遭亂以來死生兩隔遽得此
書喜不可言而渠亦喪親身無可託流轉客土所遭與
我無異執書三復悲係益深如得對面復作何如懷耶
○十三日流聞平秀吉以爲大捷朝鮮自加尊號稱大
閤傳關伯位於其子云○十四日雨麥未登賊尚在境

人心未定未知大意將如何出場民憂國計了無善策
只自慷慨而已卽聞林正字直卿言近日土賊處處爭
起列邑之推捕繫獄無異亂離云噫世亂年飢良民盡
爲盜賊死於兵死於癘死於飢又死於獄人之類將盡
矣二百年休養赤子一朝至於斯可不痛哉○十五日
行望奠○十六日來此已浹月難於久留今日奉几筵
移寓報恩地近處知舊皆來見○十七日是日卽外王
考初朞伯氏寓所想略設奠儀而不得往慫倍切悲慕
之懷○聞下道賊勢更盛都元帥權慄巡察使金命元
巡邊使李贇俱會於宜寧而姑無宣略經理等事云○

十九日得臨河安報審仲來自恩津止仲來自鍾谷稍
慰鬱陶之懷而各說艱苦未免飢色良可痛心時各爲生計兩弟一在恩津一在鍾谷○李玉山丈來問亂後初面各言經歷餘
悕未已○二十日聞京來將士及官軍義兵俱會於宜
寧議論分歧不肯勇進果如所聞當初朝廷下 旨諸
將追躡勦擊之意安在誠可慨惋○二十三日往鍾谷
近地諸友及沙潭丈兄弟李叔平全淨遠俱會更謀舉
義而以糧資之難辦爲恨○二十四日自鍾谷委進宮
坪省墓而歸○近地親知慮我艱乏各致糧物此時不
易事多感多感○二十五日聞西報○二十七日長川

奴屬流離失所見我號泣請活而麥旣致凶秋成尚遠
百爾思之救活無策以此推之則國中失所之人未秋
前將擢流殍者倍蓰前春不覺痛心○二十八日聞郭
將軍領軍耀兵于鶴山使倭奴望而隨之又令人夜上
琵琶山人人各持三頭炬一時擧火鼓角齊發若將向
賊忽然滅火寂若無人又復如之賊大驚疑遁去云此
亦郤賊之神謀也
七月癸酉一日行朔奠○四日聞晉陽被圍八日而城陷
被害者兵使及達官二十餘員軍卒五六千而皆是道
內及湖南精銳之士云以晉陽阻三面之地竟至被陷

他邑將不攻而自陷矣右道一帶其將盡爲賊窟而其
勢又當深入湖南湖南若又失更無 國家根本之地
奈何奈何○六日洪友顔來言賊旣破晉還據釜山聲
言待 皇朝許和乃渡海今方彌漫於梁山以下諸郡
要索萬端而莫之誰何 天兵切禁我師使不得勦捕
終始情跡頗有疑端噫彼賊 國家之讎百世之怨凡
有血氣者孰不知討賊之爲義通和之爲不可乎然旣
奏聞於 天朝天朝若許和則我何敢不和 天朝若
不許則我何敢和乎內堅不和之志以備戰守之計外
施欲和之言以緩跳闌之鋒則彼游魂假息之賊其可

逃一鼓之下乎(蓋今之倭賊卽宋之遼金也宋誤主和議而終始不悟卒亡於遼金其不可和也決矣而今日通和之云姑欲緩禍之意也)○十一日金德輝自安東來傳臨河消息而伯氏姑支安慰喜可言(自臨河又移川前云)○十二日鄭景任與李叔平來言晉城之陷非守之不固賊潛遣人掘城底而我軍不知旣久城自壞賊蟻附而入多方拒之賊幾退卻金千鎰軍先自驚潰竟至陷沒金千鎰崔慶會時在矗石樓上知事不濟握手痛哭投江而死復讎義將高從厚亦在城中被害云讎未復而身先死尤令人憤痛○十五日行望奠○十六日聞昌義將拜主簿宋彥明持狀 啓赴 行朝亦除叅奉其餘軍

卒之沾 恩者亦多云○十八日聞陷晉之後賊終不
入去將有變發之意而 天兵每稱講和不急戰卻之
計徒費糧餉任其匪茹嶺外列邑萬無支吾之勢○二
十日糧道極窘他無告糴之道不獲已乘曉發行暮抵
尚邑故居鞠爲荒草惟奴渼等數人結幕于東門外艱
得推尋留宿韓仲瑩叔瑩甲文叔入住近地皆來見如
見隔世之人蘇喜不可言○二十一日牧使朴令公宗
男在晉州時未赴任往見半刺告急則以太牟各小許
見惠假牧使吳澐亦以太牟小許帖給○二十二日與
文叔諸人同入城內周覽賊壘王山上作土屋又起二

層高閣或蓋以瓦或以板或塗以土或以草者不知其
數且自北門外至南門外積瓦爲址因土爲城城上又
立柱結木皆塗土爲壁壁中穿孔以便放炮其制極其
牢巧自外謀斫者無著足之道○二十三日長川舊居
僅距一息竊欲往省丘壟而所得糧物付送無人適逢
三山歸人憑依欲發故勢難睽離末由往省情事益難
自定悵慕而已○二十四日聞劉摠兵縱兵游擊惟忠
號令嚴明志行廉潔萬餘軍卒秋毫不敢犯 天兵之
侵奪作弊無所不至惟兩將所率獨無其害在中國亦
以賢將見稱云 劉之爲人容貌端重風神爽俊一見可知其不凡吳之簡抗有愈於劉一言一

笑不輕視人苟非其道毫末不近且劉善於用劒所用之劒其重七十餘斤而運於掌上如小丸蓋劒即關將所用之劒而關將以後用之者始有劉君云所用軍卒皆於所著之帽有表以別南北兵南兵浙江人北兵遼東人

○二十六日丙 王子自賊中被釋上去云痛心之餘猶可幸也○李叔載兄弟來訪○是日又移寓俗離

○二十七日聞西厓相公以都體察使下陜川令承召命還行 朝云○權察訪景虎以糧物求得事作左行因僕付書於伯氏

八月壬寅 一日行朔奠○二日聞慶州留陣 天兵以伏兵事出去猝遇焚蕩之倭相與接戰 天兵手無兵器六人爲賊所害然 天兵勇於赴戰一人以長槍冒入

賊中橫穿一賊衆倭皆退生擒二賊而還云聞極快壯
○四日聞 天朝奏聞回報來到 皇帝震怒不允以
克期殲滅以綏東土爲教大哉 皇恩此實吾東再造
之日也苟非我 聖后恪謹事大之誠有以上感 天
朝者何能及此○聞州牧分糶與止仲作邑行一口所
受雜以沙土穀僅三升此可以救生乎良可寒心○五
日以雨留邑中○六日自午身氣微寒且熱似是痁疾
可慮○七日入見牧伯辭以俗節還寓之意略有贈物
○八日自午前痛作不省人事若此不已其去死域不
遠可憫○九日與止仲理裝發行宿栗院○十日到元

菴到此後痛作亦云幸矣○十一日得祭肉還寓○十四日備酒饌使玆弟往奠宮坪吾病未進縂如不祭焉○十五日畧備時需行望奠又薦祖先諸位○二十六日將仲作花山之行而道路之通塞猶未的知可悶○二十九日到大寺得見金昌遠書海上之賊終未撤歸尚未知稅駕之所云

九月壬申一日行朔奠○九日畧設時羞行節祀○十一日移寓鍾谷○十三日發湖右之行檢察使李山甫令公伻人邀余即往拜一見如舊○十五日歷進宮坪省墓即發行○二十八日到完山府府尹洪命叔出接甚

款唐將宋游擊方留陣以霜降日祭山川云
十月壬寅二日入衙軒令尹帖給濟窘之資○聞 大駕
自海州去月十九日卜日將發有震雷之變改卜日子
念後當行云○聞唐船載軍糧到泊扶安界本國人等
或劫殺或驅逐一船之米全數偸出唐人十名逃入小
島遇海採船哀乞得出卽告官自官密關捉作賊人方
伯以明日入完山推問云本國人所爲極爲痛駭 天
將之發怒固其宜也 五日踰蘆峴峴之南北俱有軍
堡夕到長城主倅出接此倅去夏募兵入 大朝不避
險艱期以盡心此友心事在乎昔素熟而今番事尤可

愛慕○六日今日主倅聚軍習陣故出見蓋倣浙江人用劒揮槍之法一月六度鍊習云○九日是日先妣初度也身在客中奄當此日言念劬勞痛益罔極○十日作行連日大雨溪水極漲無異夏潦間關得渡行及三十里有笠巖山洞口有蘆山菴(奇別坐孝曾精舍)由洞而入山路極險峻溪水大瀉不得循路而入攀緣藤葛踰城而入周圍幾二十里而四面皆嶄絶山不高峻而著足爲難乃天作之地舊城(前朝顯宗時避丹寇以築)頗好而頹廢過半領四邑入丁(泰仁井邑珍原及本邑)分城改築(玉汝爲守禦將尹奉事軫爲監檢官)今若畢築形勢倍好他日或有不幸之患民可入保矣(王汝

以明日祭山神故執事儒生數人及三邑監官并來會玉汝請余祭文故忘拙夜草新造草廬體壁甚疎漏夜寒徹骨○十一日往登北城諸邑軍已赴役俯視西北所見恔閣正西則興德稍北則古阜扶安爲正南海口邊山穹窿雲外泰仁諸處分明可指卽下城抵蘆山菴泉石楓林多有可觀而此非遊賞之時故卽還○二十一日傳聞 車駕本月初一日還都而未知的報今自方伯所布示 敎書始知傳聞之不虛也經年播越備嘗艱苦幸荷 皇靈得返故都自此人心粗定庶有所賴 國家之慶臣民之幸何可盡言

十一月辛未二日到高山自完山傳通慶尚右兵使全羅

兵使遇賊於固城唐浦全羅兵使至於中丸賊勢小無退挫之意云時事罔知攸濟奈何○十六日還鍾谷寓次往拜沙潭文得聞慶州留陣唐兵被殺於倭賊幾至二百云傳聞雖未的驚悼可言十二月日記遂而不傳抄出甲乙丙丁四年日記中可見語并附下

甲午六月十六日聞 中朝御史等官以封王許貢等事爲不可直斥邊臣以擁蔽之目彈文極峻將臣亦爲陳疏自明至於分黨相攻科道官二人欲撥形止近將出來故遠接使尹先覺柳永吉已爲差出云大槩邊將一意主和務爲欺罔而中朝諫官直論不已可謂有人矣

七月初三日聞賊勢將有肆毒之計劉摠兵亦有撤還之意云(監沈惟敬與小西飛頃往中京學爲講和事而朝廷不許)○十二日留長城因嶺南傳通聞賊倭多數出來一運將爲直向京城一運由水路將犯湖南云且聞嶺南諸陣賊倭等連續來降將欲舉陣投黨云賊情叵測況其爲性奸狡無比者乎○二十六日因縣便得見兩弟書沙潭丈捐館云驚愕痛怛不能自抑吾於此老不但同鄉義切三載干戈託以死生相愛之篤無異骨肉一朝不淑天亦何心○聞尹左台下南原勸留劉摠兵而此計如或不成鶴禁將下來云(沈惟敬小西飛并自中原出來而封王許貢等事時未許之以待渡海之後云)

八月三日高陽倅姜秀崐自[illegible]陽還官牛巖地忽遇賊三十餘人自林莽間出羣譟亂射姜倅艱辛避出下卒二人被箭將至死境輜重六七馱全然被奪印信亦見失云○聞劉摠兵亦撤兵上去湖嶺自此漸無藩籬之固尤可慮也

九月十三日督運御使尹存中自下道來言 天兵之撤去 朝廷許 上來故也且言見京報 朝廷有請兵於 天朝之計尹海平根壽爲上使崔同知岦自請而行金內翰尚寯亦於 上前請行之而以一路多弊朝議沮之云○十五日與鄭以敬同向慕巖溪水玲瓏楓

酣菊豔物賞可愛而祠宇講室過半頹廢將至於位板
無安處以此可占 國運之盛衰重爲節孝公慨然也
○三十日得見邸報鄭寅城澈事迄未鎭定辛慶晉李
慶涵趙守翼朴東善各立異而具與朴以言辭之過玉
堂論遞金宇顒柳永詢朴承宗鄭經世等出仕厥後憲
府又論尹相斗壽陰凶奸猾誣陷善士貪饕黷貨賄賂
輻輳且於海島輕爲擧事以致損威辭說極煩多至累
百彈劾之峻無以加之不靖之端至於此極奈何 劉
摠兵去十三還爲渡江軍卒或二萬或萬五千措出軍
糧萬無其策 朝廷以此亦爲遑遑云

十一月三日曉發踰加羅嶺金剛嶺夕抵海南○十一日夢拜先君今是長至倍增悲慕○白進士善鳴振南來見(故詩人白玉峯光勳之子)此人亦能詩善寫談詩夜深而罷尹正字景悅光啓不但有雋才談論書史終日不倦眞好人也都事黃和甫率來人李延祚亦解文墨可與言詩且各說初從亂離來今日之會亦悲且幸

十二月一日自長城抵完山得見慶尚兵使金應瑞與賊將(平行長玄蘇平義智平調信)等問答之辭則外似和好而內實難測東萊府使宋象賢死節曲折詳在其中令人肝膽自激(方其城陷之時自知不免具甲胄著紅衣據交椅在樓上賊執下而終始無一言從容就死賊亦義)

之具冠服葬於城外若有封之者然今可指的云其妻其婢亦被擄在日本無穢之者蓋服宋公之節義云干戈三載擧國靡然獨此人卓樹義烈何其奇哉○十六日因嶺南戍人李士敏
聞巨濟擧事時虹梁船一隻及伺候船二隻並失於賊
中無疑而邊臣擁蔽不以實聞至發臺論時事之紀律
一至於此可痛○聞唐人牽驝駝下去往見於紫雲樓
前則乃尋常一物不如聞名之爲愈也○二十五日游
擊將陳雲鴻入州葢 天朝將於倭賊處許貢封王故
往誘渠師使之渡海觀其處置如何詻使出來云雲鴻爲人
豐厚所送禮物一無所受○二十七日還寓翌日往哭沙潭文筵几
客地問訃今始來哭情事益愴恨

乙未正月一日行朔奠次設高祖以下諸位略備薦獻
外祖考妣位隨後設獻
五月十四日得見朝紙以去年和議 啓聞事臺彈齊
發於其時方伯拜指牛溪成渾之伸救共爲論斥 聖
批以鼓動邪說爲教是何邊憂未霽 朝象又如是不
安也良可憫然○陳游擊自賊中出來中路留滯行長
以下並皆欣悅曰不久當渡海至有得解兵鋒生還故
土豈日本之幸抑亦朝鮮之大幸云云若及今撤歸則
庶有一分息肩之望也可幸
丙申正月十六日聞 朝廷差李逢槐山朴春茂沃川

僉兼助防將委以諸處把截等事李則當守鳥嶺赤巖
朴則付以秋風掛防等處蓋出特命也朴之爲人吾所
未悉李則年旣老衰脫有警急能任其責乎○二十三
日聞賊酋淸正不肯入歸以通信割地借糧等事恐嚇
朝廷朝廷雖以不可通信之事奏稟 上國未委畢竟
事果何如且見下道傳通賊船相續出來頃者焚掠雖
曰零賊其意難測使之預措兵機等事云
二月十一日本邑行 釋奠祭今朝送膰肉經亂之餘
有此等禮可慰○二十八日往大旨哭金善夫筵几 亂初相遇於鵲山厥後同事於義陣濱有死生之意遷延數年今始來哭慚負厚意

三月七日作商行明日是熟日將掃先塋略備祭需○八日與審仲及兩姪基遠滎遠往奠黑石丘壟荒廢無容易修補之勢感愴之極不覺淚下往見繞浦舊基有村人兩幕而已頹垣茂草景色愁痛彷徨久之益增悲愴○九日使審仲及兩姪往奠二沙伐○鄭御使景任入州邀見故往話州司景任之來本爲巡審諸處關防等事也今以鬼棧姑母城修築事向幽谷等處○十一日右都事李汝實入州曉諭於民預爲山城避亂之所俾於倉卒團聚入城無四散之弊云○海寇聲息姑無異聞或云沈惟敬之還 天使入去與否可知云○二十八日歸報恩寓所

四月二日是日先妣終喪後初忌也曉起行事孺慕之
慟如新罔極奈何○三日往省宮坪先墓而還○九日
下道傳通又至初三日賊營中設宴慰兩 天使及諸
從人因全軍出城圍立將官宋好等數人艱難逃出到
密陽結束卜物急急上去云○十日得見叔平書福建
被擄者自日本報俞公承宗曰秀吉病死云俞以此奇
通于金接伴蓋秀吉若死則淸正旣已有隙慮或移禍
於行長義智賊陣中方恇攘騷擾之際 天將想必逃
出而曲折未知之云
十一月聞 國書見拒和事將成自 上復有出避之

意大臣有逢迎之計都民願備軍需以守城爲意而
國是未定云
丁酉正月十四日淸賊已到釜山云○伯氏倡議同志
陳疏請 親征疏辭嚴正剴切有可以感動 天衷者
而一疏再疏未得挽回 天聽以贊大計誠可慨然初疏
權進士旭爲疏首再疏伯氏爲疏首而兼製疏○二十五日 朝廷以申砬之
不守鳥嶺爲恨今方設城嶺上以防攔入之患而贊畫
使李養久時發經理云鳥嶺天險重關雖不設防使不失守則賊不入而但費財力於
不當費之地朝廷豈云得計乎恐不免虛勞也
三月十日聞告急使鄭令公期遠入 中朝爲陳救援

之意 天朝謂講和已定而不聽鄭公自誓縊死以明
其志 天意乃悟發遼浙精兵七千爲先出送云
戊戌三月作左行擧目山河風景不殊而不能無愴今
感舊之懷不知何日滌盡妖氛復見昇平基業也○到
川前諸節姑安而悲喜交極不能定情○十日歸路周
覽倭奴起壘處或十里或二十里相望不絶而俱是高
峯突兀無遮障處是所謂鍾杯陣也
七月十日聞 天兵分住槐山忠州全州三邑以爲屯
田之計待秋成民力稍歇之時合勢於兩南則可以收
萬一之效而不思糧餉之有無不顧孑遺之盡力輕自

南下如此而能濟大事未之聞也
八月二日聞劉提督率軍萬餘南下今復上去將以迎
候邢軍門○余以 天將接伴官作星州之行得免生
事之患可幸聞 中朝石尚書星專主和議以爲不可
要動師旅科官徐成楚彈奏言 中朝之棄朝鮮是自
撤藩蔽援兵不可不許星罪不可不懲云是誠 中朝
之直臣我 國之恩人也
十月十五日聞麻提督貴自慶州進圍西生賊董提督
一元自星州進圍泗川賊劉提督自順天進圍曳橋賊
三將一時舉事自九月二十日圍城而董先退兵步卒

幾盡死軍器軍糧盡爲賊所有劉亦然云麻則退兵而
所斬級最多軍卒無死云
十一月統制使李舜臣與泗川曳橋賊大戰中丸而臥
以此泗川賊多數敗沒而曳橋之賊無事逃去噫天不
助順使李舜臣死於方戰之時也沉安頓吾雖云亦艷
何可信乎
十二月倭寇纔退 朝廷之戰方酣排擯逐斥無所不
至古語云去河北賊易去朝廷朋黨難不幸近是

可畦先生文集卷之八

149

영인

진사일기(辰巳日記)

(《可畦先生文集》 권7~8, 한국국학진흥원 소장)

여기서부터 영인본을 인쇄한 부분입니다. 이 부분부터 보시기 바랍니다.

역주자 신해진(申海鎭)

경북 의성 출생
고려대학교 국어국문학과 및 동대학원 석·박사과정 졸업(문학박사)
전남대학교 제23회 용봉학술상(2019)
현재 전남대학교 인문대학 국어국문학과 교수

저역서 『성재 용사실기』(보고사, 2021), 『지헌 임진일록』(보고사, 2021)
『양대박 창의 종군일기』(보고사, 2021), 『선양정 진사일기』(보고사, 2020)
『북천일록』(보고사, 2020), 『괘일록』(보고사, 2020), 『토역일기』(보고사, 2020)
『후금 요양성 정탐서』(보고사, 2020), 『북행일기』(보고사, 2020)
『심행일기』(보고사, 2020), 『요해단충록 (1)~(8)』(보고사, 2019, 2020)
『무요부초건주이추왕고소략』(역락, 2018), 『건주기정도기』(보고사, 2017)
이외 다수의 저역서와 논문

가휴 진사일기 可畦 辰巳日記
2021년 5월 18일 초판 1쇄 펴냄

지은이 조익
역주자 신해진
펴낸이 김흥국
펴낸곳 도서출판 보고사

책임편집 이경민
표지디자인 손정자

등록 1990년 12월 13일 제6-0429호
주소 경기도 파주시 회동길 337-15 보고사 2층
전화 031-955-9797(대표)
02-922-5120~1(편집), 02-922-2246(영업)
팩스 02-922-6990
메일 kanapub3@naver.com/bogosabooks@naver.com
http://www.bogosabooks.co.kr

ISBN 979-11-6587-194-9 93910

정가 28,000원